한국 근현대 학문 형성과 계몽운동의 가치 02

한국 근대 계몽운동의 사상적 기반

이 연구는 한국학중앙연구원이 지원하는 2014년 한국학총서(한국 근현대 총서) 개발 사업(AKS-2014-KSS-1230003)에 따라 이루어진 것입니다.

지은이

허재영: 단국대학교 교육대학원 교육학과 부교수. 일본연구소장. HK+ 사업 책임자.
『일제 강점기 교과서 정책과 조선어과 교과서』, 『우리말 연구와 문법교육의 역사』 외
다수의 논저가 있음.

김슬옹: 연세대학교 교육대학원 강사.
『한글의 탄생과 역사』, 『조선시대 훈민정음 발달사』 외 다수의 논저가 있음.

윤금선: 동덕여자대학교 교양교직학부 조교수.
『경성의 劇場漫談』, 『우리 책읽기의 역사』(1~2), 『그림연극에서 뮤지컬 대본까지』, 『우리
말 우리글 디아스포라의 언어』 외 다수의 논저가 있음.

김혜련: 성신여자대학교 조교수.
『일제 강점기 조선어과 교과서와 조선인』, 『근대 국어교과서를 읽는다』(공동) 외 다수의
논저가 있음.

서민정: 부산대학교 국어국문학과 강사.
『근대 매체에 실린 언어지식』, 『현대 사회와 인문학적 성찰』 외 다수의 논저가 있음.

한국 근현대 학문 형성과 계몽운동의 가치 02

한국 근대 계몽운동의 사상적 기반

© 허재영·김슬옹·윤금선·김혜련·서민정, 2019

1판 1쇄 인쇄_2019년 2월 01일
1판 1쇄 발행_2019년 2월 10일

지은이_허재영·김슬옹·윤금선·김혜련·서민정
펴낸이_양정섭

펴낸곳_도서출판 경진
　　　　등록_제2010-000004호
　　　　이메일_mykyungjin@daum.net
　　　　블로그(홈페이지)_mykyungjin.tistory.com
　　　　사업장주소_서울특별시 금천구 시흥대로 57길(시흥동) 영광빌딩 203호
　　　　전화_070-7550-7776　팩스_02-806-7282

값 25,000원
ISBN 978-89-5996-597-7 93300

※ 이 책은 본사와 저자의 허락 없이는 내용의 일부 또는 전체의 무단 전재나 복제, 광전자 매체 수록 등을 금합니다.
※ 잘못된 책은 구입처에서 바꾸어 드립니다.
※ 이 도서의 국립중앙도서관 출판예정도서목록(CIP)은 서지정보유통지원시스템 홈페이지(http://seoji.nl.go.kr)와 국가자료공
　동목록시스템(http://www.nl.go.kr/kolisnet)에서 이용하실 수 있습니다. (CIP제어번호: 2019002486)

한국 근대
계몽운동의
사상적 기반

허재영·김슬옹·윤금선·김혜련·서민정 지음

학문은 어떤 현상에서 문제를 발견하고 그것을 해결하는 논리적인 사고 과정과 그로부터 이론이나 법칙을 산출하는 과정을 말한다. 학문의 목적이 진리를 탐구하는 데 있다는 말은 학문적 성실성을 의미할 뿐 아니라, 학문적 진리가 곧 지식 또는 이론이나 법칙을 탐구하는 데 있다는 말과 같다. 학문의 본질이 합리성과 실증성에 있다는 데카르트나 베이컨적 사고 역시 학자라면 누구나 공감하는 바이다.

학문의 발달, 곧 지식과 이론의 발달은 한 사회와 역사의 발달을 의미한다. 특히 전근대의 '수기치인(修己治人)'을 목표로 하는 학문과는 달리, 지식 산출을 목표로 하는 근대의 학문 발달은 한 사회의 발전뿐만 아니라 역사적 진보를 기약하는 전제가 된다. 이 점에서 최근 한국의 근대 학문 형성과 발전 과정에 대한 관심이 높아진 것도 자연스러운 현상일 것이다.

이 총서는 2014년 한국학중앙연구원이 지원하는 한국학 총서 개발 사업 '근현대 학문 형성과 계몽운동의 가치'의 결과물이다. 연구를 처음 시작할 때, 연구진은 근현대 학문사를 포괄할 수 있는 지식 기반 데이터 구축과 근현대 분과 학문의 발전 과정을 기술하고자 하는 거시적인 목표를 세우고 출발하였다. 그 과정에서 근현대 한국 학문사의 주요 정신적 기반이 '계몽'에 있었음을 주목하였다.

지난 3년간의 연구 과정에서 연구진은 수많은 자료와 씨름하였다. 출발 당시 1880년대의 자료를 기점으로 1945년까지 각종 신문과 잡지,

교과서류의 단행본 등을 수집하고, 이를 주제별로 분류하는 작업을 진행하였다. 그 가운데 근대 계몽기 잡지의 경우 '학문 분야별 자료'를 분류하여 9종의 자료집을 발간하기도 했다. 자료집은 학회보(잡지)에 수록된 논설·논문 등을 학문 분야별로 나누어 8종으로 출판하고, 권9는 분류 기준과 결과를 별도로 편집하였다. 연구 과정에서 시행착오를 줄이기 위해 지속적으로 월례발표회를 가졌으며, 연구진 각자 개별 논문을 쓰기도 하였다. 그러면서도 근현대 학문 형성과 발전, 계몽운동의 전개 과정 등과 관련된 자료가 수없이 많음을 확인하게 되었다.

총서는 제1권 '한국 근현대 지식 유통 과정과 학문 형성 발전', 제2권 '한국 근대 계몽운동의 사상적 기반', 제3권 '계몽의 주체로서 근대 지식인과 유학생', 제4권 '학문 사상과 근현대 계몽운동의 지향점', 제5권 '계몽의 이데올로기와 대상', 제6권 '일제 강점기 계몽운동의 실제', 제7권 '계몽의 수단: 민족어와 국어'로 구성되었으며, 집필 과정에서 통일성을 기하기 위해 집필 원고에 대하여 각 연구원의 동의를 얻어 연구 책임자가 일부 가감하기도 하였다.

이처럼 3년이라는 짧지 않은 기간 연구진 모두 최선을 다해 연구에 매진하고자 하였으나, 아직까지 다루지 못한 자료가 적지 않고, 또 정치한 해석이 필요한 자료도 많음을 고려할 때, 근현대 학문사상과 분야별 이론 발전 과정에 대한 연구는 끊임없이 지속되어야 할 것이라는 결론을 얻었다.

다행히 3년의 연구 기간을 거쳐 제출한 결과물에 대해 익명의 심사자들께서 '수정 후 출판' 판정을 해 주셔서, 수정 의견을 반영하여 책을 출판할 수 있게 된 것을 기쁘게 생각한다. 여전히 아쉬움이 많지만, 이번에 다루지 못한 내용은 후속 연구를 기약하며 총서 집필을 마무리한다. 과제 심사를 맡아 주신 심사위원 여러분과 책의 출판을 맡아 주신 양정섭 경진출판 사장님께 거듭 감사의 말씀을 올린다.

2018년 12월 연구 책임자 씀

목차

제1장 계몽주의에 대한 사상적 접근 경향

허재영

1. 계몽의 개념과 특징

의미론적 차원에서 특정한 단어가 여러 가지 뜻을 갖고 있을 때 '다의어'로 규정한다. 또한 특정한 의미와 유사한 단어들의 관계를 '유의어'라고 부른다. 우리가 일상생활에서 사용하는 단어들의 관계에서 다의어와 유의어를 살펴야 하는 이유는, 전문 분야에서 사용하는 전문용어와는 달리 특정 표현이 갖는 의미가 다양할 뿐 아니라 유의 관계를 고려하지 않으면 그 표현이 갖고 있는 의미를 이해하는 일도 쉽지 않기 때문이다.

'계몽'이라는 표현도 마찬가지이다. 철학이라는 전문 분야에서 사용하는 '계몽철학' 또는 '계몽주의', '계몽사조' 등과는 달리, 일상어로서의 '계몽'이 갖는 의미는 매우 추상적이고, 그 지칭하는 범위도 넓다. 더욱이 역사학이나 교육학 분야에서 다루는 계몽의 의미를 고려한다면, 가르치는 모든 행위가 다 계몽의 범주에 속할 수 있다. 이 점에서 개념사를 연구하는 학자들은 해당 분야의 연구에 앞서 용어의 다의성에 주목한다. 이에 대해 『코젤렉의 개념사 사전』을 번역·연구해 온 김용구(2014)에서는, 개념사 사전이 가진 의의를 '작업 규모나 성과물의 방대함'과 '방법론적 혁신성'에 있다고 설명하면서, 개념사 사전이 "정치·사회적 맥락 속에서 전개되는 의미의 변화 양상에 주목합니다. 따라서 코젤렉이 말하는 개념은 정치·사회적인 의미 연관들로 꽉 차 있어서, 사용하면서도 계속해서 다의적으로 머무르는 단어들입니다."라고 진술하였다.

　한림과학원이 기획하고 남기호가 번역한 『코젤렉의 개념사 사전 6: 계몽』은 '계몽'이라는 단어의 다의성뿐만 아니라 역사성을 규명하는 데 적절한 방법을 제시하고 있다. 이 책에서는 '계몽'을 규정하기 위해 '시기로서의 계몽'이라는 개념과 '계몽이라는 단어의 역사'를 먼저 고찰하였다. 시기로서의 계몽은 계몽이라는 개념이 형성되는 과정을 의미하는 것이며, 계몽이라는 단어의 역사는 신조어로서 '계몽'이라는 단어가 생성되는 과정을 의미한다. 이 책에 따르면 서구에서의 '계몽'은 18세기 후반부터 유행어처럼 쓰이기 시작하다가 19세기에 이르러 그 개념이 본격적으로 정립된 것으로 설명된다. 이 점은 계몽주의에 대한 비교적 초기의 연구에 해당하는 프랭크 매뉴얼(1951)의 『계몽사상시대사』(차하순 역, 1976, 탐구당)에서도 쉽게 증명된다. 프랭크 매뉴얼은 책의 서문에서 "계몽사상 시대라는 말은 단순히 위트레히트 조약에서 1789년의 프랑스 혁명에 이르는 시기를 특징짓기 위해 현대 사가들이 지어낸 편리한 용어가 아니다. 18세기를 경과하는 동안에 여론을 좌우한 지식인과 작가들은 물론, 유럽 여러 나라들을 다스린 왕들이나 재상들은 그들이 살고 있는 시대의 특이한 성격에 관해 예민하게 느끼고 있었다. 그들 자신이 이성의 시대, 계몽의 세기, 문명과 진보의 새시대의 새벽에 살고 있다는 것을 진지하게 믿었다."라고 진술하였다. 이 말은 계몽이라는 말이 18세기에 본격적으로 사용되기 시작했고, '이성,

문명, 진보, 새시대'라는 용어와 밀접한 관련을 갖고 있는 용어를 의미함을 뜻한다. 이러한 의미에서의 '계몽'이라는 표현은 1880년대 이후부터 등장하기 시작한다.

【 '계몽(啓蒙)'이라는 용어의 출현 】

ㄱ. 又國民之自結會社 設敎啓蒙者亦復不鮮可見.

> **번역** 또 국민들이 會社를 설립해 啓蒙한 것 역시 적지 않으니, 이 나라 상하가 학교에 전심하고 있음을 알 수 있겠다.[1]

—'영국지략', 『한성순보』, 1883.12.20

ㄴ. 本記者總論曰 盖朝鮮記者之誤解二字로 詆斥本記者ㅣ其說이 自相牴牾ᄒ야 掀露情狀은 前已辨之詳矣오, 且其段段詬罵之說이 或稱排他自衛底主意라ᄒ며 或稱鎖國底舊夢이라ᄒ며 或稱猜疑라ᄒ며 或稱頑迷라ᄒ며 或稱無病而呻吟이라 ᄒ고 或自謂啓蒙ᄒ며 或自謂辨妄ᄒ야 色色欺蔑ᄒ며 句句簸弄ᄒ야 觝排侵辱이 可謂極矣로딕 此亦吾輩之不足介意而與較者나 至其利害關係之大頭腦ᄒ야ᄂ 不可不辨破而正誤故로 復且申而論之ᄒ노니

> **번역** 본 기자가 총론하여 말하면, 조선기자가 오해하여 본 기자를 배척하는 이 주장은 서로 충돌되어 그 정상을 밝힌 것은 앞에 이미 상세히 변론하였으며, 또 그 말마다 욕설 비난한 주장이 혹은 배타적이고 자위적인 저급한 주의라고 하며, 혹은 쇄국적인 저급한 옛날의 꿈이라 하며, 혹은 시기와 의심이라고 지칭하고 혹은 완미하다 칭하며, 혹은 무병 신음이라고 하고, 혹은 스스로 이른바 '계몽'이라 하며, 혹은 스스로 일컫기를 '변망'하여 색색이 속이고 멸시하며 구절마다 기롱하여 배타·침략·굴욕에 이른 것이 가히 더할 것이 없으되, 이 또한 우리들이 개의하고

---

1) 이하 『한성순보』와 『한성주보』의 번역문은 관훈클럽 신영연구기금(1983)의 번역문을 사용함.

비교하기 어려우나 그 이해관계의 본질에 대해서는 불가불 변론하여 그 주장의 잘못을 밝히고 그 잘못을 바로잡아야 하는 까닭에 다시 이에 대해 논하고자 하니

　　—'변조선신보 변망지류(辨朝鮮新報 辨妄之謬)', 『황성신문』, 1902.1.31

ㄷ. 然則 無論社會之高下優劣ㅎ고 不曾有愛國心開發心ㅎ야 留意閱報者矣니 惡得望究解之效力哉아. 寧不若彼至愚下等之人의 頗能純心傾嚮ㅎ야 閱讀而 差有啓蒙之益也(열독이차유계몽지익야)나　國民之蒙驤習病(국민지몽애습 병)은 由此而日漸膏盲(유차이일점고맹)ㅎ야 迨無變可救治矣라.

번역 연즉 사회의 고하 우열을 물론하고 애국심 개발심이 없지 않아 신문에 유의하는 것이니 어찌 탐구 이해의 효력을 얻지 않겠는가. 차라리 저 하등 어리석은 사람처럼 순진한 마음에 치우쳐 글을 읽으면 계몽(啓蒙)의 이익이 있으나 국민의 몽애한 습성과 병은 오직 이로 말미암고 점차 어두워지리니 가히 구하여 치유할 변통에 이르지 못할 것이다.

　　—'부지독신문(不知讀新聞)', 『황성신문』, 1902.4.18

　이 인용문에 등장하는 것과 같이 '계몽'이라는 용어는 1880년대 한문 신문이었던 『한성순보』에도 등장하기 시작하며, 1900년대에 이르러 일 상어로 널리 쓰이기 시작하였다. 물론 조선시대에도 '계몽편(啓蒙編)'이 라는 아동용 교과서가 있었지만, 일상에서 계몽이라는 용어가 번지기 시작한 것은 이 시기부터로 판단하는 것이 적절해 보인다.

　축자적인 의미에서 계몽(啓蒙)이란 몽매함을 일깨운다는 뜻을 갖는 다. 몽매는 '어리석고 사리에 어두움'을 뜻하는 말이다. 곧 '계몽'이라는 단어 속의 '몽'이 '몽매', 또는 '무지몽매'를 의미한다는 점에서 계몽사 상은 무지와 편견을 벗어나 이성적·지적 삶을 추구하는 정신을 의미하 게 된다. 이 점에서 계몽이라는 말 속에는 몽매와 대립되는 '지식', '이 성', '이지(理智)' 등과 같은 이성적 자질과 '계(啓)'라는 문자의 본질적인

의미인 '열다', '가르치다', '인도하다'는 자질이 포함되어 있다. 달리 말해 사상적인 면을 벗어 던진다면 계몽은 '교육'이라는 말과 유의어로 쓰일 수밖에 없는 셈이다.

우리나라의 계몽사상이 서양과 달리 지식 보급론이나 문자 보급론을 지시하는 것처럼 해석되었던 이유도 본질적으로는 계몽이 갖고 있는 교육적 기능 때문이었다. 특히 1920~30년대 동아일보나 조선일보를 중심으로 활발해 전개되었던 '브나르도 운동'은 그 자체가 문자 보급 운동의 성격을 지녔다.

그러나 우리나라에서의 계몽의식은 개항 직후인 1880년대에도 그 모습을 찾아볼 수 있다. 다음은 1882년 지석영의 시무학(時務學)에 대한 상소이다.

【 시무학에 대한 상소2) 】

幼學池錫永疏略. 目下大政, 莫先於安民心. 何則, 我國僻在海左, 從來不曾外交, 故見聞不廣, 昧於時局. 交隣聯約, 俱不知爲何物. 見稍用意於外務者, 則動輒目之以染邪, 誹謗之睡辱之. 凡民之胥動而疑忌者, 不識時勢故也, 民若不安, 國安得治乎.

第伏念各國人士所著, 『萬國公法』, 『朝鮮策略』, 『普法戰記』, 『博物新編』, 『格物入門』, 『格致彙編』等書 及 我國校理臣金玉均所輯 『箕和近事』, 前承旨朴泳敎所撰 『地球圖經』, 進士臣安宗洙所譯 『農政新編』, 前縣令臣金景遂所錄, 『公報抄略』等書, 皆足以開發拘曲, 瞭解時務者也.

伏願設置一院, 搜集上項諸書. 又購近日各國水車, 農器, 織組機, 火輪機, 兵器等貯之. 仍命行關各道每邑. 選文學聞望之爲一邑翹楚者. 儒吏各一人, 送赴該院. 使之觀其書籍. 深知世務, 有能倣樣造器, 盡其奧妙者, 銓其才能而收

---

2) 국사편찬위원회(2011), 『한국 근대사 기초 자료집 2: 개화기의 교육』, 탐구당. 이 자료는 『고종실록』 고종 19년 8월 29일자에 수록된 것을 옮긴 것이다.

用, 又造器者, 許其專賣, 刊書者, 禁其飜刻, 則凡入院者, 無不欲先解器械之理, 深究時局之宜, 而莫不飜然而悟矣. 此人一悟 則凡此人之子若孫及隣黨之素所敬服者, 率皆從風而化之矣. 玆豈非化民成俗之捷徑, 利用厚生之良法乎. 民旣解惑而安奠, 則凡自强禦侮之策, 具載於中國人所著『易言』一部書. 臣不感贅進焉.

번역 유학 지석영 소략. 지금 큰 정치는 민심을 안정하는 것보다 우선할 것이 없습니다. 어찌하여 그런가 하면, 우리나라는 해좌(海左)에 편벽되이 위치하여, 종래 일찍이 외교를 하지 못했고, 그러므로 견문이 넓지 못하여, 시국에 어둡고, 교린 연약(交隣聯約)이 무엇인지 알지 못합니다. 외무에 대한 준비를 조금이라도 볼지면, 곧 염사(染邪)로써 첩목(輒目)을 동(動)하며, 그것을 비방하고, 욕되게 합니다. 무릇 백성이 모두 움직이며 의심하고 기피하는 것은 시세를 알지 못하는 까닭이니, 만약 백성이 불안하면 어찌 국가의 안전한 치세를 얻을 수 있겠습니까?

엎드려 생각건대, 각국 인사가 지은 『만국공법(萬國公法)』, 『조선책략(朝鮮策略)』, 『보법전기(普法戰記)』, 『박물신편(博物新編)』, 『격물입문(格物入門)』, 『격치휘편(格致彙編)』 등의 서적과 우리나라 교리 김옥균(我國校理臣金玉均)이 편집한 『기화근사(箕和近事)』, 전 승지 박영교(前承旨朴泳敎)가 편찬한 『지구도경(地球圖經)』, 진사 안종수(進士臣安宗洙)가 번역한 『농정신편(農政新編)』, 전 현령 김경수(金景遂)가 지은 『공보초략(公報抄略)』 등의 서적은 모두 구곡(拘曲)을 개발하고, 시무를 밝게 이해하기에 족합니다.

엎드려 원하옵건대 한 원을 설치하여 위의 여러 서적을 수집하고, 또 근일 각국의 수차, 농기, 직조기, 화륜기, 병기 등을 구입하여 두고, 각 도와 모든 읍에 명하여 문학(文學)을 선별하고 듣게 하여 일읍의 교초(翹楚)가 되게 하옵소서. 유생 관리 각 1인을 이 원에 부임하도록 하여 기 서적을 보게 하옵고, 세무(世務)를 깊이 알게 하여 모방하여 기계를 만드는 데 능하게 하여 그 오묘한 것을 다하게 하고, 그 재능을 측정하여 수용하고 또 조기(造器)의 전매(專賣)를 허용하고 간행한 서적을 번각하지 못하도록 하면, 곧 이 원에 입학한 자가 기계의 이치를 선해(先解)하고자 하지 않음이 없을 것이니 시국의 마땅함을 깊이 탐구하면 뒤집힘이 없이 깨닫게 됩니다. 이 한 사람의 깨달음은 곧 무릇 그 사람의 자손이나 손자 이웃들의 존경을 받는 바가 될 것이며, 모두 이러한 풍속을 따르면 교화가 될 것입니다. 이것이 어찌 백성을 교화하여 풍속을 이루는 첩경이 되지 않으며, 이용후생의 양법이 되지 않겠습니까? 백성이 이미 의혹을 풀고 평안함을 정하는 일이니 곧 스스로 강해지며 모멸감을 막는 방책이 될 것이니, 중국인이 지은 『역언(易言)』 일부의 글에 실려 있는 바이니, 신은 감히 번거롭게 진언하는 바입니다.

이 상소에 등장하는 '견문불광 매어시국(見聞不廣 昧於時局)'이나 '개발구곡 효해시무(開發拘曲 曉解時務)', '화민성속(化民成俗)'은 '계몽'이라는 용어를 사용하지 않았을 뿐, 본질적으로 계몽이 지향하는 '교육적 기능', '풍속 교화의 기능'이 모두 들어 있다. 계몽 대신 이 상소문에 등장한 용어는 '개발(開發)'이라는 표현이다. 이때 '개발'은 '구곡(拘曲)'은 '구애(拘碍)'와 '곡해(曲解)' 등을 의미한다. 달리 말해 구곡과 곡해는 무지와 편견의 소산이며, 이를 해소하기 위해 서적이 유통되어야 하고, 이를 바탕으로 풍속 교화를 이루어야 한다는 주장인 셈이다.

이처럼 '계몽'과 '개발'이 본질적으로 같은 의도를 지니고 있다면, 우리나라의 계몽운동을 이해하기 위해 '계몽'과 유의 관계에 있는 다수의 용어들을 이해해야 한다. 특히 1880년대 이후 한국 지식인들의 계몽담론은 이른바 '문명개화(文明開化)'를 위한 '지식 보급론(신문, 서적 출판)', '국문 보급론', '애국론' 등으로 점철되어 있음을 고려할 때, 본격적인 계몽운동의 출발점은 이 시기부터로 규정할 수 있다. 따라서 이 시기부터 계몽의 대용 표현으로 사용한 '계-, 개-, 교-' 계통의 합성어의 의미 자질을 좀 더 면밀히 검토해 보아야 한다. 먼저 '계(啓)'의 쓰임을 살펴보자.

【 계몽의 대용 표현 】

ㄱ. 故今將地球上 所有海陸山川之面積方里 及 各國幅員之廣狹 人口之多少
種類之區別 兵額之多寡 政令之得失 文學之盛衰 風俗之善惡 又國勢之强弱 時
世之治亂 商務之奇贏 工業之巧拙焉. 而必詳擇焉 而必精每月三印 以告同志幸
有經綸才智之士 同起而議之日事憤啓 則豈特聞博 而知明而已哉.

번역 그러므로 이제 지구상에 있는 해륙(海陸)과 산천(山川)의 면적과
각국 폭원(幅員)의 광협(廣狹)과 인구(人口)의 다소, 종류의 구별,
병액(兵額)의 다과(多寡), 정령(政令)의 득실(得失), 문학의 성쇠, 풍속의
선악, 국세(國勢)의 강약, 시세(時世)의 치란(治亂), 상무(商務)의 기영(奇
贏), 공업의 교졸(巧拙)에 대한 내용을 자세히 말하고 신중히 선택해서 매
월 3회씩 同志들에게 전하려 한다. 행여 경륜과 재지(才智)를 지닌 선비들
이 함께 일어나 이를 토론하고 날로 분계(憤啓, 힘써 계도)한다면, 어찌
다만 견문을 넓히고 지식을 밝히는데 그치겠는가.

—『한성순보』, 1883.10.31, '지구론'

ㄴ. 騰歡考古經 初無奸淫之律 弛其禮法永忘男女之嫌. 誠恐內好外謹貞嫌作態
欲擒 故縱桓益多情 此實造蘗之由爨訟之始 爲此復行曉諭. 伊後大颺方便之門
廣啓化生之路.

번역 고경(古經)을 조사하여 보건대 당초에는 간음에 대한 율이 없었
다. 이는 예법을 늦춤으로써 영원히 남녀의 혐의를 잊게 하기 위
해서인 것이다. 이와 반대로 할 경우에는 진실로 마음으로는 좋아하면서
도 겉으로는 점잖은 체 티를 내지 않으려고 진정(眞正)한 태도를 짓게 될
까 저어스럽다. 욕정은 억제할수록 더욱 방종하여지고 여자는 항거할수
록 더욱 다정스러워 보이는 것으로, 이는 실로 죄악을 만드는 원인인 것
이요 송사(訟事)를 일으키는 시발점이 되는 것이다. 이 때문에 다시 효유

하는 것이니, 이 뒤로는 크게 방편(方便)의 문(門)을 열고 화생(化生)의 길을 광계(廣啓)하도록 하라.

—'해외기사', 『한성주보』, 1897.3.21

앞에서 살펴본 바와 같이 '계몽'이라는 표현은 『한성순보』 1883년 12월 20일자 '영국지략'에도 나타난다. 흥미로운 것은 개항 직후 처음 발행된 신문인 『한성순보』에서는 '지구론'과 '세계지지'에 관한 기사를 중시하고 있다는 점인데, 이는 서구의 르네상스가 지리상의 발견으로부터 시작된 것과 같은 맥락으로 보인다. 특히 순보 창간호의 '지구도해', '지구론', '논양주(論洋洲)' 등과 같이 세계지지(地誌)를 수록한 것은 세계에 대한 견문을 넓혀 경세(經世)에 도움이 되도록 하는 목적이 있었을 것으로 추측된다. 이러한 차원에서 순보 창간호에 등장하는 '계(啓)'의 개념은 본질적으로 계몽의 뜻과 같다.[3]

'계'와 마찬가지로 문견을 넓히는 일과 밀접한 관련을 맺는 용어는 '개화, 개명, 개유' 등의 용어들이다. 1880년대에도 이러한 표현을 다수 찾을 수 있는데, 다음과 같은 사례가 있다.

【 개화, 개명, 개유 】

ㄱ. 盖此國初係英國管轄 至一千七百十五年 有華盛頓者 崛起糾衆叛英獨立 自是以後日就富强 月進開化 故國之隆盛 與歐洲五大國.

번역 이 나라는 처음에 영국의 관할에 있었는데 서기 1775년 워싱턴이란 자가 영국 정부에 반기를 들고 일어나 독립했다. 이후부터 날로 부강해지고 달로 개화(開化)해서 그 나라의 융성함이 구주(歐洲) 5대국과 맞먹는다.

—'아미리가주', 『한성순보』, 1883.11.20

---

3) 여기서 '계(啓)'를 '계몽'과 유의어로 해석하는 까닭은 '계'라는 한자가 벼슬아치가 임금에게 올리는 장계(狀啓)와 다른 의미를 갖고 있기 때문이다.

ㄴ. 如學校則該國搢紳士庶 莫不存心於物理之源務 進於開明之上級 國有大學校十 中學校 師範學校 及 農商兵工 等 數指不勝屈.

번역 학교는 이 나라의 관리나 평민들이 모두 물리학에 관심을 두어 개명(開明)에 힘쓰기 때문에 나라 안에 대학교가 10개, 중학교·사범학교 및 농업·상업·공업학교 등은 그 숫자를 헤아릴 수 없을 정도이다.

—'영국지략', 『한성순보』, 1883.12.20

ㄷ. 夫治國之道莫先於敎化. 敎化之道莫先於立學. 學者所以牖民生之心志開. 民生之耳目使之有知覺. 知覺明於內則万事應於外如鑑之造物姸媸自形如衡之稱物輕重自衒. 故古者王宮國都以及閭巷莫不有學, 上自天子之元子衆子以至公卿大夫元士之嫡子與凡民之俊秀, 人生八歲皆入小學十五以上皆入大學, 敎之以愛親敬長格物致知之要, 以是而人倫明於上, 敎化行於下士皆得大有之樂民皆享人壽之福矣. 叔季以降 學政弛而不張 庠序廢而不興爲民者疎於愛敬之道 爲士者昧於格致之方, 然而能治其國者未之有也.

번역 나라를 다스리는 방법은 교화(敎化)를 먼저 하는 것이 제일이고, 교화의 방법은 먼저 학교를 세우는 것보다 더 중요한 것은 없다. 학교는 민생의 심지를 유도(牖導)하고 백성의 이목을 열리게 하여 민생으로 하여금 지각(知覺)이 있게 하는 곳이다. 마음 속에 지각이 밝아지면서 밖에서 오는 만사(萬事)에 대응하는 것이 거울에 물건을 비추면 물건의 미추(美醜)가 절로 드러나고 저울로 물건을 달면 경중(輕重)이 절로 나타나는 것과 같이, 선악(善惡)과 사정(邪正)에 대한 구분이 분명하여지는 것이다.

—사의(私議), '논학정(論學政)', 『한성주보』, 1886.1.25

위 인용문에 쓰인 용어는 '개화', '개명', '개유'이다. 이 가운데 '개유'는 어휘화된 것으로 보이지 않지만, 개화와 개명은 독립된 어휘로서의 기능을 갖고 있다. 여기서 '개화'란 개명, 곧 문명의 상태에 이르는 것을 의미한다. 곧 개화를 이끄는 일, 달리 표현하여 개명하는 일은 계몽의 의미와 동일하다. '개명'은 곧 '교화'나 '교도'의 의미를 갖는다. 그렇기 때문에 계몽이라는 표현 대신 빈번히 사용한 용어는 '교화'이다. 앞의 '논학정'에서도 '교화'라는 표현이 등장하지만, 엄밀히 말하면 이 용어는 근대 이전의 문헌에서도 다수 찾을 수 있으며,[4] 백성을 가르친다는 의미의 '교민(教民)'은 『논어』에서도 그 용례를 찾아볼 수 있다.[5] 다만 교화나 교민, 교도, 교육 등은 '몽매'를 전제로 한 계몽이라는 용어보다는 '가르침' 전반을 표현하는 훨씬 넓은 개념으로 사용된다.

2. 계몽운동과 계몽사상

2.1. 계몽성과 계몽사상

계몽의 축자적 의미가 무지와 몽매에서 벗어나게 하는 데 있다는 점은 계몽운동의 주체나 대상, 범위를 확정하는 데 어려움으로 작용한다. 특히 서구의 사상이나 철학 용어로 사용되는 계몽을 고려한다면 용어가 더 복잡해진다. 이 점은 한국 학문사의 전개 과정을 고려할 때도 마찬가지이다. 한국의 개화사상에 대한 선구적인 연구인 이광린(1969)의 『한국 개화사 연구』나 17세기 서양 지식의 유입 과정을 연구한 강재언(1981)의 『한국의 개화사상』 등에 따르면 서양의 학문이 우리나라에 전래되기

---

4) 예를 들어 정조 연간의 '제주 윤음'에는 "거룩ᄒ시다 우리 선대왕이 지도를 샹고ᄒ시고 공션을 슬피오셔 졍수를 내읍시매 어지ᄅ시믈 베프옵셔 주리믈 알외오면 빅의 곡식으로 가 먹이시고 방물을 드리온즉 냥식을 주뢰ᄒ여 보내시며 진조를 츳고 폐막을 무르랴 ᄒ신즉 믄득 슈옷 닙은 신하를 보내시고 구실을 경히 ᄒ고 형벌을 슬피랴 ᄒ신즉 미양 병부츤 관원을 신칙ᄒ시니 한셤을 둘너 몃 만이나 호싱령이 먼듸믈 평안과져 ᄒ시ᄂ 교화의 첫고 ᄯ이연지 오십년이라."이라는 표현이 등장한다.

5) 『논어』 자로 제13에서는 "子曰, 善人敎民七年, 亦可以卽戎矣(선인이 백성을 칠년이나 가르치면 또한 가히 오랑캐도 교화할 것이다)."라고 하였다.

시작한 것은 1600년대로 거슬러 올라간다. 그런데 이 시기의 서양 지식은 중국에 파견되었던 사신들이 견문한 것을 전하는 형식이었다. 비록 서학으로 명명된 천주교 신자들이 출현하기는 하였지만[6] 대부분의 과학 기술서가 우리의 학문 세계에 직접적인 영향을 준 것 같지는 않다. 강재언(1981)에서 기술한 바와 같이 정두원이 로드리게스로부터 『치력녹기(治曆綠記)』, 『천문략(天文略)』 등의 책을 기증받고, 1783년 연행사로 중국에 갔던 이승훈이 『천주실의(天主實義)』, 『기하원본(幾何原本)』 등의 책을 가져온 것으로 나타나지만, 그 책을 접한 지식인도 소수에 불과했고, 그것을 계몽의 차원에서 연구하고 전파하고자 한 것은 아니었다.

이 점은 김문식(2009)의 『조선 후기 지식인들의 대외 인식』에서도 지적된 바 있다. 이에 따르면 조선 후기 서구 지식은 크게 세 가지 유통 경로는 '서울에서 의주, 산해관, 심양, 북경'을 거치는 연행사 경로, '서울에서 동래, 대마도, 오사카, 교토, 에도'를 경유하는 '통신사 경로', 유구(오키나와)나 여송(呂宋, 필리핀)에 표류한 사람들의 견문 등의 세 가지 코스가 존재한다. 그러나 이 세 가지 코스에서 서학으로서의 천주교를 제외한다면, 그들의 과학 기술을 직접 연구하여 대중에게 보급하고자 한 노력은 찾아보기 어렵다.

서양의 과학 기술 서적이 본격적으로 유입되기 시작한 것은 1840년대 이후로 추정되는데, 이는 『해국도지(海國圖志)』의 전래 과정을 연구한 이광린(1969)에서도 비교적 자세히 논의된 바 있다. 이에 따르면 『해국도지』는 초판이 나온 다음해인 1845년 중국에 갔던 사신들에 의해

---

6) 한국의 천주교 전래 과정에 대해서는 1906년 『경향신문』의 부록으로 발간된 『보감』(이 책은 『경향잡지』의 전신에 해당함)에 실린 '대한 성교 사기'에 상세히 설명되어 있다. 이에 따르면 한국의 천주교 전래는 임진왜란 당시 일본군 선봉장이었던 고니시 유키나카(小西行長)의 영향을 받은 세례인이 나타났으며, 1631년 중국에 사신으로 간 정두원(鄭斗源)이 예수회 선교사 요하네스 로드리게스(중국명 육약한)으로부터 서양 학문책(성경)과 기묘한 물건인 안경, 자명종, 시표, 만리경 등을 받아온 것이 천주교 전래의 시작이라고 기술하였다.

우리나라에 전래되었으며, 그 뒤 많은 부수가 한국에 들어왔고, 위정자와 학자들 사이에서 비상한 관심의 대상이 되었던 것은 틀림없다.[7] 그러나 1880년대 이전의 서구 지식 유입은 일부 지식인들에 한정된 것이었으므로 본격적인 계몽 담론이 형성되었다고 보기는 힘들다.

그러나 1880년대에는 이른바 개화 사상가들의 등장과 함께 서양 학문과 신지식의 보급이 필요함을 주장한 다수의 움직임이 나타났다. 이광린(1969)에서는 임오군란(1882년)이 일어난 해 『승정원일기』에 등장하는 100여 명 정도의 상소문을 분석한 바 있는데, 이들 상소의 주된 내용은 '개화 관계 서적을 간행하라는 것', '외국어를 가르치도록 하라는 것', '외국인 기사를 채용하라는 것', '새 지식과 기술을 보급하기 위해 서울에 훈련원을 설치하라는 것', '탄광을 채굴하라는 것', '상회소(商會所)와 국립은행을 설치하라는 것', '화륜선을 건조하고 군항을 설치하라는 것' 등으로 나누어 분석하였다. 이러한 상소가 그 자체로서 계몽운동을 의미하거나 계몽사상을 반영하는 것은 아니지만, 서적 간행이나 외국어 교육, 지식 보급과 관련된 주장은 그 자체로서 계몽성을 띠고 있는 셈이다.

이러한 흐름에서 우리나라에서의 '계몽'에 대한 연구는 운동사의 차원과 사상사의 차원을 나누어 접근할 필요가 있다. 왜냐하면 운동사는 그 자체로서 계몽성을 띤 활동을 의미하지만, 사상사로서의 계몽은 서양의 계몽철학과 마찬가지로 이성주의, 과학주의, 합리주의의 수용 과정을 의미하기 때문이다.

이러한 차원에서 기존의 계몽에 대한 연구는 두 가지 방향으로 정리

---

7) 이광린(1969)에서는 개화 사상가에게 영향을 준 외국 서적으로 역사·지지서인 『해국도지』, 『영환지략(瀛環志略)』, 『지구설략(地球說略)』, 『보법전기(普法戰記)』, 정치·법률 서적으로 『조선책략(朝鮮策略)』, 『만국공법(萬國公法)』, 『흥아회잡사시속(興亞會雜事詩續)』, 『이언(易言)』, 자연과학 서적으로 『격물입문(格物入門)』, 『박물신편(博物新編)』, 신문·잡지로 『신보(申報)』, 『만국공보(萬國公報)』, 『중서견문록(中西見聞錄)』, 『격치휘편(格致彙編)』을 고찰한 바 있다.

해 볼 수 있다. 하나는 계몽성을 띤 운동사의 차원이다. 이 주제와 관련된 선행 연구는 주로 1905년 전후의 '애국계몽운동'과 밀접한 관련을 맺고 있다. 예를 들어 신용하(2004)의 『한말 애국계몽운동의 사회사』나 최기영(2003)의 『한국 근대 계몽사상 연구』, 이화여자대학교 한국문화연구원(2005)의 『근대 계몽기 지식 개념의 수용과 변용』 등이 이에 해당한다. 그러나 이들 연구에서는 계몽의 개념이나 특징에 대한 깊이 있는 논의보다 1905년 국권 침탈기의 애국 담론이나 1900년대 전후의 지식수용 과정에 대한 논의에 초점을 맞추었다. 이러한 흐름 속에서 최근에는 근대 지식의 수용과 보급에 대한 다양한 연구가 출현하고 있는데, 그 중 주목할 만한 것은 지식 수용 과정에서 등장하는 서적 출판과 번역에 대한 문제이다. 예를 들어 양일모(2004)의 '근대 중국의 서양 학문수용과 번역'이나 차배근(2005)의 '19세기말 중국의 서학과 이데올로기', 윤영도(2005)의 '중국 근대 초기 서학 번역 연구: 만국공법을 중심으로' 등에서는 지식 수용 과정에서 이른바 화역(華譯)에 주목한 사례이다. 또한 최경옥(2005)의 『번역과 일본의 근대』를 비롯하여 일본의 근대지식에 관심을 보인 사례도 다수 나타난다.8) 이러한 흐름 속에서 근대지식 수용과 보급을 통한 계몽성 고찰은 1880년대의 시대 상황을 주목하지 않으면 안 된다. 이에 대한 선행 연구로는 한국의 근대사상을 주제로 한 천관우(1976), 강재언(1983)을 비롯하여, 이광린(1969)의 개화사상 연구 등이 주목된다. 이러한 연구는 비록 '계몽'이라는 키워드를 사용하지는 않았지만, 근대 정신의 하나인 계몽성과 관련된 연구의 하나로 볼 수 있다.

다른 하나는 서양 철학사의 관점에서 계몽주의가 갖는 의미를 규명

---

8) 근대 일본의 학문과 번역 문화에 대해서는 가노 마사나오, 서정완 역(2008)의 『근대 일본의 학문: 관학과 민간학』과 야나부 아키라, 김옥희 역(2011)의 『번역어의 성립』 등과 같은 번역서도 출현하였다. 이뿐만 아니라 국내의 다수 일본 연구소의 연구 성과물을 모두 다 열거하기는 어렵다.

하고자 하는 시도이다. 한국학술정보서비스에서 '계몽사상' 또는 '계몽주의'를 키워드로 검색할 경우 총 6,200건 정도의 자료가 검색되는데, 그 가운데 대부분은 계몽의 특징으로 '이성주의', '자유주의', '인간해방'을 전제한 논문이다. 특히 사상사나 철학사를 전제로 한 논문은 서양의 계몽주의이든 우리나라의 계몽주의이든 모두 '계몽사조'를 관심의 대상으로 한다.

철학으로서의 계몽사상은 1900년대부터 본격적으로 등장한다. 특히 근대 학회보와 신문이 출현하면서 다수의 계몽 철학자들의 학문이 번역 소개되었는데, 『조양보』 제1~제3호(1906)에 번역된 '자조론'(스마일즈), 『서우』 제7~10호(1906)의 '자치론'(스마일즈), 『서우』 제7~10호(1906)에 노백린이 번역한 '애국정신담'(에밀), 『한양보』 제1, 2호(1907)에 소재한 '육극(陸克, 존 로크)의 자유담', 『기호흥학회월보』 제6~10호에 이춘세가 번역한 '곽포사설(홉스의 정치학설)', 『소년』 제1권 제2호(1908)의 스마일즈 '용기론', 『대한흥학보』 제4호 추당 역(譯)의 '표헨하월 씨의 윤리설'(쇼펜하워) 등은 학회보에 수록된 계몽 철학 텍스트의 번역 사례이며, 『대한매일신보』 1906년 1월 4일자 잡보의 '대영학사(大英學士) 록씨(氏)의 교육 의견'(로크), 1907년 10월 25일 잡보의 '자조론'(스마일즈), 『황성신문』 1909년 8월 4일부터 9월 8일까지 연재된 '노사(盧梭) 민약론(民約論)'은 신문 소재 계몽 철학 번역 사례이다. 이들 번역은 서양어 텍스트를 직접 번역한 것으로 보기는 어렵지만, 중국이나 일본을 경유하여 서양의 계몽철학을 수용한 직접적인 증거가 된다.

그럼에도 이 시기까지는 '계몽철학' 또는 '계몽주의'라는 용어가 사용되지는 않은 것으로 보인다. 신문이나 학회보 자료에서 '계몽'이라는 말이 '사상'이나 '주의'와 합성된 사례는 『대한흥학보』 제13호(1910.5)의 '일본 교육사상(日本敎育思想)의 특점(特點)'에서 찾을 수 있다.

【 日本 教育思想의 特點 】

大抵 日本 教育界의 思想變遷은 그-久홈이 四十年에 跨ᄒᆞ고 그-遷移홈
이 가장 複雜ᄒᆞ애 數頁의 論文으로 綜詳키 難ᄒᆞ나 今의 다만 그-全般 思想
界를 支配ᄒᆞ야 影響이 國家의 普及ᄒᆞᆫ 者를 槪括的으로 論述ᄒᆞ야 我韓 敎育
界에 紹介코져 ᄒᆞ노라.

第一. 實利主義 敎育(啓蒙時代, 歐化 鼓吹): 大抵 明治維新의 改革은 開國
進取의 國是를 斷行ᄒᆞ얏스니 當時의 一般 思想界의 滔滔 潮流ᄒᆞᆫ 一派ᄂᆞᆫ
卽 實學 尊重에 在ᄒᆞ도다. 今에 實學主義 敎育派의 急先을 作鋒ᄒᆞ던 福澤
氏의 事를 略記ᄒᆞ건ᄃᆡ 氏ᄂᆞᆫ 豊前의 人이라. 初에 緒方 洪庵의게 就ᄒᆞ야 蘭
學9)을 修ᄒᆞ고 安政 五年 江戶에 來ᄒᆞ야(今 日本 東京) 英學을 研究ᄒᆞ얏시며
安政 六年에 幕府의 使節를 隨ᄒᆞ야 北米에 渡航ᄒᆞ얏고10) 慶應 三年에 다시
米國에 漫游ᄒᆞ야 文物制度를 精詳히 視察ᄒᆞ고 歸國ᄒᆞ얏더라. 時ᄂᆞᆫ 증히 佛
蘭西에 革命이 起ᄒᆞ야 民權 自由 平等의 思想과 個人的 功利思想이 隆盛ᄒᆞ
던 時라. 福澤 氏ᄂᆞᆫ 다만 泰西 文明의 物質的 方面만 視察홈에 不止ᄒᆞ고
更히 精神的 文明 思想을 感受ᄒᆞ야 文明 開化의 一大 化身을 作ᄒᆞ야 昻然ᄒᆞᆫ
意氣로 本邦에 歸來ᄒᆞ얏더라.

번역 일본 교육사상의 특점: 대저 일본 교육계의 사상 변천은 그 오램
이 40년을 자랑하고 그 변이함이 가장 복잡하여 몇 장의 논문으로
상세히 종합하기 어려우나 지금 다만, 그 전반적인 사상계를 지배하여
영향이 국가에 널리 퍼진 것을 개괄적으로 논술하여 우리나라 교육계에
소개하고자 한다.

제일. 실리주의 교육(계몽시대, 구화 고취): 대저 메이지 유신의 개혁에
서는 개국 진취의 국시를 단행하였으니, 당시 일반 사상계의 도도하던
조류 일파는 곧 실학 존중에 있다. 지금 실학주의 교육파의 선봉을 이루

---

9) 란가쿠[蘭學]: 화란(네덜란드)의 학문.
10) 안정 5년은 1859년, 6년은 1860년임. 후쿠자와유키치가 도미한 것은 1860년임.

던 후쿠자와 씨의 사항을 간략히 기술하면, 씨는 부젠(豊前) 사람이다. 처음 홍암(洪庵)에게 난학(蘭學)을 배우고, 안정(安定) 5년 에도(江戶)(지금의 도쿄)에 와서 영학을 연구하였으며, 6년에 막부의 사절 임무를 띠고 북미에 도항하였으며, 경응(慶應) 3년에 다시 미국에 만유(漫遊)하여 문물제도를 상세히 시찰하고 귀국하였다. 이 때는 일찍이 프랑스 혁명이 일어나 민권, 자유, 평등의 사상과 개인적 공리주의 사상이 융성했던 때이다. 후쿠자와는 다만 태서 문명의 물질적 방면만 시찰하는 데 그치지 않고 다시 정신적 문명 사상을 수용하여 문명개화의 일대 화신을 이루어 앙연한 의기로 이 나라에 돌아왔다.

—「일본 교육사상(日本敎育思想)의 특점(特點)」,
『대한흥학보』 제13호(1910.5)

이 글에 나타난 '계몽시대'의 '계몽'은 '이성, 자유, 민권, 평등사상'을 기반으로 하는 서양의 철학 사상을 의미한다. 이 시기 서양 교육사에 대한 체계적인 역술 작업이 미진했기 때문에, 이 이전에 서양의 계몽사상이 소개된 예를 찾기는 어려우나,[11] '철학'이라는 개념어가 형성되면서[12] 서양 철학의 '계몽사상'이 소개되기 시작했음은 틀림없다.

---

[11] 『조양보』 제11호(1906.12)에 역술된 '태서교육사'는 16세기의 교육사까지만 나타난다. 그 이후 이 잡지가 발행되지 않았기 때문에, 이 역술본에서 계몽시대를 어떻게 다루었는지 짐작하기 어렵다. 그러나 16세기의 교육사의 한계로 '희랍 로마의 고전 숭상', '화려 우미의 문장 숭상 풍습' 등을 지적하고 '자기 사상(自己思想)', '활어(活語)'의 중요성을 가볍게 여긴 점 등을 지적했으므로, 17세기 이후의 계몽주의 교육사를 더 게재했다면, 『대한흥학보』 제13호(1910.5)의 계몽주의에 등장하는 '계몽주의'의 특징이 자세히 기술되었을 가능성이 높다.

[12] '철학'이라는 개념은 유길준(1895)의 『서유견문』 제13편 태서학문의 내력의 '학업하는 조목'에서 "此學은 智慧를 愛好ᄒᆞ야 理致를 通ᄒᆞ기 爲홈인 故로 其 根本의 深遠홈과 功用의 廣博홈이 界域을 立ᄒᆞ야 限定ᄒᆞ기 不能ᄒᆞ니 人의 言行과 倫紀며 百千事爲의 動止를 論定ᄒᆞᆫ 者라(이 학은 지혜를 사랑하고 좋아하여 이치를 통탈하기 위한 것이므로 그 근본이 심원함과 공용이 넓음은 경계를 확립하여 한정하기 어려우니 사람의 언행과 윤리 기강이며 백천만사의 행동거지를 논정하는 것이다)."라고 한 데서 찾아볼 수 있다. 그 이후 『태극학보』 제21호~22호(1908.5~6)에 학해주인(學海主人)이라는 필명으로 '철학초

사상으로서의 계몽주의가 본격적인 개념어로 쓰인 시점은 1920년대 전후로 판단된다. 이러한 예로 1922년 3월 8일부터 『동아일보』에 연재된 '구주사상(歐洲思想)의 유래(由來)'가 있는데, 이 자료에서는 르네상스 이후 17~18세기의 사상을 '유리사상(唯理思想)'이라 일컫고, 그 가운데 '계몽사상(啓蒙思想)'을 다음과 같이 규정하였다.

【 歐洲思想의 由來(29) 】

啓蒙思想이라는 言語는 普通으로는 十八世紀 半의 佛蘭西의 思想界 乃至 獨逸 思想界에 適用된 名目이나 더욱 精確히 하면 十七世紀로부터 十八世紀에 亘하야 몬저 英吉利 思想界에 適用된 言語이라. 元來 啓蒙은 文字와 如히 在來의 思想 習慣上의 迷盲을 打破하고 光明을 與하는 意義이니, 文明史的으로는 特別한 知識의 發達을 意味한 것이라. 啓蒙期는 卽 特殊한 意味의 知識 發達의 時代에 不外하니 佛蘭西와 밋 獨逸에 在하야는 此 知識의 發達이 十八世紀 中葉에 在하야 相當히 急激한 觀을 呈하얏스나 英吉利에 在하야는 文藝復興期 以前에 漸進的으로 또 着實히 人智가 發達함으로 因하야 特히 啓蒙期로 區劃할 年代가 無한지라. 그러나 文明史的으로 觀察하건대 佛獨 啓蒙思想의 根源은 英吉利이니 啓蒙的 風潮의 特色은 英吉利에 在하야 가장 顯著하고 濃厚하다 謂하지 안이하면 안 될지라. 안이라, 啓蒙的 風潮는 特히 英吉利 獨逸의 傾向이오 産物이라도 謂하니라.

번역 계몽사상이라는 언어는 보통으로 18세기 반의 프랑스 사상계 내지 독일 사상계에 적용된 명칭이나, 더욱 정확히 하면 17세기로부터 18세기에 이르러 먼저 영국 사상계에 적용된 언어이다. 원래 계몽은 문자 그대로 재래의 사상 습관상의 미신과 맹목을 타파하고 광명을 부여하는 뜻이니, 문명사적으로는 특별한 지식의 발달을 의미하는 것이다. 계

보(哲學初步)'라는 논문이 게재되었는데, 이 논문은 철학의 개념과 철학 사상가, 철학에서 다루는 주요 문제 등을 소개한 논문이다.

몽기는 곧 특수한 의미의 지식 발달의 시대에 불과하니 프랑스와 독일에서는 이 지식 발달이 18세기 중엽에 상당히 급격한 관점을 드리웠으나 영국은 문예부흥기 이전에 점진적 또는 착실히 인지가 발달하여 특별히 계몽기로 구획할 시대가 없다. 그러나 문명사적으로 관찰하건대 프랑스 계몽사상의 근원은 영국이니 계몽적 풍조의 특색은 영국에서 가장 현저하고 농후하다고 말하지 않으면 안 된다. 계몽적 풍조는 특히 영국과 독일의 경향이요, 산물이라 말할 것이다.

—『동아일보』, 1922.4.17

이 진술은 철학 사조로서 '계몽주의'가 '이성 만능주의'와 밀접한 관련을 맺고 있으며, '영국, 프랑스, 독일'의 17~18세기 사상 경향을 의미함을 뚜렷이 하였다. 그런데 이 가운데 '계몽'의 축자적 의미를, "재래 사상 습관의 미혹과 맹목을 타파하는 것", 곧 "지식 발달"과 연계한 점은 서구 철학과는 달리 본질적인 차원에서, '문명발달, 지식 보급'을 이념으로 하는 '계몽'의 개념화가 가능해짐을 의미한다. 이는 한국 계몽운동사 연구에서도 철학 사조의 차원과 달리 지식 보급, 문자 보급 담론의 차원에서 접근할 필요가 있음을 뜻한다.

2.2. 연구 경향

계몽이라는 개념의 다의성과 유의적 표현, 계몽운동과 계몽사상의 구별 필요성에 대한 논의를 종합해 볼 때, 계몽과 관련된 선행 연구도 두 가지 흐름으로 정리해 볼 수 있다.

첫째는 사상사의 관점에서 계몽철학을 대상으로 한 경우이다. 한국학술정보서비스의 검색 결과 이러한 경향을 보이는 성과는 이휘재(2007)의 「프랑스 계몽주의 시대의 살롱과 여성문화: 데피네 부인과 갈리아니 신부의 편지를 중심으로」(충남대학교 박사논문), 류병구(1992)의

「西毆近世史에 있어서의 中國思想의 役割: 18世紀 프랑스 啓蒙主義思想을 中心으로」(성균관대학고 박사논문) 등이 있다. 이 밖에도 장사흠(2004)의 「최인훈 소설의 정론과 미적 실천 양상: 헤겔 사상의 비판적 수용과 극복 양상을 중심으로」(서울시립대학교 박사논문) 등도 '계몽주의'를 사상사적 개념으로 사용한 경우로 볼 수 있다. 이러한 흐름에서 다음 자료들은 계몽철학 또는 계몽주의를 키워드로 삼고 있다.

【 계몽사상을 대상으로 한 저술[13] 】

게이 피터 저, 주명철 역(1998), 『계몽주의의 기원』, 민음사.

골드만 루시암, 문학과사회연구소 역(1983), 『계몽주의의 철학』, 청하.

골드만 뤼시앵, 이춘길 역(1982), 『계몽주의 철학』, 기린문화사.

김미상(2004), 『계몽주의 건축이론과 근대건축』, 세진사.

김수용(2010), 『독일 계몽주의』, 연세대학교 출판부.

김응종(2014), 『관용의 역사: 르네상스에서 계몽주의까지』, 푸른역사.

나탈리 제몬 데이비스 외, 조형준 역(1999), 『여성의 역사 3-下: 르네상스와 계몽주의의 역설 여성의 역사』, 새물결.

다니엘 아라스·로이 포터·조르주 비가렐로 외, 주명철 역(2014), 『몸의 역사 1: 르네상스부터 계몽주의 시대까지』, 길.

러시아 과학아카데미연구소 편, 이을호 역(2009), 『世界哲學史 3: 계몽주의 시대의 서양철학』, 중원문화.

로슈 다니엘, 주명철 역(2002), 『지방의 계몽주의: 계몽 시대의 아카데미 사회와 문화 1680~1789』, 동문선.

루카치 게오르그, 반성환·임홍배 역(1987), 『독일 文學史: 계몽주의에서 제1차 세계대전까지』, 심설당.

---

13) 이 경향을 보이는 저술 또는 번역서는 전수 조사가 어려울 정도로 많다. 여기서는 주요 흐름을 보이기 위해 일부만을 선별하여 정리하였다.

마르티니 프리츠, 김보회 역(2010), 『계몽주의와 질풍노도』, 보성.

미셸 옹프레, 남수인 역(2010), 『계몽주의 시대의 급진철학자들』, 인간사랑.

박영혜(1985), 『계몽주의에서 누보 로망에 이르기까지』, 숙명여자대학교 출판부.

에른스트 카시러, 박완규 역(1995), 『계몽주의 철학』, 민음사.

엘리제 도젠하이머, 국중광 외 역(2003), 『연극으로 보는 사회사: 독일 계몽주의에서 표현주의까지』, 한신대학교 출판부.

이상오(2005), 『계몽주의 교육: 이론과 실제』, 학지사.

이을호(2008), 『계몽주의시대의 서양철학』, 중원문화.

장세룡(2013), 『프랑스 계몽주의 지성사: 지적 실천 운동으로서의 계몽주의 재해석』, 길.

전홍석(2014), 『독일 계몽주의의 유학적 기초: 볼프의 중국 형상과 오리엔탈리즘의 재구성』, 살림.

주명철(2006), 『서양금서의 문화사: 프랑스 계몽주의 시대를 중심으로』, 길.

지크프리트 슈미트, 박여성 역(2004), 『구성주의 문학체계이론: 사회체계 문학의 재귀조직-계몽주의를 중심으로』, 책세상.

크릴레·마르틴(1998), 『해방과 정치 계몽주의: 인간의 존엄에 대한 변론』, 가톨릭출판사.

토마스 핸킨스, 양유성 역(2011), 『과학과 계몽주의: 빛의 18세기, 과학혁명의 완성』, 글항아리.

한정숙(2012), 『여성주의 고전을 읽는다: 계몽주의에서 포스트모더니즘까지 두 세기의 사상적 여정』, 한길사

둘째는 계몽의 축자적 의미, 또는 계몽성과 관련된 연구 성과이다. 이러한 성과는 계몽사상이 함의하는 문명개화론이나 지식 보급론과 관련된다. 이 경향은 역사학이나 교육학 분야에서 두드러지게 나타나는

데 다음과 같은 학위 논문들을 참고할 수 있다.

【 계몽을 키워드로 한 연구 성과(박사학위 논문) 】

고은지(2004), 계몽가사의 문학적 형상화 방식과 그 의미: 양식적 원리와
　　　　표현기법을 중심으로, 고려대학교 박사논문.

김소은(2002), 한국 근대 연극과 희곡의 형성과정 및 배경 연구, 숙명여자
　　　　대학교 박사논문.

김언식(1992), 프로이센 계몽절대주의와 법전편찬: 프로이센 일반국법
　　　　(ALR)의 제정을 중심으로, 서울대학교 박사논문.

김종현(2010), 근대 계몽기 소설의 대중화 전략 연구, 경북대학교 박사논문.

김형중(1999), 韓國 愛國啓蒙期 新聞連載小說 硏究: 漢文小說·토론체소설·
　　　　신소설의 주제적 특성을 중심으로, 한림대학교 박사논문.

김화선(2002), 韓國 近代 兒童文學의 形成過程 硏究, 충남대학교 박사논문.

박양조(1990), 舊韓末 五個團體의 敎育啓蒙活動에 관한 硏究, 동아대학교
　　　　박사논문.

박중렬(2000), 한국 근대전환기소설의 근대성과 계몽담론 연구, 전남대학
　　　　교 박사논문.

배용일(1997), 朴殷植과 申采浩 思想의 比較硏究, 성신여자대학교 박사논문.

백지운(2003), 近代性 담론을 통한 梁啓超 啓蒙思想 재고찰, 연세대학교
　　　　박사논문.

서영명(2010), 중국을 매개로 한 애국계몽서사 연구: 1905~1910년의 번
　　　　역작품을 중심으로, 인하대학교 박사논문.

서유리(2013), 한국 근대의 잡지 표지 이미지 연구, 서울대학교 박사논문.

성옥례(2012), 루쉰(魯迅)의 모순의식과 갈등 서사, 고려대학교 박사논문.

송인재(2009), 1978년 이후 중국의 계몽·민족국가·문화 담론 연구: 甘陽
　　　　과 汪暉의 비판담론을 중심으로, 성균관대학교 박사논문.

안종묵(1997), 皇城新聞의 愛國啓蒙運動에 關한 硏究, 한국외국어대학교

박사논문.

엄숙희(2013), 신소설의 계몽담론 유형과 특성 연구, 전북대학교 박사논문.

오민(2010), 民族主義的自我觀照: 中國現代文學中的韓國敍事研究, 한국외
　　국어대학교 박사논문.

이기훈(2005), 日帝下 靑年談論 硏究, 서울대학교 박사논문.

이병철(2012), 근대계몽기 계몽담론의 전개와 서사 구현 양상, 고려대학
　　교 박사논문.

이승윤(2006), 한국 근대 역사소설의 형성과 전개: 매체를 통한 역사담론
　　의 생산과 근대적 역사소설 양식에 관한 통시적 고찰, 연세대학교
　　박사논문.

이영식(2014), 한국장로교회와 복음의 대 민족적 책임(1884~1945), 총신
　　대학교 박사논문.

이주라(2011), 1910~1920년대 대중문학론의 전개와 대중소설의 형성, 고
　　려대학교 박사논문.

정관(1992), 韓末 啓蒙運動團體 硏究, 효성여자대학교 박사논문.

조상우(2002), 愛國啓蒙期 漢文散文의 意識 志向 硏究, 고려대학교 박사논문.

조윤정(2010), 한국 근대소설에 나타난 교육장과 계몽의 논리, 서울대학
　　교 박사논문.

조중환(1992), 朴殷植의 愛國啓蒙的 國權回復思想 硏究, 경희대학교 박사
　　논문.

한명섭(2008), 申采浩 文學의 탈식민성 硏究, 경원대학교 박사논문.

허수(2005), 일제하 李敦化의 사회사상과 天道敎: '宗敎的 啓蒙'을 중심으
　　로, 서울대학교 박사논문.

이상의 학위 논문들은 문학, 역사, 종교, 사회 등 여러 분야에서 '개유
(開牖)'를 본질로 하는 계몽의식을 전제로 한 논문들이다. 곧 한국 근대
화 과정에서 '신지식'과 '계명(啓明)'을 담론으로 하는 의식, 운동을 고찰

하고자 한 성과들이다.14)

개인 저술에서도 축자적인 의미를 고려한 '계몽 연구'의 성과가 다수 존재한다. 예를 들어 노형택(1979)의 『일제하 민중교육운동사』(탐구당)는 민족 교육과 민중 교육의 계몽성을 전제로 일제 강점기의 각종 계몽운동을 다루었으며, 양동순(1991)의 『개화기 민중 교화사』(창문각)에서는 '계몽'이라는 표현 대신 '교화'라는 용어를 사용하여 종교 단체의 계몽운동, 사학, 사회단체, 문화단체, 독립협회, 여성단체의 계몽운동을 기술한 바 있다. 정관(1995)의 『구한말기 민족계몽운동 연구』(형설출판사)에서도 '대한자강회', '각 지역 단체(학회)', '재일본 유학생'의 계몽운동을 체계적으로 기술하고자 한 바 있다. 이뿐만 아니라 조동걸(2010)의 『한국계몽주의와 민족교육』(역사공간), 한국독립운동사연구소(1987)의 『한말 사서와 그의 계몽주의적 허실』(한국독립운동사연구소) 등도 지식 보급이나 애국사상 보급의 차원에서 계몽운동을 연구한 성과이다.

이처럼 철학 사조나 지식과 사상 보급 운동의 차원에서 계몽운동을 다룬 성과가 헤아릴 수 없을 정도로 축적되어 있음에도, 근대 계몽과 관련된 연구에서 본질적으로 간과한 것들이 있다. 그 중 대표적인 것이 계몽의식의 기반을 이루는 '인간관', '자연관', '사회관'에 관한 것들이다. 계몽은 본질적으로 사상이나 의식의 '미개', '미혹'을 전제로 한다. 이를 깨우쳐 '개명'에 이르게 하는 것이 계몽의식의 주요 내용을 이룬다. 이 점에서 계몽사상이 갖는 '인간, 사회, 자연'에 대한 근본적인 의식이 무엇이었는지, 그것이 각종 사상과 운동에 어떤 형태로 반영되며, 그 영향은 무엇인지를 기술하는 문제는 계몽사상을 이해하는 데 중요한 의미를 지닌다. 이 점에서 근대 계몽기 철학 개념을 소개한 『태극학보』 제22호의 일부를 살펴보자.

---

14) 학위논문 가운데 김형목(2001)의 「1910년 전후 야학운동의 실태와 기능」(중앙대학교 박사 논문)과 같이 '계몽'이라는 제목 또는 키워드를 사용하지 않은 성과도 상당수 있다. 여기에서는 표본이 될 수 있는 일부만을 제시하였다.

【 哲學初步 論據 】

第一 空間, 時間, 物質, 運動, 勢力: 彼天象을 仰觀ᄒ라. 太陽의 体大가 我地球의 一百五十萬倍가 되고 地球와 相距가 大畧 三億八千九百二十萬里라 云ᄒ니 其大其遠을 想像컨ᄃᆡ 吾人의 思力으론 到底 推ᄏᆡ 未能ᄒ되 我太陽系의 一部쑨이라 今에 太陽系의 大約을 列擧컨ᄃᆡ 地球와 如ᄒᆫ 遊星이 二百餘個요 月과 如ᄒᆫ 衛星이 大凡 十餘個라 云ᄒ니 遊星 中 最遠者를 想察컨ᄃᆡ 太陽에서 十二億萬里 相距되ᄂᆞᆫ 海王星이 有ᄒ니 然則 太陽系의 周圍가 (…중략…) 次ᄂᆞᆫ 時間이니 此亦是 無限 無極ᄒᆫ 者라. 吾人이 通常 億萬年 前 事를 推考컨ᄃᆡ 漠漠ᄒ야 際涯가 無ᄒ고 億萬年 以後를 將望ᄒᆯ지라도 亦是 渺渺茫茫ᄒ니 嗟呼라. 時間의 極點이여 吾人은 到底히 想像치 못ᄒ리로다. 然則 空間과 時間의 觀念은 何로 從生ᄒᄂᆞ뇨. 此ᄂᆞᆫ 勢力(卽 力)의 抵抗을 因生ᄒᄂᆞ니 大凡 宇宙間의 無數ᄒᆫ 物質이 無非相凝相集ᄒ야 其親和力으로 萬種의 形態를 組成ᄒ엿스나 然ᄒ나 吾人으로 物体의 存在 與否를 認知ᄒᆷ은 但止 眼力으로도 不可及이요, 聽力으로도 不可及인즉 物体의 感觸을 實驗ᄒᆫ 然後에야 비로소 其存在를 認識ᄒᆯ지니 何故오. 大抵 目見으로만 物体의 存在를 證明키가 到底 不可能의 事實인즉

번역 철학초보−논거: 제일 공간, 시간, 물질, 운동, 세력: 저 하늘의 모습을 우러러 보라. 태양의 몸체 크기가 우리 지구의 150만배가 되고 지구와 거리가 대략 3억 8920만리라고 이르니, 그 크고 원대함을 생각하건대 우리의 생각하는 능력으로는 도저히 미치기 어렵되, 우리 태양계의 일부분뿐이어서, 태양계의 대략을 열거하면, 지구와 같은 유상이 200여 개요, 달과 같은 위성이 대략 십여 개라고 일컫는다. 유성 중 가장 먼 것을 관찰하건대 태양에서 12억 만리 되는 해왕성이 있으니 그런즉 태양계의 주위가 (…중략…) 그 다음은 시간이니 이 또한 무한 무극한 것이다. 우리들이 통상 억만년 전 일을 추고하건대 막막하여 끝닿는 곳이 없고, 억만년 이후를 장차 바라볼지라도 또한 망연하니 아아 시간의 극점이여. 우리들은 도저히 상상하지 못할 바이다. 그런즉 공간과 시간의 관념은

무엇으로부터 생겨나는가. 이는 세력(곧 힘)의 저항을 인하여 생겨나니 대범 우주간 무수한 물질이 상응상집하지 아니하는 것이 없고 그 친화력으로 만종의 형태를 조성하였으나 우리 사람은 물체의 존재 여부를 인지하는 것이 단지 안력으로도 미치지 못하며, 청력으로도 미치지 못한즉, 물체의 감촉을 실험한 연후에야 비로소 그 존재를 인식할 것이니 어떤 까닭인가. 대저 목견으로만 물체의 존재를 증명하기가 도저히 불가능한 사실이니

—학해주인(學海主人), '철학초보(哲學初步)',
『태극학보』 제22호(1910.5)

이 논설은 철학 개념이 도입되면서, 철학이 우주 만물과 사람, 사회의 이치를 탐구하는 지혜의 학문이라는 점을 강조하고, 이를 위한 논거의 방식으로 '시간, 공간, 세력'이 존재함을 역설한 글이다. 인간으로서 시간과 공간, 사회, 자연에 대한 인식의 방법이 확립되는 과정은 계몽 의식과 계몽운동의 전개 방식을 예측하고 그 한계를 규명하는 데 중요한 단서가 된다. 이러한 차원에서 '계몽주의의 사상적 기반'이 어디에 있는지를 확인하는 작업은 의미 있는 작업이 될 것이다.

3. 계몽운동의 사상적 기반

3.1. 민지개유(民智開牖)·동몽계발(童蒙啓發)

코젤렉의 개념사에서 '계몽'의 축자적인 의미가 '날씨', '밝게 됨', '명백하게 됨' 등의 의미를 포함한다는 진술과 마찬가지고, 한자어 계몽의 축자성에도 '열다', '밝다'의 뜻이 내포되어 있다. 그렇다면 계몽에서 '밝게 하다' 도는 '열다'라는 동사는 무엇을 의미하는 것일까?

'계몽의 개념사'를 규정하고자 한 『코젤렉의 개념사 사전 6: 계몽』에서는 계몽 개념의 의미 내용을 데카르트의 인식론 이념 영역과 종교적·형이상학적 빛 이론들의 이념 영역에서 찾고자 하였다. 여기서 전자는 사유의 자기 확실성, 진리 인식 방법과 관련을 맺는 개념이며, 후자는 기독교적 경건성을 의미하는 것이라고 하였다. 이러한 계몽의 내포 의미는 1770년대부터는 '앎의 수준'이라는 의미 변형을 거쳐 공동체나 민족과 같은 도덕적·문화적 상태를 의미하는 말로 확장되었다고 한다.

계몽주의나 계몽철학에 대한 서양사적 접근 방법을 택한다면, 프랭크 매뉴얼(1951)과 같이 17~18세기 유럽의 정치사나 사회사에 우선적인 관심을 기울인다. 이 책에서는 계몽사상의 배경이 되었던 18세기 유럽 사회를 분석하면서 '인구의 증가', '도시 이주 운동', '유럽의 수도', '백성의 지배자들', '여행가, 이주자들, 유형자들'을 검토하고, 보편적 지식과 경험이 전파된 세계적인 의식이 형성되었다고 서술하였다.[15] 서구 계몽사상의 주된 관심사가 데카르트적 인식론을 바탕으로 한 자의식이나 사회의식을 바탕으로 한 정치사상에 있었음은 다수의 철학자들이 증명한 바와 같다. 예를 들어 정동근(1991)에서도 '시민의식의 개화 및 시민사회의 성립'을 논의하면서 계몽주의를 다음과 같이 정의하고 있다.

【 계몽주의 】

계몽주의 또는 계몽사상(enlightenment)은 17세기 후반에서 18세기에 걸쳐서 유럽을 지배한 전형적인 사상으로, 계몽(啓蒙)이란 의미는 이성 또는 자연의 빛이 중세적인 암흑을 헤치고 인류의 진로를 가리킨 것이라고 할 수 있다. 좀 더 구체적으로 말하면 계몽주의 혹은 계몽사상이란

---

15) 프랭크 매뉴얼의 『계몽사상 시대사』의 주된 주제는 '과학과 기술', '도덕관과 정치관'을 중심으로 프랑스, 영국, 프로이센, 러시아 등의 유럽 국가의 사상을 살피는 일이었다.

17~18세기 영국과 프랑스를 중심으로 하여 전유럽에서 전개된 시민계급의 사회사상으로서 인간 이성의 능력을 전적으로 신뢰하여 인간 및 세계를 합리적 법칙에 의하여 이해하고, 이에 따라 개조하려고 하는 지적 운동의 총칭이라고 하겠다.

　　　　　　　　　—정동근(1991), 『현대사상의 체계 분석』, 정훈출판사, 46쪽

　이 정의에 따르면 서구의 계몽사상은 사회사상의 하나이며, 정치사상의 하나이다. 십자군 전쟁 이후 급속도로 성장한 시민 계급이 르네상스와 종교개혁을 거치면서 자의식이 성장하였고, 이를 기반으로 한 자연법 사상이나 이성주의가 '계몽'을 키워드로 하는 정치·사회사상을 발전시킨 것이다. 시민 계급이 자기의 존재를 자연의 권리로 인식한 것이나 중세 기독교적 속박을 비이성적인 것으로 규정하고 이성을 중심으로 하는 정치 체제, 평등과 진보를 주장하는 사상은 인간의 의식과 관련된 문제이면서 동시에 정치적인 의미를 갖는 것이었다. 영국의 홉스, 로크, 프랑스의 볼테르, 루소, 디드로 등의 사상이 결과적으로 시민혁명의 주요 요인이 된 점도 서양 계몽철학이 사회사상 또는 정치철학을 내포하고 있었기 때문이다.

　이에 비해 한국의 계몽운동은 1905년 전후의 애국계몽운동이나 1920년대의 브나르도 운동처럼 특정 시기 민족운동 또는 사회운동의 성격을 띨 경우도 없지 않으나, 근본적으로는 민지개유(民智開牖), 곧 국민의 지식을 향상시키고 개명의 상태로 이끄는 일에서 출발했으며, 그것은 비문명의 상태, 곧 동몽(童蒙)의 상태를 계발하는 일로 인식되었다. 특히 개항 직후 근대 지식의 급속한 유입은 지식인으로 하여금 민지개유의 필요성을 절감하게 하였으며, 그것은 전통적인 양민(養民)에서 출발하여 동몽계발론으로 이어진다.

【 地球養民之關係 】

嗣後 歐洲諸國 與美國立教其中化其風俗 百年以來如馬托加士加海島 約中國一二省之大 其中人民 盡皆同化立禮拜堂學校 其傑驁不馴之風 盡行改除 今極豊富 人講禮義頗稱禮教之地焉. 至其全洲之內 亦多有向化之處 觀其慕善之心 將來全洲之地 可革其頑性 化性良善 豈不懿哉. 右二說俱係 一千八百八十一年 上海 格致館考.

> **번역** 유럽 여러 나라와 미국이 그곳에 입교(立教)한 이후 그 풍속을 변화시킨 지 1백여 년이 되었는데 중국 한두 성 크기 정도의 마탁가사가(馬托加士加, 마다가스카르) 섬에 사는 백성이 모두 동화(向化)하여 예배당과 학교를 세웠다. 그리하여 사나워 길들일 수 없던 풍속이 모두 개혁되어 지금은 생활이 매우 풍부하고, 사람들이 예의를 강론하므로 제법 예교(禮教)의 고장으로 칭해진다. 그 주 전체의 내륙도 교화된 곳이 많이 있다. 그들이 선을 숭상하는 마음을 보면 장래 전체 대륙의 땅이 그 완악한 성품을 고쳐서 선량한 사람이 될 것이니 어찌 아름답지 않은가. 이상의 두 가지 설은 모두 1881년 상해 격치관(格致館)을 참고한 것이다.
> —'지구양민관계 아비리가주', 『한성순보』 제32호, 1884.8.31

『한성순보』는 창간호의 '지구도해', '지구론', '논양주(論洋洲)'로부터 지속적으로 세계 지리와 관련된 기사를 게재하였다. 제2호의 '구라파주', 제3호의 '아미리가주', 제4호의 '아비리가주', 제5호의 '아서아니아주' 등이 대표적이다. 위에 인용한 제32호의 기사는 이 신문의 지리 지식이 어떤 의미를 갖는지를 단편적으로 보여준다. 비록 상해 거주 선교사들의 한역 신보인 격치관의 자료를 소개한 것이지만, 동양 전통의 정치 이념 가운데 하나는 '백성교화'가 주된 목표였다. 아프리카 주의 지세(地勢)와 풍속을 소개하면서 구주 미국인의 입교(立教)가 '풍속 변화'를 가져왔다는 논리로 이어지며, 풍속 변화는 '완성'을 혁파하여 '선량한 사람이 되는 것'을 의미했다.

홍미로운 것은 이 글에 등장하는 혁완성 화선량(革頑性 化善良)의 과정이다. 이 글에서는 이른바 '구주 미국인의 입교', '예배당', '학교' 등이 완성을 혁파하고 선량한 사람이 되는 중요한 지표로 설정되어 있다. 여기에 등장하는 입교는 곧 종교와 교육, 달리 말해 유럽식의 신지식이 되는 셈이다. 이 점에서 1880년 당시 한국의 개화사상은 서구 지식을 수용·보급하는 일은 자연스럽게 풍속 교화로 이어진다는 논리를 갖고 있었던 것으로 볼 수 있다. 이 점은『한성순보』창간호의 서문을 통해서도 확인할 수 있다.

【 旬報序 】

禹鼎示象周官辨土要荒之外槪不及焉 盖以山川限隔書軌不同 匪可德孚而力致此 先王所以不勤遠略也. 今風氣漸開 智巧日長 輪舶馳駛 環瀛電線聯絡四土 至於定公法修聘問等港埠通交易 而窮髮燋齒羊胛樓面無殊聯壤事變物類幻詭百出 車服器用技巧萬端固畾心 世務者所不可不知也. 是以我 朝廷開局設官廣譯外報 幷載內事頒示國中孤分列名曰旬報 以之廣聞見辨衆惑補商利 中西之官報申報郵便交詢其義一也. 守內之方位鎭浸政令法令度府庫 器機貧富飢饌與夫人品之藏否物値之低昻擴實俻載 可以燭照鏡考而褒貶勸懲之義 又未嘗不行乎其間也. 雖然覽者 驚遠好近則是市步而失故者也. 昧新膠舊則是井觀而自大者也. 其必度時審勢勿流泥取捨可否必求諸道不失其正然後庶乎開局之本旨歟.

번역 우(禹)는 구정(九鼎)을 만들어 구주(九州)를 형상하였고 주관(周官)에는 국토(國土)를 구분하였으나 요황(要·荒)이 이를 조금도 언급하지 않은 것은, 산천(山川)이 막혔고 문물(文物)과 제도(制度)가 달라서 덕(德)이 베풀어지거나 힘이 이르지 않기 때문에 선왕(先王)들이 먼 곳까지 경략하는데 마음을 쓰지 않은 것이다. 그러나 지금은 풍기(風氣)가 점차 열리고 지교(智巧)도 날로 발전하여 선박(船舶)이 전 세계를 누비고 전선(電線)이 서양까지 연락되었는 데다가, 공법(公法)을 제정하여 국교를 수립하고, 항만·포구를 축조하여 서로 교역하므로 남북극(南北極)·열대

38

(熱帶)·한대(寒帶), 할 것 없이 이웃 나라와 다름이 없으며, 사변(事變)과 물류(物類)가 온갖 형태로 나타나고 거복(車服)·용기(器用)에서도 그 기교가 일만 가지이니, 세무(世務)에 마음을 둔 사람이라면 몰라서는 안 될 것이다. 그러므로 우리 조정(朝廷)에서도 박문국(博文局)을 설치하고 관리를 두어 외보(外報)를 폭넓게 번역하고 아울러 내사(內事)까지 기재하여 국중(國中)에 알리는 동시에 열국(列國)에까지 반포(頒布)하기로 하고, 이름을 『순보(旬報)』라 하여 문견(聞見)을 넓히고, 여러 가지 의문점을 풀어 주고, 상리(商利)에도 도움을 주고자 하였으니, 중국·서양의 관보(官報)·신보(申報)를 우편으로 교신하는 것도 그런 뜻에서이다. 세계 속의 방위(方位)·진침(鎭浸)·정령(政令)·법령(法度)·부고(府庫)·기계(器械)·빈부(貧富)·기양(飢饟)에서 인품(人品)의 선악(善惡), 물가의 고저(高低)까지를 사실대로 정확히 실어 밝게 알 수 있을 뿐만 아니라, 그 사이사이에 포폄권징(襃貶勸懲)의 뜻도 들어 있다. 그러나 독자(讀者)들이 먼 것을 외면하고 가까운 것만 좋아한다면 휩쓸려 걷다가 자기 걸음걸이마저 잃어버리는 격이 될 것이고, 새 것에는 어둡고 옛 것만을 고집한다면 우물에 앉아서 제 것만 크다고 하는 격이 될 것이니, 반드시 때와 형세를 살펴 무작정 남만 따르거나 자기 것만 고집하지 말고 취사(取捨)와 가부(可否)를 반드시 도(道)에 맞도록 하여 정도를 잃지 않은 뒤에야 거의 개국(開局)한 본래의 뜻에 맞을 것이다.

—'순보서(旬報序)', 『한성순보』, 1883.10.31

'순보서'에서는 '풍기점개 지교일장(風氣漸開 智巧日長, 풍기가 점차 열리고 지식이 날로 증가하는)'의 시대에 '환영전선 연락사토(環瀛電線 聯絡四土, 전세계를 두르고 사방이 이어진)'의 지식을 문견(聞見, 보고 듣는 일)하는 일이 세무자(世務者), 곧 치자(治者)에게 반드시 필요한 일이라는 점을 강조하고, 이를 위해 외보를 번역하고 국중에 널리 알리며 다른 나라에도 분급하여 보낸다고 하였다. 이러한 진술은 순보 발행의 취지가 지식 수용과 보급을 바탕으로 '경원호근(驚遠好近, 먼 곳을 두려워하고 가까운 것만 좋아함)'의 '보실(步失, 걸음걸이를 잃어버림)'과 '매신교구(昧新膠舊, 새로운 것에 우매하고 옛것에 집착함)'의 '정관자대(井觀自大, 우물안 개구리처럼 스스로를 크다고 여김)'를 벗어나게 하는 데 있음을 밝힌 것이다.

비록 짧은 서문이지만, 이 서문에 들어 있는 '경원호근'이나 '매신교구'는 '계발몽매'의 논리를 담고 있다. 물론 계발 대상자가 소수의 독자, 그 가운데 '세무에 관심을 갖는 자'로 한정적이라는 한계를 갖기는 하지만, '박문(博文, 학문과 견식을 넓힘)'의 취지가 계발에 있으며, 그것은 풍속 교화를 전제로 한 양민(養民) 정책, 더 나아가 계몽운동이 태동한 것으로 볼 수 있다.

3.2. 계몽사상의 유입과 전파

개항 이후의 서양 지식 유입은 기존의 영선사, 통신사, 표류민을 통한 지식 유입과는 전혀 다른 양상으로 전개되었다. 중국과 일본에서 발행된 서적이 직접 유입되기 시작하였으며, 이를 통해 서양 학문과 사상이 알려지기 시작했다. 『해국도지』, 『조선책략』, 『이언』 등과 같은 서적뿐만 아니라 조사시찰단 보고서 등 서양과 인접 국가의 정보가 사실적으로 소개되었다. 그러나 이들 서적은 소수 지식인이나 위정자와 관련된 것들이었으므로 이들 서적이 한국의 근대화 과정에 어느 정도 직접적인 영향을 주었는지를 논의하는 것은 쉽지 않다. 그럼에도 박문국 설치와 『한성순보』의 발행은 근대 지식이 한문 독해력을 갖춘 지식인들에게 직접 영향을 줄 수 있는 계기가 되었다. 이러한 배경에서 서양의 과학 기술뿐만 아니라 서양 학문의 내력을 소개하는 글들이 등장하기 시작한다.

【 泰西文學源流考 】

泰西文學 雖分派多門 要皆天算格化學 蓋其源出於東方 特西人推廣 而流傳
之耳. 化學本於中土之方士 設爐煨煉點換各術 算學本於埃及 天文學本於巴比
倫 皆由希臘人而西傳焉. 周平王時有希臘人 塔理士者 生於小亞細亞 即亞細亞
極西海濱也. 能算日蝕時伊本國與隣邦搆兵.

번역 서양의 문학은 비록 분파(分派)되어 여러 가지가 많지만, 요점은
모두, 천문학, 산학, 격물학, 화학 등이다. 대저 그 근원은 동방에
서 나왔는데, 다만 서양인들이 널리 추구하여 전한 것이다. 화학은 중국의
방사(方士)들이 노외련점환(爐煨煉點換) 등을 시설한 방술(方術)에서 근본
하였고, 산학은 애급(埃及, 이집트)에서 근본하였고, 천문학은 파비륜(巴
比倫, 바빌로니아)에서 근본하였는데, 모두 희랍(希臘, 그리스) 사람들로
말미암아 서양으로 전파된 것이다. 주나라 평왕 시대에 그리스 사람으로
탑리사(塔理士, 탈레스)라는 자가 있었는데, 소아세아에서 태어났으니 바
로 아세아의 가장 서쪽 해변가였다. 능히 일식을 추산하였는데, 그때 나라
에서 이웃 나라와 전쟁을 하였다.

—'태서문학원류고', 『한성순보』, 1884.3.8

이 기사는 1880년대 서양 학문을 소개한 대표적인 자료이다. 이 기사
에는 '탑리사(塔理士, 탈레스), 필타고랍(畢他固拉, 피타고라스)' 등의 그리
스 철학자, '가백니(歌伯尼, 코페르니쿠스), 격포래(格布來, 케플러), 우돈(牛
頓, 뉴턴), 납포슬(拉布瑟, 라플라스)' 등의 천문학자가 소개되었다. 비록
천문학이 중국에서 비롯되어 서양으로 전파된 뒤, 서양 학자들이 추광
(推廣)하여 발달된 학문이라는 입장을 취하고 있으나, 서양 천문학의 역
사를 개괄하고자 한 것은 지식 보급의 차원에서 중요한 의미를 갖는다.
이러한 입장에서 다수의 수학자, 격치학자, 화학자들의 학설이 등장한
다. 수학자로는 '유구궤리득(有毆几里得, 유클리드), 아급밀저(亞及密底, 아
르키메데스)'가 등장하며, '덕알이(德戛爾, 데카르트)'의 대수학과 뉴턴의

대수·미분·적분 이론도 언급되고 있다. 격치학과 화학의 차원에서 '알리류(戛里留, 갈릴레오), 배사격(裴司格, 파스칼), 래포니자(萊布尼玆, 라이프니츠), 배근(培根, 베이컨), 우동(牛董, 뉴턴, 앞에서는 우돈으로 차자했으나 같은 인물로 추정), 구리이(歐里爾, 오일러)' 등의 학설을 소개하였고, 동식물과 관련하여 서전(瑞典, 스웨덴)의 '림니(林尼, 린네)', 법란서(法蘭西, 프랑스)의 '뢰마(賴摩, 라마르크)', 진화론자 '달이온(達爾溫, 다윈)'의 학설도 설명하였다. 특히 뉴턴의 만유인력설과 다윈의 진화설은 비교적 상세한 설명과 평가가 들어 있다.

【 뉴턴과 다윈 】

ㄱ. 淸初有英國人 始明此理相傳 牛氏見蘋果墜地 因思何以下墜而不上飛 是必有故 於是推得吸力相引之理 蓋萬物莫不具此力 惟按質之輕重互爲吸力 引質之小者被移最多 故見蘋果動而墜地 因被地力所吸也.

번역 청나라 초기에 영국인이 처음으로 이 이치를 발견하여 전하기를, 우씨(우돈, 뉴턴)가 "사과가 땅에 떨어지는 것을 보고 생각하기를, 어찌하여 아래로 떨어지고 위로 날지 않는가. 이는 반드시 이유가 있다." 라고 하여 서로 당기는 흡력(인력)이 있는 이치를 알았다고 하였다. 대저 만물이 모두 이 인력을 지니고 있지만 그 물건의 경중에 따라 서로 당기니 작은 물건은 인력의 영향을 가장 많이 받는다. 그러므로 사과가 땅에 떨어지는 것은 지구의 인력의 영향을 받는 것이다.

ㄴ. 四十年前 英國 醫士達爾溫者 周遊四海查勘各地動植 乃擧賴氏之說 而重申之伊云 各類之所以變形者 其故有二. 一在地勢如北方天寒 物多厚毛 南方氣暖 物雖同類 而無毛 且地之各層所藏骨跡 可取以證之. 蓋太古之時 地面多水 其生物水陸 皆宜後水陸分界 陸地禽獸始出 至人則在地之最新 一層方骨跡可知. 人生最後也. 一在擇配各物之形 偶有變異必其同形者 配合之如海鳥 初不能飛 偶有飛者 牝牡必相聚而傳新類. 一在强弱以決存込 蓋天時之寒暑 地勢之

高下 逐漸改變 惟物類之形體相宜者 强而能存. 咸豊九年 達氏著書以明此理.
名曰物類推原 意深詞達. 各國爭譯而廣傳之. 今學者多宗其說 要以觀之. 乃所
謂醇化說也. 由測天象而推元氣 由攻地學而求往迹 由動植萬類而溯生人之始
皆不外乎密探造化之踪跡也.

번역 40년 전 영국의 의사 달이온(達爾溫, 다윈)이라는 사람이 사해를 유람하면서 각 지방의 동식물을 조사하여 뢰씨(賴氏, 라마르크)의 설을 거듭 뒷받침하였다. 그는 말하기를, 각류로 변형한 것은 그 이유가 두 가지이다. 하나는 지세인데 북방은 날씨가 춥기 때문에 털이 두껍게 난 동물이 많고, 남쪽은 기후가 따뜻하여 생물의 종류는 같지만 털이 없다. 또 각 지층에 묻혀 있는 화석의 뼈 흔적 역시 이를 증명한다. 대개 태고적에는 지면에 물이 많았기 때문에 그 생물들이 수륙에서 살 수 있도록 되어 있었다. 그 후 수륙의 분계가 생겨 금수가 처음으로 생겨났고, 인류는 최후에 생겨났다. 지층의 뼈 흔적을 보면 인류가 최후에 나왔음을 증명할 수 있다. 또 하나는 각 생물이 생김새에 따라 변이했는데 반드시 같은 형태끼리 배합되었다. 해조(海鳥)의 경우 처음에는 날지 못했는데 우연히 날 수 있는 것과 교합하여 새로운 류가 생긴 것이다. 하나는 강약에 따라 생존하거나 멸망한 것이다. 대체로 기후의 한서와 지세의 고하에 따라 점차 변화했는데, 오직 물류의 형체가 조건에 맞는 것은 강하게 되어 생존할 수 있었다는 것이다. 함풍 9년(1859)에 다윈이 책을 써서 이 이치를 밝혔는데, 책의 이름을 『격물추원』(『종의 기원』)이라 하였다. 그 뜻이 매우 깊어서 각국에서 다투어 번역하여 널리 전해지고 있다. 지금의 학자는 흔히 그 학설을 종지로 삼고 있으니, 이것이 이른바 순화설(진화론)이다. 천상을 관측하여 원기를 유추하고, 지리학을 연구하여 지난날의 자취를 구하고, 동식물을 연구해 인류의 시작을 거슬러 올라거니 이 모두가 조화의 종적을 자세히 관찰하는 데서 벗어나지 않는다.

—'태서문학원류고', 『한성순보』, 1884.3.8

근대 지식 형성 과정에서 이성주의, 과학주의의 토대를 이룬 뉴턴의 만유인력설은 기계론적 과학관을 기반을 이루었다. 널리 알려진 뉴턴의 만유인력 발견 과정과 다윈의 진화설을 비교적 상세히 소개하였다. 태서 학문의 원류가 동양에서 비롯된 것임을 밝히고자 하는 의도와는 별개로 뉴턴과 다윈의 학설은 근대 서양 문명론의 기반을 이루는 사상이다.

그러나 '태서문학원류고'는 서양의 사상을 소개하는 데 목적이 있었던 것은 아니다. 그보다는 서양 학문의 뿌리와 발달 상황을 소개하는 데 초점을 맞추고 있는데, 이는 『한성주보』 제52호~제53호(1887년 2월 28일, 3월 7일)의 '서학원류(西學源流)'도 마찬가지이다. 이 기사도 '태서문학원류고'와 크게 다르지 않은데, 두 기사를 대조하면 '태서문학'이라는 용어를 줄여 '서학(西學)'이라고 표현한 점이나 극히 일부를 표현을 제외하면 동일한 내용이다.16) 그럼에도 서양의 '천문, 산학, 격치, 화학, 지학, 중학(重學), 동식물학' 등의 발달 과정에 소개된 다수의 이론, 특히 다윈의 진화설17)은 근대 계몽기 스펜서의 사회진화론과 함께 문명 개화론, 생존경쟁설의 기반 사상이 되었다.

순보와 주보를 통한 근대 지식 유입은 갑오경장 이후 각종 단체가 조직되고, 그 단체의 회보 또는 국문 신문이 발행되면서 좀 더 활발해진

---

16) 이 점에서 '태서문학원류고'와 '서학원류'는 같은 자료를 한역(漢譯)한 것으로 추정된다. 다만 '서학원류'에서는 "此章之意 略指各學之由來 蓋學業之漸興 有如河海不擇細流 故能成其深欲考 其詳非另著書不能殫究(이 장의 내용은 대략 각 학문의 유래를 가리킨 것이다. 대개 학업이 점차적으로 일어나는 것은 하해가 세류를 가리지 않기 때문에 심오한 바다를 이룰 수 있는 것과 같다. 따라서 그 상세한 것을 고찰하고자 하면 특별한 저서가 아니고는 끝까지 탐구할 수가 없다)."라고 하여, 이 기사의 근원이 되는 저서가 있었을 가능성을 추론하게 한다. 현재까지 두 기사의 근원이 되는 저서가 있었는지, 있었다면 어떤 책이었는지에 대해서는 연구된 바 없다.

17) '서학원류'에서는 '태서문학원류고'에서 사용한 '순화설(진화론)'이라는 용어를 사용하지 않았다. 그러나 다윈이 지은 책이 『물류추원(物類推原)』으로 명명되었으며, "총명 지혜를 가진 자가 만물을 주재한다(聰明智慧而爲萬物之主宰也)."라고 하여, 그의 이론이 적자생존·경쟁 진화를 의미하고 있음을 분명하게 밝히고 있다.

다. 국내에서는 독립협회, 협성회 등이 조직되고『대조선독립협회회보』,
『협성회회보』등이 발행되었으며, 순국문『독립신문』,『미일신문』,『제
국신문』등이 출현하였다. 또한 1896년부터 파견한 재일본 유학생들도
친목회를 조직하여 『재일본대조선유학생친목회회보』를 발행하였다.
이들 회보와 신문에도 다수의 근대 지식이 번역 소개되기 시작했고,
특히 학문 연구의 태도나 과학적 방법론에 관한 논의가 이루어지기도
하였다.[18) 예를 들어『친목회회보』제2호(1896.3.15)에 수록된 고의준의
'사물 변천의 연구에 대한 인류학적 방법'에서는 '추리적 방법', '역사적
방법', '인류학적 방법' 등의 방법론을 소개하였고, 제6호(1898.4.9)에 수
록된 원응상의 '개화의 삼원칙'에서는 개화를 이끌어 가는 '자연력', '사
회력', '개인력'을 구체적으로 풀이하였다.

　'과학'이라는 용어와 학문 연구 방법론이 등장한 것은 근대 지식 발
전의 차원에서 볼 때 중요한 의미를 갖는다. 왜냐하면 지식은 그 자체
로서 논리적인 체계를 요구하는데, 이를 위해서는 연구 방법론이 뒷받
침되어야 하기 때문이다. 근대 계몽기의 연구 방법론은『친목회회보』
뿐만 아니라『대조선독립협회회보』등에도 산발적으로 나타난다. 이
회보 제2호(1896.12.16)의 '법률적요'에 등장하는 법학파의 분류는 각 학
파의 연구 방법, 곧 귀납적인 방법과 연역적인 방법을 준거로 하여 설
정한 것이다. 주지하다시피 귀납과 연역은 근대 학문 발달의 주된 사유
방식이다. '개화의 세력'에서 귀납 논리를 설명하는 과정에 등장하는
베이컨의 학리나 '법률적요'에 등장하는 서양 법학자들의 귀납, 연역
논리는 학리 발달의 원리일 뿐만 아니라 이성주의, 과학주의의 산물이
라고 볼 수 있다.[19)

---

18) 근대 계몽기 과학 담론 형성 과정에 대해서는 허재영(2015)의 '근대 계몽기 과학 담론
　　형성과 일제 강점기의 과학적 국어학'을 참고할 수 있다.
19) 이 시기 귀납·연역 논리는 기무라지치(木村知治, 1896)의 『신찬교육학』과 같은 책에도
　　비교적 자세히 설명된 바 있다. 이 책은 한문에 한글토를 사용한 것으로, 당시 한성사범
　　학교 교과서로 사용되었을 가능성이 높다.

이러한 흐름 속에서 '이성주의', '과학주의'를 기반으로 하는 다수의
계몽 철학자들의 논리가 번역·소개되기 시작한다. 이 시기 번역 자료는
이른바 역술(譯述)이라는 이름 아래 번역원을 알 수 없는 것들이 많기
때문에 어떤 자료를 어떻게 번역했는지를 규명하는 일이 쉽지 않다.
그럼에도 갑오경장 이후 출현한 각 단체의 회보나 잡지, 국내에서 발행
된 신문류에 지식원(知識源)을 알 수 있는 번역 자료가 다수 확인된다.
예를 들어 다음과 같은 것들이 있다.

【 지식의 출처를 확인할 수 있는 학회보(잡지) 소재 번역 자료 】

연도	학회보	필자	제목	수록 호수	분야	역자
1896	대조선독립협회회보	부란아	독 격치휘편	제3호	격치	편집부
1896	대조선독립협회회보	마고온	유익지수이지천재	제3호	식물	편집부
1896	대조선독립협회회보	부란아	논무운로	제4호	격치	편집부
1896	대조선독립협회회보	부란아	수론, 논무운로	제4호	격치	편집부
1896	대조선독립협회회보	부란아	빙설 급 동빙 리의 론	제6호	격치	편집부
1896	대조선독립협회회보	부란아	동방각국이 서국 공예를 모방하는 총설이라	제7호	공학	편집부
1896	대조선독립협회회보	부란아	인분오류설	제8호	격치	편집부
1896	대조선독립협회회보	부란아	기관사 와특전	제8, 9호(2회)	공학	편집부
1896	대조선독립협회회보	부란아	논 전 여 뢰	제9호	격치	편집부
1896	대조선독립협회회보	부란아	지구인 수 점다 응설 법 이천식량론	제9호	격치	편집부
1896	대조선독립협회회보	부란아	방직기계설	제10호	공학	편집부
1896	대조선독립협회회보	부란아	광학론	제10호	격치	편집부
1896	대조선독립협회회보	관해당 주인 (양수경)	사감물경우목설 전기학 공효걸 부 우피연 숙법 타미기구도설	제11호	공학	편집부
1896	대조선독립협회회보	부란아	광학론	제11호	격치	편집부
1896	대조선독립협회회보	부란아	대포 여 철갑론	제12호	공학	편집부
1896	대조선독립협회회보	부란아	은광론, 동광론	제12호	광물	편집부
1896	대조선독립협회회보	부란아	생기설	제12호	생물	편집부
1896	대조선독립협회회보	부란아	논 인론 화학편	제12호	화학	편집부

연도	학회보	필자	제목	수록 호수	분야	역자
1896	대조선독립협회회보	부란아	동광론	제13호	광물	편집부
1896	대조선독립협회회보	편집국	신흥학설	제14호	교육	편집부
1896	대조선독립협회회보	편집국	논민	제14호	정치	편집부
1896	대조선독립협회회보	부란아	철광론	제14호	광물	편집부
1896	대조선독립협회회보	부란아	서국부호이민설, 서법유익어민론, 덕국잡사기략, 법국쇄기 등	제15호	법	편집부
1896	대조선독립협회회보	부란아	논광론	제15호	광물	편집부
1906	대한자강회월보	양계초	교육정책사의	제3호, 제4호	교육	장지연
1906	조양보	스마일스	자조론	제1, 2, 3호(3회)	사상	편집국
1906	조양보	시모다우타코	부인의독	제1호	가정	편집국
1906	조양보	혼다세이로쿠	식림담	제2호	산림	편집국
1906	조양보	고토코슈스이	논 애국심	제3, 4, 5, 6, 7호(5회)	정치	편집국
1906	조양보	양계초	동물담	제8호	동물	편집국
1906	조양보	양계초	멸국신법론	제8, 9호	정치	편집국
1906	조양보	아리가나가오	보호국론	제9, 10, 11호	정치	편집국
1906	조양보	이치시마겐기치	정치원론	제9, 11호 (2회)	정치	편집국
1906	조양보	홉스	곽포사의 정치학설	제10, 11호	정치	편집국
1906	조양보	양계초	갈소사 흉가리 애국자(음빙실주인)	제9호	역사	편집국
1906	서우	길버트리드	광신학 이보구학설	제3호	학문일반	박은식
1906	서우	오카다아시타로	자녀 교양에 취하야	제4호	가정	유동작
1906	서우	양계초	논유학	제6, 7, 8, 9, 10호	교육	박은식
1906	서우	에밀	애국정신 담(법국 애이납아＝에밀)	제7, 8, 9, 10호	사상	노백린
1906	서우	마츠오기요코	아동의 위생	제11, 12, 13호(3회)	생리위생	편집부
1906	서우	스마일스	자치론	제12, 13, 14호	사상	편집부

연도	학회보	필자	제목	수록 호수	분야	역자
1907	한양보	로크	육극의 자유담	제1, 2호	사상	편집부
1908	대한협회회보	양계초	사빈색 논 일본헌법어	제1호	법	편집자
1908	대한협회회보	양계초	동물담	제1호	동물	편집자
1908	대한협회회보	리처드	생리분리의 별론	제2, 7, 10호(3회)	경제	이종준 역
1908	대한협회회보	양계초	빙집절략	제2, 3, 4, 5, 6, 8, 9, 10, 11, 12호(10회)	사상	홍필주
1908	호남학보	양계초	양씨학설	제1호	학문일반	이기 역술
1908	호남학보	양계초	정치학설	제2, 3, 4, 5, 6, 7, 8, 9호(8회)	정치	이기
1908	호남학보	양계초	대학신민해/양목변	제6호	사상	이기
1908	기호흥학회월보	유씨부인	태교신기	제2~8호 (7회)	가정	편집부
1908	기호흥학회월보	홉스	정치학설	제6~10호 (5회)	정치	이춘세
1908	소년	스마일즈	스마일즈 용기론		사상	최남선
1907	공수학보	태양보	수성의 인류 (태양보 역)	제4호	천문	이상욱
1907	대한유학생회학보	요코야마	지구지과거 급 미래	제1, 2호	지문	편집자
1908	대한학회월보	야마우에	신발명 마병 치료 방법(야마우에)	제7, 8호(2회)	생리위생	편집자
1909	대한흥학보	쇼펜하워	표헨하월 씨의 윤리설	제4호	사상	추당 역
1909	대한흥학보	이노우에 데츠키로	효의 관념 변천에 대하여	제9호	사상	소양생 역

이들 번역 자료의 분포는 근대 학문의 형성 과정과 이 시기 국가·사회적 과제가 무엇이었는지를 짐작하게 한다. 흥미로운 것은 『대조선독립협회회보』에 소재한 부란아(傳蘭雅, 프라이어)의 『격치휘편』[20]이나 량

20) 『격치휘편』은 1876년 상해에서 발행된 신문이다. 이 신문은 『중서견문론』의 속편으로 간행되었으며, 프라이어(중국명 부란아)가 편집을 담당했다. 현재 서울대학교 규장각에 1876~1888년 사이의 자료 46책이 남아 있다.

치차오(梁啓超)의 『음빙실문집』과 같이 중국에서 발행한 자료가 다수 이용된 점이다. 『격치휘편』은 제목 그대로 '격치학(실제로는 물리학과 화학)'을 중심으로 한 서구의 과학 이론이 많이 실린 신문이었으며, 량치차오는 근대 중국의 대표적인 계몽 지식인이었다. 이러한 자료의 번역은 그 자체가 서양의 계몽사상을 도입한 것으로 해석할 수는 없으나, 근대 한국의 중심 사상의 형성 과정에서 계몽성이 중시되는 경향을 반영한다.

역술 자료 가운데 사상 차원에서 스마일즈의 '자조론'(『조양보』 제1~3호), '자치론'(『서우』 제12~14호), '용기론'(『소년』 제2권 2호), 루소의 '애국정신담'(『서우』 제7~10호), 로크의 '자유담'(『한양보』 제1~2호) 등이 번역된 것은 국권 상실기 서양의 계몽철학이 본격적으로 들어오기 시작했음을 보여주는 자료로 보이며, 정치학과 관련된 홉스(곽포사)의 '정치학설'(『조양보』 제10~11호, 『기호흥학회월보』 제6~10호)이 번역된 것도 같은 맥락으로 해석된다. 다만 이들 번역물도 서양 사상가들의 원전을 직접 번역한 것이라기보다 일본이나 중국에서 번역된 책을 대상으로 2차 번역한 것으로 판단되는데,[21] 그 이유는 번역 과정에서 원전에 해당하는 책을 명시하지 않고 있기 때문이다. 그렇지만 서양 계몽철학가들의 사상이 번역·소개되었다는 점은, 1900년대 한국의 계몽사상, 특히 애국계몽사상이 형성되는 과정에서 서양의 계몽철학이 직·간접적인 영향

---

21) 예를 들어 『기호흥학회월보』 제10호의 '곽포사 학설'에서도 마지막 부분에 "又按 霍布士라 ᄒᆞᄂᆞᆫ 者ᄂᆞᆫ 泰西 哲學界, 政學界의 極히 有名ᄒᆞᆫ 人이라. 十七紀에 生ᄒᆞ야 其持論이 僅히 支那 戰國諸子로 더부러 相等ᄒᆞ되 其精密ᄒᆞᆷ은 不及ᄒᆞᆫ 바ㅣ 有ᄒᆞ니 ᄯᅩᄒᆞᆫ 支那 思想 發達의 부름을 可見ᄒᆞᆯ지로되 但二百年來로 泰西의 思想進步ᄂᆞᆫ 如此히 其驟ᄒᆞ고 支那ᄂᆞᆫ 今日의 在ᄒᆞ야서도 依然히 二千年 以上의 唾餘뿐이니 此ᄂᆞᆫ 卽 後起者의 罪라 ᄒᆞᆯ지로다(다시 살피건대 홉스는 태서의 철학계, 정치계에 극히 유명한 사람이다. 17세기에 태어나 그 지론이 중국 전국시대의 제자백가와 비슷하되 그 정밀함은 미치지 못한 점이 있으니, 또한 중국 사상 발달이 조속했음을 가히 알 수 있다. 다만 이백년 이래로 태서의 사상 진보는 이와 같이 급속했고 중국은 지금도 의연히 2천년 이상의 말뿐이니 이는 곧 후속 연구자의 죄라고 할 것이다)."라고 한 것은 번역 대상물이 중국어로 이루어진 것일 가능성이 높음을 의미한다.

을 미치고 있음을 의미한다. 이 점은 『대한매일신보』에 소재하는 '대영학사(大英學士) 록 씨의 교육 의견'(1906.1.4, 4회 연재)이나 '유신업자(維新業者)의 모범할 법문-로득개교기(路得 改敎紀 소재, 루터 종교개혁 기사)'(1906.6.17), 이제마태(李提摩太, 리처드)의 '신학비요(新學備要)'(1905.12.13, 8회 연재) 등이나 『황성신문』 소재 '노사 민약론(盧梭 民約論, 루소의 사회계약설)'(1908.8.4~9.8, 28회) 등은 서양 계몽사상과 관련된 번역 자료로 풀이할 수 있다.

이러한 경향은 이 시기 교과서에도 반영되고 있는데, 다수의 만국사(萬國史) 관련 교과서뿐만 아니라 정치학이나 법학 관련 교과서에서 '민약설'과 '자연법사상'을 소개한다.

【 보성관 편집부(1907), 『정학원론(政學原論)』의 민약론 】

ㄱ. 民約論의 可否

社會의 由來가 果然 前述과 如ᄒ면 一時, 歐米 政界를 震撼ᄒ던 民約論의 謬說이 有ᄒ을 可知라. 第十七世紀 及 第十八世紀間에 諸種 政論이 紛然漫起ᄒ야 空理虛想에 耽ᄒ고 歷史上 事實을 不顧ᄒ며 碩學 大家는 人類가 初世 成立ᄒ 事實을 蒐集치 아니ᄒ고 다만 自己思想을 推論ᄒ되 社會는 特別ᄒ 方法으로 起ᄒᆯ 것이라 ᄒ니, 此는 民約論을 唱道ᄒ던 原因이라. 左에 其 論文 槪略을 陳述ᄒ노라.

번역 민약론의 가부: 사회의 유래가 과연 앞에 말한 바와 같으면, 일시 구미 정치계를 진동하던 민약론에 오류가 있음을 알 수 있다. 제 17세기 및 제18세기 사이에 여러 종류의 정치 이론이 분연히 일어나 공리와 허상에 빠지고, 역사적 사실을 돌아보지 않으며 석학 대가는 인류가 처음 이 세상에 성립한 사실을 수집하지 않고 다만 자기의 생각만을 추론하여 사회는 특별한 방법으로 만들어진 것이라고 하니 이는 민약론을 주장하던 원인이다. 이에 그 논문의 개략을 진술한다.

ㄴ. 初에と 人이 孤居獨棲ㅎ며 或 些少한 家族이 生活홀 時에と 其 天賦性
이 淳良ㅎ며 其 需用이 僅少ㅎ야 容易히 充用홈으로 此를 管理홀 政府ㅣ
不要ㅎ며, 坐 抑壓이 無ㅎ얏스ᄂ 時運이 漸進ㅎ야 自然 一大 團體를 成혼지
라. 於是乎 契約을 締結홈에 至ㅎ니 此 契約에 因ㅎ야 人은 團體의 保護를
受ㅎ며 其返報로 必要한 事項에 就ㅎ여 團體의 意志를 服從홈에 至혼지라.
契約이 一次 成立한 以來로 私意 擅恣(천자)ㅎと 徒가 卒然히 私欲을 充코
져 ㅎ야 社會의 財力과 勸力을 摠히 壟斷ㅎ랴 ㅎと지라. 其 暴意를 帮助ㅎ
기 爲ㅎ야と 宗敎 及 政論에 虛僞의 敎理를 發明ㅎと도다. 如斯히 驕奢, 貪
吅(탐고), 國君, 僧侶 等 所謂 文明社會에 磅礴(방박)한 百害가 起혼지라.
만일 這般 苦境을 脫코져 ㅎと 事를 天然에 歸ㅎ고 人의 權利를 社會 形成
以前에 回復치 아니ㅎ면 決코 其矯捄(교구)를 完全키 未能ㅎ니라.

번역 처음에 사람은 홀로 고립하여 살고 독자적으로 서식하며 혹은 작
은 가족이 생활할 때에는 천부적으로 부여받은 성질이 순량하며,
혹 필요한 것이 극히 적어 쉽게 충당할 수 있으므로, 이를 관리할 정부가
필요하지 않으며, 또 억압이 없었으나, 시운이 점차 진보하여 자연히 큰
단체를 구성하였다. 이에 계약을 체결하기에 이르니 이 계약에 따라 사람
은 단체의 보호를 받으며 그 보답으로 필요한 사항에 대해 단체의 의지에
복종하기에 이른 것이다. 일차적으로 계약이 성립한 이래 개인의 뜻에
따라 마음대로 하는 무리가 갑작스럽게 사욕을 충족하고자 하여 사회의
재력과 권력을 모두 농단하고자 하였다. 그 폭악한 뜻을 돕기 위해 종교
와 정치 이론에 허위의 교리가 생겨났다. 이러한 교만 사치 탐욕, 국가의
군주, 승려 등 소위 문명사회에 혼란스러운 여러 가지 폐해가 생겨났다.
만일 저들 일반의 고통스러운 경지를 벗어나고자 하는 일을 천연에 돌아
가고 사람의 권리를 사회 형성 이전으로 회복하지 않으면 결코 그 교만
왜곡을 완전하게 하기 불가능하다.

ㄷ. 有名한 루-소[22] 氏도 此를 主唱ㅎ니 此說을 一見ㅎ면 人을 感動케 홀

뜻ᄒᆞᄂᆞ 然이ᄂᆞ 其 事實은 擧皆 相違ᄒᆞᆫ지라. 人은 天賦性이 決코 善良치 아니ᄒᆞ며 惡毒치 아니ᄒᆞ야 元來 雜性이라 稱ᄒᆞᆯ지니, 만약 善良케 ᄒᆞ라면 練習과 敎育을 待ᄒᆞᆷ에 在ᄒᆞ며 又 太平聖代에 鼓腹ᄒᆞ다 ᄒᆞᄂᆞᆫ 假定的 黃金時代ᄂᆞᆫ 곳 一個 小說로 見ᄒᆞᆷ이 可ᄒᆞᆫ지라. 人類 初世의 歷史ᄂᆞᆫ 實로 衝突과 困難의 記錄이어늘 民約論에 就ᄒᆞ야ᄂᆞᆫ 確實ᄒᆞᆫ 證跡이 一無ᄒᆞ니 所謂 契約說은 決코 無ᄒᆞᆯ 事實이라. 蒙昧時代의 人類ᄂᆞᆫ 其 契約의 性質도 解釋ᄒᆞᆯ 能力이 無ᄒᆞ니 其 締結이라 云ᄒᆞᆷ이 不能ᄒᆞᆯ 事ㅣ니라. 民約論은 歷史上 事實에 不合ᄒᆞᆷ이 如此ᄒᆞᄂᆞ 此說을 喜ᄒᆞᄂᆞᆫ 人이 甚多ᄒᆞᆫ 中, 改進派 政客 間에 熱心으로 贊成ᄒᆞᄂᆞ니, 만일 人이 有ᄒᆞ야 言ᄒᆞ되 人民이 心中에 不平ᄒᆞᆫ 社會와 邪曲ᄒᆞᆫ 法律을 因ᄒᆞ야 生存ᄒᆞ니 不正邪曲ᄒᆞᆫ 法律은, 다만 合意 契約에 依ᄒᆞ야 成立ᄒᆞᆫ 者인즉 改革 或 廢棄ᄒᆞ야도 可ᄒᆞᆫ 事라 ᄒᆞ면 改革에 希望者ᄂᆞᆫ 傾聽ᄒᆞ며 民意 政治에 信仰家ᄂᆞᆫ 國家權力의 本源을 人民이 合意ᄒᆞᆫ 契約에 歸케 ᄒᆞᆷ이 最好타 ᄒᆞᆫ지라. 如何ᄒᆞᆫ 政府던지 決코 被治者 卽 人民의 合意를 求ᄒᆞ야 立法ᄒᆞᄂᆞᆫ 者ᄂᆞᆫ 無ᄒᆞᄂᆞ 其 所望은 卽 如此ᄒᆞ니라. 民約論을 歡喜ᄒᆞᄂᆞᆫ 原因은 天然이란 字句가 有ᄒᆞ니 世人이 大槪 天然이란 文字를 卽 神의 一種으로 認ᄒᆞ야 恒常 善道에 向進ᄒᆞᆷ이 人類以上勢力이 有ᄒᆞᆫ 者로 思惟ᄒᆞᆷ이니 吾人의 信仰心을 促進ᄒᆞ며 眞理로 尊敬ᄒᆞ야 服從케 ᄒᆞᆷ이라. 神이 始有ᄒᆞᆫ 正義 善道의 各種을 天然이라고 字句에 移定ᄒᆞᆷ은 是 第十八世紀에 改進主義의 敎義니 此와 同筆法으로 人類의 天性도 亦 道義 及 社會問題를 解決ᄒᆞᄂᆞᆫ데 一種 高等의 勢力이라 斷定ᄒᆞᄂᆞᆫ 者ㅣ 多ᄒᆞᆷ을 可知ᄒᆞᆯ지니라. 前述ᄒᆞᆫ 語句ᄂᆞᆫ 愼重ᄒᆞᆫ 硏究家로 ᄒᆞ야금 感服치 못ᄒᆞᄂᆞ 詳論ᄒᆞ면 天然이라 ᄒᆞᆷ은 現存ᄒᆞᆫ 事物 及 勢力을 總稱ᄒᆞ야 善不善이 有ᄒᆞ며 又 人類의 天性이라 稱ᄒᆞᆷ은 다만 當然히 有ᄒᆞᆯ 天性이아니오, 現有ᄒᆞᆫ 天性이라. 其 語義가 頗甚廣漠ᄒᆞ야 諸種의 性行을 含蓄ᄒᆞ야 善不善이 亦有ᄒᆞ니 此ᄂᆞᆫ 卽 多數 人類의 性格을 成ᄒᆞᆫ 者ㅣ니라.

---

22) 루-소: 사회 계약설(민약론)을 제기한 사람.

유명한 루소도 이를 주창하니 이 설을 보면 사람을 감동하게 할 듯하지만 그 사실은 대개 서로 맞지 않는다. 사람의 천부성은 결코 선량하지 않으며 악독하지도 않아서 원래 복잡한 성질이 있다고 일컬을 것이니, 만약 선량하게 하고자 한다면 연습과 교육을 받는데 있으며, 또 태평성대에 함포고복한다 하는 가정적 황금시대는 곧 개인의 작은 견해로만 가능하다. 인류 처음 세상의 역사는 실로 충돌과 곤란의 기록이거늘 민약론에서는 확실한 증거가 없으니 이른바 계약 체결이라고 하는 것은 불가능한 일이다. 민약론이 역사상 사실에 불합함이 이와 같으나 이 설을 즐기는 사람이 많은 까닭에 개진파 정객들은 열정적으로 이를 찬성하니 만일 사람이 있어 말하되, 인민이 심중에 불평등한 사회와 사곡(邪曲)한 법률로 인해 생존하니 부정사곡한 법률은 다만 합의한 계약에 따라 성립한 것이므로 개혁 혹은 폐기해도 좋은 것이라고 한다면 개혁을 희망하는 자는 경청하며 민의 정치를 믿는 사람은 국가 권력의 본원을 인민이 합의한 계약으로 돌리게 하는 것이 가장 좋다 하였다. 어떠한 정부이든지 결코 피치자 즉 인민의 합의를 구해 법을 만드는 경우는 없으나 그 소망하는 바가 이와 같다고 하겠다. 민약론을 환희하는 원인은 '천연'이란 자구가 있으니 세상 사람들이 대개 천연이란 문자를 곧 신의 일종으로 인식하여 항상 선도(善道)로 나아가고자 하는 데 인류의 힘이 있다고 생각하는 까닭이니, 우리들의 믿는 바를 촉진하며 진리로 존경하여 복종하게 하는 것이다. 신이 처음 창시한 정의와 선도의 여러 가지를 천연이라는 자구에 옮겨 놓은 것은 18세기 개진주의의 교의(敎義)이니 이와 같은 필법이 인류의 천성도 또한 도의 및 사회 문제를 해결하는데 일종 고등한 힘이라고 단정하는 것이 많음을 알 수 있다. 앞에 서술한 어구는 신중한 연구가로 하여금 감복치 못하나 상세히 설명하면 천연이라고 하는 것은 현존한 사물 및 세력을 총칭하여 선과 불선이 있으며 또 인류의 천성이라 함은 다만 당연히 존재하는 천성이 아니요, 현재 존재하는 천성이다. 그 어의가 심히 넓고 모호하여 여러 종류의 성질과 행위를 함축하고 있으니 이는 곧 다수 인류의 성격을 이룬 것이다.

이 글은 보성관 편집부에서 발행한『정학원론』에 소재하는 민약론 해설이다. 이 교과서는 사회의 기원과 정치, 국가 등의 원리를 설명하고자 한 교과서로, 인용한 부분은 제1장 사회의 기원 앞부분이다. 이에 따르면 사회의 기원은 증명하기 힘드나 루소 등의 사회계약설이 존재하며, 문명사회의 포악한 폐해를 벗어나기 위해 천연의 상태, 천부의 상태로 돌아가고자 하는 계약을 의미하는 것으로 해석했다. 그럼에도 저자는 사회 계약설을 증명하기 힘들고, 인간 본성이 선악을 가리기 어렵다는 전제 아래 민약 성립 과정이나 민약설 자체의 모호성 등을 비판하고 있다. 저자의 의도가 어떻든, 중요한 것은 이 시기 계몽철학의 주된 정치설 가운데 하나인 민약론이 이 시기 광범위하게 유포되기 시작했다는 점이다.『황성신문』의 '노사 민약'과 마찬가지고,『정학원론』에서도 민약론은 국가 사회를 설명하는 데 출발점이 되고 있는 것이다.

이러한 차원에서 '자연법 사상'의 등장도 주목할 만하다. 예를 들어 『대조선독립협회회보』제2호(1896.12)의 '법률적요(法律摘要)'에 소개한 '법학의 각파'를 참고할 수 있다. 이 글은 법학의 의미와 연구 경향을 소개하고자 하는 목적을 갖고 있는 글로, 법률 연구 방법에 따라 귀납적 법학파와 연역적 법학파가 있음을 설명하고, '자연법사상'이 연역법학파의 한 부류를 이루고 있음을 체계적으로 정리하였다.

【 法學에 各派 】

演繹法을 依ᄒᆞ야 攷究ᄒᆞᄂᆞ 學派 二種 中에 第一은 自然法學派니 此派ᄂᆞᆫ 希臘 스도익 派 哲學에셔 出ᄒᆞ야 羅馬 法律家가 此說을 尊崇ᄒᆞ야 漸漸 널니 世上에 行ᄒᆞᆷ으로 今日에 至ᄒᆞ야 此 學派의 說者ㅣ 多少 異義가 有ᄒᆞᆫ 故로 其 主要ᄒᆞᆫ 學說을 枚擧ᄒᆞ노니 ― 自然法은 人類가 自然狀態의 生息ᄒᆞᄂᆞ 딕

當ㅎ야 行ㅎ는 法이라 ㅎ니 이 뜻시 自然 生態란 거슨 人類가 아즉 社會 編成ㅎ기 前 時代에 狀態를 想像ㅎ야 言흠을 指흠이니 此說은 루스우 氏 一派 社會契約主義를 奉ㅎ는 學者 唱設흠일네라. 二 自然法은 自然이 一切 動物의 賦與흔 法則이라 ㅎ니 此說은 羅馬 法律家 유루비얀 氏가 首唱흔 바요 後世 몬데스기유 氏에 自然法을 說明흔 것도 此意義에 大差가 無ㅎ더 라. 三 自然法은 上帝가 指示흔 完全흔 法則이니 人間에 理想으로써 此를 發見흠이라 ㅎ니 此說은 神學派 法學家가 主唱흠이라. 四 自然法은 人의 稟性에 根本을 붓치는 法則이라 ㅎ니 此說을 獨人 구라우졔가 首唱ㅎ고 아렌스 氏에 至ㅎ야 盛히 世에 行흠이라. 此 學說에 根本흔 바는 實노 스도 익 派 哲學에 存ㅎ미니 該派 哲學의 旨意는 人은 其 稟性을 從ㅎ는 걸노써 道의 大本을 흔다고 云ㅎ는딕 在흠이라. 此派는 哲學上 原則에 由ㅎ야 法律 에 最高 原理를 闡明ㅎ기로 旨ㅎ는 學派니 其 淵源은 부라도 아리스도둘 諸氏가 法律을 論흠과 又 시셰론이 法律을 論흠이 다 人의 理性을 本ㅎ고 從ㅎ야 法律을 觀察ㅎ게 흠이라. 近世에 此學派을 泰斗로 仰ㅎ는 者는 獨國 碩學 에간돈 氏가 其人일네라.

번역 연역법에 따라 연구하는 두 학파 중 제1은 자연법학파(自然法學 派)니 이 파는 그리스 스토아 철학에서 비롯되어 로마 법률가가 이 설을 존숭하여 점점 널리 세상에 퍼졌는데, 지금 이 학파의 학설이 다소 차이가 있으므로 그 주요한 학설을 매거한다. 1) 자연법은 인류가 자연 상태에서 생존하며 살아가는데 행하는 법이라고 하니, '자연 상태 (自然狀態)'란 인류가 아직 사회를 이루기 전시대의 상태를 상상하여 일컬 은 것이니, 이 학설은 루소의 사회계약주의를 신봉하는 학자들이 주장한 것이다. 2) 자연법은 자연이 일체 동물에게 부여한 법칙이라고 하니 이 학설을 로마 법률가 유스티아누스가 가장 먼저 주장한 것으로, 후세 몽테 스키외가 자연법을 설명한 것도 이 주의와 큰 차이가 없다. 3) 자연법은 조물주(상제)가 지시한 완전한 법칙이니 인간이 이상(理想)으로 이를 발 견한 것이라고 하니, 이 학설은 신학파 법학가가 주장하는 바이다. 4) 자연법은 인간의 품성에 근본을 따른 법칙이라고 하니 독일의 크라우제가 가장 먼저 이 설을 주장하고, 아렌스에 이르러 활발해졌다. 이 학설의 근본 뿌리는 실로 스토아 학파 철학이니 이 학파의 주요 이론은 사람은 그 품성에 따라 도덕의 근본을 이룬다는 것이다. 이 학파는 철학상 원리로부터 법률의 가장 고귀한 원리를 밝히는 것을 취지로 하니, 그 근원은 플라톤, 아리스토텔레스가 법률을 논한 것이나 키케로가 법률은 논의한 것이 모두 다 사람의 이성(理性)을 바탕으로 법률을 관찰하게 한 것이니, 근세 이 학파의 태두로 추앙받는 사람은 독일의 석학 예링이다.

—'법률적요(法律摘要)', 『대조선독립협회회보』 제2호(1896.12)

오늘날 법학에서도 자연법이 무엇인지를 명료하게 정의하기는 어렵다. 이 점은 윤명선·이영준(1994)의 『법학통론』(법문사)에서 "자연법은 실정법과 비교되는 의미에서 법은 마땅히 어떻게 되어야 한다는 당위법으로 이해하는 데 그 의의가 있다. 즉 자연법이 무엇인가에 관하여 확실한 정설은 없다. 자연법은 현실적으로 존재하는 법이 아니어서 법의 역사적 발현 등을 더듬어 간접적으로 추측할 수 있으나, 직접적으로는 실증할 수 없기 때문이다."라고 진술하면서, '시대, 민족, 사회, 장소 등을 초월한 보편타당성', '근원적인 것', '초실정법적인 것', '이성에 의해 인식될 수 있는 법, 곧 이성법'이 자연법이라고 규정한 바 있다.[23] 이를 근거로 할 때 『대조선독립협회회보』 제2호의 '법률적요'에는 현대 법학에서 논의하는 자연법의 개념과 자연법사상에 대한 기본 개념이 모두 제시된 셈이다. 특히 여기서 주목할 점은 자연법사상의 근간을 이루는 정신이 '이성(理性)'임을 밝힌 점이다. 사전적인 의미에서 '이성'은 개념적 사유 능력을 의미한다. 특히 철학적인 차원에서는 이성을

---

23) 윤명선·이영준(1994: 63)에서는 "자연법의 존재를 인정하고 자연법이 실정법의 기반이 되어야 한다고 주장하는 법사상"을 '자연법사상'이라고 규정하였다.

'진위를 판별하는 능력' 또는 '선악을 식별하는 능력'으로 이해할 경우가 많은데,[24] 진위나 선악을 판별하는 차원의 이성적인 능력은 근대 계몽철학의 핵심 요인 중 하나이다.

이러한 흐름에서 19900년대 지식 유입 과정에서 '계몽철학', '계몽주의', '계몽사조'라는 표현이 사용되지는 않았지만, '이성주의', '자연법사상'이 자연스럽게 유입되어, 한국의 근대 지식을 형성하는 데 녹아들기 시작했음을 확인할 수 있다. 특히 '이성'과 '자연법사상'에 대한 비판적 논의는 『기호홍학회월보』에 소재한 이춘세의 '곽포사설(홉스설)'을 비롯하여, 다수의 번역 자료에도 등장한다. 그 가운데 교과용 도서의 하나로 편찬된 유치형(兪致衡, 1905)의 『법학통론(法學通論)』을 살펴볼 수 있다. 이 교과서에서는 '총론'의 제3장 '자연법사상의 개념과 특징'에서 다음과 같이 진술한다.

【 自然法과 人定法 】

法과 道의 區別과 關係는 前章에 略述홈을 依ᄒ야 法의 範圍가 稍明ᄒ얏시나 左에 說明코져 ᄒᄂᆫ 者는 法의 實質에 關ᄒᆫ 問題니 此 實質 如何를 知ᄒ기에는 自然法과 人定法의 區別이 有홈을 知홈이 最要ᄒ니라.

夫 人은 社交的 動物이니 社交는 其 天賦의 稟性뿐 안이오, 又 其 生活上 必要에 出홈이라. 人類가 社會를 成立ᄒ고 相依相資홈은 其 社會에 立ᄒᄂᆫ 通義니 此 通義는 自由를 互相 尊敬을 因ᄒ야 各其 自由를 得保ᄒ나니 此 通義와 自由를 人世 各種의 事實과 各種의 情況과 各種의 境遇에 善處妙用 ᄒ야 能히 其 志趣를 成就 貫徹케 ᄒᄂᆫ 原則은 卽 法이라 云ᄒᄂᆫ 者라. 盖 其 通義 法則은 自然히 存在ᄒ고 區區ᄒᆫ 人意와 人爲에 出치 아니ᄒᆫ 故로 此를 自然法이라 稱ᄒᄂ니, 彼如何ᄒᆫ 境遇에는 所爲를 行홈이 可ᄒ고, 或

---

24) 그렇기 때문에 대다수의 국어사전에서는 '이성'이라는 단어의 의미 정보에 일상어로서 '개념적 사유 능력'을 강조하고, 철학 용어로 쓰일 경우 '진위 판별 능력', '선악 식별 능력'이라는 자질을 강조한다.

行흠이 不可호다 云호며, 偸盜殺傷을 非라 호고, 悖行에 對훈 防禦의 所爲를 是라 함은, 人人의 同一 認知호는 바니, 其 此를 認知흠은 반다시 理心의 推究홈을 因함이 아니오, 感情을 因호야 卽 覺호는 바 自然의 大法이 되는 者라.

然則 此 自然法은 人이 此를 違背홀지라도 直接의 制裁가 無호고 오즉 自己의 不利益과 他人의 譏貶(기폄)호는 自然의 制裁가 有홈에 不過호나, 然호나 旣已一國을 成立훈 以上은 如此히 汗漫훈 制裁에 安호야 其法則의 遵否를 各人에게 隨意 放任함을 不得홀지니 若 放任홀진딕 弱肉强食호야 自然法은 其效力이 遂無호야 國家와 民人에게 危害가 續出호야 福祉 增進의 期가 無홀지라. 故로 國家는 其 法則을 明細具備케 制定호야 威力으로써 必行함을 人民에게 期호기에 至호니 於是乎人定法의 名稱이 始起함이라.

번역 법과 도덕의 구별과 관계는 앞장에서 약술한 바에 따라 법의 범위가 좀 더 명확해졌으나, 지금부터 설명하고자 하는 것은 법의 실질에 관한 문제이니 이 실질 여하를 알기 위해 자연법과 인정법의 구별이 있음을 아는 것이 가장 먼저 필요한 일이다.

대저 사람은 사회적 동물이니 사교는 천부의 품성일 뿐만 아니라 생활상 필요에서 나온 것이다. 인류가 사회를 만들고 서로 의지하고 돕는 것은 사회에 존립하는 일반적 의미이니 이 일반 의미는 자유를 서로 존중하여 각각의 자유를 얻어 보호하니, 이 일반 의의와 자유를 인간 세상 각종의 사실과 각종의 정황과 각종의 경우에 잘 적용하고 사용하여 능히 그 뜻을 성취하고 관철하게 하는 원칙이 곧 법이라고 일컫는 것이다. 대개 이 일반 의의와 법칙은 자연적으로 존재하고 여러 가지 인간의 의지나 인위에서 나온 것이 아닌 까닭에 이를 자연법이라고 일컫는다. 어떤 경우에 해야 할 일을 행하는 것이 가능하고 행하는 것이 불가하다 이르며, 투도 살상(偸盜殺傷)을 잘못이라고 하고, 패행(悖行)에 대한 방어 행위를 옳다고 하는 것은 사람마다 모두 인지하는 바니, 이를 인지하는 것은 반드시 이심(理心)이 추구하는 바에 따른 것이 아니요, 감정으로 인해 깨달는 자연의 큰 법칙이 된다.

　그러므로 이 자연법은 사람이 이를 위배할시라도 직접 제재가 없고 오직 자기의 불이익과 타인의 비방과 폄하라는 자연의 제재가 있을 뿐이다. 그러나 이미 한 국가를 성립한 이상은 이러한 한만한 제재에 안주하여 그 법칙의 준수와 거부를 각자에게 임의대로 맡기는 것이 불가능하니 만약 방임한다면 약육강식하여 자연법은 드디어 그 효력이 없어 국가와 인민에게 위해를 속출하여 복지 증진의 기회가 없게 된다. 그러므로 국가는 그 법칙을 명확하고 세밀하게 제정하여 반드시 위력으로 실행하는 것을 인민에게 약속하기에 이르니 이에 인정법이라는 명칭이 생겨난 것이다.

—유치형(兪致衡, 1905)의 『법학통론(法學通論)』 '총론'
제3장 '자연법사상(自然法思想)의 개념과 특징'

　이 글에 등장하는 '자연법'은 홉스의 사회계약설과 비슷하다. 홉스는 인간의 본성이 이기적이며, 자연상태에서 '만인의 만인에 대한 투쟁'을 제어하기 위해 '법'이 필요함을 역설하였다.[25] 유치형(1907)에서 홉스라는 이름을 거론하지는 않았지만, '천부 품성', '사회 성립' 등과 같은 표현에서 '인정법(실정법)'과 대립되는 '자연법'의 개념이 자연 상태의 법칙으로 규정하였다. 자연법을 인지하는 것은 '이심(理心)'이 아닌 '감정'이며, 자유방임의 상태에서 약육강식에 따라 자연법의 효력이 상실되어 인정법(실정법)이 생겨난다는 논리이다. 여기에서 말한 '이심'은

---

25) 이춘세(1909), 「정치학설」, 『기호흥학회월보』 제6호에서는 "霍布士는 英人이라. 西曆 一千五百八十八年에 生ᄒ야 一千六百七十九年에 卒ᄒ얏ᄂ니 英王 査理士 第二를 事ᄒ야 爲師傅러니 當時 名士 倍根으로 더부러 相友善ᄒ야 哲學으로써 互相 和應ᄒ야 當時에 有名흔 者ㅣ라. 英國에 哲學 學風이 皆 實質主義와 功利主義에 趣重ᄒᄂᄃᆡ 兩人이 實노 先導가 된지라(홉스는 영국인이다. 서력 1588년에 태어나 1869년에 죽었으니, 영국 제임스 2세를 섬겨 사부가 되었더니 당시 유명한 베이컨과 서로 좋은 친구가 되어, 철학으로 서로 응대하여 당시에 유명했던 사람이다. 영국 철학의 학풍이 대개 실질주의와 공리주의에 치중하였는데 두 사람이 실로 선도가 되었다)."라고 홉스의 철학사적 의미를 부여한 뒤, 그의 성악설과 민약론을 순자와 견주어 설명하였다.

곧 '이성'을 의미하는 것이다.

이와 같이 근대 지식이 유입되는 과정을 종합해 보면 다수의 격치론, 생물진화론, 정치학, 법학 분야에서 서구의 계몽사조가 수용되고 있었음을 확인할 수 있다. 다만 이러한 사조가 교육사나 철학사 또는 다른 학문 분야의 체계적인 지식으로 소개되지 않았을 뿐인데, 이는 1900년대 국권 침탈과 국권 상실로 이어지는 국가·사회적인 환경 요인 때문으로 보인다. 그럼에도 『조양보』에 소재하는 '아한 교육(我韓敎育)의 역사'나 '태서교육사(泰西敎育史)'를 비롯하여 『대한매일신보』 1910년 6월 3일부터 9월 30일까지 연재된 '세계 역사(世界歷史)-변천의 시기' 등의 서구 학문사에 대한 역술 작업은 1910년 이후 체계화된 서양 사상사를 도입하는 선구적인 작업이 되었다.

4. 한국 근현대 계몽운동의 함의와 연구 과제

4.1. 계몽 의식의 함의

한국 계몽주의의 출발이 축자적 의미의 계몽운동과 사상적 차원의 계몽철학이 혼재된 모습을 띤다고 할 때, 1900년대부터 일제 강점기까지 지속되어 온 한국 계몽운동의 특징과 그것이 함의하는 바는 무엇일까? 한국의 계몽운동을 연구한 대부분의 성과물이 '애국계몽운동', '문자보급운동' 등과 같이 특정 시기의 특정한 계몽운동을 대상으로 한 경우가 많기 때문에 이에 대한 해답을 찾는 일은 거의 불가능해 보인다. 그럼에도 한국의 근대 지식 형성과 보급 과정을 개괄한다면, 한국에서의 계몽운동이 개항 직후 시작된 '문명진보론', 1900년대의 '애국계몽론', 일제강점기의 '문맹타파론' 등과 같은 핵심적인 과제를 안고 있었음을 확인할 수 있다.

문명진보론은 문명 상태를 '미개, 반개, 개화'의 단계로 설정하고, 역사 발전이 미개의 상태에서 개명의 상태로 변화하는 것을 일컫는 말로 풀이할 수 있다. 세계사적 관점에서 문명론과 진보론의 생성 및 전개 과정을 연구한 김정의(2000)에서는 근대 이후 세계사에서 문명진보론이 풍미했으며, 독일의 랑케 사학, 러시아의 유물사학, 중국의 중화사학, 프랑스의 아날 사학, 영국의 문명사학, 미국의 자유사학 등이 모두 자기 민족과 국가의 역사적 배경에서 생성된 사관으로 문명진보사학에 해당하는 것이라고 규정하였다. 이 논문에 따르면 한국의 경우도 신민족주의 사학, 민중사학 등 자생적인 역사학이 문명진보사학의 부류에 속한다고 주장하였는데, 엄밀히 말하면 한국의 근대는 역사학계의 '문명사학' 차원이 아니라 한국 사회의 근대화를 위한 문명진보론이 확산되는 시기라고 볼 수 있다.

근대 학문사 관련 자료에서 '문명개화(文明開化)', 또는 '진보(進步)'라는 용어는 1880년대부터 보편적으로 사용되기 시작했다.

【 泰西運輸論 】

英國 格物博士 婁土例婁 氏曰 大哉運輸之術之有功於社會也. 內外物産之交換由之 而盛行 彼我人民之親睦由之 而益敦富國强兵之策由之而漸就 故文明開化之源由之而漸進 若社會之不有運輸之變則財權利源皆不可興 蠻風戎俗亦不可變吁在於邃古. 非無此術特人皆蒙昧 不知運輸之爲社會急務 因循自足 已經數千載之久也. 始至今日聰明頓開 百巧俱興未滿百年 終致社會之專美 國以是而富强 民以是而安樂 此非運輸之有功於社會者乎.

번역 영국 격물박사(格物博士) 루토례루(婁土例婁)가 말하기를, 크도다. 운수술(運輸術)의 사회에 공헌함이여. 국내외 물산(物産)의 교환이 이것으로 인하여 성행하며, 피차간의 인간친목이 이것을 연유하여 더욱 독실하며, 부국강병(富國强兵)의 책(策)이 이것으로 인해 점점 성취되므로 문명개화의 근원이 이것을 인하여 점점 발전된다. 만일 사회에 운수

(運輸)의 편리함이 없다고 한다면 재권(財權)과 이원(利源)이 모두 일어날 수 없을 것이며 야만스러운 기풍과 오랑캐의 풍속(蠻風戎俗)도 변화할 수 없을 것이다. 아, 아득한 옛날에도 이 방법이 없은 것은 아니었으나 특히 사람이 모두 몽매하여 운수(運輸)가 사회의 급무(急務)인 줄을 알지 못하고 이럭저럭 자족(自足)한 지 어언 수천 년이란 세월을 지내오다가, 오늘날에 이르러서야 비로소 총명이 활짝 열리어 일백 기교가 모두 일어나 백년도 못되어 마침내 사회의 독점적인 훌륭함을 이루어, 국가는 이것으로써 부강(富强)해지고 민족은 이것으로써 안락(安樂)해지니, 이것이 운수(運輸)의 사회에 공헌함이 아니냐.

—'태서운수론', 『한성순보』, 1884.2.17

순보에 실린 이 기사에서는 '문명개화', '풍속 변화' 등의 용어가 직접 등장한다. 더욱이 '소사이어티(society)'의 번역어인 '사회(社會)'라는 표현도 여러 차례 등장한다.[26] 이들 용어는 한국 근대 계몽기를 관철하는 주요 사상을 대변한다. 김정의(2000)에서 밝힌 바와 같이 서양의 문명진보론은 17~18세기 이탈리아의 역사학자 비코, 18세기 볼테르, 콩도세르, 18~19세기 독일의 헤겔, 콩트 등을 거쳐 형성된 역사관으로, 다윈의 진화론과 스펜서의 사회진화론의 영향 아래 서구 문명론, 또는 제국주의 이데올로기를 뒷받침하는 주요 사상이 되었다.[27] 이러한 문명진

---

26) 야나부 아키라, 김옥희 역(2011)에서는 '사회'라는 단어가 서양어 '소사이어티'의 번역어로 성립되는 과정을 밝힌 바 있다. 이에 따르면 일본의 경우 후쿠자와유키치(福澤諭吉)가 1868년 출간한 『서양사정외편』에서도 '소사이어티'에 해당하는 용어를 '인간 교제'라는 말로 표현했는데, 나카무라 마사나오(中村正直, 1972)의 『자유지리(自由之理)』(존 스튜어트 밀의 자유론을 번역한 책)에서 '정부, 동아리, 세속, 동료, 인민의 회사' 등의 용어로 번역되다가, 『메이로쿠샤 잡지(明六社雜誌)』를 통해 '사회'라는 용어가 정착되었다고 설명한다. 이 용어는 일본의 경우 1877년부터 1886년 사이에 활발히 사용되었다고 한다. 그런데 순보의 기사원이 『호보(滬報)』, 『자림호보』, 『중서견문록』, 『격치휘편』 등의 화역신문(華譯新聞, 선교사 등에 의해 중국어로 번역된 것)이 많았다는 점, 1880년 전후의 화역 신문에서도 다수의 일본 관련 기사를 게재한 점 등을 종합적으로 고려할 때, 한자어 번역어의 생성과 유통 과정은 좀 더 상세한 연구가 필요해 보인다.

보론은 유길준(1895) 『서유견문』의 '개화의 등급'에도 명확히 드러난다.

【 開化의 等級 】

大槩 開化라 ᄒᆞᄂᆞ 者ᄂᆞᆫ 人間의 千事萬物의 至善極美ᄒᆞᆫ 境域에 抵흠을 謂흠이니 然흔 故로 開化ᄒᆞᄂᆞᆫ 境域은 限定ᄒᆞ기 不能흔 者라. 人民 才力의 分數로 其 等級의 高低가 有ᄒᆞ나 然ᄒᆞ나 人民의 習尙과 邦國의 規模를 隨ᄒᆞ야 其 差異흠도 亦生ᄒᆞᄂᆞ니 此ᄂᆞᆫ 開化ᄒᆞᄂᆞᆫ 軌程의 不一흔 緣由어니와 大頭腦ᄂᆞᆫ 人의 爲不爲에 在흘 ᄯᆞ름이라. (…중략…) 天下 古今의 何國을 顧考ᄒᆞ든

---

27) 앞에서 살펴본 바와 같이 다원의 진화론은 『한성순보』에서 확인할 수 있다. 이에 비해 스펜서의 사회진화론이 직접 거론되는 것은 1896년 기무라지치의 『신찬교육학』으로 보이는데, 이 책에서는 스펜서의 교육 효과설을 인용하고 있다. 사회진화론이 구체적으로 소개된 것은 1906년 이후로 보이는데 앞에서 논의한 『기호흥학회월보』 제6호 이춘세의 '정치학설'에서도, "霍氏 哲學의 理論이 極密ᄒᆞ야 前呼後應흠이 水를 盛ᄒᆞ야도 不漏흘 點이 有ᄒᆞ도다. 其 功利主義ᄂᆞᆫ 辦端 斯賓塞 等의 先河를 開ᄒᆞ고 其 民約新說은 洛克 盧梭의 嚆矢를 作ᄒᆞ얏스니 雖其持論의 偏激이 有ᄒᆞ고 其 方法의 流獘가 有ᄒᆞ나 然이나 不得不 政治學의 功이 不尠ᄒᆞ다 可謂흘지니라(흄스의 철학 이론이 극히 치밀하여 시대를 선도하고 후에 응하여 물이 웅성해도 새지 않는 점이 있었다. 그 공리주의는 벤담, 스펜서 등보다 앞선 시대를 열고, 그 사회계약설(민약설)은 로크, 루소의 효시를 이루었으니 오직 그 지론이 편벽하고 과격함이 있고 그 방법에 유폐가 있으나 부득이 정치학의 공이 적지 않다고 하겠다)."라고 하여 스펜서의 사회진화설이 공리주의적 성격을 띠고 있음을 밝혔다. 그런데 1881년 조사시찰단 보고서인 조준영의 『문부성소할목록』에서 일본 대학 철학과 수업 과정에 "文學 第二年, 使生徒, 硏究心理學, 稍步形而下者 及 哲學生物學原理, 知心體所以相關係, 與意識體樣所以相並行, 本年, 又授底加耳特氏‧彼該兒‧斯邊設兒‧諸氏 著, 『近世哲學史之槪略』, 其意盖在示歐羅巴, 近世哲學史者, 一理貫徹上進, 而適學生論理學上, 思想之進步, 且授此業, 專主口授, 使審會得各種哲學論之要領, 故學生, 當後來讀諸家著作, 得容易窺其蘊奧, 又觀今古純精哲學論文, 則得一擴哲學本理, 批評之(문학 제2년에는 생도로 하여금 심리학, 초보 형이하 및 철학 생리학 원리를 연구하게 하여 심체(心體)가 서로 관계하는 이유와 의식과 체양이 서로 병행하는 이유를 알게 하며, 같은 학년에서 저가이특‧피해아‧사변설아 제씨(底加耳特氏‧彼該兒‧斯邊設兒‧諸氏)가 지은 『근세철학사 개략(近世哲學史之槪略)』을 가르친다. 그 의도는 구라파 근세 철학사가 하나의 이치에서 진보한 것으로, 학생들의 논리학상 그리고 사상의 진보에 적합하기 때문이다. 또한 이 수업은 오로지 구수(口授)를 중심으로 하여, 각종 철학론의 요령을 심도 있게 이해하도록 함으로써, 학생들이 그 이후의 저작을 읽을 때 그 깊은 의미를 쉽게 이해하도록 하고, 또한 금고의 순수한 철학 논문을 관찰함으로써 철학의 본질과 이치의 근거를 알게 하고 비평하게 한다)."라고 한 점으로 보아, 1880년대 일본에서 스펜서의 학설이 번역되어 교과서로 사용되었으며, 그의 이론이 일본 견문자나 유학생을 통해 국내에 유입되었을 가능성이 높다.

지 開化의 極臻흔 境에 至흔 者는 無ᄒ나 然ᄒ나 大綱 其層級을 區別ᄒ건ᄃᆡ 三等에 不過ᄒ니 曰開化ᄒᄂᆞ 者며, 曰半開化흔 者며, 曰未開化흔 者라.

번역 대개 개화라고 하는 것은 인간의 모든 사물이 지극히 선하고 아름 다운 경지에 이름을 일컬음이니 그런 까닭에 개화하는 경지와 영 역은 한정하기 불가능하다. 인민의 재주 능력의 분수에 따라 그 등급의 고저가 있으나 인민의 습속과 국가의 규모에 따라 그 차이가 또한 발생한 다. (…중략…) 천하 고금에 어떤 나라를 고찰하든지 개화의 지극한 지경 에 이를 자는 없으나 대강 그 층급을 구별하면 세 등급에 불과하니 '개화 한 자', '반개화한 자', '미개화한 자'이다.

'개화의 등급'은 미개 상태에서 개화 상태로의 진보를 주장하는 핵심 사상이다. 이 논설에서 유길준이 주장하고자 한 바는 '천사만물(千事萬 物)을 궁구(窮究)하고 경영(經營)하여' 개화하는 사람이 되어야 함을 논 증하는 데 있었다. 이러한 개화의 등급은 1890년대 신학문을 주창하는 사람들, 특히 일본 유학생들을 중심으로 광범위하게 퍼져 있었다. 다음 은『친목회회보』제6호(1898.4)에 수록된 원응상(元應常)의 글 가운데 일 부이다.

【 開化의 三原則 】

開化라 홈을 此世上에 誰가 不知ᄒ오릿가마는 太半 禿髮洋服으로 佛帽 나 戴ᄒ고 米靴나 納ᄒ고 時計 尺杖은 隨手不釋ᄒ야 自以謂 歐米 開化風에 一層 高尙흔 듯 階級업시 自由나 說 ᄒ고 團合업시 獨立을 唱ᄒ야 外觀皮想 의 如此흔 開化者는 도리혀 開化의 進路를 防遮흔ᄃᆞ ᄒ오. 大抵 開化라 홈 은 義經에 開物成務化成天下 八字를 引用略刪ᄒ야 ᄃᆞ만 開化라 名稱홈이니 此는 英語에 시ᄲᅦ리쓰슌(CIVILIZATION)의 意義를 探究ᄒ야 支那人이 意 譯흔 바ㅣ요, 開化 二字의 意義를 存心致意ᄒ야 古今 天下 萬般 狀態를 回轉 思量ᄒ니 何代에 自然, 社會, 一個人 等 三勢力으로 人心力을 刺擊ᄒ야 狀態

룰 左右치 아니혼 씩 업드 ㅎ오. (力者는 有形物을 運動케 ㅎ는 바ㅣ를 謂홈이니 物은 皆不動性이 有ㅎ야 外他力이 來着혼 後에 비로소 運動ㅎ는 바ㅣ라. 鐵丸을 飛去케 홈은 熱力이오 輪車룰 馳去케 홈은 蒸氣力이오 音信을 通케 홈은 電氣力이오 鍛鐵을 引홈은 磁石力이오 同質分子룰 結合케 홈은 凝集力이오 異質分子룰 化合케 홈은 親和力이라. 人心도 亦然ㅎ야 外他力이 來着혼 后에 運動ㅎᄂ니 喜怒哀樂 憂思恐의 發홈과 或 穿山埋海馳車運械ㅎᄂ 神變不測의 動홈은 다 自然의 勢力이라. 社會의 勢力과 一個人 勢力 等의 刺擊 來着홈으로 人心力을 成ㅎᄂ 거시오.) 此 三 勢力이 人類 刺擊ㅎ기룰 時로 顯著혼 威勢룰 作ㅎ기도 ㅎ고 時로 隱潛ㅎ야 不現ㅎ기도 ㅎ고 或 可驚혼 速力으로 來ㅎ기도 ㅎ고 或 寂然ㅎ야 運動을 停止ㅎ기도 ㅎ고 或 此地方에 隆盛도 極케 ㅎ야 他地方에 衰弱을 呈ㅎ기도 ㅎ야 擊石火도 ᄀ치 閃電光도 ᄀ치 浩浩焉 冥冥焉ㅎ야 變化룰 莫測이라. 國家 此에 依ㅎ야 興亡ㅎ고 社會 此에 因ㅎ야 隆替ㅎ야 天覆地載에 血氣가 苟有혼 者ᄂ 其化룰 蒙치 아니홈이 업드 ㅎ오. 故로 三 勢力의 張弛開闢과 潛運默移에 注目揣摩(주목췌마)ㅎ야 利케 ㅎᄂ 時ᄂ 人類 發達ㅎ며 社會 進步ㅎ야 一國이 無限 隆盛에 趍(추)ㅎ고, 惡케 ㅎ야 不利혼 時ᄂ 人類 窮困ㅎ며 社會 退步ㅎ야 一國이 無限 衰退에 傾ㅎᄂ니 於此에 野蠻族과 開化國의 區別이 自判ㅎ오. 是以로 開化에 對ㅎ야 三勢力이 人類에 密着 關係된 바룰 逐條演陳ㅎ오리드.

번역 개화라고 하는 것을 이 세상에 누가 알지 못하겠습니까마는 태반 머리를 깎고 양복을 입고 프랑스 모자를 쓰고 미국 구두를 신고 시계를 차고 지팡이를 손에서 놓지 않고 스스로 말하기를 구미의 개화풍에 한층 고상한 듯 계급 없이 자유나 주장하고 단합 없이 독립을 부르짖으니, 외관으로 생각하기에 이러한 개화라는 것은 도리어 개화의 진로를 막는다고 합니다. 대저 개화라는 말은 『주역』에 '개물성무 화성천하'의 여덟 글자를 인용하여 축약한 뒤 다만 '개화'라고 이름 붙인 것이니, 이것은 영어의 시빌라이제이션의 뜻을 탐구하여 중국인이 의역한 것이요, 개화 두 글자의 뜻을 깊이 생각하여 고금 천하 만반 상태를 돌이켜 생각하면 어느 때이든지 자연, 사회, 일개인 등 세 세력이 인심력을 자극하여 상태를 좌우하지 않은 때 없다고 합니다.(여기서 힘[力]이라고 하는 것은 유형물을 운동하게 하는 것을 일컬음이니 사물은 모두 부동성을 갖고 있어 외부의 다른 힘이 도달한 후에 비로소 운동하니, 철환을 날게 하는 것은 열력이요, 수레를 움직이게 하는 것은 증기력이요, 소리로 통신하게 하는 것은 전기력이요, 단철을 이끄는 것은 자기력이요, 동질 분자를 결합하게 하는 것은 응집력이요, 이질 분자를 화합케 하는 것은 친화력이니, 사람의 마음도 또한 같아서 외부의 다른 힘이 도달한 후에 운동을 하니 희로애락과 근심 걱정이 생겨나는 것과 혹은 산을 뚫고 바다를 메워 수레를 움직이게 하고 기계를 돌리는 신변불측의 운동은 다 자연의 힘이며, 사회의 힘과 일 개인의 힘 등의 자극과 충격이 도달하여 사람의 마음이 갖는 힘을 이루는 것입니다.) 이 세 세력이 인류를 자극하고 충격하는 것이 때로 현저한 위력을 만들기도 하고, 때로 잠재하여 드러나지 않기도 하고, 혹은 매우 놀랄 정도의 속도로 다가오기도 하고, 혹은 적막하여 운동을 멈추기도 하고, 혹은 이 지방의 융성을 극렬하게 하여 다른 지방의 쇠약을 가져오기도 하여, 혹은 석화와 같이 전광과 같이 빛나기도 하고 어둡기도 하여 변화를 예측하기 어렵습니다. 국가도 이에 다라 흥망하고 사회도 이로 인하여 융체하여 하늘을 뒤집고 땅을 엎는 혈기를 갖춘 자는 그 변화를 꿈꾸지 않는 경우가 없다고 합니다. 그러므로 이 세력의 확장 개벽하는 것과 운동을 멈추고 침묵하는 일을 깊이 생각하고 주의하여 이롭게 할 때는 인류가 발달하며 사회가 진보하여 한 국가가 무한히 융성하고, 나쁘게 하여 불리할 때는 인류가 곤궁하며 사회가 퇴보하여 한 국가가 무한히 쇠퇴하는 지경에 빠지니 이에 야만족과 개화국의 구별이 명백해집니다. 그러므로 개화에 대해 세 세력이 인류와 밀접한 관계를 갖고 있음을 조목에 따라 연설하고자 합니다.

　　　　―원응상(元應常), '개화의 삼원칙', 『친목회회보』 제6호(1898.4)

이 글은 '개화'라는 용어의 유래와 개화의 등급, 개화의 필요성, 자세 등을 종합적으로 설명한 글이다. 이에 따르면 '개화'라는 용어는 『주역』의 구절을 축약한 것으로 서양어 '시빌라이제이션'(곧 문명)을 번역한 말이다. 이 글에서도 개화에 대립하는 개념으로 '야만(野蠻)'이라는 용어를 사용했는데, 이 용어는 '미개', '반문명의 상태'와 동일한 의미를 갖는다. 개화는 국가 담론과 결합할 때 '국운 융성'의 의미로 쓰이며, 사회 담론과 결합할 때 '사회 진보'의 개념으로 쓰인다. 그렇기 때문에 국가 발전과 사회 진보를 위해 개화하는 자세가 필요하며, 이를 위해 '자연, 사회, 일개인'의 힘이 무엇인지를 이해해야 한다는 것이다.

이러한 개화를 위해서는 미개, 반개 상태를 자각해야 한다. 이 점에서 한국 근대 계몽기 문명진보론은 당시 한국의 상황을 미개 또는 반개 상태로 인식하는 데서 출발한다. 이 점은 이 시기 계몽운동이 갖고 있는 본질적 한계일 수도 있다.

【 신해영, 환성옹(喚惺翁)의 설(說), '변화기질(變化氣質)의 사대중요(四大重要)' 】

嗟ᄒᆞᆸᄃᆞ 靑邱 一局에 現象을 觀ᄒᆞᆷ에 곳 世界上 一大 演舞場을 開ᄒᆞ얏ᄃᆞ ᄒᆞᆷ이 可ᄒᆞᆯ ᄃᆞᆺ. 東邊에ᄂᆞᆫ 大灘袖蒙出ᄒᆞ야 保護主義라 ᄒᆞᄂᆞᆫ 者 有ᄒᆞ며 西邊에ᄂᆞᆫ 芻靈을 被出ᄒᆞ야 關涉主義라 ᄒᆞᄂᆞᆫ 者 有ᄒᆞ고, 又 一邊에ᄂᆞᆫ 具ᄅᆞᆯ 曳出ᄒᆞ야 仲裁調和라 ᄒᆞᄂᆞᆫ 者 有ᄒᆞ야 日復日 傍觀人에 買笑ᄒᆞᄂᆞᆫ 席을 設ᄒᆞ얏도ᄃᆞ. (…중략…) 嗟ᄒᆞᆸᄃᆞ. 朝鮮人의 性質은 四大 病根이 腦裏에 深擄ᄒᆞ얏스니 第一은 依賴心이오 第二ᄂᆞᆫ 輕蔑心이오 第三은 疑慮心이오, 第四ᄂᆞᆫ 無信用이로ᄃᆞ. 第一에 據ᄒᆞ야 言ᄒᆞᆯ진ᄃᆡ 朝鮮國은 大陸이 他에 連ᄒᆞ야 終始 關係ᄅᆞᆯ 不免ᄒᆞᄂᆞᆫ 故로 小가 大에 呑倂키 易ᄒᆞᆫ 中에 國朝 以來로 支那에 附庸되야 人種子가 生ᄒᆞᆷ애 所謂 中國에 依賴心을 兼有生出ᄒᆞ니 身体 言語ᄂᆞᆫ 朝鮮人이ᄂᆞ 外萬事ᄂᆞᆫ 都是 支那라. 朝鮮 法律이라 ᄒᆞ며 朝鮮 國文을 不用ᄒᆞ고 謂之漢文이라 ᄒᆞ며 朝鮮 史籍을 不務ᄒᆞ고 漢唐餘論을 稱ᄒᆞ며, 朝鮮 禮典이 無ᄒᆞ고 謂之三代禮라 ᄒᆞ야 謂之小中華라 ᄒᆞᆷ이 是ᄒᆞᆫ ᄃᆞᆺ, 曩에 其學部大臣이

云ᄒ되 漢文은 先王文字요, 國文ᄀᄐ 거슨 不是用이라 ᄒ니 試問컨듸 朝鮮이 元來 日本에 近ᄒ얏던들 (아이우에오, イウエオ)를 先王文字라 ᄒ며, 西洋에 近ᄒ얏던들 ABC를 先王文字라 稱홀 만ᄒ얏도ᄃ.

번역 아, 우리나라의 현상을 관찰하면 곧 세계의 일대 연무장이 열렸다고 하는 것이 가할 듯하다. 동쪽에는 큰 물줄기가 갑자기 흘러나와 보수주의라고 하는 것이 있으며, 서편에는 죽은 혼령이 씌운 듯 간섭주의라는 것이 있고, 또 한편에는 여러 가지 일을 끌어들여 중재주의라는 것이 있어 날로 방관인을 비웃는 자리를 마련하였도다. (…중략…) 아, 조선인의 성질은 네 가지 병근이 머릿속에 깊이 박혀 있으니 제일은 의뢰심이요, 제이는 경멸심이요, 제삼은 의려심이요, 제사는 무신용이다. 제일의 증거를 말하면 조선국은 대륙이 다른 나라와 이어져 시종 관계를 면하지 못하는 까닭에 작은 것이 큰 것을 병탄하기 쉬운 중에 국조 이래로 중국에 부속되어 사람 종자가 생활함에 이른바 중국에 의뢰심이 아울러 생겨나니 신체와 언어는 조선인이나 그 밖의 만사는 모두 중국이다. 조선 법률이라 하며 조선 국문을 사용하지 않고 이른바 한문(漢文)이라 하며, 조선 사적을 힘쓰지 않고 한나라 당나라의 여론을 칭하고, 조선 예전(禮典)이 없고 이른바 삼대의 예라 하여 이른바 소중화(小中華)라고 하는 것이 옳은 듯, 이에 학부대신이 말하되 한문은 선왕의 문자요, 국문 같은 것은 사용하지 않는 것이 옳다고 하니 묻건대 조선이 원래 일본에 가까웠던들 아이우에오를 선왕 문자라 하며, 서양에 가까웠다면 에이비시를 선왕 문자라고 일컬을 만하였다.

—『친목회 회보』 제5호, 1897.9.26

문명진보를 위한 개화 운동, 곧 계몽 활동은 몽매한 상태의 조선을 혁신하는 일을 의미한다. 그런데 혁신의 출발점은 계몽 운동을 전개하는 사람들마다 상당한 인식의 차이가 있었다. 특히 신학문, 신문화를 주창하는 사람들 가운데 상당수는 과거 우리의 역사와 문화를 전면적으로 부정하고 전통시대의 생활 방식, 사유 방식을 '완고·구습'으로 간주하는 일이 일반적이었다. 신해영의 논설에 등장하는 '의뢰심, 경멸심, 의려심, 무신용'은 이를 대변하며, 이러한 논리가 서세동점기의 인종주의, 식민 담론, 또는 식민사관과 결합할 때, 자괴적인 역사관으로 이어지기도 한다. 특히 재일 유학생 담론에 등장하는 문명론 가운데 이러한 경향이 우세한 것으로 보이는데, 그 까닭은 개항 이후 일본의 변혁 과정을 목도하면서 갖게 된 부러움과 일본 학술의 영향 때문으로 보인다.[28]

이러한 상황에서도 서세동점(西勢東漸)과 식민주의(植民主義), 제국주의(帝國主義)가 본격화되면서 이른바 '국가와 인민의 문제', '애국론' 등을 기반으로 하는 '애국계몽운동'이 활발히 전개되었다. 이러한 흐름에 대해서는 한국 독립운동사 편찬위원회에서 60여 권의 총서를 펴낸 것처럼, 다수의 한국 근대사학자를 비롯하여 각 학문 분야의 연구 성과가 축적되어 있다.[29]

애국 담론은 근대 지식이 형성되면서 자연스럽게 출현한 사상이었다. 축자적 의미에서 애국(愛國)이라는 말은 『맹자집주(孟子集註)』에서

---

28) 이 문제는 근대 계몽기 일본 관련 지식 수용 양상을 규명하면 좀 더 이해하기 쉽다. 이와 관련하여 이예안(2014)에서는 『황성신문』1906년 4월 30일부터 12월 30일까지 번역 연재한 '일본 유신 삼십년사'를 대상으로, '대한제국기 유신의 정치학'을 고찰할 바 있고, 허재영(2015)에서는 같은 연재물의 성격을 규명하면서 이 시기 일본 관련 지식 수용 양상을 검토한 바 있다. 근대 계몽기 일본의 영향력이 커질수록 일본 유학생이나 일본 서적 유통량이 급증하고, 이에 따라 일본에 대한 경사(傾斜)가 커지는 것은 시대의 흐름을 고려할 때 당연한 결론이라고 할 수 있다.

29) 이 기획물은 조동걸의 『한국 독립운동의 이념과 방략』, 허원호의 『개항 이후 일제의 침략』을 비롯하여 60권으로 구성되었다. 이 가운데 유영렬의 『애국 계몽운동 1: 정치 사회운동』, 최기영의 『애국 계몽운동 2: 문화운동』은 1900년대의 키워드인 '애국 계몽'을 다룬 성과이며, 김용달의 『농민운동』, 김경일의 『노동운동』, 박철하의 『청년운동』, 박용옥의 『여성운동』, 고숙화의 『형평운동』, 박찬승의 『언론운동』, 박걸순의 『국학운동』, 김형목의 『교육운동』, 오미일의 『경제운동』, 김재용 외 『문화예술운동』, 김광식 외 『종교계의 민족운동』 등은 일부 근대 계몽기에 대한 진술이 포함된 경우도 있지만, 대부분 일제 강점기의 계몽운동을 주제별로 다룬 성과라고 할 수 있다.

도 찾아볼 수 있다.

今有璞玉於此하면 雖萬鎰이라도 必使玉人彫琢之하시리니 至於治國家하
야는 則曰姑舍女의 所學하고 而從我라 하시면 則何以異於敎玉人彫琢玉哉
잇고 (梁惠下-09-02)

[집주] 璞 玉之在石中者. 鎰 二十兩也. 玉人 玉工也. 不敢自治而付之能者
愛之甚也. 治國家則徇私欲而不任賢 是愛國家不如愛玉也.

번역 이제 박옥이 이에 있으면 비록 만일(萬鎰)이라도 반드시 옥인(玉
人)으로 하여금 조탁하게 하시리니 국가를 다스림에 이르러 곧 말
씀하시되 아직 너의 배운 바를 버리고 나를 따르라 하시면 곧 어찌 옥인
을 가르쳐 옥을 조탁하는 것과 다르겠습니까. [집주] 박(璞)은 돌 가운데
있는 옥이다. 일(鎰)은 이십 량이다. 옥인은 옥을 만드는 공인이다. 감히
스스로 다스리며 능히 부칠 수 있는 자는 그것을 매우 사랑한다. 국가를
다스리는 것은 곧 사욕을 드러내고 어진 사람을 신임하지 않는 것이니
이는 국가를 사랑하는 것이 옥을 좋아하는 것만 못한 것이다.

—『맹자집주』〈양혜왕하〉

애국이라는 표현은 '국'이라는 개념이 존재한 이후로 자연스럽게 등
장하였다. 그러나 『맹자』에 등장하는 '국가'는 '국민, 영토, 주권'을 전
제로 한 근대의 국가 개념과는 전혀 다른 개념이다. 『논어』에 빈번히
등장하는 '위국(爲國)'이나 『맹자』에 등장하는 왕도정치가 구현된 '국가
한가(國家閒暇)'의 '국(國)'은 위정자를 전제한 개념일 수밖에 없다.[30] 그
렇기 때문에 근대 시기의 애국 담론은 '국가와 국민(또는 인민)'의 관계
를 전제로 한 새로운 사상으로 해석되어야 한다. 이러한 차원에서 '애

---

30) 『논어집주』에는 모두 9회의 '위국(爲國)'이라는 표현이 등장한다. 이들은 모두 나라를
다스리는 예법과 관련을 맺고 있으며, 이는 『맹자』도 마찬가지이다.

국론'이 처음 등장한 것은 1880년대 이후로 볼 수 있다.

【 譯民主 與各國章程 及公議堂解 】

ㄱ. 中國公報云 嘗譯泰西各國事蹟而論 及民主國矣. 且論各國章程 與公議堂
等事矣. 惜華人未住居西國 未讀西國書籍 安知何爲民主國 又安知各國章程 及
公議堂之謂乎. 本館其所以歷論此事者 非有辯論之心 亦無以此爭長之意也. 無
非欲閱公報者 知民主國之所由來 及各西國章程 與公議堂之詳細耳. 按泰西各
國所行諸大端 其中最關緊要 而爲不拔之基者 其治國之權 屬之於民 仍必出之
於民 而究爲民間所設也. 推原其故 緣均是人也. (…중략…) 因恍然於治國之
法 亦當出之於民 非一人所得自主矣. 然必分衆民之權彙而集之於一人以爲一
國之君. 此卽公擧國王之義所由起也. 而輔佐之官 亦此例矣. 第以衆民之權付
之一人 爲其欲有益於民間 而不致有叛逆之事 與苛政之行 此之謂章程.

번역 중국공보(中國公報)에 일찍이 서양 각국의 사적(事蹟)을 번역하면
서 민주국(民主國)에 대해 언급했었다. 또 각국의 장정(章程, 헌법
을 말함)과 공의당(公議堂, 의회를 말함) 등의 문제에 대해서 논했다. 옛날
중국 사람들이 서양에 살지도 않았고, 또 서양의 서적도 읽지 않았으니
어찌 민주국이 무엇인지 알겠으며, 각국의 장정(章程)이나 공의당(公議堂)
을 알겠는가. 본 신문사에서 이런 문제들을 논하는 것은 그것들에 대해
변론(辯論)하거나 장단점을 다투려는 뜻이 아니다. 다만 공보(公報)를 본
사람들에게 민주국(民主國)의 유래(由來)와 각국의 장정 및 공의당에 대
해 상세히 알리고자 해서일 뿐이다. 상고하건대, 서양 각국에서 행한 여러
가지 제도의 가장 중요한 요점으로 움직일 수 없는 기초는 나라를 다스리
는 주권이 국민에게 있고, 모든 권력이 국민에게서 나와 시행되는 것이다.
그 근본 원인은 모든 사람은 평등하기 때문이다. (…중략…) 이로 보아
나라를 다스리는 법(法) 역시 백성에게서 나와야지 한 사람이 주관할 것
이 아니다. 그러나 민중(民衆)의 권한을 한 사람에게 모아 한 나라의 통치
자가 되는 것이니, 이것이 바로 국왕(國王)을 공거(公擧)하게 된 기원(起

源)이며 보좌하는 관원 역시 이런 예이다. 이렇듯 민중의 권한을 한 사람에게 위임하여 민중에게 유익하게 하고 반역(叛逆)이나 가혹(苛酷)한 정치가 없게 하는 것이 장정(章程)이다.

ㄴ. 是以泰西各國 立國學立義學 國中男女老少 皆入學讀書讀史讀律 增長識見 以明愛國之心 而知本身 非無用之人 並知用之本身所有之權也.

번역 그러므로 서양 각국에서는 국학(國學)과 의학(義學)을 세워 국내의 남녀노소가 학교에 들어가 글과 역사와 법률을 배워 식견(識見)이 발달하고 애국심(愛國心)이 커진다. 그래서 자신이 무용(無用)한 인간이 아님을 알고 자신이 권리를 갖고 있다는 사실을 알게 된다.

ㄷ. 以上所譯民主國 與各國章程 及公議堂解說 特就西文述其大略耳. 嗣後本報中繙譯西字新報有論 及此等事者 當逐層詳細譯之俾閱公報者 因端竟委而無所疑本館幸甚.

번역 이상은 민주국(民主國)과 각국의 장정(章程) 및 공의당(公議堂)에 대한 해설을 번역한 것인데, 오직 서양 글에 의해 그 대략만 기술한 것이다. 앞으로 본보(本報)는 서양 문자의 신문(西字新聞)에 논한 것을 상세히 번역하여 보는 이들로 하여금 판단하게 하고자 하니 본관에 대해 의심이 없으면 매우 다행이겠다.

—'민주와 각국 장정 및 공의당 해설 번역
(譯民主 與各國章程 及公議堂解)', 『한성순보』, 1884.2.7

이 기사의 출처인 『중국공보』가 어떤 신문인지는 알 수 없으나,31) 이 신문에서는 서양 각국의 민주제도를 소개하고, 각국의 헌법 유래

---

31) 이 시기 중국에서 선교사 알렌(중국명 임낙지, 林樂知)가 주관했던 『만국공보(萬國公報)』를 지칭한 것으로 해석된다.

및 의회 제도를 소개하면서, 이러한 제도가 '만민 평등사상'에서 기원한 것이며, 교육을 통해 지식을 증장하고 애국심을 갖게 만든다고 하였다. 특히 '자신이 무용한 인간이 아니며 각자 권리를 갖고 있다는 사실'을 알게 한다는 점은 근대성의 핵심 요인인 '자아의 발견', '개인의식의 성장'이라는 차원에서도 흥미로운 사상 발달의 하나로 해석된다. 다만 순보나 주보의 기사가 국민, 영토, 주권 개념이 확립된 국가를 전제로 한 애국 담론이 활성화된 것으로 해석하기에는 다소 무리가 따른다. 왜냐하면 순보에 소재하는 다수의 '애국(愛國)'이라는 표현은 여전히 '충군애국(忠君愛國)'이거나 '애국충군(愛國忠君)'이어서 '군주'를 대상으로 하는 애국론이 유효했기 때문이다. 더욱이 "본보는 서양 문자의 신문에 노한 것을 상세히 번역하여"라고 한 기사에서 '본보'가 기사원인 『중국 공보』를 의미하는 것인지 아니면 박문국 발행의 순보를 의미하는 것인지 명확하지 않기 때문에, 이 시기 근대 지식의 유통 과정에서 서양어 번역 상황을 짐작하기 어렵다.[32)]

이러한 차원에서 한국에서의 근대 국가사상은 서세동점이 격렬해지고, 제국주의화된 일본의 국권 침탈을 경험하면서 본격화된 것으로 볼 수 있다. 『서유견문』에서 '방국의 권리, 인민의 교육', '인민의 권리, 경쟁', '정부' 등을 소개하고, '애국하는 충성'을 강조한 것은 시대의 흐름에서 '애국 계몽운동'을 본격화하는 계기가 되었던 것으로 보인다.[33)] 특히 서양 세력을 대신한 일본 제국주의의 국권 침탈이 본격화되면서, 1900년대에 이르러 '자주, 독립'을 목표로 하는 애국 계몽운동이 본격화되었다. 이와 같은 사상적 흐름 속에서 1910년의 국권상실은 근대적

---

32) 순보에서 번역 기사를 보도할 때 기사를 소개하고 신문사의 평을 부가하는 경우가 있다. 이를 고려하면 '이상소역(以上所譯)' 이하는 박문국의 평가일 수도 있다. 그러나 이 시기 영어 번역이 이루어진 예가 발견되지 않기 때문에, '서양 문자의 신문에 보도된 것을 상세히 번역하여'의 주체가 박문국이라고 판단하기 곤란하다.

33) 『서유견문』은 1895년 일본 교순사에서 발행했지만, 이해 근대식 학제가 도입되면서 학부 편찬 교과서가 부족한 상황에서 교과서 대용으로 널리 읽혔다.

계몽사상과 계몽운동의 단절을 가져온 것으로 보인다. 특히 통감시대부터 본격화된 교육 통제는 의식 통제, 사상 통제로 이어졌으며, 자주 독립 국가 진보를 목표로 한 계몽운동이 더 이상 지속될 수 없는 상태로 몰아갔다.

일제 강점기는 극심한 정치·사상의 통제하에 근대 지식의 유통도 크게 위축되었다. 이 점은 1900년대 국내에서 발행된 저역서와 일제 강점기의 저역서를 비교할 경우 극명하게 드러난다. 근대 계몽기의 역술 문헌을 조사한 허재영(2015)에 따르면 1900년대 국내의 지식 유통은 교과서와 저역서, 일본과 중국에서 직수입한 문헌이 비교적 다양하다. 그러나 1910년 이후 국내에 유통된 학술 서적은 앞선 시기의 책을 다시 출판한 일부 서적을 제외하면, 대부분 일본에서 일본어로 출판된 책이었다. 이 점은 『매일신보』와 『동아일보』에 등장하는 서적 광고의 분포를 분석할 경우 더 명료해진다. 1920년대 『동아일보』에 등장하는 대부분의 서적 광고는 당시 발행한 잡지, 수험서, 소설과 같은 문예 서적에 불과하며, 수입 보급된 서적도 전통적인 경서류 주해서, 한의학 서적 등이 다수를 이룬다. 이와 같은 상황에서 일제 강점기의 계몽운동은 1900년대부터 시작된 '구습타파, 의식 개혁'을 부르짖는 강연 활동이 중심을 이루고, 3.1 독립운동 직후 형식적으로 민족 통제를 완화한 이른바 '문화정치'의 환경 아래 '문자 보급 운동', '노동자 농민 운동'이 주목 받는 시대가 되었다.

4.2. 한국 근현대 계몽운동의 연구 과제

한국의 계몽운동이 축자적 의미로서 '민지개유'와 '동몽계발'을 목표로 하는 지식 보급 운동의 성격과 이성주의·과학주의를 기반으로 하는 서양의 계몽철학의 혼종성을 보인다고 할 때, 한국 계몽운동 연구에서 본질적으로 고민해야 할 과제가 등장한다. 그 중 하나는 개유(開牖)의 도구인 지식, 특히 신지(新知)의 성격을 규명하는 일이며, 다른 하나는 계몽운동의 역사에 반영된 계몽성, 좀 더 구체적으로는 근대성을 어떻게 규정할 것인가의 문제이다.

근대적 계몽 담론이 처음 출현한 1880년대의 한국 학문은 학문의 본질인 '학리(學理)의 발견'보다는 전통적인 수신을 목표로 한 읽기 차원에서 '탐구'보다는 '수양(修養)'을 중시하는 윤리적 교화를 중시하였다. 『예기(禮記)』 '내칙(內則)'의 자녀 교육 원칙은 『소학』 '입교'의 바탕을 이루고,[34] 조선시대 교육 제도를 비교적 상세히 소개한 율곡의 '학교모범(學校模範)'에서도 '글 읽기'에 앞서 '입지(立志)'와 '금제(禁制)'를 강조하였다. 사상사적 관점에서 조선시대 유교를 연구한 김길환(1980) 등과 같이 성리학적 사유 방식에 심오한 심학(心學)이나 실학시대의 개혁사상이 등장한다고 할지라도 전근대의 학문은 성리학적 질서, 곧 자기 수양과 충효 윤리에 교화(敎化)하는 인간을 양성하는 것이 주된 목표였다. 이에 비해 근대 지식은 격물치지(格物致知)의 원리를 탐구한 결과이

---

34) 『예기』 '내칙'에서는 "子能食食, 敎以右手. 能言, 男唯, 女兪. 男鞶革, 女鞶絲. 六年, 敎之數與方名. 七年, 男女不同席, 不共食. 八年, 出入門戶, 及卽席飮食, 必後長者, 始敎之讓. 九年, 敎之數日. 十年, 出就外傅, 居宿於外, 學書記. 衣不帛襦袴. 禮帥初, 朝夕學幼儀, 請肄簡諒. 十有三年, 學樂, 誦詩, 舞勺. 成童, 舞象, 學射御. 二十而冠, 始學禮, 可以衣裘帛, 舞大夏, 惇行孝弟, 博學不敎, 內而不出. 三十而有室, 始理男事, 博學無方, 孫友視志. 四十始仕, 方物出謀發慮, 道合則服從, 不可則去, 五十命爲大夫, 服官政. 七十致事. 凡男拜, 尙左手. 女子十年不出. 姆敎婉娩聽從, 執麻枲, 治絲繭, 織紝組紃, 學女事, 以共衣服. 觀於祭祀, 納酒漿籩豆菹醢, 禮相助奠. 十有五年而笄, 二十而嫁. 有故二十三年而嫁. 聘則爲妻, 奔則爲妾. 凡女拜, 尙右手."이라고 하였다. 이 내용은 『소학』 내편 '입교'에 가장 먼저 서술된다. 이 부분을 중종 연간에 번역된 『소학언해』에서는 "뉘측(內則)[례긔편(禮記篇) 일홈이라]에 ᄀᆞ로ᄃᆡ 믈읫 ᄌᆞ식 나호매 모든 어미와 다믓 가(可)ᄒᆞᆫ 이예 굴히오ᄃᆡ 반ᄃᆞ시 그 어위크고 누그러우며 ᄌᆞ샹ᄒᆞ고 인혜로오며 온화ᄒᆞ고 어딜며 공슌ᄒᆞ고 조심ᄒᆞ며 삼가고 말슴져그니를 구ᄒᆞ야 ᄒᆞ여곰 ᄌᆞ식의 스승을 사몰디니라. (…중략…) 쉰에 명(命)으로 태위되여 구읫 졍ᄉᆞ를 맛다 ᄒᆞ고 닐혼에 이를 도로 드릴디니라. 겨집이 열히어든 나ᄃᆞ나디 아니ᄒᆞ며 스승어믜 ᄀᆞ로치믈 유슌히 드러 조ᄎᆞ며 삼과 뚝삼을 잡들며 실과 고티를 다ᄉᆞ리며 명디 깁뿌며 다회 ᄧᅡ 겨집의 이를 비화 뻐 의복(衣服)을 쟝만ᄒᆞ며 졔ᄉᆞ(祭祀)에 보ᄉᆞᆲ펴 술와 촌믈과 대그릇과 나모 그릇과 팀ᄎᆡ와 저술 드려 례(禮)로 도와 버기리글 도올디니라. 열히오 또 다ᄉᆞ시어든 빈혀 곳고 스믈히어든 남진브를디니 연고 잇거든 스믈 세힌히예 남진브를디니라. 빙(聘)례로 ᄒᆞ면 안해 되고 그저 가면 쳡(妾)이 되ᄂᆞ니라."라고 번역하였다.

며, 그것은 곧 문명진보와 국가 개혁의 원동력으로 인식된다. 이와 같은 차원에서 '계몽'이라는 용어가 다의적인 의미를 갖고 있듯이, '학문'이라는 용어도 다의적인 의미를 내포하며, 근대 계몽기의 시대적 흐름과 사회 분위기에 따라 어떤 때에는 '공부'를 대용하며 어떤 때에는 '탐구' 또는 '계몽'을 대용하는 논리로 쓰인다. 이 점에서 한국 근현대 계몽운동사를 규명하기 위해서는 시대 용어로서 '학문'(또는 문학=글 배우기)이 갖는 본질적인 의미를 고찰하고, 이로부터 파생되는 여러 가지 문제를 규명해야 한다. 특히 1880년대부터 1910년에 이르기까지 등장하는 다수의 권학론(勸學論)은 '개명을 위한 지식 습득', 곧 '개명하는 능력 획득'을 의미할 때가 많다. 이 과정에서 '구학문(舊學問)'으로 불리는 전통적인 학문과 신학문(新學問)의 대립과 갈등이 나타나며, 신학문 중심의 지식 보급론이 시대를 풍미하기도 한다. 근대식 학제 도입과 교육 부진에 따른 다양한 교육 담론이나 지식 보급을 위한 신문·서적의 역할론, 국문자의 문제 등이 모두 지식의 성격 변화와 맞물려 근대성을 보이는 시기가 이른바 한국의 근대 계몽기이며, 이를 이어간 시기가 일제 강점기이다.[35] 이러한 차원에서 이 책의 제2장에서는 한국 근현대 계몽시대의 학문과 사유 형식의 하나로 '문명 개화를 위한 지식 보급론'이 갖는 의미를 규명하는 데 초점을 맞춘다.

또 하나는 한국 계몽운동에 나타나는 근대성이란 무엇인가를 규명하는 문제이다. 많은 역사학자들 또는 근대 시기를 연구하는 학자들이 아직까지도 한국에서 '근대란 무엇인가'에 대한 논의가 충분히 이루어지지 못했다고 비판하고 있지만,[36] 적어도 근현대 계몽운동에 내재하는

---

35) 근대 지식의 형성과 보급 과정에 대한 다수의 선행 연구도 결과적으로는 이러한 문제의식과 밀접한 관련을 맺고 있다. 이화여자대학교 한국문화연구원(2004, 2006, 2007)의 『근대 계몽기 지식 개념의 수용과 그 변용』, 『근대 계몽기 지식의 발견과 사유 지평의 확대』, 『근대 계몽기 지식의 굴절과 현실적 심화』, 구장률(2012)의 『근대 초기 잡지와 분과학문의 형성』, 허재영(2013)의 『한국 근대의 학문론과 어문연구』 등이 이러한 특성을 나타낸다.
36) 이에 대해서는 이 시리즈의 권1 『한국 근현대 지식 유통 과정과 학문 형성·발전』의 방법

인간의 문제, 사회의 문제, 국가의 문제 등이 어떤 의미를 갖는지, 그리고 그 한계가 무엇인지를 규명하는 일은 의미 있는 일로 보인다. 근대성을 논의하는 다수의 학자들은 '근대는 곧 개인의 시대', 달리 말해 '자의식 또는 자아의 발견'이 이루어진 시대로 규정한다. 선행 연구 가운데 박주원(2004)의 「『독립신문』과 근대적 개인·사회 개념의 탄생」[37]은 이러한 경향을 잘 나타낸다. 근대성의 표지를 '개인'과 '자아'에서 찾을 수 있다는 점은 지극히 당연한 논리이다. 왜냐하면 역사 용어로서 '근대'라는 개념도 중세의 봉건질서, 신중심의 사유방식, 억압으로부터의 해방 등을 키워드로 하기 때문이다. 서구의 르네상스나 종교개혁, 지리상의 발견과 자국어 성경 번역, 민족국가 형성 등은 정도의 차이는 있을지라도 모두 자의식의 형성 과정이라고 볼 수 있다. 이 점에서 한국 근현대 계몽운동에 내재한 자의식의 문제를 규명하는 일은 매우 중요한 의미를 갖는다. 따라서 이 책의 제3장은 인간관과 자의식의 문제, 그리고 그로부터 파생되는 윤리의식의 문제 등이 어떻게 형성되며 어떤 변화를 거치는지, 그리고 그 의미는 무엇인지를 규명하는 데 중점을 둔다.

자의식과 윤리 문제는 자연스럽게 사회와 국가 개념으로 이어진다. 여기서 말하는 '사회'는 인간이 모여 이룬 집단을 의미한다. 이 용어는 서양어 번역 과정에서 생성된 용어로 알려져 있는데, 사실 '사(社)'는 '토지의 신'을 의미하는 '사(社)'에서 비롯된 말이다. '회(會)'는 축자적 의미로 볼 때, '모이다', '이해하다' 등의 뜻을 갖는 한자로 '사'와 '회'가 합성되어 '무리'를 뜻하는 개념으로 정착되기까지는 일정한 시간이 필요했다. 이 점에서 '무리'를 뜻하는 기존의 표현인 '군(群, 羣)' 또는 '중(衆)' 대신 '사회'나 '회'가 개념화되기까지의 과정을 고찰하는 문제는 '국가'가 단순히 '국'과 '가'가 합성된 개념이 아닌 것처럼, 좀 더 세밀한

론을 참고할 수 있다.

37) 박주원(2004), 「『독립신문』과 근대적 개인·사회 개념의 탄생」, 이화여자대학교 한국문화연구원, 『근대 계몽기 지식 개념의 수용과 그 변용』, 소명출판.

고찰을 해야 한다. 앞서 살펴본 바와 같이 근대적 의미의 '사회'와 '국가'라는 용어는『한성순보』에서도 빈번히 찾아볼 수 있다. 그러나 순보와 주보에서 근대적 용법의 용어를 찾을 수 있더라도, 그것이 근대 계몽기의 내재된 의식으로 수용되기까지는 다양한 계몽 담론이 필요했다. 이 점을 고려하여 제4장의 논의는 근대 계몽기의 사회 담론과 국가 담론이 형성되는 과정과 의미를 규명하는 데 중점을 둔다.

이와 같이 한국 근대 계몽기의 사상적 기반, 엄밀히 말하면 계몽운동 과정에서 형성된 의식의 문제를 고찰할 경우, 민지개유와 동몽계발의 의식 문제와 서양 계몽철학(사조)와의 상관성을 살피지 않을 수 없다. 좀 더 정확히 말하면 축자적 의미로서의 계몽은 이 용어가 갖는 본질적 의미, 곧 넓은 의미의 계몽을 의미하는 것이며, 사상 차원의 계몽은 철학사조로서의 계몽을 의미하는 것이다. 앞서 살펴본 바와 같이 '계몽철학', '계몽주의', '계몽사조'라는 용어가 본격적으로 쓰인 시점은 1920년대로 추정된다. 비록『대한흥학보』제13호(1910.5)「일본 교육사상의 특점」이라는 논문에서 '계몽시대, 구화 고취'라는 표현을 사용하고 있기는 하지만, '계몽'을 철학사조 또는 사상 개념으로 수용한 것은 아니었다. 이를 고려할 때 사상으로서의 계몽 개념이 일반화된 것은 1920년대 전후로 추정된다. 예를 들어『동아일보』1922년 3월 8일부터 6월 22일까지 총 84회에 걸쳐 연재된 '구주 사상(歐洲思想)의 유래(由來)'는 서양 철학사를 체계적으로 정리하여 소개한 논문인데, 그 가운데 제4장 '유리사상(唯理思想)'은 서양의 합리주의·이성주의 철학을 의미한다. 이 논문 제4장 제3절에서는 "계몽사상(啓蒙思想)이라는 언어(言語)는 보통(普通)으로는 십팔세기(十八世紀) 반(半)의 불란서(佛蘭西)의 사상계(思想界) 내지(乃至) 독일(獨逸) 사상계(思想界)에 적용(適用)된 명목(名目)이나 더욱 정확(精確)히 하면 십칠세기(十七世紀)로부터 십팔세기에 긍(亘, 이르러)하여 먼저 영길리(英吉利) 사상계(思想界)에 적용된 언어(言語)"라고 규정하였다. 이 정의는 철학사의 일반적인 정의와 크게 다르지 않다. 이를 고려한다면, 한국 계몽운동사에서 사상으로서의 계몽철학은 1880년대부터 소개되기 시작하여 1900년대 다수의 계몽철학가의 정치·사회설이 번역되기 시작하였으나, 철학사의 관점에서 계몽주의가 정착된 것은 1920년대 전후로 판단된다. 이 점에서 광의의 계몽과 협의의 계몽이 어떤 상관성을 보이는지를 규명하는 문제는 한국 근현대 계몽운동의 가치를 이해하는 데 또 하나의 과제가 된다. 이에 대해서는 제5장에서 중점적으로 다룰 예정이다.

제2장 근대 계몽기 학문과 사유 형식

김슬옹

1. 근대 학문의 개념과 목적

1.1. 학문의 개념

근대 계몽기로부터 일제 강점기에 이르기까지 학문 담론을 검토하다 보면, 특정 시기에 특정 주제와 관련된 논의가 주를 이루는 경향을 살펴볼 수 있다. 예를 들어 1880년대『한성순보』,『한성주보』의 서양 학문을 소개하는 다수의 논문들은 대부분 '서양 학문의 중국 근원설'을 논리적으로 설명하고자 한다. 또한 1896년 이후『친목회회보』나『독립협회회보』의 학문 담론은 '문명·진보'를 위한 개화론이 주를 이루며, 1905년 이후에는 각 신문, 잡지에서 '애국'을 키워드로 삼는다.

독일의 사회학자 막스 쉘러는 지식의 집합적·사회적 본성, 사회 제도를 통한 지식의 분배, 상이한 종류의 지식 형성에서 사회적 관심 등을 고려하여 '지식사회학'이라는 용어를 만들어 내었다. 그는 "모든 정신 작용은 필연적으로 사회 구조에 의해 사회학적으로, 공통적으로 조건화되어 있다."[38]라고 하면서, 사상 문제도 사회적 산물이자 사회적 기능을 담당하는 요소라는 점을 강조하였다. 지식사회학적 입장에서 서로 다른 유형의 지식들이 역사 발전 과정에서 종합되고, 역동적으로 총체적인 이데올로기를 형성한다고 본 카를 만하임은 특정 시대 또는 사회 계급의 사유 양식이 존재하며, 그것은 개별적인 사실이 아니라 총체적 개념으로 파악되어야 한다고 생각했다. 상이한 지식을 통합하여 새로운 전망을 제시하고자 하는 입장에서 역사적 총체성을 특정 사회계급이나 사회구조에 영향을 덜 받는 지식인의 자율성과 관련지어 해명하고자 한 만하임의 의도가 비록 특정 시대와 특정 사회의 이데올로기를 규명하는 데 목표를 두고 있지 않다고 하더라도, 한 시대를 이끌어가는 사상적 특징, 또는 사유 형식이 존재하는 것은 틀림없다. 이 점에서 1880년대 이후 일제 강점기까지 한국 사회를 지탱해 온 사유 형식 가운데 하나는 '계몽'이며, 이 계몽을 뒷받침하는 것이 '학문'과 '교육' 담론이다.

여기서 주목할 것이 '학문'에 대한 근대 지식인들의 사유방식이다. 축자적인 의미에서 '학문(學問)'은 '배우고 묻는 것'을 의미한다. 동양 고전인 『맹자』에는 다음과 같은 '학문'이라는 표현이 등장한다.

【 學問 】

ㄱ. 謂然友曰吾 他日에 未嘗學問이오 好馳馬試劍하더니 今也에 父兄百官이 不我足也하니 恐其不能盡於大事하노니 子 爲我問孟子호라 然友 復之鄒하야 問孟子한대 孟子 曰然하다 不可以他求者也라. 孔子 曰君薨커든 聽於冢宰하나니 歠粥하고 面深墨하야 卽位而哭이어든 百官有司 莫敢不哀는 先之也라 上有好者면 下必有甚焉者矣니 君子之德은 風也오 小人之德은 草也니 草

38) 앨런 스윈지우드, 박성수 역(1987), 『사회사상사』, 문예출판사, 341쪽.

尚之風이면 必偃이라 하시니 是在世子하니라. (滕文上-02-04)

 연우(然友)에게 일러 말씀하시되, 내 타일에 일찍 학문(學問)을 아니하고, 말을 달리며 칼을 시험하는 것을 좋아한다 하니, 이제 부형과 백관이 나를 족히 여기지 아니하니, 그 능히 대사에 다하지 못할까 두려워 하니, 세자께서 나를 위해 맹자께 여쭈라 하니, 연우가 다시 추에 가서 맹자께 여쭈되 맹자께서 말씀하시기를 그러하다, 가히 다른 데 구하지 못할 것이다 하셨다. 공자께서 말씀하시기를 임금이 돌아가시면 총애하던 재상에게 듣나니 죽(粥)을 마시고, 얼굴에 짙은 묵을 하여 곧 곡하거든 백관과 유사(有司)가 감히 슬퍼하지 않을 사람이 없는 것이 먼저이니, 위에 좋아할 자가 있으면 아래 사람은 반드시 심한 자가 있으니, 군자의 덕은 풍(風)이요, 소인의 덕은 초(草)이니, 풀에 바람이 불면 반드시 쓰러진다 하시니, 이것은 세자께 있는 것이다.

ㄴ. 學問之道는 無他라 求其放心而已矣니라 (告子上-11-04)

번역 학문의 도는 다른 데 있는 것이 아니라 풀어진 마음을 잡는 데 있을 따름이다.

동양 고전에서 '학문(學問)'은 축자적 의미인 '묻고 배움', 곧 '공부'를 의미하는 용어이며, '구기방심(求其放心)'의 도(道)를 기본으로 하는 개념이었다. 이는 현대적 의미의 '학문', 곧 '과학'을 의미하는 학문 개념과 '수기치인(修己治人)'을 목표로 하는 유가(儒家)의 학문 개념이 동질하지 않음을 의미한다. 『논어』를 참고하면, 지식을 나타내는 '글 배우기'를 표현하는 개념은 '학문(學文)'이다. '학이(學而)'에서 공자는 "제자는 들어서 효도하고 나서는 우애하며 삼가고 믿음직하게 하며 무릇 사람을 사랑하고 인을 가까이 하며 행하고 남은 힘이 있으면 학문을 한다(子曰弟子入則孝出則弟謹而信汎愛衆而親仁行有餘力則以學文)."라고 하였다. 이에 대해 주자는 집주를 하면서 '문(文)'은 "시서 육예의 글을 일컫는다

(文謂詩書六藝之文)."라고 하였다.

학문(學問)이 마음을 바르게 하는 일, 곧 수양(修養)과 관련된 개념이라면, '학문(學文)'은 '글 배우기'를 뜻하는 용어인 셈이다. 이러한 전통은 성리학적 기반이 강한 우리나라에도 오랫동안 유지되어 왔다. 근대 이전 백과사전식 실용 지식을 중시했던 실학자들도 이러한 전통에서 자유롭지는 않았다. 율곡의 '학교모범'에서도 제자와 스승된 사람들이 지켜야 할 배움의 원리를 '입지', '금제'와 같은 마음가짐에서 출발하도록 하였다.[39] '학문(學文)'과 관련된 글 읽기, 곧 독서(讀書)는 뜻을 세우고 몸과 행동을 다잡은 뒤에 행할 덕목인데, 『소학』을 배워 근본을 배양한 뒤, 『대학』, 『근사록』을 공부하여 규모를 정하며, 『논어』, 『맹자』, 『중용』과 오경을 읽고 역사를 배워 선현의 성리를 읽어 뜻을 넓히고 식견을 가다듬어야 한다고 하였다. 성리학적 전통에서 '학문'은 지식을 산출하는 '과학'이 아니다.

근대 계몽기에 이르러 시무(時務)·시사(時事)의 지식이 급증하고, 이에 대한 '치지(致知)'가 강조되면서 전통적인 '수기(修己)'로서의 '학문(學問)' 대신 '문견박식(聞見博識)'의 새로운 학문관(學問觀)이 등장하였다. 이러한 인식의 변화는 17세기 이른바 실학자들에게도 그 싹을 찾아볼 수 있다. 예를 들어 성호 이익은 '취진공부(驟進工夫)'에서 "치지(致知)와 함양(涵養)은 두 가지로 병행하는 공부인데, 처음 배우는 사람에게는 치지가 먼저가 된다. 치지란 글을 읽어 이치를 연구하는 것이 요점이 되는데, 어찌 함양에만 의존할 것인가?"[40]라고 하면서, '치지(致知)'가 수양보다 먼저 이루어져야 할 일임을 주장하기도 하였다. 성호의 학문이 역사·지리에 대한 고증과 백과사전식 지식 정리를 특징으로 한 점은, 한국 근대 학문 형성의 자생력을 의미하는 것일 수도 있다. 근대 계몽

---

39) 민족문화추진회(1968), 『율곡집』 1, 율곡전서 권15, '잡저', '학교모범'.

40) 민족문화추진회(1973), 『국역 성호사설』 V 인사문, 성호사설 권13, '취진공부(驟進工夫)'. "致知涵養 是兩下功 夫在初學致知爲先 致知者讀書窮理爲要 豈可專靠於涵養."

기 새로운 학문관이 보급되는 시점에도 성호의 학문 전통은 빈번히 언급된다.

【 『황성신문』, 1909.10.9, 논설, 學問不進이 都是泥舊의 獘害 】

本朝五百餘年間에 一切 政學 兵學 律學 醫學 天文 地理 歷史 等 各種 學問이 舉皆不絶如線의 光景으로 一毫도 進步가 未有흔 것은 人의 才智가 此에 短흠이 아니라 但 社會趨向이 理學과 文學으로써 最上學問을 作호고 高等地位을 占흔 緣故라. 然則 理學과 文學은 宜乎 進步發達이 되얏슬지나 此도 또흔 泥舊習慣中에 在호야 新思想 新發明을 不許호는 故로 一般 文人學士가 皆古人의 陳言을 記憶호고 往轍을 株守호야 有退無進흔 境遇에 墮落호얏도다. 大抵 世界의 學理가 無限호고 人의 心思가 無量호니 聖人의 制作도 皆循時而發揮호고 先時而預備흠은 無흔 故로 伏羲 文王의 易과 周公 孔子의 易이 皆隨時의 大義어날 奈何로 我韓學界는 先儒成說을 遵守호기 外에 新思想 新硏究를 禁戒호는가. 此는 學問退步의 最大原因이로다. 一日에 星湖集을 閱讀흠이 朱子詩와 退溪詩를 續次흠이 有호니 可히 心學의 進步處라 謂홀지로다 盖朱子方塘詩는 但히 心의 本體로써 言흠이니 若其本末을 該論호면 靜時少호고 動處多혼지라. 星湖詩에 日 方塘活水自源源風蕩波驚便易渾, 到得靜時塵滓定, 原初光景始應存이라 호얏스니 此는 衆人의 工夫로 言흠인 즉 朱子의 詩意와 背馳흠이 아니라 卽其餘意를 更述흠이오 退溪詩에 日 露草夭夭繞水涯, 方塘活水淨無沙, 雲飛鳥過元相管, 只怕時時燕蹴波라 호얏스니 其謂燕蹴波者는 外物의 至흠을 謂흠이니 人이 엇지 外物을 拒絶홀 時가 有호리오. 但 吾의 心體가 不動則可矣라. 故로 星湖ㅣ 續之日 池虛不受一塵輕, 活水淳泓徹底清, 不妨物觸波微動, 依舊天雲影自明이라 혼 것은 外物의 酬應經過흔 後에는 本體의 明의 自若흠을 謂흠이니 또흔 退溪의 未盡處를 發揮호얏다 謂홀지로라.

以此觀之호면 我國에 最히 發達호얏다 云호는 心學도 前賢의 未發을 更發호여야 進步가 有홀지어늘 況已往時代에 全然 退步흔 各種 學問에 對호

야 新思想 新硏究가 아니면 엇지 進步ㅎᄂᆞᆫ 功效가 有ㅎ리오. 此個理由ᄂᆞᆫ 余言을 人皆不待ㅎᄂᆞᆫ 知了ㅎᄂᆞᆫ 바이ᄂᆞ 但 從前泥舊의 獘害로 由ㅎ야 各種 學問이 退步된 것을 慨憤ㅎ야 一論及此ㅎ노라.

본조 500여 년 동안 정학(政學), 병학, 율학(律學), 의학, 천문, 지리, 역사 등 각종 학문이 모두 선과 같이 끊어지지 않았으나 조금도 진보가 없는 것은 사람의 재주가 이에 모자람이 아니라, 단지 사회 추향이 이학(理學)과 문학(文學, 글배우기)을 학문의 최상으로 여기고, 높은 자리를 차지한 까닭이다. 그러므로 이학과 문학은 마땅히 진보·발달되었으나 이도 또한 진흙 속 구습 가운데 존재하여 신사상(新思想)·신발명(新發明)을 허락하지 않는 까닭에 일반 문인 학사가 모두 옛사람이 진술한 말만 기억하고 과거의 궤적만 묵수하여 후퇴는 있으나 진보는 없는 지경에 떨어졌다. 대저 세계의 학리(學理)가 무한하고, 사람의 심사가 무량하니, 성인이 만든 것도 모두 시대에 따라 발휘되고 앞선 시대는 적합하나 예비하는 것은 없기 때문에 복희 문왕의 역리와 주공 공자의 역(易)이 모두 시세에 따른 대의(大義)인데도 어찌 우리 대한의 학계는 선유(先儒)가 만든 학설을 준수하는 것 말고 신사상 신연구(新硏究)를 금지하고 경계하는가. 이는 학문 퇴보의 최대 원인이다. 일전에 『성호집』을 읽다가 주자의 시와 퇴계의 시를 속(續)한 것이 있었으니, 이는 가히 심학(心學)이 진보한 것이라고 일컬을 수 있다. 대개 주자의 방당시(方塘詩)는 단지 마음의 본체를 말한 것이니, 만약 본말을 논하면 고요할 때는 드물고 움직이는 곳은 많다. 성호의 시에 "방당의 활수가 끊임없이 솟지만은(方塘活水自源源), 바람 거세 물결치면 흐려지기 쉬운 걸(風蕩波驚便易渾), 고요한 때 만나면 먼지가 갈앉으니(到得靜時塵滓定), 맨 처음 그 광경은 응당 보존되었으리(原初光景始應存)."[41]라고 하였으니, 이는 무릇 사람들의 공부를 말한 것인데, 주자의 시와 뜻이 배치되는 것이 아니라 그 남은 뜻(숨은

---

41) 민족문화추진회(1973), 『성호사설』 11 시문문, 성호사설 권30, 시문문.

뜻)을 다시 서술한 것이요, 퇴계의 시에 "이슬 젖은 고운 풀이 물가를 둘렀는데(露草夭夭繞水涯), 방당의 활수는 조촐하여 모래 없네(方塘活水淨無沙), 구름 날고 새 지나니 원래 서로 얽매어라(雲飛鳥過元相管), 때때로 물결 차는 제비가 두렵네(只怕時時鷰蹴波)."라고 하였으니, 이른바 '제비가 두렵다'는 것은 외물(外物)에 이름을 일컬은 것이니, 사람이 어찌 외물을 막고 단절할 때가 있겠는가. 단지 나의 마음과 몸이 움직이지 않음만 가한 것이다. 그러므로 성호가 이어서 "못이 비어 한 점의 티끌도 아니 받고(池虛不受一塵輕), 활수가 괴어 있어 철저히 맑네(活水停泓澈底清), 물에 부딪쳐 물결 살짝 일어난들 어떠리(不妨物觸波微動), 구름 그림자 예와 같이 저절로 밝은 걸(依舊天雲影自明)."이라고 한 것은 외물과 수응하여 경과한 뒤에는 본체의 밝음이 명확한 것을 일컬음이니, 또한 퇴계가 다하지 못한 것을 드러낸 것이라고 할 수 있다.

이로 보면 우리나라에 가장 발달했다고 말하는 심학(心學)도 앞선 현인이 드러내지 못한 것을 다시 드러내야 진보가 있을 것이거늘, 하물며 지나간 시대에 완전히 퇴보한 각종 학문에 대해 신사상·신연구가 아니라면 어찌 진보하는 효과가 있겠는가. 이러한 개개의 이유는 나의 말을 기다리지 않더라도 사람들이 모두 알 수 있으나 단지 종전의 이구(泥舊)의 폐해로 말미암아 각종 학문이 퇴보된 것을 개탄하고 분개하여 이에 다시 논의한 것이다.

—(논설)『황성신문』, 1909.10.9

이 글에 나타난 것처럼 성호(星湖)의 학문은 근대 계몽기 신학문 발전 과정에서도 많은 영향을 미쳤다.[42] '학문(學問)'이 '치지(致知)'의 차원에서 외물(外物)과 관련을 맺으며, '심학(心學)'조차도 앞선 시대를 비

---

42) 『황성신문』에는 '성호'에 관한 언급이 71회 등장하며, 『대한매일신보』에도 8회 등장한다. 일제 강점기 『매일신보』에서도 성호의 학문을 언급한 것이 53회에 이른다.

판하고, 그 시대에 밝히지 못한 것을 밝히는 일이 학문이라는 개념이 싹튼 것은 분명 실학시대 이후의 일이다. 그럼에도 이 논설에 나타난 것처럼, 근대 계몽기 지식 사회의 주된 이데올로기는 성리학적 전통의 '학문(學問)' 개념과 '글 배우기'의 '학문(學文)'이 혼재되어 있다. 특히 후자의 경우 어휘 도치[43]가 이루어지면 '학문(學文)'은 '문학(文學)'이 된다. 『한성순보』 1884년 3월 8일자 '태서문학원류고(泰西文學源流考)'에 쓰인 '문학'은 '학문(學文)'의 도치어이다.

근대 계몽기에 이르러 지식 체계로서의 '학문(學問)'을 뜻하는 말은 '학(學)'이었다. 예를 들어 『한성순보』 1884년 3월 27일자 '성학원류(星學源流)'에서는 "성학은 여러 학문 중에서 가장 오래된 고증학이다(星學在衆學中 爲最考古)."라고 하여, '학문'이라는 용어 대신 '학'이라는 말을 사용했다. 1880년대 각종 문헌에서 다양한 학문명(學問名)이 등장할지라도, 실제 '학문(學問)'이라는 용어가 사용된 예는 찾아보기 어렵다. 유길준(1895)의 『서유견문』에서 '태서 학술(泰西學術)의 내력(來歷)', '학업(學業)하는 조목(條目)'과 같이, '학술', '학업'이라는 용어를 사용하고, 『친목회회보』 제1호(1896.2)에서 이하영이 '학문(學問)'이라는 논설을 게재하기 전까지는 이 용어가 지식 체계를 뜻하는 용어로 사용되지 않았음이 분명하다.[44] 다만 『한성순보』 1884년 3월 18일자 '각국학업소향(各國學業所向)'이라는 논설이 게재된 점을 고려할 때, 1880년대 이후 '학(學)'의 개념이 지식 체계, 곧 학리(學理)의 의미로 널리 쓰이기 시작했음을 확인할 수 있다.[45]

---

43) 근대 계몽기에는 '학문〉문학, 관계(關係)〉계관'과 같이 한자어의 경우 수많은 도치가 이루어진다. 이에 대해서는 근대 국어를 연구하는 다수의 국어학자들이 규명한 바 있다.

44) 일본에서는 1872년 후쿠자와유키치(福澤諭吉)가 『학문의 권장(學問のすすめ)』를 저술하였다. 이를 고려할 때 '학문'이라는 용어도 근대 계몽기 일본에서 서양어를 번역하여 만든 용어일 가능성이 높다.

45) 『한성순보』, 1884.3.18, '각국학업소향'에서는 베이컨의 『격치실의(格致實義)』(학문의 진보)라는 책을 소개하고, 학문의 방법이 실증에 있음을 소개하였다.

1.2. 학문의 목적

지식 체계로서의 '학(學)'은 '학리(學理)'와 같은 의미로 사용된다. 이
점에서 근대 학문은 학리 연구의 방법론과 밀접한 관련을 맺는다. 달리
말해 근대 학문이 전통 학문과 준별되는 가장 중요한 잣대는 과학적
방법론에 있다는 뜻이다. 이러한 과학적 방법론에 의해 탐구된 법칙이
나 원리를 보편적 일반화를 하면 그것을 우리는 이론이라 부른다. 계몽
기 학문론에서는 이러한 과학적 방법론에 의한 원리와 이론을 '학리'라
는 용어로 표현했다. 여기서 '학리(學理)'에 포함된 '리(理)'는 '바르게
함', '이치' 등을 뜻하는 한자이다. 성리학적 전통에서 '학리'가 합성어
로 쓰인 적은 없으나, '성학(性學)'과 '이학(理學)'이 성리의 기반을 이루
고, '심학(心學)'과 대립하는 차원에서 격물치지의 학을 '이학(理學)'이라
고 부른 사례가 많음을 고려한다면, '학리(學理)'의 개념이 갑작스럽게
출현한 것은 아니다. 그럼에도 지식 체계로서의 '학문(學問)'과 마찬가
지로, '학리(學理)'라는 어휘의 용례가 급증한 시점도 1896년 이후로 보
인다. 『황성신문』에는 이 용어가 378회나 출현하며, 『대한매일신보』에
도 123회나 출현한다.

【 敎育制度 】
　現時世界列强이 以文明先進으로自居者난 莫不以敎育人民으로 爲第一要
務하야 烝烝然日進文明者ㅣ皆由此也니 今에 試就日本之敎育制度하야 略述
其大要컨딘 第一普通敎育은 卽敎育之第一階級이니 其設備之機關은 尋常小
學 高等小學 兩種하야 凡兒童滿六歲로 至十四歲者난 不問男女하고 必皆就
學케호딘 用强迫就學令하야 使爲其父兄者ᄂ 擔此就學之責任하야 確立國民
敎育之基礎하ᄂ니 (…中略…) 第三 專門敎育은 卽敎育之最終階級이니 爲開
發一切專門的智識하야 <u>專攻各科之學術技藝</u> 故로 其機關設置도 亦有數種之
分別하니 一大學은 最高等學理技術을 專攻者也라. 其中에 有六大分科大學

하야 曰法科大學은 <u>政法 經濟 等 學理의</u> 硏修者오 曰理科大學은 卽敎學理化
及博物學의 硏修者오 曰文科大學은 哲學 史學 言語學 及 文章學等의 硏修者
오 曰工科大學은 土木 採礦 冶金 造艦 建築 等 <u>學理 技術의</u> 硏修者오 曰醫科
大學은 醫術 及 藥物 等 學理의 硏修者오 曰農科大學은 農業 及 森林 等
學理의 硏修者니 此六大分科난 極精且嚴하야 如其素養이 不豊者면 不能陞
入故로 但 卒業於中等敎育者난 其素修之業이 尙恐有不足之歎일시 又別眞高
等學校之一機關하야 作爲大學校陞入者의 預修之所하나니

번역 현시대 세계열강이 문명 선진으로 스스로 살고자 하는 자는 <u>인민</u>
<u>을 교육하는</u> 것으로 제일 중요한 임무를 삼아 날로 문명 진보하는
것이 이에서 말미암지 않는 것이 없으니, 지금 일본의 교육제도를 대상으
로 삼아 그 대강을 요약 서술하면, 제1 보통교육은 곧 교육의 제1단계이
니 그 설비 기관은 심상소학, 고등소학 두 종류로 하여, 무릇 아동이 6세
에서 14세에 이르면 남녀를 불문하고 모두 취학하게 하되 학령(學令)에
따라 강제하여 부형된 자로 하여금 취학 책임을 맡게 하여 국민교육의
기초를 확립하고 있으니 (…중략…) <u>제3 전문교육은 곧 교육의 최종 단계</u>
이니 모둔 전문적 지식을 개발하여 각과의 <u>학술 기예</u>를 전공하게 하는
까닭에 그 기관 설비도 또한 수종으로 나눌 수 있다. '대학(大學)은 최고등
학리(學理) 기술을 전공하는 곳이다. 그 가운데 6대 분과의 대학이 있어,
법과대학(法科大學)은 정법 경제 등 학리(學理)를 연수하는 곳이요, 이과
대학(理科大學)은 이화학 및 박물학을 가르치고 연수하는 곳이요, 문과대
학(文科大學)은 철학, 사학, 언어학 및 문장학 등을 연구하는 곳이요, 공과
대학(工科大學)은 토목, 채광, 야금, 조함, 건축 등 학리 기술을 연수하는
곳이요, 의과대학(醫科大學)은 의술 및 약물 등 학리를 연수하는 곳이요,
농과대학(農科大學)은 농업 및 삼림 등 학리를 연수하는 곳이니, 이 6대
분과는 극히 정밀하고 엄정하여 각기 소양이 풍부하지 못하면 승입(陞入)
할 수 없기 때문에, 다만 중등교육만 졸업한 자는 그 연수한 자질이 부족
할까 두려워하므로 또한 별도로 고등학교라는 한 기관을 설치하여 대학

교에 들어가는 자가 미리 연수하는 곳으로 삼는다.

이 논설에서는 고등교육기관 곧 대학의 학업을 지칭할 때 '학리(學理)'라는 용어를 사용하며, '학리'와 '기술'을 동등한 자격으로 표현하고 있음을 확인할 수 있다. 여기서 주목할 사항은 '학리'를 탐구하는 기관은 고등교육기관이며, 학리 탐구 활동 자체가 전문성을 목표로 한다는 점이다. 이 점은 학리 연구가 전문적인 방법에 의존해야 하며, 학리 발달이 문명·진보의 기반이 됨을 의미한다.

근대 계몽기 '학문'의 목적은 학문 그 자체가 아니라 바로 문명개화요, 문명진보이다. 이때의 학문은 문명개화를 위한 지식 탐구이며 지식실천이다. 문명개화는 지식 보급을 의미하므로 새로운 세상, 개명이 된세상을 만드는 것을 의미하므로 계몽기의 학문론이 개명론(開明論)을 말한다. '학문'은 이치를 탐구하는 일반적 개념보다는 개명의 대상이되는 인민의 공부, 배움을 의미하는 것은 그 때문이다. '학문'은 글자그대로는 학습(학)과 연구(문)를 뜻하지만 결과물로서는 지식체계를 의미하여 합리성과 실증성을 갖추어야 학문으로 성립한다. 1장의 논의를통해 1880년대 이후 학문은 공부와 같은 뜻을 갖고 있으며, 학문은 개명의 수단이 됨을 알 수 있었다. 신해영이 1897년에 『대조선독립협회회보』에 발표한 글은 그런 의미에서 이 시기의 학문에 대한 인식을 잘보여 주고 있다.

【 漢文字와 國文字의 損益 如何 】

學問은 一人의 私有홀거실신 否라 萬人의 同由ㅎ야 利用홀거시니라. 學問은 一國의 私有홀거실신 否라 萬國의 同由ㅎ야 利用홀거시니라. 學問은 何를 謂홈이뇨. 無形上心地로 從ㅎ야 有形上文字의 顯ㅎ야 有形上文字로 從ㅎ야 無形上心地로 還附ㅎ는 거시니 心關에 智識을 見홀 時에 文字는 學

問의 守闇者됨이 必要ᄒ도다. 古代人이 文字를 發明홈은 一人의 學問을 爲홈인가 否라 萬人의 學問을 爲홈이니라 一國의 學問을 爲홈인가 否라 萬國의 學問을 爲홈이니라 萬人은 萬智萬愚의 差別이 有ᄒ고 萬國은 萬巧萬拙의 差別이 有ᄒ니 智巧의 學問을 愚拙에 假貸ᄒ야 平等均得홀 時는 言語로 面講기는 難ᄒ 故로 文字로 代ᄒ야 宇宙東西上下千古에 交易市를 開ᄒ얏스니 言語와 文字는 兩個種이 아니라 頭上에 太陽을 指ᄒ고 其理를 會得홈은 智識이오, 其理를 說明홈은 言語요 其理를 記載홈은 文字니 言語文字는 一塊物中同分子性質이로다. 元來에 文字二種區別이 有ᄒ니 一은 (象字)니 現今西洲人의 所用漢文字가 其餘派요 一은 (發音文字)니 現今歐洲人所用羅馬字가 此라.

번역 학문은 한 사람이 사유할 것인가? 아니다. 만인이 함께 말미암아 이용할 것이다. 학문은 한 나라가 사유해야 하는가? 아니다. 만국이 함께 말미암아 이용할 것이다. 학문은 무엇을 일컬음인가? 무형의 마음을 따라 유형의 문자상으로 드러내어 유형 문자를 따라 무형의 심지로 돌아가게 하는 것이니, 마음과 관련하여 지식을 알고자 할 때 문자는 학문을 위한 것이니, 한 나라의 학문을 위함인가. 아니다. 고대인이 문자를 발명한 것은 한 사람의 학문을 위한 것인가? 아니다. 만인의 학문을 위함이다. 한 나라의 학문을 위함인가. 아니다. 만국의 학문을 위함이다. 만인은 온갖 지혜와 어리석음의 차별이 있고 만국은 온갖 교졸의 차이가 있으니 지혜와 기술의 학문을 어리석고 졸열함을 대신 빌려 일반적으로 이해하고자 할 때 직접 말로 대면하여 깨우치기는 어렵기 때문에 문자로 우주 동서 상하 천고에 교역하는 시장을 연 것이니, 언어와 문자는 두 종류가 아니라 머리 위에 태양을 가리키고 그 이치를 이해하는 것은 지식이요, 그 이치를 설명하는 것은 언어요, 그 이치를 기록하는 것은 문자이니, 언어 문자는 한 덩어리 물질의 같은 분자의 성질을 갖고 있다. 원래 문자에는 두 종류의 구별이 있으니 하나는 상형이니 지금 서주인이 이른바 한문자를 사용하는 것이요, 하나는 발음 문자이니 지금 구주인이 사용하는 로마자가 그것이다.

―신해영(申海永), 『대조선독립협회회보』 제15호,
1897.06.30(국한문)[46]

이 글에서 학문은 한 사람의 사유도 아니고 한 나라의 사유도 아닌
모든 사람이 함께 이용하는 것이라고 말하고 있다.[47] 이는 계몽기 학
문의 의미를 적절하게 지적한 것이다. 모두가 알아야 할 보편적 지식을
배워서 함께 나누는 것이 학문이요 그러한 학문으로 보편적 지식이 많
이 보급되는 것이 개화요 개명인 것이다. 특히 유학생을 중심으로 한
계몽 담론에서 이러한 논리는 시대사조를 형성한다. 다음을 살펴보자.

【 學問 】

大工이 屋을 營營흠에 몬저 材木을 裁斷ᄒᆞ야 結搆ᄒᆞᄂᆞᆫ 時의 尺寸도 違흠
이 無흠은 其規距繩墨의 料算이 已有흔 바라. 治國ᄒᆞᄂᆞᆫ 理가 엇지 此에 異
ᄒᆞ리오. 今에 五洋과 六洲의 風帆烟輪이 橫縱紆着ᄒᆞ야 朝에 東ᄒᆞ고 暮에
西ᄒᆞ야 治律商工을 互相通規흠에 此時에 迨ᄒᆞ야 能히 厥國을 富强ᄒᆞ고 其
治를 文明에 就ᄒᆞ지 못ᄒᆞᄂᆞᆫ 者ᄂᆞᆫ 즈못 結搆의 疎虞흔 바라. 留學ᄒᆞᄂᆞᆫ 者도
맛당히 實地를 確充ᄒᆞ야 써 規距繩墨을 備흔 後에 結搆를 謀흘지니 巧ᄒᆞ고
拙흠이야 엇지 學問의 有ᄒᆞ리요. 大抵 我國이 制度를 更張ᄒᆞ야 維新케 흠이
舊章이 治安의 不足흠이 아니라 宇宙大勢를 察ᄒᆞ야 機를 隨ᄒᆞ야 宜를 從흠
이라. 吾儕가 憤을 發ᄒᆞ고 志를 立ᄒᆞ야 他邦의 修業흠애 鞠躬盡瘁흠을 自期
ᄒᆞ고 學問을 勉修ᄒᆞ야 國을 富케 ᄒᆞ며 兵을 强케 ᄒᆞ며 民을 安케 ᄒᆞ며 農을
務케 ᄒᆞ며 商을 興케 ᄒᆞ며 工을 利케 ᄒᆞ며 外를 信義로 交ᄒᆞ야 文明이 萬國
에 卓冠ᄒᆞ고 富强이 四海에 雄立ᄒᆞ야 獨立根基를 愈往愈固케 ᄒᆞ야 立흔 後

---

46) 『친목회 회보』 제2호의 내용과 동일함. 申海永, 「漢文字와 國文字의 損益 如何」, 『친목회
   회보』 제2호, 1896.03.15.
47) 신해영(1897), 「漢文字와 國文字의 損益如何」, 『大朝鮮獨立協會報』 15호, 1897.6.30.

에 已흠이 吾人의 責任이라. 엇지 頃刻이라도 泛ᄒ고 惰ᄒ야 學業을 勉치 아니ᄒ리오.

번역 큰 목수가 집을 지을 경우 먼저 목재를 재단하여 구조를 만들 때 조금도 어긋남이 없음은 곧 규거를 먹줄로 계산했기 때문이다. 치국하는 이치가 어찌 이와 다르겠는가. 지금 오대양과 육대주의 선박과 증기선이 종횡으로 아침에 동쪽에서 저녁에 서에 이르러 법률을 고치고 상공업을 서로 통하게 하는 이때를 당하여 능히 그 나라를 부강하고, 그 정치를 문명에 나아가게 하지 못하는 자는 마치 (집의) 결구(結搆)를 소홀히 한 것이다. 유학하는 자도 마땅히 실지(實地)를 확충하고 먹줄로 규거를 갖춘 후에 결구를 꾀할 것이니 교하고 졸함이 어찌 학문 그 자체에 있겠는가. 대저 우리나라가 제도를 경장하여 유신(維新, 새롭게 함)한 것이 옛날 법이 다스림에 부족하기 때문이 아니라 우주 대세를 관찰하여 그 기회를 따라 마땅히 따르고자 한 것이다. 우리들이 분발하고 뜻을 세워 다른 나라에서 공부하는 일에 최선을 다할 것을 스스로 기약하고, 학문을 힘써 닦아 국가를 부강하게 하고, 군사를 강하게 하며, 백성을 편안케 하고, 농사에 힘쓰게 하며, 상업을 흥성하게 하며 공업을 이롭게 하며 신의(信義)로 외부와 교류하여 문명이 만국에 두드러지고 부강이 사해에 웅립하여 독립의 근본 기틀을 더욱 활발하게 하고 더욱 공고하게 하여 공부한 연후에 그침이 우리의 책임이다. 어찌 순간이라도 소홀하고 게을리 하여 학업을 힘쓰지 않겠는가.

　　　　—이하영(李廈榮), '학문(學問)', 『친목회 회보』 제1호, 1896.2.15

이 논설에 등장하는 학문은 치국(治國)의 도를 목표로 한 실지 응용의 학리를 지칭한다. 곧 학문의 목적이 치국, 국가 부강에 있으며, 그것을 실천하는 방도로 군사, 농사, 상업 등의 제반 분야의 이치(지식)이며, 이를 위해 외국과 교류하고 학문과 학업을 면수(勉修)해야 한다는 뜻이다. 이처럼 갑오개혁 직후의 학문 담론은 부국강병·문명진보론에 이어져 있다. 학문의 공효(功效)를 논의한 다음 논설은 이를 극명히 보여준다.

【 學問의 功效 】

大凡 人이란 者는 天地間 奇異흔 物이오 萬物 中 最靈흔 者라. 然이ᄂ 此中 賢愚 善惡의 不齊와 貧富 貴賤의 差別이 有흠은 他에 在흠이 아니오 自己上에 在ᄒᄂ니 엇지 天來判定흠이 잇다 ᄒ리오. 大槪 人生이 世間에 處ᄒ야 或 其心을 放蕩이 ᄒ야 學問에 怠惰ᄒ고 戱押에 蟄近ᄒ야 其 靑年을 虛送ᄒᄂ 者와 或 此와 反對ᄒ야 精神을 勉勵ᄒ며 戱押을 割斷ᄒ야 學問을 勤究ᄒᄂ 二者를 因 ᄒ야 生ᄒᄂ 바ㅣ라. 然흔 故로 富貴를 論흔 則 政府에 使役ᄒ야 重大히 心을 費ᄒ야 其國을 富强ᄒ게 ᄒᄂ 者는 身分이 重ᄒ고 貴ᄒ야 名譽가 世界에 傳播ᄒ야 賢者와 能者라 稱ᄒ고, 貧賤을 論흔 則 輕易흔 力만 費ᄒ야 一家가 貧寒을 免치 못ᄒᄂ 者는 身分이 卑賤ᄒ야 其名이 一隣에도 無聞ᄒ야 愚者가 되ᄂ니, 然흔 故로 賢與不賢과 貧與不貧은 學問과 智識에 在흠이니, 學問과 智識이란 者는 自己上에 在흠이라. 엇지 他人에게 求望ᄒ며 依賴흘 바ㅣ리오. 目今 歐洲 諸國을 富强ᄒ다 稱흠도 特別흔 才藝가 有흔 바ㅣ 아니라 다만 學問을 勉勵ᄒ야 智識을 廣케 ᄒ며, 國家利用을 硏究ᄒ야 新法을 發明흠이라.

번역 무릇 사람은 천지간 기이한 물건이요, 만물 중 가장 영험한 자이다. 그러나 그 가운데 현우, 선악이 같지 않고, 빈부귀천의 차별이 있음은 다른 데 있는 것이 아니라 자기에게 있는 것이니, 어찌 하늘이 이를 분별한다 하겠는가. 대개 사람이 세상에 살며 혹 그 마음을 방탕히 하여 학문에 게으르고, 놀이에 근접하여 청춘을 허송하는 자와 혹 이와 반대로 정신을 면려하며 놀이를 금지하여 학문을 부지런히 닦는 두 가지로 인하여 생기는 것이다. 그러므로 부귀를 논하면 정부의 일을 맡아 중대한 심력을 써서 그 나라를 부강하게 하는 자는 신분이 중하고 귀하여 명예가 세상에 전파되어 현자(賢者) 능자(能者)라고 칭하고, 빈천을 논하면 가벼운 힘만 써서 일가가 빈한을 면치 못하는 자는 신분이 비천하여 그 이름이 이웃에도 들리지 않는 우자가 되니, 그러므로 현과 불현, 빈과 불빈은 학문과 지식에 있으니, 학문과 지식은 자기에게 있는 것이다. 어찌 타인에게 구하며 의뢰하겠는가. 지금 구주 제국이 부강하다고 칭하는 것도 특별한 재예가 있어서 그런 것이 아니라 다만 학문을 면려하여 지식을 넓게 하고 국가의 이용(利用)을 연구하여 새로운 법을 발명하는 데 있기 때문이다.

—『친목회 회보』 제3호, 1896.10.23

이 논설에서 학문의 본질은 부국강병, 문명진보를 위한 도구이다. 이는 치국의 도를 중심으로 하는 전통적인 학문관과 크게 다르지 않다. 그럼에도 신분상의 빈부귀천, 현우(賢愚)가 재예에서 기인하는 것이 아니라 학문 면려에서 기인한다고 주장하는 점은 전통적 신분사회와 달라진 논지이다. 이 점은 근대 한국사회의 계몽 담론의 중심을 이룬다. 부국강병은 곧 '국가'를 전제로 한 것이며, '국가 진취'가 학문 발전에 달려 있으므로 '대조선국' 건설을 위해 학문 면려를 해야 한다는 계몽 논리이다. 재일본재일유학생친목회가 관비 유학생을 중심으로 결성된 단체이기 때문에 이러한 논리가 가능했다고 볼 수도 있겠지만, 『친목회 회보』 제6호까지 게재된 학문 담론 150여 편 가운데 '국가', '우국(憂國)', '애국(愛國)', '조선(朝鮮)' 등을 키워드로 한 학문론이 20여 편에 이르는 점은 흥미로운 일이다.[48] 물론 이 시기의 '국가' 개념은 '군주'를 전제

---

48) 차배근(2000)에서는 『친목회회보』를 대상으로 '일본 유학생 언론 출판 활동의 선구자 이정수', '유학생친목회의 결성과 언론 출판 활동의 시작', '친목회 해체시까지의 주요 언론 출판 활동', '친목회회보 창간', '친목회회보의 창간 후 종간까지 발간 실태', '내용 분석을 통해 본 친목회회보의 목적과 성격' 등을 자세히 분석하였다. 특히 내용 분석에서는 기사 유형, 문종 등을 기준으로 하고, 전체 본문 기사 가운데 특정 주제를 대상으로 한 기사를 별도로 분석하고자 하였는데, 이 가운데 '지식 교환과 학문 발달을 위한 기사의 분포'(전체 기사 803건 가운데 484건 차지), '외보 기사의 분포' 등을 기준으로 하였다. 차배근(2000)에서 분류 대상으로 삼은 것은 모든 기사를 전수 조사한 것이어서 803건에 해당한다. 본 연구에서는 이들 기사 가운데 '논설', '내보', '외보'의 학문 담론만을 분석 대상으로 삼았으며, 이에 따라 149편의 논설류를 대상으로 하였다.

로 한 것이며, '애국'이라는 용어도 '충군(忠君)'을 의미하는 것이었다. 국권 침탈기 '군민공치(君民共治)', '입헌군주론(立憲君主論)' 등을 전제로 한 애국론49)과는 내용상 차이가 있으나, 치국의 방편으로서 학문이 필요하며, 이를 위해 지식인의 정치적 책임을 강조하는 논설이 다수 발표되었다.

갑오개혁 이후 러일전쟁에 이르기까지 국내외 정세가 급격히 변화하면서 일본 제국주의의 식민 침탈 정책이 본격화되었다. 이러한 시대 상황은 근대 계몽기 '학문론'과 '계몽' 담론의 성격을 바꾸어 놓기 시작했는데, 그 주된 흐름은 국권 침탈에 대응하는 '애국 담론'이다. 역사학자들은 1904년 제1차 한일협약과 1905년 통감부 설치로부터 1910년 국권 상실의 시기를 '애국계몽기'로 명명할 경우가 많다. 국권 침탈의 위기 속에 지식인들이 전개한 '애국운동'을 일컬어 '애국계몽'이라고 부르는 것이다. 이 시기의 애국 담론의 주된 내용은 대한(大韓)의 학문이 부진하고, 각종 권리를 상실하고 있음을 자각해야 한다는 논리였다. 다음을 살펴보자.

【 進步하라 同胞여 】

進步ᄒ라 諸君이여. 甲午以後로 拾餘年을 退步ᄒ 諸君이여. 二拾世紀文明의 大風潮가 韓半島를 猛擊ᄒ지 至今十餘年이 아닌가. 然이나 國步가 進ᄒ얏는가 不進ᄒ얏는가. 諸君아. 思ᄒ라. 敎育이 進하얏는가. 我邦이 新敎育을 倡導ᄒ지 拾餘年에 殆히 虛名만 尙ᄒ고 實地의 敎育을 不務홈으로 學生도 此를 模範ᄒ야 奴隸學으로 利器를 作ᄒ며 仕宦慾으로 目的을 立하야 虛學만 是尙ᄒ고 實學을 不務ᄒ는 者ㅣ 不尠ᄒ야 敎ᄒ는 者도 虛를 敎ᄒ고 學ᄒ는 者도 虛를 學ᄒ니 是以로 全國內에 尙今ᄭ지 壹個完全ᄒ 高等學校

---

49) 이에 대해서는 '근현대 학문 형성과 계몽운동의 가치' 권4에서 좀 더 자세한 논의를 할 예정이다.

가 無ᄒ고 至若實業敎育은 形影도 無ᄒ지라. 此가 敎育의 進步인가. 然而今日敎育權을 觀ᄒ건ᄃᆡ 果然誰手에 在ᄒ가. 此ᄂᆞ 不進ᄒᆯᄲᅮᆫ 아니라 反히 退步ᄒ이 아닌가. 惟我虛를 棄ᄒ고 實를 務ᄒᄂᆞᆫ 諸君은 汲汲히 實地的敎育界로 進ᄒ지어다. 諸君아 思ᄒ라.

번역 진보하라. 제군이여. 갑오 이후로 10여년을 퇴보한 제군이여. 20세기 문명의 대풍조가 한반도를 맹렬히 습격한 지 10여년에 이르지 않았는가. 그러나 국가의 운명이 진보했는가, 부진했는가. 제군아. 생각하라. 교육이 진보했는가. 우리나라가 신교육을 창도한 지 10여년에 겨우 허명(虛名)만 숭상하고, 실용적 교육에 힘쓰지 않음으로 학생도 이를 본떠 노예학(奴隷學)으로 이기(利器)를 만들며, 벼슬살이에 대한 욕구를 목적으로 삼아 허학(虛學)한 숭상하고 실학(實學)을 힘쓰지 않는 자가 적지 않아, 가르치는 자도 허(虛)를 가르치고, 배우는 자도 허(虛)를 배우니, 이로써 전국 내 지금까지 완전한 고등학교가 없고, 실업교육에 이르러는 형적도 없는 것과 같다. 이것이 교육의 진보인가. 그러나 금일 교육권을 살피건대 과연 누구의 손에 있는가. 이는 부진하는 것뿐 아니라 도리어 퇴보가 아닌가. 오직 나의 허(虛)를 버리고, 실(實)을 힘쓰는 제군은 시급히 실지적(實地的) 교육계로 나아가야 한다. 제군이여, 생각하라.

—『대한매일신보』, 1908.9.29

국권 침탈기 학정 잠식과 학문 퇴보 현상을 질타한 이 논설은 이 시기 학문 풍토를 극단적으로 잘 보여준다. 이 시기는 모든 학정(學政)이 통감부의 통제를 받았고, 이에 따라 교육과 학문 진보가 이루어질 수 없었다. 문명 진보에 필요한 각종 학문이 발달하지 못했고, 더욱이 유학생을 비롯한 지식인들조차 학문의 목적을 '사환(仕宦)의 길'로 인식하는 풍토도 여전했다.

【 士者不肯爲工商 工商反欲爲士俱失其業 】

大凡士農工賈 四民은 帝王治天下制民之本이라. 故로 各盡其職ᄒᆞ야 不失其本則已어니와 若士不能優學ᄒᆞ야 不能登仕면 之農之工之賈ᄒᆞ야 擇其所適ᄒᆞ야 以制其産ᄒᆞ야 享有平生之福利ᄒᆞ며 若農工賈도 深究學問ᄒᆞ며 研習技術ᄒᆞ야 益闡富源이면 足以成利國之道ᄒᆞ며 養成材器면 足以充需時之資ᄒᆞ니 如是而後에 民不局而國不孤 故로 富强을 可致也어늘 惟我國則不然ᄒᆞ야 凡稱爲士者ㅣ不修學問ᄒᆞ며 不拘檢束ᄒᆞ야 入家에 無孝悌之行ᄒᆞ고 出門에 無恭儉之色ᄒᆞ며 富者ᄂᆞᆫ 失於驕傲ᄒᆞ고 貧者ᄂᆞᆫ 失於踽凉ᄒᆞ고 願固者ᄂᆞᆫ 失於樸陋ᄒᆞ야 俱喪其志ᄒᆞ고 猛有毒氣ᄒᆞ야 言必稱兩班이니 士夫니ᄒᆞ야 口念譜學으로 爲長技ᄒᆞ며 心印色目으로 爲能事라가 僥倖而仕宦則已어니와 若蹇屯碍滯ᄒᆞ야 一作不第之秀才면 滿口冤恨과 撑心拂鬱이 只在於患得而已오.

번역 무릇 사농공상 사민은 제왕이 천하를 다스리는 데 근본이다. 그러므로 각기 그 직책을 다해 그 근본을 잃지 말아야 하나, 만약 선비가 뛰어난 학문을 할 능력이 없어 벼슬길에 나아가지 못한다면 농업 공업 상업에 종사하여 그 적재적소를 가려 생산에 종사해야 평생의 복리를 누릴 수 있을 것이며, 농공상도 학문을 깊이 연구하고 기술을 연마하여 부의 원천을 드러내면 족히 국가의 도를 이룰 수 있고 재기(材器)를 양성하면 족히 필요한 때 충당할 수 있는 재료가 되니, 이와 같이 한 연후에 백성이 얽매이지 않고 국가가 고립되지 않아 부강을 이룰 수 있다. 그러나 오직 우리나라는 그렇지 않아 무릇 선비라고 일컫는 자는 학문에 힘쓰지 않고, 검속(檢束)하지 않아 집에 들어 효제(孝悌)를 행하지 않고, 나서는 공검(恭儉)의 기색이 없으며, 부자는 실덕하여 교오(驕傲)하고 빈자는 실덕하여 서글프며 한결같기를 원하는 자는 실덕하여 박루(樸陋)하여 모두 뜻을 잃고 사나운 독기를 가져 말만 하면 '양반'이니 '사대부'니 하여 입으로 보학을 외는 것을 장기로 삼고, 마음에 색목(色目)을 새기는 것을 능사로 삼다가, 요행히 벼슬이나 얻고자 하거니와 만약 건둔애체(蹇屯碍滯)하여 재능을 싹틔울 수 없으면 입에 가득 원한을 품고 마음 가득 울적하여 다만 근심만을 얻을 뿐이다.

—(논설) 『황성신문』, 1900.10.25

이 논설에서 비판하고자 한 것은 학문하지 않는 선비로 사환(仕宦)에만 욕심을 내는 무리들이다. 필자는 사민(四民)의 존재가 치천하제민(治天下制民)의 근본이라고 하면서, 선비가 벼슬에 나아가는 것은 당연한 일이라고 하였다. 이러한 논리는 성리학적 기반의 전통사상에서도 자연스럽게 수용되었던 이데올로기이다. 문제는 우학(優學), 곧 뛰어난 학식이 없으면서 벼슬길에 나가고자 하는 무리들로 입만 열면 '양반', '사대부'를 외치며 '보학(譜學)'에 열중하는 무리들이다. 이러한 무리들을 근대 계몽기에는 '부유(腐儒)' 또는 '구학(舊學)'이라고 규정한 경우가 많았는데, 이 논설에서는 신구(新舊)의 갈등보다 적재적소에 필요한 학문을 하지 않는 실태를 비판하고자 한 것이다.

이 논설에 등장하는 '사환욕(仕宦慾)'은 비단 부유(腐儒)들만의 전유물이 아니었다. 근대 계몽기 애국 담론 가운데는 유학생이나 신학(新學)을 추종하는 무리들에게도 사환욕이 널리 퍼져 있었음을 지적하는 사례가 많다. 다음을 살펴보자.

【 實業의 必究 】

吾人이 世間에 生하야 一個生物이라. 然하나 自己一身만 生活을 經營하야 衣食住 三件을 要흘 쭌 아니라 家族及社會에 對하야 重大흔 責任을 負擔흘지오 且 國民된 義務도 有하니 然則 國家와 社會와 家族에 對흔 責任을 欲盡흘진된 不得不 財産을 要흘지라. (…中略…) <u>我國은 從來로 中等以上의 社會는 皆仕宦으로써 生財의 方을 認做흔지라.</u> 官徑을 一穿하면 貪饕를 恣行하야 無窮흔 金帛을 輸入흠으로 所以 <u>人人마다 仕宦의 菌이 腦筋에 錮結</u>하야 權門勢途에 昏夜乞哀하는 者와 晨鷄泥陌에 奔走東西하는 者가 皆此를 由흠이라. 然흔 故로 <u>儒生 學士 等이 學業을 修鍊흘 時에 其志가 但 仕宦</u>에

應ᄒ야 敏速神巧히 求得홀 方法만 硏究홀 ᄯᅮᆫ이오 農工商實業의 學은 夢寐에도 思想이 不及ᄒᄂᆫ지라. 由是로 近來에 外國에셔 留學生이 卒業回國ᄒᆫ 者도 多ᄒ나 皆習慣을 未脫ᄒ야 政治邊에 留神ᄒ야 仕宦에 利用홀 見習만 ᄒ얏고 何等實業上에 應用홀 만ᄒ 學問을 卒業ᄒ얏다 ᄒᄂᆫ 者ᄂᆫ 甚鮮ᄒ며, 且目下 現狀으로 見홀지라도 如農林學校라 工業傳習所라 商業學校라 ᄒᄂᆫ 實業學校의 類ᄂᆫ 其設立이 單子ᄒ야 甚히 遺憾ᄒᄂᆫ 바어니와 至於 學徒로 論ᄒ야도 寧外國語學校나 筭數學堂에 入ᄒ야 語學 筭術을 迅速히 卒業ᄒ야 稅務官吏나 度支部主事나 何等仕宦을 圖得홀 熱心이오 實業學校에ᄂᆫ 願入 者가 零星ᄒ니 此ᄂᆫ 舊日 仕宦의 癖이 至今도 未除ᄒ야 但 其仕宦으로만 生活ᄒᄂᆫ 方法인 줄 筭ᄒᄂᆫ 바라.

번역 우리들은 세간에 살고 있는 한 개의 생물이다. 그러나 자기 일신의 생활을 꾀해 의식주 세 가지만 필요한 것이 아니라 가족 및 사회에 대해 중대한 책임을 부담하며 또 국민된 의무도 있으니 국가와 사회, 가족에 대한 책임을 다하고자 한다면 부득불 재산이 필요하다. (…중략…) 우리나라는 종래로 중등 이상의 집단은 모두 사환이 재물을 만드는 방책으로 인식하고 있다. 벼슬길을 뚫으면 탐학을 자행하여 끝없이 재물을 수입하여 사람마다 사환의 병균이 머릿속에 응결되어 권문세도에게 한밤중에 애걸하는 자와 새벽 닭울음에 동서로 분주한 자들이 모두 이에서 말미암은 것이다. 그런 까닭에 유생, 학사 등이 학업을 수련할 때 그 뜻이 단지 사환에 민첩하고 교묘하게 대응하여 구할 방법만 연구할 뿐이요, 농공상 실업의 학문은 꿈에도 생각이 미치지 못한다. 이로 말미암아 근래 외국에서 졸업하고 귀국한 유학생도 많으나, 모두 구습을 벗어나지 못해 정치 주변에 뜻을 두어 사환에 이용할 견습만 했고, 어떤 실업상 응용할 만한 학문을 마쳤다는 자는 매우 드물며, 또 눈앞의 현상으로 볼지라도 농림학교, 공업전습소, 상업학교와 같이 실업학교의 종류는 설립한 것이 드물어 유감인데, 심지어 학도들조차 차라리 외국어학교나 산수학당에 들어가 어학 산술을 신속히 마쳐 세무 관리나 탁지부 주사나 어떤 벼슬길을 구하고자 열심이며, 실업학교에 들어가고자 하는 자가 거의 없으니, 이는 구시대 사환의 벽(癖)이 지금도 제거되지 못해 단지 사환만이 생활의 방법이라고 생각하는 까닭이다.

—(논설) 『황성신문』, 1907.11.24

이 글에 나타나듯이, 국권 침탈기 실업교육의 부진이 '사환의 폐'에서 비롯되었다는 지적은 매우 신뢰할 만한 주장으로 보인다. 이 점은 『친목회회보』를 비롯하여, 다수의 근대 계몽기 학회보의 학문 담론을 통해서도 추측할 수 있는데, 이 시기 학문 담론의 주된 분야는 '정치' 분야였다. 이처럼 정치 분야에 관심을 기울이는 것은 이 분야의 학문이 사환(仕宦)과 밀접한 관련을 맺고 있다고 믿었기 때문일 것이다. 이와 같이 성리학적 전통의 '수기치인(修己治人)'에서 문명진보와 치국지도(治國之道)를 위한 지식론, 애국론, 계몽론으로 변화하는 흐름은 근대 계몽기 학문 담론의 주된 특징으로 볼 수 있다.

2. 근대 학문의 성격

2.1. 전통적인 학문과 인식의 전환

학문 진화 과정에서 나타나는 두드러진 특징 가운데 하나는 학문 분야의 체계화, 곧 분과 학문이 형성된다는 점이다.[50] 이 점은 동서양이 동일한데, 학문의 분류와 체계화가 이루어지는 것도 학문 분화의 실상을 보여주는 사례에 해당한다. 소광희(1994)에서는 학문의 이념과 분류를 논의하는 과정에서 학문을 체계화하고자 한 고대의 사례로 플라

---

50) 이에 대해서는 구장률(2012)를 참고할 수 있다.

톤과 아리스토텔레스를 예시한 바 있다. 플라톤이 인간 영혼을 '억측(臆測, pitos), 견해(doxa), 계산 능력(dianoia), 이성(nous)'으로 구분하고, 가시계와 가지계를 대응시켜 철학을 정점으로 하는 일원론적 학문 체계를 구축하고자 한 시도나, 아리스토텔레스가 탐구 대상에 따라 서로 다른 원리를 적용하여 학문 세계를 '이론학, 실천학, 제작학'으로 체계화하고자 한 시도는 모두 체계화와 관련된다.

그런데 동양의 학문은 대상에 대한 탐구를 목표로 하는 서양의 학문과는 다소 차이가 있다. 그렇기 때문에 동양의 학문 체계와 이념을 기술한 이성규(1994)에서는 학문의 체계보다 도서를 중심으로 한 분류 방식을 선택하였다. 이에 따르면 중국에서도 『한서』 '예문지'를 비롯하여, 『예문유취(藝文類聚)』(7세기), 『책부원귀(冊府元龜)』(11세기), 『태평어람(太平御覽)』(8세기) 등의 유서 분류가 있었다. 이러한 '유서(類書)'는 동양의 오랜 학문 전통으로 볼 수 있는데, 도서뿐만 아니라 어학서 가운데 '유해류(類解類)' 서적들도 주제별 분류 방식을 선택하여 어휘를 모아 놓는 방식을 취한다. 송나라 때 축목(祝穆)과 원나라 때 부대용(富大用)·축연(祝淵)이 편찬한 것으로 알려진 『사문유취(事文類聚)』는 경서류와 함께 우리나라에서도 가장 많이 발행된 책자 가운데 하나이다. 이 책 또한 중국 고금의 인물, 사건 등을 수집하여 분류한 책이다.

이와 같은 흐름에서 중국의 학문은 체계보다는 종류별로 모아 놓는 유취(類聚)의 방식을 취한 것이 특징이다. 우리나라도 이러한 전통은 자연스럽게 수용되었다. 『성호사설』에서 '천문, 인사, 만물' 등을 기준으로 백과사전식 해제를 한 것이나 이규경의 『오주연문장전산고(五洲衍文長箋散稿)』도 유취의 전통을 바탕으로 한 것이다. 그럼에도 동양의 전통 학문에서 분류를 기준으로 한 체계화를 시도한 예는 찾기 어렵다. 이 점은 개인 저작의 문집류(文集類)도 마찬가지이다. 시(詩), 서(書), '논(論)', '책(策)' 등의 한문 문체(文體)를 기준으로 문집을 편찬하고 있다는 사실만 확인될 뿐, 이에 공통된 편찬 준거를 찾는 것은 불가능하다. 그럼에도 오랜 역사를 거쳐 동양의 학문, 특히 한국의 학문이 점진적 발전을 해 온 것은 틀림없는 사실이다.

그렇다면 동양 학문, 특히 한국 학문의 전통을 어떻게 규정할 수 있을까? 사실 이 문제는 지식 탐구의 관점에서 쉽게 결론을 내릴 수 있는 문제가 아니다. 한국 사상의 기반을 이루어 온 유학(儒學), 불교(佛敎), 도교(道敎) 등의 제반 사상을 종합하고, 학문과 종교의 관계를 논리화하며, 또 시대별 사상의 주요 흐름, 학문적 성취 등을 종합하는 문제는 어느 한 개인이나 집단이 해결할 수 있는 과제도 아니다. 그럼에도 근대 계몽기 새로운 지식이 형성되고, 학문 체계에 관한 논의가 활성화되기 이전의 한국 학문의 기반을 이룬 사상이 성리학(性理學)이었음을 부정하는 사람은 거의 없다. 이와 같은 차원에서 동양의 학문이 유취 분류가 발달했음에도 체계화에 대한 논의가 활성화되지 않은 까닭은 율곡의 '학교모범'에 등장하는 교과과정처럼 '소학에서 역사와 성리(性理)'로 체계화되는 일원적 사고가 존재했기 때문이 아닐까 추정된다. 달리 말해 다양한 분류는 그 자체가 분류일 뿐, 성리(性理)를 규명하고, 그것을 바탕으로 수양(修養)해야 한다는 논리를 뒤바꾸지 않는다.

이러한 흐름에서 근대 계몽기 동서양의 지식 교류는 학문적 사유방식에도 많은 변화를 가져왔던 것으로 보인다. 홍석표(2005)에서는 중국을 대상으로 이러한 변화 과정을 규명하고자 하였다. 중국 근대사에서 서구의 충격은 1840년 아편전쟁 이후에 본격화된다. 그 이후 양무운동(洋務運動), 유신변법운동(維新變法運動), 신해혁명(辛亥革命), 5·4운동(五四運動) 등의 역사적 전개는 중국뿐만 아니라 1868년 메이지 유신을 단행한 일본이나, 1876년 개항을 한 조선의 역사도 비슷한 경험으로 나타난다. 홍석표(2005)에서는 중서문화(中西文化)의 충돌 과정에서 발생한 사유형식을 '중체서용(中體西用)',51) '전반서화론(全般西化論)'52)으로 나

---

51) '중체서용'은 '중학위체 서학위용(中學爲體 西學爲用)'의 준말로, 1861년 풍계분(馮桂芬)

누어 설명하고자 하였다. 전자의 형식은 중국 전통 학문에 대한 긍지를 나타낸 이론이며, 후자는 근대화하지 못한 중국의 지식 세계를 반성한 데서 비롯된 이론이다.

중체서용의 관점에서 주목할 만한 사상 가운데 하나는 '서학중원설 (西學中源說)'이다. 이는 서양의 학문이 근본적으로는 중국에서 기원했다는 주장인데, 홍석표(2005)에서는 이를 대표하는 학설로 황준헌의 '학술지서(學術志序)'를 들고 있다. 이 글에 따르면 태서의 학문은 묵자에서 비롯되었다는 것이다.53) 이러한 논리는 근대 계몽기 우리나라에도 보편적으로 확산되었다. 앞에서 살펴본 '성학원류(星學源流)'(『한성순보』, 1884.3.27)에서도 성학(星學)의 근원을 중국의 『우서(虞書)』 '요전(堯典)'의 '역상(曆象)'에서 찾고자 한 시도가 나타나며,54) 이보다 앞선 1884년 3

이 처음 주장했으며, 장지동(張之洞)이 이를 체계화했다고 전해진다. 장지동의 『권학편·회통(勸學篇·會通)』에는 "中學爲內學 西學爲外學 中學治身心 西學應世事"라고 하였는데, 이러한 견해를 취한 사람으로는 왕도, 설복성, 정관응 등이 있다. 예를 들어 정관응은 『성세위언(盛世偉言)』('이언'의 개정본)에서 "中學其本也 西學其末也 主以中學 輔以西學." 이라고 하였다. 이 체용론은 송대 성리학에 기반을 둔 이론으로 '도'와 '법', '체'와 '용'을 대립 개념으로 설정한 데서 출발한다.

52) 중체서용론의 '서양문명=물질, 중국문명=정신'이라는 등식을 해체하고, 인류 문명의 동일성에 착안하여 서양문명의 우월성을 전제로 서양문명을 보편성의 원리로 받아들이고자 하는 논리이다. 1929년 호적(胡適)이 『중국기독교연감』에 실은 글에서 유래한 말로 알려져 있으나, 1900년대 양계초의 논리도 이와 유사하다.

53) 황준헌, 『일본국지(日本國志)』 권32 「태서지학 기원류개생우묵자(泰西之學 其源流皆生于 墨子)」.

54) 『한성순보』, 1884.3.27, '성학원류'. "星學은 여러 學問 中에서 가장 오래된 考證學이다. 虞書의 堯典에서는 曆象이라고 했으며, 舞典에서는 七政, 夏書에서는 天象, 周書에는 五紀라 했는데, 모두 星象을 말한 것이니 唐虞三代로부터 별을 觀察하는 것으로써 中夭한 業務로 여겼다는 것을 알 수 있다. 이 밖에도 印度와 伊及(이집트)과 伽勒底(사라센) 등의 제국에서도 모두 星說에 대한 것이 冊에 기재되어 있다. 저 사라센은 亞細亞洲의 社편 끝에 자리잡고 있으니 바로 中華의 虞舞 세대에는 그곳 사람들이 모두가 목축으로 생업을 삼고 있었기 때문에 들판에서 露宿하면서 항상 천기가 청명하고 星月이 皎潔할 때면 天象을 관찰하여 庶次와 方位를 기록했는데 그 冊이 지금까지 流傳되어 星學家의 고증에 자료가 되고 있다. 단지 옛날의 星象書가 아무리 전해진다 해도 그것들이 잡다하고 어지러운 착오가 없지는 않았다. 그 뒤 西國의 天文을 공부하는 학자들이 世代를 지나면서 계속적으로 강구해서 정밀에서 더욱 정밀을 강구하고 상세함에서 더욱 상세함을 강구하여 처음으로 星象의 運行位次에 대한 고증이 명확해졌다." 이상은 관훈클럽신영연구재단

월 8일자 '태서문학원류고'에도 같은 논리가 소개되어 있다.

【 泰西文學源流考 】

泰西文學雖派分多門 要皆天算格化等學 蓋其源出於東方 特西人推廣而流
傳之耳. 化學本於中土之方士設爐煨煉點換各術 算學本於埃及 天文本於巴比
倫 皆由希臘人而西傳焉. 周平王時有希臘人塔理士者生於小亞細亞 卽亞細亞
極西海濱也. 能算日蝕時伊本國與隣邦 搆兵適値日蝕 敵兵張皇 本國兵毫無恐
懼 遂大捷因塔理士氏 豫爲之言也.

번역 태서의 학문은 여러 갈래가 있으나 요는 모두 천문 산학 격치 화
학 등의 학문이다. 그 근원은 모두 동방에서 비롯되었으나 특히
서양인이 널리 추구하고 전한 따름이다. 화학은 본래 중국의 방사들이
노외연점환(爐煨煉點換)의 여러 기술을 설비한 데서 근원하며, 산학은 이
집트에서 비롯되었고, 천문은 바빌로니아에서 비롯되었는데, 모두 희랍
인들이 서양에 전한 것일 따름이다. 주나라 평왕 때 희랍인 탈레스라는
사람이 소아시아 곧 아시아 극서 해변가에서 태어났다. 일식 계산에 능했
는데, 그때 그 나라와 이웃나라가 전쟁이 일어났는데 마침 일식이 일어나
적병이 당황했는데 본국 병사들은 조금도 두려움이 없었다. 드디어 대첩
을 하였는데 탈레스의 예언한 말로 인한 것이다.

—『한성순보』, 1884.3.8

'태서문학원류고'의 기사 출처는 밝혀져 있지 않다. 그런데 이 기사
에 이어진 '화륜선원류고(火輪船源流考)'는 『중서견문록(中西見聞錄)』제5
호에 소재한 기사를 옮긴 것이다. 『한성순보』의 서양 학문 관련 기사는
대부분 중국의 연호를 기준으로 소개했는데, 이는 중국에서 발행된 문
헌을 기사원(記事源)으로 삼은 경우가 많기 때문이다. 『중서견문록』은

(1983)의 번역본을 옮겼음.

1872년 북경에서 발행된 신문으로 1876년부터 발행된 『격치휘편(格致彙編)』의 전신이다. 서양 외교관과 선교사가 주축이 되어 발행한 신문이지만, 당시의 중국어판 신문에는 중국인들의 학문관이 잘 드러나 있다. 홍석표(2005)에서 밝힌 바와 같이, 1870~1880년대 초까지 서양 학문을 바라보는 중국인들이 '서학중원설'을 취하고 있으며, 이러한 경향이 1880년대 우리나라에도 나타나는 셈이다. 이러한 입장은 『한성순보』 1884년 1월 8일자 '중서시세론(中西時勢論)', 1월 30일자 '중서법제이동설(中西法制異同說)'도 마찬가지이다. 전자의 기사원은 중국 공보관(公報館)이라고 하였는데, 정확히 어떤 신문을 의미하는지 알 수 없으나, 1874년부터 1907년까지 미국인 알렌(중국명 林樂知)가 발행했던 『만국공보(萬國公報)』였을 것으로 추정된다. 이 기사에서도 서양과 중국을 비교하고, 현재 중국이 발전하지 못한 이유가 부국강병의 계책을 사용하지 않은 데 있음을 비판한다. 후자는 『호보(滬報)』[55]를 기사원으로 하여, 중국의 정치체제와 서양의 정치체제를 비교한 논문이다. 그 가운데 일부를 살펴보자.

【 中西法制異同說 】

滬報云 中國自通商以來 垂四十年矣. 中西意見往往不同. <u>西人每議中國繁文大多華人每笑西國質陋殊甚. 然要之人存政擧中西法制未始不同也.</u> 按泰西有君主國 有民主國 君主國則一切政事 槪由御定 民主國則公擧素有民望者爲之 由邑宰推至 總統槪由民擧 凡一切日行公事必上下不相議協同歸一. 然後乃措諸事務. 故上不能獨裁 下不能獨行 且君主除朝拜外 有時出而與民相接 然民非見召亦不敢擅赴王宮 <u>其所以嚴尊卑之分通上下之情者 固而不異也.</u>

---

55) 『호보(滬報)』는 1882년 4월 2일 자림양행에서 발행한 중국어판 신문이다. 처음에는 『자림서보(字林西報)』라는 명칭으로 발행되었는데, 제73호부터 『자림호보』라고 개제(改題)하였다. 개제하기 이전의 신문을 흔히 '호보'라고 불렀으며, 『자림호보』는 1899년까지 발행되었다.

번역 호보(滬報)에 이르기를, 중국이 태서(泰西)와 통상해온 지 거의 40년이 되었는데도, 중국과 서양의 의견이 가끔 같지 않다. 서양인은 매양 중국에 번문(繁文)이 너무 많음을 논의하고, 중국 사람은 매양 서양나라 사람은 그 바탕이 매우 비루하다고 비웃는다. 그러나 요컨대, 사람이 살고 정치가 존재하는 데서 중국과 서양의 법제가 처음부터 다른 것은 아니다. 상고하건대, 서양에는 군주국(君主國)이 있고 민주국(民主國)이 있는데, 군주국은 일체 정사(政事)를 어정(御定, 임금이 정하는 것)에 의해서 하고, 민주국은 민망(民望)이 있는 자를 공거(公擧)하여 정사를 맡기되, 읍재(邑宰)로부터 총통(總統)에 이르기까지 모두 민거(民擧)를 거쳐서 하는데, 무릇 날마다 시행하는 공사를 반드시 상하가 서로 의논하여 타협이 일치된 다음에야 사무를 시행하기 때문에 위에서는 독재(獨裁)를 할 수 없고, 아래서는 독행(獨行)을 할 수 없다. 그리고 군주는 조배(朝拜)를 제외하고는 가끔 밖에 나와서 백성들과 서로 접촉할 수 있지만, 백성들은 소명(召命)을 받지 않고는 감히 함부로 왕궁(王宮)에 들어가지 못하니, 그 존비(尊卑)의 분수를 엄격히 하고 상하의 정을 서로 통하는 것이 본디 다르면서도 다르지 않은 것이다.

—『한성순보』, 1884.1.30

이 글은 서양의 정치제도에서 '군주국'과 '민주국'이 있으나 존비 분수를 엄격히 하고, 상하의 정을 통하는 것은 본질적으로 다르지 않다는 점을 강조한다. 서학중원(西學中源)과는 다소 차이가 있지만, 중국과 서양이 동질 또는 동등함을 주장하는 논설은 정치 분야나 성학(性學)·이학(理學) 등의 정신문화와 관련된 분야에서 빈번하다. 반면 자연과학의 이치나 과학기술과 관련된 논문에서는 중국을 기원으로 한 설명이 나타나지 않는다. 그렇기 때문에 '중체서용론'이 성립하는 셈이다.

동양의 정치사상 가운데 오랜 역사를 갖고 있는 것은 이른바 '왕도(王道)'이다. 맹자(孟子)와 양혜왕의 대화에서 '왕도(王道)'가 '양생(養生)',

'양민(養民)'의 도와 밀접한 관련이 있음을 말한 뒤, 왕도는 동양 정치사 상의 중핵을 이루었다. 특히 『맹자(孟子)』 '진심장(盡心章)'의 "군자는 지나온 바를 화(化)하며 마음에 둔 바가 신묘불측하다. 상하가 천지와 더불어 동류(同流)하니 어찌 약간 돕는 것이라고 하겠는가."라고 한 데서 알 수 있듯이, 군자의 도리는 교화하는 데 있음을 중시한다. 이에 대해 주자는 교화의 도리를 '왕도(王道)'라고 풀이하였다.56) '왕도(王道)'의 '도'와 '교화(敎化)'의 '교(敎)'는 정신적 차원에서 동양적 이상사회를 구현하는 방식의 하나이다. '왕도'가 '진심(盡心)'을 바탕으로 하고, '진심'은 '천(天)'과 상통하는 개념임을 고려한다면,57) 왕도의 '도'와 '교화'의

---

56) 『맹자』 진심상. "夫君子는 所過者는 化하며 所存者 神이라 上下 與天地同流하나니 豈曰小補 之哉리오. [집주] 君子 聖人之通稱也. 所過者化 身所經歷之處 卽人無不化. 如舜之耕歷山 而 田者遜畔. 陶河濱 而器不苦窳也. 所存者神 心所存主處 便神妙不測. 如孔子之立斯立 道斯行 綏斯來 動斯和. 莫知其所以然而然也. 是其德業之盛 乃與天地之化同運竝行. 舉一世而甄陶之 非如覇者 但小小補塞其罅漏而已. 此則王道之所以爲大 而學者所當盡心也. (번역) 대저 군자 는 과(過)한 것을 화(化)하며 존(存)한 것이 신(神)하다. 상하가 천지와 더불어 동류(同流) 하니 어찌 소보(小補)라 하겠는다. [집주] 군자는 성인의 통칭이다. '소과자화'는 몸이 지나는 곳에 백성들이 교화되는 것이니 순임금이 역산에서 밭을 가니, 밭가는 자가 밭두 둑을 사양하고, 하빈(河濱)에서 질그릇을 구우니 그릇이 일그러지지 아니하였다. '소존자 신'은 마음에 두어 주장하는 것이 신묘하여 측량치 못하니 공자가 세우면 그것이 서고, 도는 그대로 시행되며, 편안함이 그대로 오고, 움직이면 그대로 화합하여 그 까닭을 알지 못하더라도 그렇게 되었다. 이는 덕업(德業)이 성함이 천지의 조화어 더불어 운행하여 온 세상을 들어 가르치는 것이니, 패자와 같이 소소하게 그 새는 틈만 조금 막는 것과는 같지 않다. 이것이 곧 왕도(王道)가 위대한 까닭이니, 배우는 자는 마땅히 마음을 다해야 한다."

57) 『맹자』 진심상. "孟子 曰盡其心者는 知其性也니 知其性則知天矣니라. [집주] 心者 人之神明 所以具衆理而應萬事者也. [集註] 性則心之所具之理 而天又理之所從以出者也. 人有是心 莫 非全體. 然不窮理 則有所蔽 而無以盡乎此心之量. 故能極其心之全體 而無不盡者 必其能窮夫 理 而無不知者也. 旣知其理 則其所從出 亦不外是矣. 以大學之序言之 知性則物格之謂. 盡心 則知至之謂也. (번역) 맹자께서 말씀하시기를, 그 마음을 극진히 다하는 사람은 그 성(性) 을 알게 되니, 그 성을 알게 되면 천(天)을 알게 된다고 하셨다. [집주] 마음은 사람의 신명 (神明)이니, 여러 이치를 갖추어서 만사에 대응하는 바의 것이다. 성(性)은 마음에 갖추어 진 이치(理)이며, 천(天)은 또 이(理)가 따라 나오는 곳이다. 사람이 이 마음을 가지고 있는데, 그것은 모두 완전하지 않음이 없으나, 이(理)를 철저하게 탐구하지 않으면 곧 가리어진 바가 있어서 이 마음이 가지고 있는 분수를 다할 도리가 없다. 그러므로 능히 그 마음의 완전한 전체를 끝까지 발휘하여 다하지 않음이 없는 사람은 반드시 이치를 철저하게 탐구해내어 알지 못함이 없을 사람이다. 이미 이 이치를 알고 나면 그것이 따라 서 나오는 것도 이에서 벗어나지 않는다."

'교'는 종교의 '교(敎)'와 마찬가지로 쉽게 바꿀 수 있는 개념이 아니다.

이러한 차원에서 서세동점기 위기상황의 '중체서용'과 '동도서기'의 '체(體)'와 '도(道)'는 불변의 법칙처럼 인식된다. 이러한 인식에서 변화가 가능한 것은 '법(法)'이다. '법(法)'은 '제도'나 '규식(規式)'을 일컫는다. '예법(禮法)', '상법(常法)' 등과 같이 동양 고전에 등장하는 '법(法)'이라는 표현은 그 자체로서 고정불변의 법칙을 의미하지 않는다. 이 점은 근대 계몽기 중국에서의 '변법(變法)'사상을 만들어 내었다. 홍석표(2005)에서 밝힌 바와 같이, 중국의 변법사상은 공자진(龔自珍), 왕도(王韜), 정관응(鄭觀應) 등을 통해 확립되었다. 공자진은 "예부터 지금까지 법은 고쳐지지 않은 적이 없고 세는 축적되지 않은 적이 없고 일은 변화하지 않은 적이 없고, 기풍은 바뀌지 않은 적이 없다."[58]라고 하였으며, 왕도는 "하늘의 마음이 위에서 변하면 사람의 일이 아래서 변한다. 하늘이 태서 제국의 인심을 열어주어 그들에게 총명과 지혜를 부여했고, 기예와 기교가 백출하여 일이 끝이 없다. 동쪽으로 항해하여 와서 온 중국에 모여드니 이는 진정 고금에서 처음 있는 일이요, 천지의 비상시국이다. 제국(諸國)은 그들의 장점을 믿고 먼데서 와서 자기들이 가진 것들을 들고 우리에게 없다고 으스대고 있다. 날로 그 화려함을 펼쳐 보이고, 제멋대로 업신여기고 서로 밀치고 충돌을 일으키고 있으니, 그렇다면 나 또한 어찌 변계(變計)를 생각하지 않을 수 있겠는가."라고 하였다.[59] 정관응이 "변화를 잘 받아들여 통하게 해야 한다(承其變而通之)."[60]라고 한 것도 마찬가지이다. 이러한 변법사상은 양계초를 거쳐 구

---

58) 공자진(龔自珍), 『상대학사서(上大學士書)』. "自古及今 法無不改 勢無不積 事例無不變 風氣 無不移易." 홍석표(2005)에서 재인용.

59) 왕도(王韜), 『도원문록(弢園文錄)』 권1. "天心變于上 則人事變于下 天開泰西諸國之人心 以 界之以聰明智慧 器藝技巧 百出不窮 航海東來 聚之于一中國之中 此固古今之創事 天地之變 局. 諸國旣恃其長自遠而至 挾其所有 以傲我之所無 日從而張其炫耀 肆其欺凌 相軋以相傾 則 我又焉能不思變計哉." 왕이민(王爾敏), 『중국근대사상사론』, 357쪽 재인용.

60) 정관응(鄭觀應), 왕이량(王貽梁) 평주, 『성세위언(盛世危言)』, 중국: 중주고적출판사(中州 古籍出版社).

화주의(歐化主義)로 변화한다. 구화주의는 말 그대로 서양 학문을 전적으로 수용해야 한다는 입장이다.[61]

　중국 학문 사상의 변화 과정과 마찬가지로 우리나라의 근대 학문 사상도 서구와의 접촉 과정에서 급격한 변화를 보인다. 김문식(2009)에서 밝힌 바와 같이, 개항 이전 한국 지식인들의 대외 교류에는 세 가지 코스가 있다. 첫째는 연행사를 중심으로 한 중국 지식을 수용하는 코스이며, 둘째는 통신사를 중심으로 한 일본 지식 수용 코스이다. 셋째의 표류자 코스가 존재하기는 하나, 중심축은 중국과 일본을 통한 대외 인식이 주를 이룬다. 김문식(2009)에서 논한 바와 같이 이른바 '조선중화주의'는 중국인들의 대외 인식과 유사한 맥락으로 볼 수 있다. 특히 '서학중원설'과 같이 중국의 전통 학문에 대한 자긍심은 조선 성리학자들이라고 크게 달라질 까닭이 없다. 그러나 이양선(異樣船)의 출몰과 천주교 세력의 확산, 두 차례의 양요(洋擾) 등을 경험한 조선에서도 중국처럼 직접적이지는 않지만, 과거 학문에 대한 반성이 일어나기 시작했고, 다수의 실학자 또는 최한기(崔漢綺), 강위(姜瑋)와 같은 근대 지식인이 출현하기도 하였다.[62] 이러한 흐름에서 1880년대『한성순보』, 『한성주보』의 서양 학문에 관한 담론은 '서학중원설'에 기반한 것이 다수를 이룸을 알 수 있다.

---

61) 이에 대해서는 이혜경(2002),『천하관과 근대화론: 양계초를 중심으로』(문학과지성사)를 참고할 수 있다.

62) 1880년대 이전 실학사상, 최한기, 강위 등에 대해서는 이 연구의 범위가 아니므로 자세한 고찰을 하지 않는다. 김문식(2009)의『조선후기 지식인의 대외 인식』(새문사)에서 이수광, 권이진, 박지원, 정약용 등의 대외 인식 문제를 다룬 바 있고, 이광린(1979)의『한국개화사상연구』(일조각)에서 강위, 유길준, 서재필 등에 대해 자세한 논의를 한 바 있다. 최한기의 사상에 대해서는 박사학위논문만도 25편이나 나왔다.

2.2. 근대 학문과 새로운 지식 체계

개항 이후 조사시찰단과 영선사를 파견한 이후, 근대의 지식 유통 양상은 그 이전과는 판이한 모습을 띤다. 특히 신문의 출현과 서구 학문과 관련된 서적의 유입은 학문에 관한 기존의 인식에도 적지 않은 변화를 가져왔다. 이광린(1979)에서 밝힌 바와 같이, 통신사 김기수(金綺秀)는 강화도조약 체결 후 일본을 견문한 뒤 『일동기유(日東記游)』를 썼는데, 이 책의 권3의 '속상(俗尙) 12칙'에서 서양인의 모습과 신문 제도를 소개한 바 있다.

【 俗尙十二則 】

西人之來留者 遍於國中. 挈挈家眷築屋 食祿做官 無異本國人 亦或締昏因 而交接僕使 奄然親屬也 而一種處士之橫議 猶棘棘不與之合也.

所謂新聞紙 日築字榻印 無處無之 公私聞見 街巷談說 口津未乾 飛傳四方 爲之者 看作事業 當之者 視以榮辱 亦必字如荏細 精工無比.

번역 서양에서 와 머물고 있는 사람들이 나라 안에 두루 퍼져 있었으니, 대개 가권(家眷)을 거느리고 가옥도 만들었으며, 녹(祿)을 타먹고, 벼슬도 하여, 본국인(일본인)과 다름이 없었다. 또한 혹시 혼인도 맺고 노복도 교접시켜 문득 친속(親屬)과 같았으나, 한가지 처사(處士)의 횡의(橫議)는 오히려 매우 까다로워서 이들과 서로 합하지 않았다.

이른바 신문지(新聞紙)는 매일 글자를 쌓아 본떠서 박았으니, 이것이 없는 곳은 없다. 공사(公私)의 문견(聞見)과 길거리의 이야기도 입에 침이 마르기 전에 사방으로 빨리 전하여졌으니, 이것을 만드는 사람은 사업(事業)으로 삼고, 이것(신문기사)에 해당하는 사람은 영예와 치욕으로 여겼다. 반드시 글자도 깨알처럼 작아서 정교함이 비할 데가 없었다.

—김기수, 『일동기유』 권3, '속상12칙'

(민족문화추진회, 고전국역총서 87에서 옮김)

초기의 견문록에서는 보고 들은 바를 객관적으로 기술하고자 했으므로, 김기수가 견문한 일본의 사정도 그가 본 바 그대로이다. 그럼에도 그가 견문한 일본의 서양인, 일본의 신문 제도 등은 지식 유통과 신지식의 필요성을 자각하는 계기가 되었음은 틀림없다. 1881년 조사시찰단의 파견에 따라 일본의 신문 제도에 대한 이해뿐만 아니라, 국내의 신문 발행의 필요성도 점증되었고, 1883년 1~2월경 박영효, 유길준 등에 의해 '신문 장정(新聞章程)'이 만들어졌던 것으로 추측된다.[63] 『유길준전서』에 소재한 '신문 해설'은 다음과 같다.

大槪 新聞公報라 ᄒᆞᄂᆞᆫ 者ᄂᆞᆫ 有志ᄒᆞᆫ 學者 文人이 會社을 設立ᄒᆞ고 新事新情을 探索 記載ᄒᆞ야 世間에 公告 公布ᄒᆞᄂᆞᆫ 書章이니 其條件은 其國 朝廷의 評議며 官家의 命令이며 吏員의 進退며 外國의 形勢며 學藝日新의 景況이며 商賈 交易의 盛衰며 農作의 豊凶이며 物價의 高低며 民間의 苦樂과 生死存凶이며 凡百異事 珍談等 人民의 耳目을 新ᄒᆞ게 홀 事理을 逐一記載ᄒᆞ야 仔細詳明히 ᄒᆞ니 或 形像을 模畫ᄒᆞ야 人物을 裒貶ᄒᆞ며 意見을 擬附ᄒᆞ야 風俗을 譏諷ᄒᆞ고 또 市店을 開ᄒᆞᄂᆞᆫ 者ᄂᆞᆫ 新聞에 登載ᄒᆞ야 世人의게 廣報ᄒᆞ며 또 遺失物이 잇ᄂᆞᆫ 者며 拾取物이 잇ᄂᆞᆫ 者가 皆新聞에 附記ᄒᆞ야 相報 相求ᄒᆞ기도 ᄒᆞ니, 然故로 房闈에 蟄居ᄒᆞ되 天下事情과 民間態狀을 明明相見ᄒᆞ고 萬里絶域에 作客ᄒᆞ야 鄕信을 不得ᄒᆞᄃᆞ라도 度新聞을 對ᄒᆞᆫ 則 日中에 瞭然히 故鄕情實을 接ᄒᆞ니 文明 國民이 新聞 公報 보기로 快樂事를 ᄉᆞᆷᄂᆞ지라. 大體 古今 書籍이 夥多ᄒᆞ나 그러ᄒᆞ나 聞見을 博히 ᄒᆞ며, 事情에 通明ᄒᆞ기ᄂᆞᆫ 新聞 公報을 讀閱홈만 갓지 못ᄒᆞ니라.

번역 대개 신문 공보라고 하는 것은 뜻있는 학자, 문인이 회사를 설립하고 새로운 사정을 탐색 기재하여 세간에 공고, 공포하는 서장이

63) 이에 대해서는 이광린(1969), 『한국개화사연구』, 일조각, 70~71쪽 참고. 유길준전서편찬위원회(1971)의 『유길준전서』(일조각)에 실려 있는 '한성신문국장정'과 '신문 창간사', '신문 해설문' 등은 이 시기에 초안이 작성되었던 것으로 보인다.

니, 그 조건은 그 나라 조정의 논의며, 관가의 명령, 관리의 진퇴, 외국의 형세, 학예가 일신한 상황, 상고 교역의 성쇠, 농작의 풍흉, 물가의 고저, 민간의 고락과 생사존망, 모든 이색적인 사실과 진담 등 인민의 이목을 새롭게 할 만한 사정과 이치를 따라 기재하여 자세히 밝힌다. 혹 형상을 모방하여 그리고 인물을 포폄하는 의견을 덧붙여 풍속을 기롱하고 또 점포를 여는 자는 신문에 등재하여 세상 사람들에게 널리 광고하며, 또 유실물이 있는 자와 습취물이 있는 자가 모두 신문에 기록하여 서로 보도하고 구하기도 하니, 그런 까닭에 규방에 칩거하더라도 천하의 사정과 민간의 상태를 뚜렷이 바라보고, 만 리 외딴 지역에 객이 되어 고향의 소식을 듣지 못하더라도 신문을 대하면 날로 뚜렷이 고향 사정을 접할 수 있으니, 문명 국민은 신문 공보 보는 것을 즐거운 일로 삼는다. 고금에 서적이 매우 많으나 문견을 널리 하며 사정에 밝고자 하는 것은 신문 공보를 보는 것만 같지 못하다.

—『유길준전서』권4(苧社輯譯 所在)

이 글에서는 신문이 '인민의 이목을 새롭게 하는 데' 가장 중요한 역할을 한다는 점을 주목한다. 특히 규방에 칩거하더라도 천하의 사정과 민간의 상태를 명료히 알 수 있고, 만 리 떨어진 곳의 소식을 알리는 기능을 담당한다는 점에서 지식 유통에 가장 필요한 도구가 된다. 이러한 논리는 근대 계몽기 각종 신문에 게재된 '신문 담론'의 공통된 논리이다. 여기서 주목할 점은 '신문', '지식 유통', '문명화', '부국강병'이 근대 학문사상과 계몽운동의 주된 키워드가 된다는 점이다. 이는 한국 근대 학문사를 '계몽 운동사'로 부를 수 있는 근거가 된다.

이와 같은 맥락에서 '신문' 또는 '견문'으로 대표되는 새로운 지식의 성격과 체계가 무엇을 의미하는가를 살필 필요가 있다. 1880년대에는 신문 발행의 필요성과 함께 신지식의 수용과 보급에 대한 담론이 본격적으로 형성되기 시작했다. 이러한 신지식은 근본적으로 실용성, 계몽성, 현실에의 적용 가능성 등을 특징으로 한다. 특히 서구의 과학적 연구 방법이 소개되면서 각종 학문이 소개되기 시작했는데, 그에 따라 전통적인 학문관에도 큰 변화가 일어나기 시작했다. 다음을 살펴보자.

【 心理學과 物理學의 現效 】

大凡 學問은 個人의 利器요 一國의 基礎인 故로 學問을 以ᄒ야 文明을 校開ᄒᄂ니 우리 東陸의 伊來 歷史를 開ᄒ야 敎育을 擧컨딕 遭ᄒ 바ㅣ 學問은 다만 格物致知의 實學은 虛文에 歸ᄒ고 正心 修身의 心理學을 以ᄒ야 本源이라 稱ᄒ니 此에 觀홀진딕 비록 未盡ᄒ 바ㅣ 不無ᄒ나 그러나 虞의 彈琴과 周의 刑措ᄂ 此亦 一世의 絶類ᄒ 文明이라 홀 터이오. 今에 西陸의 學問을 不然ᄒ야 格物致知의 實際와 新見發明의 現效ᄒ 物理學을 以ᄒ야 敎育을 擴張ᄒ니 物理學이라 稱ᄒᄂ 거슨 他端이 無ᄒ고 吾人이 素知ᄒ 바ㅣ라. 곳 物에 格ᄒ야 理由를 究흠인 故로 고롬바스ᄂ 地球의 圓ᄒ 理를 得ᄒ야 往古來知ᄒ 異域을 發見ᄒ고, 홀든스지탠논은 水를 煎ᄒ야 蒸溺의 出ᄒᄂ 理를 得ᄒ야 滊船 滊車를 發明ᄒ고 호도쓰돈혈은 鐵을 磨흠에 熱이 生ᄒᄂ 理를 得ᄒ야 電報 電燈을 發明ᄒ니 由此觀之컨딕 웃지 泛然이 看過ᄒ겟쇼. 大抵 文明의 代表를 擧홀진딕 心理學 文明의 代表ᄂ 禮樂이오 物理學 文明의 代表ᄂ 工商이라 흠이 可ᄒ오.

번역 무릇 학문은 개인의 이로운 무기요 한 나라의 기초이니 학문으로 문명을 학교에서 가르친다. 우리 동양의 이전 역사를 통해 교육을 살펴보면 학문은 다만 격물치지의 실학은 빈껍데기일 뿐이고 마음을 바르게 하고 심신에 관한 심리학이 근본이라 한다. 이로서 보면 비록 미진한 바 없지 않으나 중국 우나라의 음악과 주나라의 형조를 최고 문명이라 할 것이다. 오늘날 서구의 학문은 격물치지의 실제와 새로운 발명으로 발달한 물리학을 교육에서 새로 다루니 물리학이라 부르는 것은 다른 실마리는 없고 필자가 평소 잘 알던 바이다. 곧 사물을 탐구하여 이유를 연구하는 고로 콜럼버스는 지구가 둥근 이유를 깨달아 예전부터 알아온 이역을 발견하고 홀든스지탠논은 물을 끓여 증발하는 이치를 터득하여 기선, 기차를 발명하고, 호도스돈혈은 철을 연마할 때 열이 발생하는 이치를 터득하여 전보, 전등을 발명하니 이로 보면 어찌 범연히 간과하겠는가. 대저 문명의 대표를 들면 심리학, 문명의 대표는 예악이요, 물리학, 문명의 대표는 공학이라 함이 가하다.

—남순희(南舜熙), ‘심리학과 물리학의 현효’,
『친목회 회보』 제5호, 1897.9.26

근대 지식이 갖고 있는 특징은 연구 방법론과 체계화에 있다. 1880년 대의 ‘태서문학원류고’와 『서유견문』의 ‘태서 학술 내력’ 등에서 방법론과 체계화에 대한 논의가 일부 등장하기는 하지만, 방법론에 관한 본격적인 논의는 유학생들의 『친목회회보』 발행 전후에 이루어진 것으로 보인다. 사물의 이치를 탐구하고, 격물치지의 실학을 심리뿐만 아니라 사물에 적용해야 한다는 논리는 『친목회회보』의 학문 담론의 주를 이루었다. 위 인용문에 쓰인 ‘심리학’과 ‘물리학’은 현대적인 의미의 학술 전문 용어인 심리학이나 물리학을 지칭하는 개념이 아니다. 축자적인 의미에서 ‘심리’와 관련된 학문, ‘사물의 이치’ 곧 ‘물리’와 관련된 학문이라는 뜻이다.

이와 같이 심리나 물리에 대한 과학적인 탐구 방법이 필요한 까닭은 전통적인 허학(虛學)을 탈피하여 실질적인 학문 발달이 이루어져야 하기 때문이다. 구체적으로 어느 분야의 어떤 학문이 발달해야 한다는 논리보다도, 학문하는 기본자세로 실용성, 현실성을 중시하게 된 것이다. 이 점에서 1890년대 이후 신지식의 도입은 ‘수기치인’을 목표로 하는 전통적인 학문과 다양한 형태의 갈등을 유발하기도 한다. 그것이 이른바 학문상에서의 ‘신구 대립’이다.

2.3. 신학문과 구학문의 대립 문제

근대 학문 형성 과정에 관심을 갖는 다수의 연구서에서는 1880년대 이후 서구 지식의 급격한 유입에 따라 기존의 학문이 뿌리째 흔들리고, 새로운 학문이 그 자리를 차지한 것으로 인식하는 경향도 나타났다. 근대 계몽기 서구화 담론, 곧 구화주의(歐化主義)는 중국이나 한국보다 개항 이후 메이지 유신을 거친 일본에서 더 심했던 것으로 보이는데, 『황성신문』 1906년 5월 3일자 '일본유신삼십년사'64)의 '학술편'에 그 정황이 잘 요약되어 있다.

【 學術編 第三章 】

此等 論說이 今日에 觀ᄒ면 비록 尋常ᄒ 듯ᄒᄂ <u>維新 草創ᄒ 時代를 當ᄒ야 古來의 儒敎와 國學과 武士道가 비록 式徹ᄒ얏스ᄂ 尙히 人心에 浸潤ᄒ얏거늘</u> 이에 慨然히 人言을 不顧ᄒ고 異論을 首倡ᄒ야 忌憚ᄒ 바 無ᄒ니 工贍力과 工知識은 可히 他人보다 一等이 加ᄒ다 稱ᄒ리로다. 비록 矯枉過直ᄒ야 詭激(궤격)의 談이 不無ᄒ되 實利主義로써 流俗을 提撕(제시)ᄒ고 荊棘을 披斬(피참)ᄒ야 西洋의 文物로 ᄒ야곰 容易히 入來케 ᄒ니 <u>是ᄂ 日本의 新文明이 三田 先生의 力으로 得ᄒ얏다</u> ᄒᆷ이 決斷코 虛言이 아니로다. 其次ᄂ <u>中村 氏가 東京 小石川에 同人社를 設ᄒ야 西洋의 公理主義로써 敎育에 從事ᄒ고 西國 立志編과 西洋 品行論의 諸書를 譯述ᄒ야 當世에 盛行케 ᄒ니</u>, 工功이 福澤의 下에 不在ᄒ되 오작 福澤 氏ᄂ 逮下(체하)로써 宗旨를 삼은 故로 工感化力의 大ᄒᆷ이 中村의 能히 及ᄒᆯ 바 아니로다. 此時를 當ᄒ

---

64) '일본유신삼십년사'는 1898년 일본 박문사에서 발행한 『메이지삼십년사』의 중국어 번역본 『일본유신삼십년사』를 『황성신문』 1906년 4월 30일부터 12월 30일까지 역술 등재한 글이다. 이에 대해서는 이예안(2014), 「대한제국기 유신의 정치학: 개념의 치환과 일본유신30년사」, 『개념과소통』 14(한림과학원); 허재영(2015), 「지식 수용의 차원에서 본 황성신문 일본유신삼십년사 역술 과정과 그 의미」, 『한민족어문학』 70(한민족어문학회)을 참고할 수 있다.

야 風氣의 趨向이 上下를 勿論ᄒ고 다 <u>西洋主義를 思慕ᄒ며 西洋의 言語와 文字를 學習ᄒᄂᆫ 者가 日로 增加ᄒ야</u> 因ᄒ야 新書를 譯著ᄒᆷ이 ᄯ흔 陸續히 出世ᄒ니 歷史인 則『萬國新誌』와『泰西通鑑』과『西洋英傑傳』의 類가 有ᄒ고 地理와 風俗인 則 西洋新書와 西洋 見聞錄의 類가 有ᄒ고 修身과 倫理인 則『智氏家訓』과『勸善訓蒙』의 類가 有ᄒ고 政治學인 則『新政大意』와『立憲政體略』과『萬國公法』과『民約論』과『銀行論』의 類가 有ᄒ니 其他『開化問答』과『文明開化』와『道理圖解』의 等書가 枚擧未遑ᄒ야 <u>一切 有形ᄒᆫ 事物이 歐化에 歷然ᄒ야</u> 各種 學校에 西學 敎授로 더브러 互相呼應ᄒ니 工力量의 大ᄒᆷ으로 當時 人心을 移易케 ᄒᆷ이 如何ᄒᆷ을 恐컨되 今人의 想像ᄒ야 得ᄒᆯ 바 아니로다. <u>其中에 一世가 風靡ᄒᆫ 者ᄂᆫ 民約論</u>이 居最ᄒ니 是書ᄂᆫ 十八世紀에 法蘭西人 盧梭의 著作ᄒᆫ 바인되 民主論을 主唱ᄒ니 工要旨에 曰 君의 主ᄒᆷ은 民이 設ᄒ야 뻐 自利케 ᄒᆷ이라. 故로 民이 以爲不合타 ᄒᄂᆫ 時ᄂᆫ 비록 改ᄒ야도 可ᄒ고 廢ᄒ야도 ᄯ흔 可타 ᄒ니 主權이 全혀 民에 在ᄒᆫ지라. 是書가 法蘭西 大革命의 一原因이 되니 其國에 在ᄒ야ᄂᆫ 甚히 勢力이 有ᄒᆫ 者라.

번역 이러한 논설(후쿠자와유키치, 나카무라게이우 등의 서학 관련 학설)이 지금 보면 비록 평범한 듯하나 유신 초창기 고래의 유교와 국학과 무사도가 비록 투철하였으나 오히려 사람의 마음에 침투했으므로 이에 황연히 사람의 말을 돌아보지 않고 이론을 주장하여 꺼리는 바가 없으니, 공첨력(工瞻力)과 공지식(工知識)은 가히 타인보다 한층 더했다고 일컬을 것이다. 비록 교왕과직의 궤변같은 담론이 없지 않으나, 실리주의로 전해오는 풍속을 깨우쳐 없애고, 형극을 잘라내어 서양의 문물이 쉽게 도입될 수 있도록 하니, 이는 일본의 신문명이 미타 선생의 힘으로 얻어진 것이라 해도 헛된 말이 아니다. 그 다음은 나카무라가 도쿄 코이시카와에 도지샤를 설립하여 서양의 공리주의로 교육에 종사하고, 서국 입지편과 서양 품행론 여러 서적을 역술하여 당세에 널리 유행하니, 그 공이 후쿠자와에 미치지 못하나 오직 후쿠자와는 체하로 종지를 삼았기 때문에 감화력이 커서 나카무라가 능히 미칠 바가 아니다. 이때 풍기의 추향이 상하를 물론하고 다 서양주의를 사모하며 서양의 언어와 문자를 학습하는 자가 날로 증가하여, 신서 역저가 속출하니 역사로는 『만국신지』, 『태서통감』, 『서양영걸전』 등이 있고, 지리와 풍속은 서양 신서와 서양 견문록의 종류가 있고, 수신과 윤리는 곧 『지씨가훈』, 『권선훈몽』 등이 있고, 정치학은 『신정대의』, 『입헌정체략』, 『만국공법』, 『민약론』, 『은행론』 등이 있으며, 기타 『개화문답』, 『문명개화』, 『도리도해』 등의 서적을 매거하기 어려우니 일체 유형한 사물이 구화에 역연하여 각종 학교에 서양 학술 교수와 함께 서로 호응하니 그 역량이 커서 당시 인심이 변하는 것이 어떠한지의 두려움은 지금 사람들이 상상하기 어렵다. 그 가운데 일세 풍미한 것은 민약론이니 이 책은 18세기 프랑스인 루소가 저작한 것인데, 민약론을 주창하니 그 요지에 '군주가 주장함은 백성이 세워 스스로 이롭게 하고자 한 것이다. 그러므로 백성이 합치하다고 하지 않을 때는 비록 고쳐도 되고 폐해도 되니 주권이 모두 백성에게 있다.'라고 하였다. 이 책이 프랑스 대혁명의 한 요인이 되니 그 나라에서는 매우 세력이 강했다.

—'일본유신삼십년사', 학술편 제3장, 『황성신문』, 1906.5.3

요약 서술된 내용이지만, 이 글은 메이지 전후의 일본 사정을 극명히 보여준다. 후쿠자와유키치와 나카무라게이우를 중심으로 한 서학 수용 과정과 각종 서양서 번역 출판, 서양인 고용, 서양 학문의 보급을 통해 일본에서 구화주의가 급속히 번져갔음을 보여준다. 이러한 사정은 일본 초대 문부상이었던 모리아리노리(森有禮)의 '영어공용어론'65)이 출현하는 배경이 되기도 한다. 물론 일본에서는 '존외자비(尊外自卑)'의

---

65) 이에 대해서는 이연숙, 고영진·임경화 역(2006), 『국어라는 사상』(소명출판)을 참고할 수 있다.

풍조에 대한 비판과 함께, 일본 국민사상이 흥기하고, 그것에 일본 제국주의와 결합되어 문명대국건설론으로 이어지므로, 구화주의는 메이지 초기의 주된 풍조처럼 비칠 수 있다.

　이에 비해 중국과 한국의 서양 학문에 대한 대처 방식은 일본과 다소 차이가 있는 것으로 보인다. 성리학적 전통, 중화주의와 소중화주의의 사유방식에서 신지식과 구지식은 상당 기간 갈등을 빚는다. 유학생이나 자유민권사상을 접한 지식인들이 '신지식', '개화주의'를 강조하는 입장에 서 있다면, 성리학의 전통을 계승한 학자들은 전통 학문과 신학문이 본질적으로 큰 차이가 없다는 주장을 펼친다. 특히 이른바 개신유학자들은 전통 학문에 기반한 새로운 학문의 추구가 필요함을 역설한다. 신학문과 구학문에 대한 태도는 매체마다 다소의 차이가 있으나, 『황성신문』, 『대한매일신보』 등에서는 비교적 균형감 있는 태도로 신구학문의 관계를 비판하고 있다. 다음은 『황성신문』에서 찾아볼 수 있는 신구학문 관련 논설류이다.

【 『황성신문』 소재 신구학문 관련 논설 】

순번	연대	문종	제목 및 저자	세분야	특징
1	1898.9.15.	논설	제목 없음	학문론 태도	신학문 역설
2	1901.12.19	논설	新舊學問總歸烏有	신구론	조화
3	1902.6.5.	논설	讀韓孟 詩文有感	신구론	구학비판
4	1908.6.20.	논설	구뇌와 신뇌의 성질	신구론	구학비판
5	1908.8.22.	논설	권고 대동학회	신구 대립	구학비판
6	1908.8.30.	논설	권독 논어설	신구학	구학비판
7	1909.10.6.	논설	독 성호 태설 유감	신구학	구학비판
8	1909.10.9.	논설	學問不進이 都是泥舊의 獘害	신구학	구학비판
9	1909.10.10.	논설	성균관 역사의 감념	신구학	구학비판
10	1909.10.12.	논설	권고 유림 사회	신구학	구학비판
11	1909.11.17.	논설	保守主義로 進步홈이 佳良혼 方針	신구학	신구조화
12	1909.11.7.	논설	讀支那報 嘆腐儒心事 如出一轍	신구학	구학비판
13	1909.11.9.	논설	本朝儒林의 功過	신구학	신구조화

순번	연대	문종	제목 및 저자	세분야	특징
14	1909.2.13.	논설	구학 개량이 시 제일착수처	신구학	구학개량
15	1909.2.12.	논설	성균관 학생	신구 대립	구학개량
16	1909.4.25.	논설	학론의 변천	신구학	구학개량
17	1909.4.16.	논설	대동학설의 문답	신구학	구학개량
18	1909.4.23.	논설	윤강회	신구 학문	구학비판
19	1909.4.4.	논설	수구와 구신자의 오해	신구 대립	조화
20	1909.4.11.	논설	先哲紀念	신구학	조화
21	1910.2.6.	논설	신구 교환 시대가 최유가관	신구학	조화
22	1910.3.4.	논설	舊學問家의 眞誠熱力	신구학	조화
23	1910.3.22.	논설	심의라 완고 누유의 폐해	신구학	구학비판
24	1901.4.22.	논설	不能捨舊 不能從新	신구론	구학비판

이 표에 나타난 신구학문에 대한 태도는 몇 가지 유형으로 나눌 수 있다.[66] 첫째는 문명 진보의 차원에서 신학문, 서학의 필요성을 역설하는 경우이다. 이러한 입장에서는 구학만 고집하는 것을 '구습(舊習)'으로 단정한다. 이러한 태도는 1900년대 초부터 1910년에 이르기까지 지속적으로 나타나는데, 국권 침탈기에 이르면 국가의 위기가 구학의 폐단에서 비롯된 것이라는 입장으로 변화하기도 한다. 다음은 『황성신문』1898년 9월 15일자 논설의 일부이다.

大凡人의 識見이 廣치 못하고 規模가 狹小흔 者를 見하면 極言으로 諭하야 曰此는 井中蛙라 하느니 大韓人의 學問이 有하다는 者ㅣ 如此흔 類라. 其一生의 誦習흔 바를 計허믹 經書와 史册 外에는 別노히 知하는 빅 無하거늘 恒言으로 謂호딕 人生의 智慧와 才識이 此中에 悉備하엿다 하며 外他 天文學 地理學 農學 商學 工學 醫學 化學 筭學 等書난 西人의 學이라 하야 無用에 屬허느니, 此는 無他라 里門을 不出흐고 鄕國을 株守흔 識見이로다.

---

66) 이광린(1986), 『한국 개화사의 제문제』(일조각)에서는 신구학의 갈등 유형을 '신학의 구학에 대한 공격', '구학의 반론', '절충안 제시' 세 가지 유형으로 구분한 바 있다.

엇지 天下에 讀지 못홀 書가 有하며 學지 못홀 法이 有하리오. 他國의 風俗과 敎化와 民情을 知흔 然後에 自己의 曾習흔 바를 取하야 互相比較흐면 本國의 長短과 他國長短을 昭然曉得하리니 그 長흔 者는 取하고 短흔 者는 棄하야 스스로ㅣ 家를 成흐면 菲但 自己에 幸이라, 一國의 幸이어늘 具 文學의 不足흠과 史傳의 無徵흠과 政俗의 多缺함은 分明이 知하는 바이엿마는 舊習을 固執하는 言이 我國의 新有한 바 良法과 美規는 世界의 及지 못홀 바이라 하야 或 知舊의 子姪이 西文을 誦習하는 者를 見하면 日大誤라 하야 其父兄을 見하고 責하되 君이 文禮大家로 엇지 子姪을 彼道에 入하엿는고. 西人의 學問이라 하는 거슨 흔굿 無益홀 쑨이 아니라 또한 害가 有하리라 하며 親族 中에 西文을 信從하는 者ㅣ 有하면 嘻噓歎息하야 日吾門이 亡하량으로 如許흔 不肖子孫이 生하엿다 하고 盡心竭力하야 긔여히 阻毁하느니 然함으로 西人이 我國敎師로 雇立흔 者ㅣ 或十餘年이오 或七八年이로딕 尙今것 一個人도그 學問에 透徹히 卒業하엿다는 말은 得聞치 못하엿노니 嗟乎라. 此慣舊흔 習을 終乃 除去치 못하면 國法의 優劣과 人類의 善惡을 能히 辨明치 못하리니 엇지 長進하기를 望하리오.

번역 무릇 사람의 식견이 넓지 못하고 규모가 협소한 자를 보면, 극단으로 비유하여 우물 안 개구리라고 하니, 대한인 중 학문이 있다는 자들이 이러한 부류들이다. 일생 암송하여 배운 바는 경서와 사책 외에는 별로 아는 바가 없되, 항상 말하기를 인생의 지혜와 재주 식견이 이 중에 다 있다 하며, 그 외 천문학, 지리학, 농학, 상학, 공학, 의학, 화학, 산학 등의 서적은 서양인의 학이라고 하여 무용으로 돌리니, 이는 다름 아니라 문 밖에 나지 않고 고향과 자국만 지켜온 식견이다. 어찌 천하에 읽지 못할 책이 있으며, 배우지 못할 법이 있는가. 타국의 풍속과 교화와 민정을 안 뒤 자기가 이미 익혀온 바를 취해 서로 비교하면 본국의 장단과 타국의 장단을 확실히 이해할 것이니, 그 좋은 것은 취하고 부족한 것은 버려 스스로 일가를 이루면 비단 자신의 행복만 아니라 일국의 행운이거늘, 진실로 글 배우기의 부족함과 사전의 증거가 부족함과 정치에서의 결함이 많음은 분명 아는 바이지만, 구습을 고집하는 언사가 우리나라에 새로 들어온 양법과 미규는 세계에 미치지 못할 것이라고 하여 예부터 알던 자녀 조카가 서양문을 배우는 것을 보면 큰 잘못이라고 하여 그 부형을 책망하되, 그대가 문례대가로서 어찌 자질(子姪)을 저 도에 들게 하였는가. 서양의 학문이라는 것은 한갓 무익할 뿐 아니라, 또한 해로움이 있다 하며, 친족 중 서양글을 믿는 자가 있으면 크게 탄식하여 우리 집안이 망하고자 이런 불초 자손이 생겨났다 하고, 진심갈력하여 기어코 방해하니, 그러므로 서양인이 우리나라 교사로 고용된 자가 혹 10년이나 칠팔년이지만, 지금까지 한 사람도 그 학문을 확실히 마쳤다는 말을 듣지 못했으니, 아아. 이 예전부터 전해오던 풍습을 제거하지 못하면 국법의 우열과 인류의 선악을 능히 판단하지 못할 것이니 어찌 진보하기를 희망하겠는가.

이 논설은 이 시대의 학문 풍토를 그대로 보여준다. 당시 '구습을 고집하는 자'들이 신학문을 무익유해(無益有害)한 것으로 규정하고 극단적으로 배척하는 사례가 많았음을 의미하는데, 이러한 상황은 여학교 설립 이후 여아를 학교에 보내지 않거나 양반 자제로 신학문을 배워서는 안 된다는 풍조가 만연되어 있음을 의미한다. 이러한 풍토에서 서학 교사를 고용할지라도 그들의 학문이 전수되지 않으며, 진보에 대한 희망이 없다고 주장한다. 여기서 주목할 점은 신학문 수용을 주장하면서도 그 학문을 배우는 목적이 본국과 타국의 장단을 비교하여 유익하게 하는 데 있음을 전제로 한 것이다. 이는 맹목적 구화주의와는 다른 관점이다.

둘째는 신학, 곧 서구의 학문과 종교가 구학이나 유교보다 우월하다는 입장에서 '문명화=서구화'의 관점을 취하는 경우이다. 이러한 논리는 서양인의 영향 아래 탄생한 매체에서 비교적 빈번히 나타나는데, 서재필에 의해 탄생한 『독립신문』에서 자주 찾아볼 수 있다. 다음 사례를 살펴보자.

아세아 사룸 모씨는 셰계 각국에 넓히 유람ᄒ고 동셔양 학문을 도뎌히 셥녑ᄒ 사룸이라 일즉히 말ᄒ야 갈ᄋᄃᆡ <u>동양 학문은 놉흔 담 안에 잇는 사룸이오 셔양 학문은 놉흔 산에 올나가는 사룸이라</u> ᄒᄋᆞᆺ스니 가장 니샹ᄒ고 유리ᄒ 평론이로다. 그 ᄯᅳᆺ을 궁구ᄒ여 보건ᄃᆡ 동양 학문은 청국 텬디의 긔화됨이 각국 즁예 데일 몬져 ᄒᄋᆞᆺ스며 몸을 닥고 집을 가직히ᄒ며 나라를 다ᄉ리ᄂᆫ 학슐이 셩경 현젼에 ᄌᄌᆞᄒ거ᄂᆞᆯ 셩현 현젼의 학업을 힘쓰ᄂᆫ 션비들이 그 학문의 리치를 더욱 강미ᄒ야 졈졈 통명ᄒ 디경에 나아갈 싱각은 ᄒ지 아니ᄒ고 ᄒᆞᆼ샹 말ᄒ되 녜적 셩현네ᄂᆫ 나실 ᄯᅢ부터 지혜가 잇셔 셰샹 리치를 빈호지도 아니ᄒᆞ시고 공부도 아니ᄒᆞ셧스되 아지 못ᄒᆞ실 것이 업다 ᄒ며 (…중략…) 그런 고로 동양 션비의 학문은 ᄎᄎ 잔약ᄒ야 진보될 가망은 업ᄂᆞᆫ지라. 엇지 그 학슐이 긔명되기를 ᄇ라리오.

—『독립신문』, 1899.9.9

이 논설에서는 아시아 유람인의 말을 간접 인용하여, 동양의 학문은 담 안에 있는 사람이며, 서양의 학문은 높은 산에 올라가는 사람이라고 소개하고, 동양 학문은 진보의 가망이 없다고 단정한다. 이러한 주장은 중국이나 일본의 근대화 과정에서도 쉽게 찾아볼 수 있는 구화주의와 동일한 관점이다. 『황성신문』이나 『대한매일신보』에서는 이처럼 구학문을 매도하는 식의 논설을 찾아볼 수 없으나, 『독립신문』의 경우 기독교적 사고를 배경으로 한 논설이 다수 등장한다.[67]

셋째 유형은 국권 침탈기 애국계몽의 차원에서 구습과 구사상을 혁신해야 한다는 논리이다. 유학 개량주의를 비롯하여, 완고 부유(頑固腐

---

67) 『독립신문』이 자주독립과 애국계몽을 논조로 삼았음에도 기독교적 사고가 반영된 논설을 다수 수록한 것은 이 신문의 탄생과 운영 과정에서 미국의 영향을 받은 서재필, 윤치호와 같은 지식인들이 중심 역할을 했기 때문으로 보인다.

儒)를 비판하는 논설은 대부분 이 유형에 속하는데, 이들의 논조는 유학, 곧 전통적인 공맹의 도가 '구세제민(救世濟民)'의 이념에서 벗어나지 않음에도 부유(腐儒)에 의해 시세에 맞지 않는 학문을 하거나, 심지어 소리탐욕(小利貪慾)으로 인해 구학의 폐해가 발생한다는 관점이다. 다음을 살펴보자.

【 甚矣라 頑固陋儒의 弊害 】

梁啓超氏ㅣ日 今日 亡國의 責은 他에 不在ᄒ고 頑迷憃駿ᄒ 數千名村學究가 實로 國을 亡케ᄒ얏다 ᄒ엿스니 此는 村學究輩가 國民의 靑年子弟를 誤了케 ᄒ이 卽是國을 亡케 ᄒ 張本이 됨을 謂ᄒ이라. 噫라 支那는 亡國의 責이 村學究輩에 在ᄒ거니와 我韓은 亡國의 責이 頑迷固陋ᄒ 儒生沠에 在ᄒ다 謂ᄒ야도 過言이 아니로다. 吾儕도 儒林中人이라. 耿耿一念이 恒常儒林의 元氣를 扶植ᄒ고 儒敎의 精神을 發揮ᄒ야 四千年 儒敎國의 光明을 世界에 發表홀 思想으로 一般 儒林 諸君을 對ᄒ야 儒敎의 因時制宜와 通變化裁等主義로 現時代 新學問을 叅酌 硏究ᄒ고 新敎育을 協同 勉勵ᄒ라고 勸告或 警告가 縷縷不已ᄒ 바러니 其奈陋儒의 頑腦가 去益深痼ᄒ야 敎育의 獎勵는 姑舍ᄒ고 敎育을 沮戲ᄒ는 弊害가 層生疊出ᄒ니 寧不可寒心가. (…中略…) 近日에 太極敎宗支部가 設立된 地方에는 頑固陋儒가 此를 藉托ᄒ고 此村彼里에 往來聯絡ᄒ야 私塾을 擴張ᄒ고 學校를 廢止케 ᄒ으로 學校의 門庭은 日以蕭條ᄒ고 私塾의 聲勢는 日以宏壯ᄒ며 甚至於 新聞購覽者를 詆毀排斥ᄒ야 一般人民으로 ᄒ야곰 時局形便을 全然不知ᄒ며 開明思想을 一切閉塞ᄒ다는 風聲이 昨日에 某郡이 如此ᄒ다 ᄒ며 今日에 某郡이 如此ᄒ다 ᄒ고 餘存ᄒ 若個學校도 亦皆解散될 境遇이라ᄒ니 此果何等頑迷思想이며 何等惡魔行動인가. 噫라 君輩가 平日에 孔孟의 言을 誦ᄒ며 孔孟의 道를 學혼다ᄒ면셔 孔孟의 救世濟衆ᄒ시는 血誠主義에도 違反ᄒ며 兒時制宜ᄒ시는 活用方法에도 芘昧ᄒ며 正義公德의 大道를 背却ᄒ고 滿腹私慾으로 一錢에 不値ᄒ 些權小利를 博得코져ᄒ야 國民進化에 一大障碍物을 作ᄒ니 是

는 國家의 罪人과 國民의 罪人이 될 뿐 아니라, 即是 聖門의 罪人이라. 愚昧의 甚홈이 엇지 如此其甚흐고. 君輩도 眼이 有흐거든 時勢와 時務는 莫論흐고 他宗教家를 觀흐라. 耶蘇教와 天主教에셔 教育을 實施흐는 偉力이 何如흐며 佛教界에셔도 學校設立이 稍稍有聞흐거늘 獨히 儒教家에셔는 教育을 沮戱흐는 것이 何故인가.

번역 양계초가 말하기를 금일 망국의 책임은 다른 데 있지 않고, 완미하고 게으른 수천명 촌학구가 실로 나라를 망하게 했다 하였으니, 이는 촌학구들이 국민의 청년 자제를 잘못 이끌게 한 것이 나라를 망하게 한 장본이 됨을 말한 것이다. 아. 중국은 망국의 책임이 촌학구들에게 있으나, 우리나라의 망국의 책임은 완미 고루한 유생들에게 있다 해도 과언이 아니다. 우리들도 유림의 무리들이다. 오직 유림의 원기를 북돋우고 유교의 정신을 발휘하여 4천년 유교국의 광명을 세계에 드러낼 생각으로 일반 유림 제군에게 유교의 시세에 맞는 제도와 통변화재(通變化裁) 등의 주의로 현시대 신학문을 참작 연구하고, 신교육을 협동 면려하라고 권고 또는 경고한 것이 여러 차례인데 이에 더러운 유림의 완고한 머리가 더욱 고질병이 되어 교육 장려는 고사하고 교육을 방해하는 폐해가 겹겹이 생겨나니 어찌 한심하지 않은가. (…중략…) 근일 태극교 종지부가 설립된 지방에는 완고누유가 이를 빙자하여 이 마을 저 마을에 왕래 연락하여 사숙을 확장하고 학교를 폐지하게 하여 학교의 교문은 날로 시들어 조용하고 사숙의 성세는 날로 굉장하며 심지어 신문 구매자를 훼방 배척하여 일반 인민으로 하여금 시국 형편을 전혀 알지 못하게 하며 개명 사상을 일체 폐쇄한다는 소문이 작일 어느 군에 그렇다 하며, 금일 어느 군에 그렇다 하니 그밖에 남은 약간의 학교도 또한 해산될 지경이라 하니, 과연 어떤 완미한 사상이며 어떤 악마의 행동인가. 아. 그대들이 평일 공맹의 말을 암송하며 공맹의 도를 배운다고 하면서 공맹의 구세제중하는 혈성주의에도 위반하며 어렸을 때 마땅히 하는 활용 방법에도 망연 우매하며 정의 공덕의 대도를 위배 망각하고 사욕으로 가득차 일전에 가치를 두지 않고 사소한 작은 이익을 널리 구하고자 하여 국민 진화에 일대 장애물이 되니. 이는 국가의 죄인이자 국민의 죄인이 될 뿐 아니라 곧 성현 문하의 죄인이다. 우매의 심함이 어찌 이와 같이 심한가. 그대들도 눈이 있거든 시세와 시무는 물론 다른 종교가들을 보라. 야소교와 천주교에서 교육을 실시하는 위력이 어떠하며, 불교계에서도 학교 설립이 점점 늘려 오거늘, 오직 유교가에서는 교육을 방해하는 것이 어찌된 일인가.

—『황성신문』, 1910.3.22

이 논설은 신생 종교인 태극교[68]가 학교를 폐지하고 사숙을 확장하며, 공맹을 빙자하여 구습을 부활하는 일을 비판하고자 한 목적에서 쓰인 글이다. 여기서 '완고누유(頑固陋儒)'는 태극교를 창도한 사람들이지만, 근본적으로 나라를 망하게 한 부유(腐儒)도 이 논설의 비판에서 자유롭지 못하다. 이처럼 부유를 비판하면서도 필자는 '인시제의(因時制宜)', '통변화재(通變化裁)'로서 유교의 혁신을 위한 신학문, 신교육이 필요함을 역설한다. 결국 시세에 적합한 유학의 개신이 필요함을 전제한 것이다.

전통 학문으로 간주된 유학(儒學)과 근대적 성격을 띤 신학(新學)의 조화를 주장하는 입장은 유림이 중심이 된 단체에서 빈번히 제기되었다. 대동학회도 그 가운데 하나인데, 『대동학회월보』에 소재한 다음 논설을 살펴보자.

---

68) 1907년 송병화가 창교한 유교계 신종교. 당시 본부를 서울에 두었으나 그 뒤 곧 소멸하고, 함경북도에 설치된 성진지부·길주군지부·함경북도총지부와 함경남도의 단천지부만 교세를 유지하였다. 입교자(入敎者)는 봄·가을에 열리는 공자제(孔子祭)에 참석하여야 하며, 이때 개최되는 강회(講會)에서 한문실력을 시험하여 성적이 우수한 자는 교단 임원인 유사(有司) 또는 도유사(都有司)로 임명된다. 성진지부의 경우 1908년 4월 성진읍에 사무소를 개설한 지 얼마 안 되어 2,000여 명이 입교하였으며, 길주지부에서도 1910년 4월 길성면 지부설립과 동시에 1,800여 명이 입교하였다. 당시 입교자가 임원이 되려면 2원에서 5원의 의연금을 납부하고 피로연 음식비도 많이 내야 하였으나, 서로 경쟁하며 다액의 기부금을 납부하였다. 이상은 다음(daum) 백과사전을 옮김.

【 新學과 舊學의 關係 獎學社 二一九號 】

大凡時의 變遷홈을 因ᄒᆞ야 物이 零落枯槁의 狀을 顯示ᄒᆞ면 新物의 生來홈이 有ᄒᆞ고 又其從來로 生存치 못ᄒᆞᄃᆞᆫ 者가 或은 生出ᄒᆞᄂᆞᆫ 事도 有ᄒᆞᄂᆞ니 故로 改新을 求ᄒᆞᄂᆞᆫ 바ᄂᆞᆫ 實노 人事의 推測키 難ᄒᆞ니 文學에 至ᄒᆞ야도 亦然ᄒᆞᆫ지라. 隨時變易ᄒᆞ야 新舊二學의 區別이 生ᄒᆞ니 曰 新學은 文化稍開ᄒᆞ고 人智漸進일ᄉᆡ 時勢의 得宜와 慧寶의 運用으로ᄡᅥ 文明ᄒᆞᆫ 氣를 應ᄒᆞ야 實用的 學業을 修進ᄒᆞ고 實狀的 理致를 証據ᄒᆞ야 世人의 醉心을 惺ᄒᆞ며 夢境을 破ᄒᆞ야 虛誕ᄒᆞᆫ 風俗을 背斥ᄒᆞ고 虛靈의 智覺을 穩全히 ᄒᆞ야 學而習之ᄒᆞ고 究而行之라. 文學이 日加ᄒᆞ고 智識이 年增ᄒᆞ야 現今文明의 大機를 成홈이오 曰舊學은 其來者ㅣ 遠矣니 孔子ᄂᆞᆫ 倫理와 政治를 首重ᄒᆞ고 孟荀은 仁義를 崇尙ᄒᆞ며 楊墨은 哲理를 主ᄒᆞ고 管商은 理財를 說ᄒᆞ며 申韓은 刑名을 論ᄒᆞ고 孫吳ᄂᆞᆫ 兵法을 談홈이 醇駁不一은 雖有ᄒᆞᄂᆞ 新理를 發明ᄒᆞ고 新說을 唱道홈은 後世의 裨益이 如何哉아. 自漢以來로 學問의 道가 一變爲訓詁ᄒᆞ고 再變爲淸談ᄒᆞ며 三變爲詩賦文章ᄒᆞ고 四變爲性命理氣之說ᄒᆞ며 五變爲考證之學ᄒᆞ야 琢磨ᄒᆞᄂᆞᆫ 新工이 頓無ᄒᆞ고 古人의 遺緖만 株守할ᄉᆡ 世人의 學業이 詩을 崇尙ᄒᆞ고 浮華를 務修홀 ᄲᅮᆫ이니 文學이 衰頹ᄒᆞ고 學者의 風氣가 幾絶ᄒᆞ야 莫知所返이라. (…中略…) 然則二學의 關係가 似無ᄒᆞᄂᆞ 然ᄒᆞᄂᆞ 隱然ᄒᆞᆫ 中에 車輪鳥翼 과 如히 兩者가 相須得完홈이 有ᄒᆞ니 孔子曰溫古而知新이라 ᄒᆞ시니 此ᄂᆞᆫ 舊問新得이 開進資益ᄒᆞᄂᆞᆫ 道를 云홈이오 張子曰舊見을 洗ᄒᆞ고 新見을 生홈이 是可ᄒᆞ다 ᄒᆞ니 此亦治政得要면 舊染惟新홈을 謂홈이니 此言을 潛究ᄒᆞ면 曰新曰舊가 雖有先後ᄂᆞ 本無二者라. 事ᄂᆞᆫ 今을 師ᄒᆞ고 理ᄂᆞᆫ 古을 師ᄒᆞ야 相須倂行이오 不可偏廢라. 惟我大韓이 薈目時艱ᄒᆞ야 泰西의 新學을 博採ᄒᆞ고 舊學을 固奉ᄒᆞ야 更加發明홈은 國民思想을 一新케 홈이어ᄂᆞᆯ 或者ㅣ其源을 莫究ᄒᆞ고 惟新을 是圖코져 ᄒᆞ니 反覆不思홈이 若是甚焉고.

번역 무릇 시세의 변천에 따라 사물이 영락하고 시드는 현상을 보이면 새로운 사물이 생겨나고 또 종래 생존하지 못하던 것이 혹은 생성되는 일도 있으니, 그러므로 개신(改新)을 구하는 것은 실로 인간사의 추측이 어려우니, 학문에 이르러서도 또한 그러하다. 시세 변이에 따라 신구(新舊) 두 학문의 구별이 생겨나니 신학(新學)은 문화가 점점 열리고 인지가 점진하니 시세에 맞게 지혜를 운용하여 문명한 기운을 따라 실용적 학업을 닦아 진보하고 실상의 이치를 증거하여 세상 사람들의 잠든 마음을 일깨우며, 몽상을 깨뜨려 허탄한 풍속을 배척하고 허황된 정신을 온전히 각성하게 하여 배우고 익히고 연구하고 행하게 한다. 학문이 일증하고 지식이 연증하여 현금 문명의 대기를 이룬 것이다. 구학(舊學)은 전래된 지 오래 되었으니, 공자는 윤리와 정치를 가장 존중하고 맹자와 순자는 인의를 숭상하며 양묵은 철리를 주로 하고 관자와 상자는 이재를 주장하며 신불해와 한비자는 형명을 논하고 손자와 오자는 병법을 담론한 것이 순박하여 일치하지 않음은 있으나 새로운 이치를 발명하고 시래온 학설을 주장하는 것은 후세의 보익이 어떠한가. 한나라 이래로 학문의 도가 일변하여 훈고를 위주하고 다시 변하여 청담을 하며, 세 번 변하여 시문부 문장이 되고, 네 번 변하여 성명 이기의 설이 되고, 다섯 번 변하여 고증학이 되어 탁마하는 새로운 공효가 전혀 없고, 고인이 남긴 것만 지켜오니 세상 사람의 학업이 시를 숭상하고 부화(浮華)를 연마하는 데 힘쓸 뿐이니, 학문이 쇠퇴하고 학자의 풍기가 끊어져 돌이킬 바를 알지 못한다. (…중략…) 그러므로 두 학문의 관계가 비슷한 바가 없으나 은연중 수레바퀴와 새의 날개와 같이 양자가 서로 보완할 점이 있으니 공자가 온고이지신이라고 하셨으니 이는 구학에 묻고 신학을 얻은 것이 개진의 자질에 이롭게 하는 방법을 말함이요, 자장이 옛날 본 것을 씻어내어 새로운 견해를 만드는 것이 가하다고 하였으니, 이 또한 정치의 요체를 얻고자 하면 구태에 물든 것을 오직 새롭게 함을 일컬은 것이니, 이 말을 자세히 생각하면 신학이라 구학이라 하는 것이 비록 선후가 있으나 본래 두 가지가 없는 것이다. 일은 지금을 배우고, 이치는 옛날을 스승 삼아 서로 병행하여 편벽되이 폐지하지 못할 것이다. 오직 우리 대한이 눈을

높여 시세를 한탄하여 태서의 신학(新學)을 널리 채용하고 구학을 받들어 다시 밝히고자 하는 것은 국민사상을 일신케 하고자 하는 것이니 혹자가 그 원류를 고찰하지 않고 오직 신학만 도모하고자 하니, 도리어 생각하지 않음이 어찌 이와 같이 심한가.

—『대동학회월보』 제2호(1908.3)

『장학사』 제29호의 논설을 기사원으로 하는 이 논설에서는 신학과 구학의 특성, 양자의 관계에 대해 유학자들의 견해를 집약하고 있다. 이 논설에서는 신학이 시세에 맞고, 지식 점진 개명 사회에 필요한 학문임을 인정한다. 그러면서도 신학과 구학의 본질이 상반된 것이 아니라는 점을 강조하고, '상수병행(相修倂行)'하지 않으면 안 된다고 주장한다. 이처럼 두 학문을 병행해야 하는 이유는 '국민사상을 일신'케 해야 하기 때문이다. 흥미로운 것은 개신유학자들의 신구학 조화론이 비단 우리나라에서만 주장된 것은 아니라는 점이다. '대동학회'와 마찬가지로 중국에서도 캉유웨이(康有爲, 일명 康南海)가 '대동학설'을 주장하였으며, 이 학설이 근대 계몽기 개신유학자들에게도 광범위한 영향을 미쳤다는 사실이다. 다음은 이를 보여주는 사례이다.

【 大同學說의 問答 】

春雨가 新晴ᄒ고 朝日이 方升ᄒ니 明窓淨几에 凡然端坐ᄒ야 一卷을 手ᄒ고 朗誦一遍ᄒ니 卽康南海의 大同學說이라. 有客이 過而問之어ᄂᆞᆯ 余가 大同의 義를 擧ᄒ야 大略 說明ᄒᆞᆫ되 客이 啞然而笑 曰 甚矣라. 子之迂也여. 現今 我韓에 社會人士들이 國家主義와 個人權等 主義를 提倡ᄒ야 演壇의 言論과 文字의 勸告가 激切痛快ᄒ고 張皇反覆ᄒ나 人民思想에 對ᄒ야 猶是宿灰를 吹ᄒ고 枯木을 灌흠과 如ᄒ야 全然히 啓發皷勵ᄒᄂᆞᆫ 效力이 無ᄒ거ᄂᆞᆯ 況大同學說 等을 將ᄒ야 社會의 病院을 對治코져 ᄒ면 此所謂 大承氣証에 四君子湯을 却下흠이 아닌가. 余曰 吁라 現我國의 民智程度로 言ᄒ면 國家

主義와 個人權利等 主義도 曀然不知ᄒᆞᄂᆞ딕 大同主義를 遑可論之리오만은 但 理想家와 學問家에서 救世方針에 對ᄒᆞ야 專히 小乘法을 講ᄒᆞ고 大乘法을 不講홈이 無ᄒᆞᆫ 것이오 古人이 云ᄒᆞ되 取法於上이라야 僅得爲中이오 取法於中이면 不免於爲下라 ᄒᆞ니 盖大同學은 救世主義에 大乘法이라. 我韓人士도 大同의 義를 觀念홈이 有ᄒᆞ여야 國家主義와 個人權利等 主義에 啓發ᄒᆞᄂᆞᆫ 思想과 進就ᄒᆞᄂᆞᆫ 程度가 有ᄒᆞᆯ 줄노 思量ᄒᆞ노라.

번역 봄비가 맑게 개고 아침 해가 떠오르니 밝은 창이 깨끗하여 범연히 앉아 한 권 책을 손에 들고 낭랑하게 일편을 읽으니, 곧 강남해(강유위)의 대동학설이다. 손이 지나다 그것을 묻거늘, 내가 대동의 뜻을 들어 대략 설명하니, 객이 빙그레 웃으며 '심하다, 그대의 어리석음이여. 지금 아한 사회 인사들이 국가주의와 개인권 등 주의를 제창하여 연단의 언론과 문자 권고가 격렬하고 통쾌하며 장황 반복하나 인민사상에 대해 오히려 묻은 재를 불고 고목에 물 대는 것과 같아 전혀 계발 고취하는 효력이 없는데, 하물며 대동학설 등을 장려하여 사회의 병을 치료하고자 하면, 이는 소위 대승기증에 사군자탕을 밑에 붓는 것이 아닌가.'라고 말한다. 내가 말하기를 '아. 현재 아국의 민지 정도로 말하면 국가주의와 개인 권리 등 주의도 몽롱하여 알지 못하는데 대동주의를 허황되게 논할까마는 다만 이상가와 학문가에서 세상을 구하고자 하는 방침에 대해 오직 소승법을 강론하고 대승법을 강구하지 않음이 없으나 고인이 말하기를 위에서 법을 취해야 겨우 가운데 이르고, 가운데서 법을 취하면 아래가 됨을 면하지 못한다 하니, 대개 대동학은 구세주의의 대승법이다. 아한 인사도 대동의 의를 생각해야 국가주의와 개인 권리 등 주의를 계발하는 사상과 진취하는 정도가 있을 것으로 생각한다.'라고 하였다.

—『황성신문』, 1909.4.16

이 논설에 등장하는 '대동주의(大同主義)'는 『예기』와 『춘추』에 등장하는 큰 도를 행하는 원칙을 말한다. 이 논설에서는 본래 '대동'은 천하의 공리를 위해 현자와 능자를 선별하고, 신뢰와 화목을 강구하여 백성을 새롭게 하는 통치 이데올로기의 하나라고 하였다. 이를 고려한다면 '대동주의'와 '국가주의', '개인의 권리' 등의 계몽 이데올로기가 배타적 개념은 아니다. 그렇기 때문에 이 논설에서는 전통적인 대동학을 근거하여 편사(偏私, 사적인 데 치우침)를 벽파(劈破)하고 공공 사상을 개발(開發)해야 한다고 주장한다.[69] 국권 침탈의 위기 속에 신구학의 갈등과 대립보다 국가사상이라는 거시적·공공적 목표를 위해 옛것을 참작하여 새로운 사조를 만들고자 한 애국 계몽가들의 몸부림을 찾아볼 수 있는 논설의 하나인 셈이다.

3. 근대 학문과 계몽 의식

3.1. 지식의 대중화 문제

근대 계몽기의 지식 담론이 축자적 의미에서의 계몽성을 전제로 한다는 점은 『한성순보』나 『한성주보』의 발간 서문에서도 확인한 바 있다. 이는 『독립신문』이나 『제국신문』, 『황성신문』 등의 대중매체가 창간되는 과정도 마찬가지이다. 『독립신문』 창간호 논설(1896.4.7)에서 "우리 신문은 빈부귀천을 다름 업시 이 신문을 보고 외국 물정과 닉지 스정을 알게 ᄒ랴ᄂ 쯧시니 남녀노소 샹하 귀쳔 간에 우리 신문을 ᄒ로 걸너 몃둘간 보면 새지각과 새학문이 싱길걸 미리 아노라."라고 피력한 바와 같이, '신지식', '신학문'은 인민 전체를 계도하는 데 중요한 역할을 한다.

『친목회회보』와 같이, 특정 단체의 회원을 위한 일부 매체를 제외하

---

69) 이 주장은 생략된 부분을 간추린 것임.

면, 근대 계몽기의 지식 매체들은 대부분 계몽을 전제로 발행되었다.[70] 특히 1905년 국권 침탈기 본격적으로 간행되기 시작한 각종 학회보(잡지)의 창간 취지를 살펴보면, 지식 보급을 통한 민지개발이 최우선 목표임을 뚜렷이 알 수 있다.[71] 특히 국권 침탈의 위기상황에서 지식의 대중화를 이끌어 갈 선각자(先覺者) 또는 지사(志士)의 역할이 강조되는 점은 근대 계몽기 시대사조의 주된 변화 가운데 하나이다. '흥사단(興士團)'이 결성된 것이나, 각종 단체의 지도자의 역할이 강조되는 것도 이러한 맥락에서 이해할 수 있다.

【 興士團趣旨書 】

國民의 文明進取하ᄂᆞᆫ 步趣ᄂᆞᆫ 其知識의 啓발과 道德의 修養ᄒᆞᄂᆞᆫ 程度를 隨ᄒᆞ야 高下가 形ᄒᆞ며 遲速이 現ᄒᆞ나니 然ᄒᆞᆫ즉 國家萬世의 大計ᄂᆞᆫ 國民의 知識을 啓발흠과 道德을 修養흠에 在ᄒᆞ고 知識을 啓발ᄒᆞ고 道德을 修養ᄒᆞᄂᆞᆫ 道ᄂᆞᆫ 一言으로 蔽ᄒᆞ야 教育에 存ᄒᆞ다 謂흘지오며 教育에 本義ᄂᆞᆫ 학術의 授與와 品性에 陶冶를 主하야 人의 智能을 助長ᄒᆞ고 德義를 발揮하야 人으로 ᄒᆞ야금 人의 人되ᄂᆞᆫ 權利를 知케 ᄒᆞ며 人으로 ᄒᆞ야금 人의 人되ᄂᆞᆫ 義務를 知케 ᄒᆞ야써 人生의 幸福을 完全케 흠에 在ᄒᆞᆫ즉 人의 人되ᄂᆞᆫ 道ᄂᆞᆫ 教育을 捨코ᄂᆞᆫ 他路가 更無ᄒᆞ도다. 是以로 國民의 教育은 普及을 主흠이 可ᄒᆞ니 盖少數一部의 獨修ᄒᆞᆫ 學問이 國民全体에 對ᄒᆞ야 其神益이 弘多치 못ᄒᆞᆫ則 國家의 堅實ᄒᆞᆫ 基礎를 建ᄒᆞ고 社會의 光明ᄒᆞᆫ 門戸를 開코져 흘진ᄃᆡ 最大多數의 知識과 道德이 齊一無偏흠을 要ᄒᆞᄂᆞᆫ지라. (…中略…) 天下의 事ᄂᆞᆫ 其

---

70) 『친목회회보』 제1호(1896.2)의 발행 취지에서는 "一. 本會 會報 發行의 目的은 吾人이 他邦에 留學ᄒᆞ되 遠近에 僑住ᄒᆞ야 容音이 落落흘지라. 此를 由ᄒᆞ야 彼我의 事情을 通ᄒᆞ야 親睦을 惇厚히 ᄒᆞ고 兼ᄒᆞ야 智識을 交換흠을 爲흠이라(본회 회보 발행의 목적은 우리들이 다른 나라에 유학하되, 원근에 널리 주거하여 얼굴을 마주하고 이야기를 듣기가 어렵다. 이로써 피아의 사정을 통해 친목을 돈후하게 하고, 겸하여 지식을 교환하기 위한 것이다)."라고 하여 회원들의 친목 도모와 지식 교환을 목적으로 하였음을 분명히 하였다.
71) 이에 대해서는 권1 '애국계몽시대 학술 담론'에서 살펴본 바 있다.

經營成就ᄒᆞᄂᆞᆫ 道에 必其機關을 運用ᄒᆞ기에ᄂᆞᆫ 獨力에 任홈보다 衆心을 合
ᄒᆞᆫ즉 其效가 强大ᄒᆞ나니 此ᄂᆞᆫ 吾儕가 人民의 敎育으로 全國의 士風을 興起
ᄒᆞ야 其知識과 道德으로 萬般事物上에 活用ᄒᆞ야 社會進化의 法則에 應케
ᄒᆞ고 國家富强의 實益을 擧ᄒᆞ기 爲ᄒᆞ야 一團을 結ᄒᆞ고 名ᄒᆞ야 興士團이라
稱ᄒᆞ야 政治와 中에 不投ᄒᆞ고 榮利圈外에 特立ᄒᆞ야 天下同感ᄒᆞᄂᆞᆫ 士에 告
ᄒᆞᄂᆞᆫ 所以니 宗敎의 異同이 吾人의 不問ᄒᆞᄂᆞᆫ 바며 黨派의 彼此가 吾人의
不拘ᄒᆞᄂᆞᆫ 바라 眞心熱性으로 吾儕의 事를 贊同ᄒᆞᆫ則 足ᄒᆞ니 國中子弟를 愛
護ᄒᆞᄂᆞᆫ 父兄은 同聲相應ᄒᆞ며 幷力相助ᄒᆞ야 私立ᄒᆞᄂᆞᆫ 准備로 公立ᄒᆞᄂᆞᆫ 義務
에 達ᄒᆞ기를 切望ᄒᆞ노라.

번역 국민의 문명 진취하는 취향은 지식 계발과 도덕 수양을 수양하는
정도에 따라 고하가 형성되며, 지속이 나타나니 국가 만세의 대계
는 국민 지식 계발과 도덕 수양에 있고, 지식 계발과 도덕 수양의 방법은
한마디로 말하면 교육에 있다 말할 것이다. 교육의 본뜻은 학술을 제공하
고 품성 도야을 주로 하여 사람에게 지능을 기르게 하고, 덕의를 발휘하
여 사람으로 하여금 사람의 사람되는 권리를 알게 하며, 사람으로 하여금
사람의 사람되는 의무를 알게 하여, 인생의 행복을 완전하게 하는 데 있
으니, 사람이 사람되는 도리는 교육을 버리고 다른 방법이 없다. 이에 국
민 교육의 보급을 중심으로 하는 것이 가하니 대개 소수 일부의 독수(獨
修)하는 학문이 국민 전체에 대해 그 보익이 넓지 못하니 국가의 견실한
기초를 건설하고 사회의 광명한 문호를 열고자 한다면 최대다수의 지식
과 도덕이 모두 편중되지 않음을 필요로 한다. (…중략…) 천하의 일을
경영 성취하는 방법은 반드시 그 기관을 운용할 때 혼자 힘으로 맡기보다
무릇 사람들의 마음을 합쳐야 그 효과가 커지니, 이는 우리들이 인민 교
육으로 전국의 사풍(士風)을 흥기하여 지식과 도덕으로 만반 사물에 활용
하여 사회 진화의 법칙에 수응하게 하고, 국가부강의 실익을 들어올리기
위해 한 단체를 결성하여 '흥사단'이라 칭하며, 정치에 몸담지 않고 영리
이외에 존재하여 천하가 함께 감화하는 선비들에게 알리고자 하는 까닭

이니, 종교의 같고 다름을 묻지 않으며 당파의 피차에 관계하지 않는다. 진심 열성으로 우리들의 사업에 찬동하면 족하니 국중 자제를 애호하는 부형은 한목소리로 상응하여 힘을 합쳐 서로 돕고 사적인 준비로 공립의 의무를 달성하기 바란다.

—『대한매일신보』, 1907.12.15

홍사단 취지서는 '최대다수의 지식과 도덕의 제일무편'을 목표로 국민교육을 통해 '사풍(士風)'을 진작하고자 만든 단체임을 표방하고 있다. 근대의 지식 담론이 국민 전체를 대상으로 한 계몽을 목표로 하고 있음을 분명히 한 것이다. 이와 같은 계몽 담론은 특정 단체뿐만 아니라 서적 저역, 신문과 잡지 발행, 학술 독수법(獨修法) 강조 등의 다양한 형태로 나타난다. 특히 각종 전문 학술의 보급은 근대 지식인들의 의무로 강조되기 시작했는데, 그러한 예의 하나로『공업계』라는 학술 잡지에 대한 평가를 살펴볼 수 있다.

【 此亦志士界의 責任 】

年來韓國에 所謂有志者가 實業을 唱道ㅎ야 曰工業을 改良ㅎ즈 曰商業을 改良ㅎ즈 曰農業을 改良ㅎ즈 ㅎ야 前唱後應에 顚倒奔走ㅎ나 實狀을 觀ㅎ건대 太半是筆端舌端뿐이라 此實可惜ㅎ 바로다. (…中略…) 然則今日에 在ㅎ야 壹工學者가 出ㅎ면 此를 大良師로 敬愛ㅎ며 壹工學書籍이 出ㅎ면 此를 聖經賢傳ᄀ치 崇奉ㅎ여야 可히 將來의 工業風潮를 奮起ㅎ며 可히 目下의 工業競爭을 抵抗홀지니라. 盖彼工業界는 工業傳習所학생 諸시가 如干의 食費를 捐ㅎ야 發行ㅎᄂ 바ㅣ니 彼諸시의 苦心은 實로 可驚홀 者ㅣ라 此雜誌가 비록 輕少ᄒ 듯ㅎ나 其工業思想을 奮揮하며 工業智識을 傳播홈에 엇지 壹大機關이 아니리오. 然이나 彼諸시가 此雜誌를 發行홈에 其維持가 實로 困難홀지라 凡此雜誌에 對ㅎ야 彼無知識ᄒ 小兒라도 手를 拱ㅎ야 感謝홀지며 彼無關係ᄒ 路人이라도 力을 盡ㅎ야 奮發홀지어날 況所謂志士야 엇

지 楚越로 坐視ᄒ리오. 惟望컨딘 志士界에셔 此를 贊成ᄒ며 此를 獎勵ᄒ야 此雜誌로 ᄒ야금 其壽命이 長久케 홀지여다.

번역 연래 한국의 소위 지사계가 실업을 창도하여 공업을 개량하자, 상업을 개량하자, 농업을 개량하자 하여 앞에서 부르짖으면 뒤에서 수응하여 전도가 분주하나 실상을 살펴보면 태반 붓끝과 말뿐이니, 실로 애석할 뿐이다. (…중략…) 그러므로 금일 한 공학자가 나타나면 이를 큰 스승으로 경애하며, 한 공학 서적이 출간되면 이를 성경 현전처럼 숭상해야 가히 장래 공업 풍조를 분기하며, 가히 목하 공업 경쟁에 저항할 것이다. 이 '공업계'(잡지명)는 공업 전습소 학생 여러 사람이 조금씩 식비를 모아 발행한 것이니, 저 여러 사람의 고심은 실로 놀라울 만하다. 이 잡지가 비록 가벼워 보이나 공업사상을 발휘하며 공업 지식을 전파하는 데 어찌 한 큰 기관이 되지 않겠는가. 그러나 저 여러 사람이 이 잡지를 발행하는 데 유지하기가 실로 곤란할 것이다. 무릇 잡지에 대해 지식이 없는 어린 아이라도 손을 모아 감사할 것이며, 저들과 무관한 거리의 사람이라도 힘을 다해 분발할 것이니, 하물며 소위 지사라는 사람들이 어찌 나 몰라라 하고 앉아서만 보겠는가. 바라건대 지사계에서 이를 찬성하며 이를 장려하여 이 잡지로 하여금 수명이 오래되게 하기를 바란다.

—『대한매일신보』, 1909.5.30

공업 잡지의 발행을 축하하며, 이를 격려하고자 한 목적에서 쓰인 이 논설은 전문 지식의 대중화라는 차원에서 시사하는 바가 크다. 흥미로운 점은 근대 계몽기 신문에서는 사회적 가치가 있는 새로운 잡지, 또는 학술지가 창간될 때마다 각 신문에서 반드시 이를 보도하였다. 보도의 형식은 중요도에 따라 다르지만 근대 계몽기의 경우 논설을 통해 축하·격려를 하였고, 일제 강점기에는 주로 광고를 통해 알리는 방식을 취했다. 이와 같이 지식 대중화를 위한 매체를 중시한 것은 '근대 학문'이 국가 발전과 민지 개발을 목표로 한 계몽성을 강하게 내포하고 있기 때문이다. 이와 같은 차원에서 대중을 계몽하는 사람들을 '지사(志士)'로 명명했고, 지사는 인민을 계도하여 자주(自主), 자립(自立), 애국성(愛國誠)을 갖게 하는 것을 임무로 알아야 한다고 주장했다. 그렇기 때문에 근대의 계몽운동이 '애국계몽'으로 불릴 수 있는 것이다.

3.2. 계몽의 의의와 한계

지식 보급의 차원에서 근대 계몽기 학문 담론은 본질적으로 계몽성을 띠고 있었다. 계몽성은 그 자체로서 학문을 하는 사람이 사회적 지도층으로 대중을 계도하는 입장에 서 있음을 의미한다. 이 점은 전통적인 선비들도 마찬가지였다. 그러나 근대 계몽기에 이르러 '유지자(有志者)', '청년', '정치가', '사회 각 단체' 등을 대상으로 하는 '권고(勸告)'나 '경고(警告)'의 글이 많아지는 것은 학문의 계도성이 그만큼 중시되기 시작했음을 의미하는 것이다. 『친목회회보』 제3호(1896.3)의 '무본론(務本論)'이나 제4호(1897.3)의 '정치가의 책임론' 등을 비롯하여, 사회 각층에 대한 책임의식을 강조하는 논설은 그 수를 헤아릴 수 없을 만큼 다양하다. '책임(責任)'이란 용어는 주어진 임무를 다하는 것, 자신의 직분을 다하는 것을 의미하는 용어인데, 이 용어가 본격적으로 사용된 시점이 1900년대 초부터이다. 근대 신문을 검색하면 『한성순보』나 『한성주보』의 경우 '책임'이란 용어가 거의 등장하지 않는데 비해, 『황성신문』에서는 873회 이상이 등장하고, 『대한매일신보』에도 565회가 검색된다. 이는 이 시기 근대 학문의 사회적 기능이 그만큼 강조되기 시작했음을 의미하는 것이라고 볼 수 있다.

【 萬國書報之進步 】
近日著書之人이 日盛故로 與書相聯之各種商務도 亦因之日興하야 如紙如墨如鉛字如印書機之類가 已成一實業中最大之社會라하니 盖文明諸國之敎化

進步를 必驗於書報之興衰故로 挽近歐美各國與日本之書報出刊이 逐年發達하야 其數增加而我韓은 自古文化之國而近年以來로 号稱儒士者ㅣ 徒就先輩之文集하야 口耳於心性理氣之說而爲藏拙 盜名之學者ㅣ 滔滔皆是오 無一人能著政治經濟及各種實業有用之書故로 著述者난 絕無而鮮有焉하고 或翻譯新書하며 或印刷古書者ㅣ 有之나 不過十餘種이오 所謂報舘之數난 略有四五種이러니 旋即撤閉하고 餘存者난 僅有本新聞與帝國兩種而此亦因財力之困絀하야 屢濱停閉라가 今焉續刊이나 發達無期而增進難望하니 嗚乎라. 若使外國具眼者觀之하면 其視我韓을 爲何等野昧之國乎아 記者ㅣ 不勝慨歎之切하야 旣記各國書報之數하고 尾述數言하야 以勸告有志諸君子也하노라.

번역 근일 저서하는 사람이 날로 융성해지는 까닭에 서적을 연락하는 각종 상점도 또한 날로 융성하여 종이, 먹, 연필, 인쇄기와 같은 것들이 이미 실업 가운데 가장 중요한 단체가 되었다고 하니, 대개 문명 제국의 교화 진보는 서적과 신문의 흥망성쇠를 증험하는 까닭에 최근 구미 각국와 일본의 서적 신문 출간이 해마다 발달하여, 그 수가 증가하나 우리 한국은 자고로 문화국이면서도 근년 이래 유사(儒士)라고 일컫는 사람이 헛되이 선배들의 문집을 모아 입으로 심성 이기의 학설을 외쳐 졸렬하게 소장하니 학자의 이름을 도용하여 대개 이러하고, 한 사람도 정치, 경제 및 각종 실업상 유용한 책을 저술하는 자가 없으니, 저술한 것이 전혀 없거나 드물고 혹 신서를 번역하며 고서를 인쇄한 것은 있으나 불과 십여 종이요, 이른바 보관의 수는 대략 4~5종에 불과하더니 이도 문을 닫고 남은 것은 겨우 본 신문사와 제국신문 두 종뿐이나 이 또한 재력이 군졸하여 누차 정간하다가 지금 속간하니 발달을 기약하기 어렵고, 증진을 바라기 어렵다. 아아, 만약 외국의 구안자가 본다면 진실로 아한을 어떠한 야매한 나라로 볼 것인가. 기자가 이 모든 것을 개탄하여 각국 서보의 수를 대략 기록하고 끝에 몇 마디를 덧붙여 유지 제군자에게 권고한다.

—『황성신문』, 1904.4.7

근대 계몽기 '권고 담론'은 유학생, 청년, 유지 제군, 유림, 정치가, 사환(仕宦) 등 모두에게 해당한다. 그 가운데 지식 담론은 유지자로 하여금 신문, 서적 출판, 저역 활동을 통한 인민 계도의 책임을 강조하는 내용으로 구성되는데, 위의 논설에서도 각종 학문 분야의 저역술, 신문의 발행 등이 문명국으로 나아가는 첩경임을 강조한 셈이다.

이러한 계몽 담론은 1905년 이후 더 빈번히 출현한다. 특히 이 시기의 계몽 담론은 '애국성'을 전제로 한 경우가 많다. 그러나 유영열(2007)에서 살핀 바와 같이, 이 시기의 계몽 담론을 모두 '애국계몽'이라고 일컫기는 어렵다. 애국계몽이라는 용어는 손진태(1949)의 『국사대요』(을유문화사)에서 처음 사용한 용어로 알려져 있는데, 신용하(1980)에서는 "일반적 개념이 아니라 역사적 개념으로서 1905년 11월 소위 을사5조약에 의해 국권을 박탈당한 전후 개화자강파가 중심이 되어 완전한 국권회복을 목적으로 전개한, 1905~1910년 사이의 민력 계발과 민족 독립 역량 양성운동을 총칭하는 개념"[72]을 지칭한다. 신용하(1980)과 유영열(2007)에서 밝힌 바와 같이, 계몽운동은 이전에도 존재했고, 이 시기에도 '애국'의 차원을 떠난 다수의 계몽운동이 존재한다.

특히 국권 침탈기의 사회 풍조는 이른바 '지사(志士)'를 중심으로 한 계몽의식이 사회적으로 만연되어 있었음을 확인할 수 있는데, 이는 이 시기 지사를 통렬히 비판하는 논설을 통해서도 확인할 수 있다. 다음을 살펴보자.

【 今日 志士를 吊하노라 】

風雨凄凄어날 暮鵑이 啼愁로다 我韓今日天地에 志士가 何其多也오 壹時 國犯의 嫌疑로 外國에 往還흔 者도 志士오 夙年出外ᄒ야 飽喫文明ᄒ고 卒

---

72) 신용하(1980), 「한말 애국계몽사상과 운동」, 『한국사학』 1, 한국정신문화연구원; 유영열 (2007), 『애국계몽운동 1: 정치사회운동』(한국독립운동사편찬위원회)에서 재인용.

業歸國훈 者도 志士오 執筆報館호야 自稱春秋호고 啓導民智者도 志士오 政
會와 學會를 組織호야 政治를 改善호며 學務를 勸奬호는 者도 志士오 學校
設立에 奔汨호며 學校教授에 汲汲호야 演壇에 立호면 淚를 灑호며 血을 沸
호는 者도 志士오 其餘數數屑屑호 志士는 勝數를 不暇홀지라. 志士志士여
諸公이 果皆實志士歟아. 以諸公答辯호더라도 必曰太半是假志士라 하리니
假志士는 志士의 賊일 섚 不是라. 壹般同胞의 所攻호는 바니 論홀 바 無호
거니와 果然吾人이 志士로 屈指호던 志士의게 壹言을 敢加코즛 하노니 諸
시의 當時所抱는 實로 志士로 自許홀 만호거니와 今日에 至호야 日漸衰退
호야 絶望의 病이 俱生호고 甚者는 反對目的으로 自歸호야 月給幾分에 心
肚가 忽變호던지 或은 偵探에 賣身호며 仕官에 出頭호야 百年天地에 得策
으로 自處호니 諸시의 昔日志士의 志는 熱을 逢혼 水蒸氣와 如히 何處로
散飛去호얏도다. 嗚乎라 諸시의 時局을 對照호는 眼은 不明타 不謂홀지나
諸시의 忍耐力이 乏홈은 吾人의 不取호는 事로니 諸시의 識眼稍有홈이 反
히 吾人의 閉目進進홈에 不及호는 者ㅣ 아닌가.

번역 풍우가 쓸쓸하고 두견이 슬퍼운다. 아한의 금일 천지에 지사가 얼
마나 많은가. 일시 국사범으로 기피했던 자가 외국에서 돌아온 자
도 지사며, 과거 외국에 나가 문명을 만끽하고 졸업한 뒤 귀국한 자도
지사요, 보관에서 집필하여 자칭 춘추를 짓고 백성을 계도하는 자도 지사
요, 정치 단체와 학회를 조직하여 정치를 개선하며, 학무를 권장하는 자도
지사요, 학교 설립에 분주하며, 학교에서 가르치기에 급급하여 강단에 서
면 눈물을 뿌리며 피를 끓는 자도 지사요, 그밖에 무수한 지사는 수를
헤아리기 어렵다. 지사 지사여. 제공이 과연 실제로 지사인가. 이에 제공
이 답변하더라도 반드시 태반은 가지사(假志士)라 할 것이니, 가지사는
지사의 적일 뿐 아니라 일반 동포가 공격하는 바이니 논할 바 없거니와,
과연 우리들이 지사로 손꼽던 지사에게 일언을 가하고자 하니, 제씨가
당시 품었던 뜻은 실로 지사로 인정할 만하거니와, 금일에 이르러 날로
쇠퇴하여 절망의 병이 생겨나고, 심한 자는 반대를 목적으로 월급 몇 푼

에 심지가 돌변하거나 혹 탐정에 몸을 팔아 벼슬길에 나아가 백년 천지의 방책만 얻고자 자처하니 제씨의 옛날 지사의 뜻은 열을 받은 수증기와 같이 어느 곳으로 날아가 버렸다. 아아. 제씨가 시국을 바라보는 눈은 명확하지 않다고 말할지나 제씨의 인내력이 부족함은 우리가 취하지 않을 일이니, 제씨가 조금 식견과 안목이 있는 것이 오히려 우리에게 진취하는 바를 막아 미치지 않는 것이 아니겠는가.

—『황성신문』, 1909.8.3

금일의 지사를 비판한 이 논설을 통해 확인할 수 있는 것은 이른바 '계몽의 과잉 상태'이다. 이 논설에서 비판하고자 하는 '가지사'는 입으로 계몽을 외치면서 초유(稍有)한 식견과 안목으로 월급 몇 푼에 심두(心肚, 마음)를 홀변(忽變, 갑자기 바꿈)하고 탐정에 매신(賣身)하는, 곧 소리(小利)를 탐하고 심할 경우 매국(賣國)하는 무리를 지칭한 용어이다. 이들 또한 표면상으로는 '인민 계도(人民啓導)'를 부르짖는다. 이는 일종의 과잉 계몽의 상태이다.

이 시기 계몽 담론의 또 다른 특징 가운데 하나는 지식 보급이 자본주의 경제와 밀접한 관련을 맺게 된다는 사실이다. 이에 따라 '저작가(著作家)', '역술가(譯述家)' 등의 신조어가 출현하게 되는데, 이들은 계몽의 차원에서 각종 지식을 소개하는 목적뿐만 아니라 서적 출판을 통한 이득을 얻는 데도 관심을 기울인다. 비록 서구 제국이나 일본에 견줄 수는 없지만, 이 시기 저작가, 역술가가 출현했음을 보여주는 다음 논설을 살펴보자.

【 日本書籍의 勢力 】

近聞ᄒᆞ 則韓人의 著作或譯述ᄒᆞᆫ 書籍이 日로 其發售의 數가 減ᄒᆞ야 印刷局의 職工이 不集ᄒᆞ며 發賣館의 主人이 無事ᄒᆞ다니 此가 錢慌所致인가. 日否라 日人書籍社를 觀ᄒᆞ면 韓人間으로 發售되ᄂᆞᆫ 數가 日로 增加ᄒᆞ고 又韓

人이 直接으로 東京大阪의 書籍을 購讀ᄒᄂᆫ 者도 漸多ᄒᄂ니라. 韓人의 아즉 譯出ᄒ지 못ᄒᆫ 書籍은 日本의 有ᄒᆫ 바를 購讀홈이 可ᄒ거니와 旣已譯出ᄒᆫ 書籍도 徃徃此를 捨ᄒ고 外人의게 買來홈은 何故오. 曰其勢가 不然코ᄌ ᄒ야도 不能이니 現今에 韓人의 著作家 譯述家를 屈指ᄒ야보나 何人이 有ᄒ뇨. 書舖에 往觀ᄒ면 紛然히 某著某譯의 書가 陳列ᄒ얏지만은 其內容을 察ᄒ면 價值가 有ᄒᆫ 書籍이 能幾何가 되리오. 壹則歷史家 아닌 者가 歷史를 譯ᄒ며 地學家 아닌 者가 地志를 譯ᄒ며 物理化學家 아닌 者ㅣ 物理化學을 譯ᄒᄂᆫ 者ㅣ 多有ᄒᆫ 故로 事實과 학리에 舛錯홈이 不少ᄒ며 二則設令博學 多識의 人으로도 壹書를 譯홈에 前後參照ᄒ며 三四考閱ᄒ여야 方是大差가 無홀지어날 今에 觀ᄒᆫ 則往往末學淺知의 人으로 譯文에 臨ᄒ야 每每鵬이 搏ᄒ듯시 龍이 飛ᄒ듯시 壹筆을 揮ᄒ야 삽時에 譯出홀식 前을 譯홀 時에 後를 不顧ᄒ며 後를 譯홀 時에 前을 不顧ᄒ야 錯誤가 不壹ᄒ며 三則文法이 荒乱ᄒ야 讀者의 心目을 眩乱케 홈이 多ᄒ미 此三弊를 由ᄒ야 讀者의 歡迎 心을 減却ᄒ니 엇지 可歎홀 빈 아니리오.

번역 근래에 들으니 한인의 저작 겸 역술한 서적이 날로 판매하는 숫자가 줄어들어 인쇄국 직공이 모이지 않으며, 발매하는 서관의 주인도 일이 없다고 하니, 이는 전황 때문인가. 아니다. 일본인 서적 회사를 보면 한국인 사이에 판매되는 수가 날로 증가하고, 또 한국인이 직접 도쿄 오사카의 서적을 구독하는 경우도 점차 늘어난다고 한다. 한국인이 아직 역출하지 못한 서적은 일본에 있는 것을 구독할 수 있겠지만, 이미 역출한 서적도 종종 이를 버리고 외국인에게 사는 것은 무엇 때문인가. 그 세력이 그렇지 않아도 안 되기 때문이니 지금 한국인 저작가, 역술가를 손꼽아 보지만 어떤 사람이 있는가. 서점에 가 보면 분연히 누구 저서 누구 역서를 진열했지만 그 내용을 살펴보면 가치가 있는 서적이 얼마나 되겠는가. 하나로 역사가가 아닌 사람이 역사를 번역하며, 지리학 전문가가 아닌 사람이 지지를 역술하며 물리 화학가가 아닌 사람이 물리 화학을 역술하는 것이 많기 때문에 사실과 학리가 잘못된 점이 적지 않으며, 둘

은 설령 박학다식한 사람으로 한 권 책을 번역할 때 전후 참조하며 세
번 네 번 살펴야 차이가 없거늘 지금 보니 <u>종종 배우지 않고 천박한 지식
을 가진</u> 사람이 번역하니 매번 붕새가 (먹이를) 잡듯이, 용이 날 듯이 일필
휘지하여 순식간에 역출하니 앞에 번역할 때 뒤를 돌아보지 않고, 뒤를
번역할 때 앞을 돌아보지 않아 착오가 한둘이 아니며, 셋은 <u>문법이 황란
하여 독자의 심목을 현란케 하는 일이 많으니</u> 이 세 가지 폐단으로 인해
독자의 환영하는 마음이 줄어드니 어찌 가탄할 일이 아니겠는가.
—『대한매일신보』, 1909.9.30

이 논설은 일본 서적의 세력이 급증하는 이유를 제시한 논설이다.
당시 일본 서적이 급증한 이유는 국권 침탈 상황에서 지식 통제가 이루
어졌기 때문일 수도 있지만, 저작 및 역술이 적절하지 않은 데도 이유
가 있었음을 확인할 수 있다. 특히 비전문적 저작가, 역술가의 등장,
급조한 저역 활동, 난삽한 번역문 등을 일본 서적의 세력이 급증하는
이유로 제시했는데, 국권 침탈기 저역 문화가 그만큼 부진했음을 의미
한다. 저역 활동이 지식 보급과 경제적 이익을 동시에 추구해야 하는
활동으로 인식되는 상황에서 타인의 번역물을 자신의 번역물처럼 그대
로 옮겨 출판하거나, 출처를 밝히지 않고 편집하여 사용하는 예도 매우
많아진다. 예를 들어 『호남학보』 제1호~제8호에 게재한 이기(李沂)의
'가정학설'은 박정동(1907)의 『신찬가정학』을 전재(轉載)한 것이며, 제5
호~제9호의 '국가학설'은 현채의 『동국사략』을 옮겨놓은 것이다. 지식
보급의 시급성73) 때문에 이러한 일이 빈번했겠지만, 경제적인 문제로
타인의 저작물을 자신의 저작물처럼 출판했던 사례도 있었다.『대한매

---

73) 이 시기 『대한매일신보』, 『황성신문』에는 각 학회보의 연설을 전재하거나 역등(譯謄)하
　 는 일이 많았다. 이와 반대로 학회보에서 신문 소재 논설을 옮겨 싣는 경우도 있다. 이러
　 한 전재(轉載)는 지식 보급의 시급성에 따른 것으로 해석된다. 단행본에서도 이러한 예가
　 나타나는데 최광옥(1908)의 『대한문전』이 유길준의 유인본 『조선문전』을 전재한 것임은
　 널리 알려져 있다.

일신보』1908년 9월 13일자 잡보에 게재된 '저역가(著譯家)의 대불행 (大不幸)'에 등장하는 현채와 정인호의 갈등은 이를 극명히 보여준다.

【 著譯家의 大不幸 】

玄采씨가 昨年四月부터 至今拾八朔에 高等小學理科書四冊을 著譯하야 第壹二兩冊을 今年三月에 先爲發行ᄒᆞ얏더니 其時에 鄭寅琥씨가 玄氏를 來見ᄒᆞ고 其再版에 同事分利ᄒᆞ기로 請ᄒᆞᄂᆞᆫ지라 玄시가 其所入錢額이 夥多홈을 言ᄒᆞ고 且曰此冊은 五六版에 至ᄒᆞ여야 利益이 有하리라ᄒᆞᆫ대 鄭氏曰君言과 如ᄒᆞᆯ진ᄃᆡ 此ᄂᆞᆫ 遲緩ᄒᆞᆫ 策이라 我ᄂᆞᆫ 利益을 何時에 得ᄒᆞ리오 追後再議홈이 可ᄒᆞ고 我가 今에 某財主의게 三千圓을 稱貸ᄒᆞ야 冊肆를 設코ᄌᆞ하니 君의 諸冊을 賣ᄒᆞᆯ 뿐 아니라 並이 其方法을 指示ᄒᆞ라 ᄒᆞᄂᆞᆫ 바 此事인즉 昨年夏秋부터 今年五六月까지 兩人이 議論하든 바라. 其間周年에 鄭시가 玄시와 晝宵相從ᄒᆞ야 來頭를 商議ᄒᆞ더니 今者에 鄭氏가 玄시 理科書中에 植物科를 결摘ᄒᆞ야 植物학이라 命名하고 自稱譯述者라ᄒᆞ야 印刷發行하ᄂᆞᆫ 바 其畵圖와 文法이 玄시의 冊과 毫里不差하고 但他課四種만 添入ᄒᆞ얏고 또 動物學은 不日間發行ᄒᆞᄂᆞᆫ대 此亦玄시의 冊과 同ᄒᆞᆫ지라 玄씨가 鄭시를 招請質問ᄒᆞᆫ즉 答曰此事가 果然大不是ᄒᆞ니 我冊의 折半을 君의게 給ᄒᆞ야 君의 損害를 賠償ᄒᆞ리라 ᄒᆞ더니, 其翌日에ᄂᆞᆫ 玄씨를 來見曰此冊이 비록 君의 冊과 同ᄒᆞ나 題目이 殊異ᄒᆞ니 君의게 妨害가 何有하리오 且我의 變題홈도 君을 爲홈이라 ᄒᆞ며 又曰君이 此事를 裁判홀지라도 我ᄂᆞᆫ 不畏ᄒᆞᆫ다 ᄒᆞ거날 玄시曰 君이 此冊을 刊行코ᄌᆞ 하면 我에게 商議홈도 可ᄒᆞ거날 今에 至此ᄒᆞ니 此ᄂᆞᆫ 兩人이 俱敗ᄒᆞᄂᆞᆫ 道라 ᄒᆞᆫ대 鄭시曰 然ᄒᆞ면 吾冊은 來次再版時에 改正ᄒᆞ야 君冊과 異케 하리라 ᄒᆞ고 臨去時에 又曰我言은 已盡하얏스니 君自諒處하라 ᄒᆞᄂᆞᆫ지라 玄시가 此言을 聞ᄒᆞ고 曰如此ᄒᆞᆫ 習을 養成ᄒᆞ면 來頭 著書人이 擧皆被害ᄒᆞᆯ거시오 我로 言ᄒᆞ야도 利害競爭에 不得不質卞歸正ᄒᆞᆫ다 ᄒᆞ며 또 玄시가 植物學을 方在印刷中인대 定價ᄂᆞᆫ 二拾錢이라 鄭시冊보다 三分壹이 少ᄒᆞ다더라.

144

번역 현채 씨가 작년 4월부터 지금까지 18개월 동안 '고등소학이과서' 4책을 저역하여 제1, 2 두 책을 금년 3월에 먼저 발행했는데, 그때 정인호 씨가 현씨를 찾아가 재판을 발행할 때 함께 참여하여 이익을 나누기로 청했다. 현씨가 수입금이 많다고 말하고 이 책은 5~6판에 이르러서야 이익이 남을 것이라고 하니 정씨가 그대의 말과 같다면 이는 느린 방책이다, 나는 이익을 언제 얻겠는가 하고, 추후 다시 논의하는 게 좋을 듯하니, 내가 지금 돈을 가진 사람에게 3천 환을 빌려 서점을 세우고자 하니 그대의 모든 책을 팔 수 있도록 할 뿐 아니라 그 방법을 알려 달라 하니, 사실인즉 작년 여름과 가을부터 금년 5~6월까지 두 사람이 의논해 왔던 터이다. 그간 정씨가 현씨와 서로 만나 앞일을 상의하더니 지금 정씨가 현씨의 이과서 중 식물과를 뽑아내어 '식물학'이라고 이름 붙이고, 자칭 역술자라 하여 인쇄 발행했는데, 그 도화와 문법이 현씨의 책과 조금도 차이가 없고 단지 다른 과 4종만 첨입하였고, '동물학'은 조만간 발행하는데 이 또한 현씨의 책과 같다. 현씨가 정씨를 불러 물으니, 이 일은 과연 크게 다르지 않으니 (이익금의) 절반을 그대에게 주어 그대의 손해를 배상하겠다 하더니, 그 다음날 현씨를 찾아보고 말하기를 이 책이 비록 그대의 책과 같으나, 제목이 다르니 어찌 그대에게 방해가 되겠는가. 또 내가 제목을 바꾼 것은 그대를 위한 것이다 하며, 또 그대가 이 일로 재판(裁判)할지라도 나는 두렵지 않다 하거늘, 현씨가 말하기를 그대가 이 책을 간행하고자 하면 내게 상의해도 되는데 지금 이렇게 하니 이는 두 사람 모두 망하는 길이라고 하니, 정씨 말하기를 그렇다면 내 책은 다음 재판(再版)할 때 개정하여 그대의 책과 다르게 하겠다 하고, 간 뒤 다시 말하기를 내 할 말은 다했으니 그대가 양해하라 하는지라, 현씨가 이 말을 듣고 이러한 관습을 양성하면 앞으로 저서인이 모두 피해를 볼 것이요, 나로 말하더라도 이해 경쟁에 부득불 질변귀정(質卞歸正)한다 하며, 또 현씨가 '식물학'을 인쇄 중인데 정가는 20전이어서 정씨 책보다 1/3가량 적다고 한다.

—『대한매일신보』, 1908.9.13

이 기사는 현채가 『고등소학이과서』를 저역 발행한 뒤, 정인호가 현채의 책을 발행하여 이익을 나누겠다고 약속한 뒤, 자기의 이름으로 이 책의 내용을 발췌하여 『식물학』이라는 책을 발행한 데서 발생한 문제이다.74) 저작권이 법적으로 정립되지 않은 상황에서 저역 활동이 경제적 문제와 관련되어 생겨난 문제인 셈인데, 발췌 간행한 정인호의 태도는 현재의 상황에서는 이해하기 어려운 태도이다. 그럼에도 이처럼 타인의 저역물을 도용하거나 전재하는 데 거리낌이 없는 것은, 지식 보급의 시급성 못지않게 경제적 이해관계가 얽혀 있기 때문이다. '가지사(假志士)의 만연', '계몽과 경제적 이해관계' 등과 같이 근대의 계몽 담론에는 시대 개명과는 거리가 있는 부정적 상황도 내재되어 있다.

---

74) 현채의 『고등소학이과서』와 정인호의 『식물학』, 『동물학』은 극히 일부만 제외하면 내용이 동일하다.

제3장 근대 계몽기 자아 인식과 표출 양상

윤금선

1. 근대기 자아 인식: '대아(大我)'에서 '개아(個我)'로

서구적 근대는 철학적으로는 이성적 합리주의에 기반한 계몽사상, 사회적으로는 산업화, 관료화, 그리고 정치적으로는 민족국가로 표현되는 근대사회의 제특징과 문화, 제도적 경향을 지칭하는 개념이다. 이러한 서구적 근대성은 18~19세기 이래 비서구 지역으로 확산되었고, 서구적 모델에 근거한 '근대화'는 20세기 후반까지도 유력한 이데올로기로서의 역할을 하였다고 볼 수 있다. 근대의 성격이 서구 문화사에서 중요한 이유 중 하나는 근대와 근대성이 지니는 '진보성' 때문이라고 할 수 있을 것이다. 즉, 이전 시기와는 질적으로 다른 계몽, 합리성, 이성, 과학, 산업화 등은 인간 능력에 대한 신뢰와 미래에 대한 전망을 수반한 것이었다. 그런데 비서구사회에서 '근대화', '근대적'이라는 말들이 사용될 경우 그것은 단순한 혹은 기술적인 시대 구분의 의미라기보다는 일종의 목표나 지향점의 의미를 가지고 '세계사적' 차원에서 인식되어 왔다고 할 수 있다.[1] 본고에서는 이러한 근대성을 기반으로 근대기 우리의 근대 인식은 무엇이었으며, 이에 따른 자아 형성과 그 표출 양상이 무엇이었는지 살피고자 했다.

1.1. '사회와 국가' 성원으로서의 '대아(大我)'

1.1.1. 대아(大我)와 소아(小我)

의식적 측면에서의 근대는 '자아의 발견'을 토대로 한다고 볼 수 있다. 그런데 근대 초기의 자아는 사회적 존재로서의 '나'라는 인식이 보다 강한 시기라고 할 수 있다. 아래의 글은 『대한매일신보(大韓每日申報)』에 게재된 '자아론'으로써, 근대 초기 자아 인식이 무엇이었는가를 잘 보여주고 있다.

【 '대아(大我)와 소아(小我)' 】

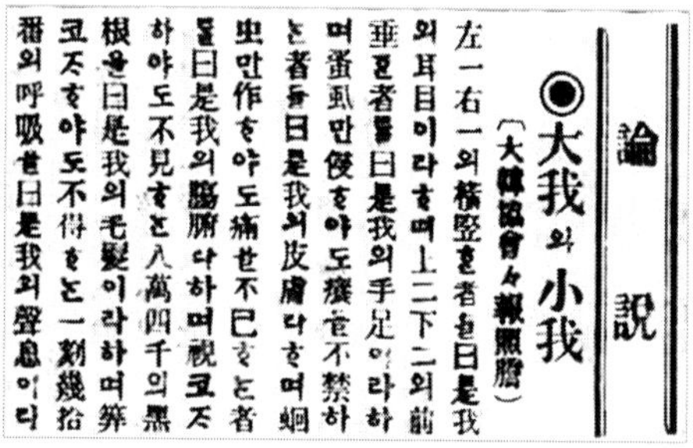
論說

◉大我와 小我 (大韓協會會報照謄)

左一右一의 橫竪ᄒᆞᆫ者ᄅᆞᆯ曰是我의耳目이라ᄒᆞ며上二下二의前垂ᄒᆞᆫ者ᄅᆞᆯ曰是我의手足이라하며蚤虱만侵ᄒᆞ야도癢ᄋᆞᆯ不禁하ᄂᆞᆫ者ᄅᆞᆯ曰是我의皮膚다ᄒᆞ며蜩虫만作ᄒᆞ야도痛世不已ᄒᆞᄂᆞᆫ者ᄅᆞᆯ曰是我의腦腑다하며視ᄒᆞ고ᄌᆞ하야도不見ᄒᆞᄂᆞᆫ八萬四千의黑根을曰是我의毛髮이라하며辨ᄒᆞ고ᄌᆞᄒᆞ야도不得ᄒᆞᄂᆞᆫ一刻幾拾番의呼吸ᄒᆞᆯ曰是我의聲息이라

〈그림 1〉「대아와 소아」(『대한매일신보』, 1908.9.16)

嗚呼라 我가 果然 如此히 微ᄒᆞ며 我가 果然 如此히 小ᄒᆞᆫ가 如此則 我가 風과갓치 馳ᄒᆞ며 我가 電과 ᄀᆞᆺ치 翻ᄒᆞ며 我가 泡구와ᄀᆞᆺ치 幻ᄒᆞ며 我가 石火와 ᄀᆞᆺ치 滅ᄒᆞ야 彼空中에 耿耿ᄒᆞᄂᆞᆫ 日月星辰은 古今壹樣이건만은 惟獨我壹個ᄂᆞᆫ 區區數十寒暑를 纔過ᄒᆞ야 形影이 俱滅하나니 嗚呼라 我가 果然如此히 微ᄒᆞ며 我가 果然如此히 小ᄒᆞᆫ가 我果然如此ᄒᆞᆯ진대 我가 不得不我ᄅᆞᆯ 爲ᄒᆞ야 悲觀ᄒᆞ며 我가 不得不我를 爲ᄒᆞ야 大叫ᄒᆞ

---

1) 이윤미(2006), 『한국의 근대와 교육: 서구적 근대성을 넘어』, 문음사, 31~36쪽.

며 (…중략…) 彼는 精神的 我가 아니라 物質的 我며 彼는 靈魂的 我가 아니라 軀殼的 我며 彼는 眞我가 아니라 假我며 大我며 大我가 아니라 小我니 (…중략…) 小我는 死ᄒᆞᄂᆞᆫ대 大我는 何法으로 不死ᄒᆞ나뇨 (…중략…) 大아는 何오 卽 아의 精神이 是며 아의 思想이 是며 아의 目的이 是며 아의 主義가 是니 是는 無限自由自在의 아니 徃코ᄌᆞ홈에 必徃ᄒᆞ야 遠近이 無ᄒᆞᆫ 者ㅣ 아며 行코ᄌᆞ홈에 必達하야 成敗가 無ᄒᆞᆫ 者ㅣ 아라

번역 오호라 내가 과연 이같이 미미하며 내가 과연 이같이 작은가. 이와 같은즉 내가 바람과 같이 지나가며, 내가 번개와 같이 날아가며 내가 물거품 같이 사라지며 내가 돌과 붙같이 멸망하며, 공중에 깜박거리는 해와 달과 별은 예로부터 지금까지 한결같은 모양이건만은 오직 나는 일개 고독한 존재로서 각처 여기저기 숱한 추위와 더위를 겨우 모면하며 형체의 그림자로 결국 멸망하나니 오호라 내가 이같이 미미하며 내가 이같이 작은가 과연 이와 같을진대, 내가 얻을 수 없는 나 아닌 것을 위하여 비관하며, 비관하지 아니하며 (…중략…) 그것은 정신적인 내가 아니라 물질적인 나이며 그것은ᄂᆞᆫ 영혼적인 내가 아니라 껍질에 불과한 나이며, 그것은 참된 내가 아니라 거짓된 나며 큰 나가 아니라 작은 나이니 (…중략…) 작은 나는 죽지만, 크 나는 어떠하든지 죽지 아니한다. (…중략…) 큰 나란 무엇인가. 즉 나의 정신 그것이며, 나의 사상이 그것이며, 나의 목적이 그것이며, 나의 주의가 그것이니 이는 무한하고 자유롭고, 스스로 가고자 하면 반드시 이르며, 멀고 가까움이 없는 자이며 반드시 그곳에 도달하여 성공과 실패가 없는 자이다.

—『대한매일신보』, 1908.9.16

위 기사는 『대한협회회보(大韓協會會報)』에 수록된 신채호(申采浩)의 자아론[2]을 그대로 게재한 경우이다. 위 논의는 '나'와 사회와의 관계를

---

2) 「대아와 소아」(신채호(1908), 『대한협회회보』 제5호), 신문에서는 "대한협회회보조등대

논한 것으로써, 먼저 '나'라는 것을 '소아(小我)'와 '대아(大我)'로 분류하고 이를 비교하고 있다는 점이 주목된다. 이 글에 따르면, '소아(小我)'는 극히 미미한 존재이다. 특히 위에서는 무한한 자연에 견주어 유한한 삶이라는 점에 방점을 두고 소아의 미미함을 강조하고 있다. 그런데 이러한 소아는 자신만의 안위를 위해 노심초사한다는 것이다. 이러한 나는 거짓된 나(假我)로서 참 자아(眞我)가 아니라는 지적이다.

그러면 이와 대비된 '대아(大我)'란 것은 무엇인가. 대아는 소아와 달리 영속하는 것으로 정신, 사상, 목적, 주의 등으로써, 성패가 없는 것이라 기술하고 있다. 또한 거짓된 자아는 물질적이며 참자아는 영혼적이라 전제하고 있는데, 보다시피 대아에 대한 개념은 추상 관념들로 제시되고 있다. 그런데 대아에 대한 이러한 해석은 연재편에서 보다 구체적으로 풀이되고 있다.

【 대아(大我)와 소아(小我) 】
　我가 國家를 爲ᄒᆞ야 淚를 下ᄒᆞᆯ진ᄃᆡ 下淚ᄒᆞᄂᆞᆫ 我眼만 我가 아니라 普天下에 有心淚를 灑ᄒᆞᄂᆞᆫ 者가 皆是我며 我가 社會를 爲ᄒᆞ야 血을 嘔ᄒᆞᆯ진ᄃᆡ 嘔血ᄒᆞᄂᆞᆫ 我腔만 我가 아니라 普天下에 有價血을 滴ᄒᆞᄂᆞᆫ 者가 皆是我며 我가 徹骨極痛의 深讎가 有ᄒᆞ면 普天下에 劍을 杖ᄒᆞ고 起ᄒᆞᄂᆞᆫ 者가 皆是我며 我가 銘心難忘의 巨恥가 有ᄒᆞ면 普天下에 砲를 帶ᄒᆞ고 集ᄒᆞᄂᆞᆫ 者가 皆是我며 我가 武功을 愛ᄒᆞ면 千百年前에 開國拓土ᄒᆞ던 東明聖帝 (…중략…) 扶芬奴, 廣開土王, 乙支文德, 泉蓋蘇文, 大祚榮, 崔瑩, 李舜臣이 皆是我며 (…중략…) 吁嗟乎라 滔滔擧世가 何其自家의 眞面目을 不知ᄒᆞᄂᆞᆫ지 或口腹이 是我라ᄒᆞ야 津津膏粱으로 此만 充코ᄌᆞᄒᆞ며 或皮肉이 是我라ᄒᆞ야 璨燦衣服으로 此만 煖코ᄌᆞᄒᆞ며 或生命이 是我라ᄒᆞ며 或門戶가 是我라ᄒᆞ야 恥辱이 來ᄒᆞ던지 不自由가 來하던지 此만 保全하며 此만 莊嚴코ᄌᆞᄒᆞ다가 祖國의 敗孫도

(韓協會會報照謄)"이라며 그 출처를 밝히고 있다. *照謄(조등): ~ 의거해 밝히다.

되며 國家의 罪人도 되며 同胞의 蠹賊도 되며

번역 나는 국가를 위하여 눈물을 흘려야 한다. 그 흐르는 눈물은 나에서 그치는 것이 아니라 온천하를 위해 뿌려지는 눈물이니 내가 사회를 위하여 피를 노래할진대, 피를 노래하는 나의 곡조는 나만이 아닌 온천하에 가치를 둔 피니 그 핏방울이 바로 나이다. 내가 뼈에 사무친 원수가 있으면 온천하에 칼을 들고 일어서는 그가 바로 나이며, 내가 어려운 현실을 잊지 않고 명심하며 큰 부끄러움을 지니며 띠를 두르고 모이는 자가 바로 그 나이다. 내가 무력을 선호하면 천백년 전에 나라를 세우고 개척했던 동명성제 (…중략…) 부분노, 광개토왕, 을지문덕, 천개소문, 대조영, 최형, 이순신이 이 모두가 나이며 (…중략…) 아 슬프다. 도도하게 움직이는 세상에서 어찌 자기 집의 진면목을 알지 못하는가. 자기 배를 채우는 것이 나라 하며, 자신을 살찌우는 데만 만족코자 하며, 껍질에 불과한 자신의 몸만 나라 하여 빛나는 의복으로 따뜻하게 하며, 혹은 생명이 나라 하며 혹은 드나드는 문이 나라하여 치욕이 오든지 부자유가 오든지 그것만 보전하며 그것만 중시하다가 패망한 조국의 자손도 되며 국가의 죄인도 되며 동포의 좀도둑도 되며

—『대한매일신보』, 1908.9.17

위에서 제시한 바, 대아(大我)란 국가를 위하여 눈물을 흘리며, 사회를 위하여 외치는 나이다. 대아는 사적인 나보다 공적인 나를 의식하고 불의에 울분하고 이를 타개하는 나라는 것이다. 그런데 위에서 특별히 "동명성왕, 광개토왕, 을지문덕, 천개소문, 대조영, 최형, 이순신" 등을 대아의 예시로 들고 있다는 점이 주목된다. 이들은 모두 국가존망 시기에 국권 회복에 공을 세운 인물들로써 결국 구국과 관련하여 대아의 존재적 가치를 강조하고 있음을 보여준다. 이어지는 논의에서는 "반드시 죽는 나를 보면, 나는 반드시 죽고, 죽지 않는 나를 보면 나는 오래도록 죽지 않는다"[3]라고 역설하고 있는데, 다시 말해 사멸할 '소아'를 보

면 종국엔 죽을 것이요, 불사하는 '대아'를 보면 영구히 살 것이라는 말이다. 이러한 자아 인식은 바로 사회, 즉 국가 존립과 상관된 사회적 존재로서의 자아를 의미한다고 볼 수 있다.

위와 같이 '사회적 존재로서의 자아'에 대한 인식은 「아와 사회에 관계」라는 글에서도 유사한 내용으로 제시되고 있는데, 이것은 당대 자아에 대한 인식의 기저로 작용하고 있음을 알 수 있다.

【 아(我)와 사회(社會)에 관계(關係) 】

今夫一小色身이 暫來倏去하ᄂᆞᆫ 者를 我라 云ᄒᆞ며 過去現在未來를 貫ᄒᆞ야 長存不壞ᄒᆞᄂᆞᆫ 者ᄂᆞᆫ 社會라 云ᄒᆞᄂᆞ니 我ᄂᆞᆫ 死ᄒᆞ야도 社會ᄂᆞᆫ 不死ᄒᆞ며 我ᄂᆞᆫ 滅ᄒᆞ야도 社會ᄂᆞᆫ 不滅ᄒᆞ며 我ᄂᆞᆫ 有限ᄒᆞ야도 社會ᄂᆞᆫ 無限ᄒᆞᆫ 者라 我가 社會에 在ᄒᆞᆷ이 固是太倉에 一米며 泰山의 一壤이로다 (…중략…) 我一身이 아모리 仁義를 磨ᄒᆞ고 道德을 抱ᄒᆞ얏더ᄅᆡ도 全社會의 腐敗ᄒᆞᆷ을 奈何리오ᄒᆞ야 庸人下士ᄂᆞᆫ 養老飼幼로만 自己의 天職으로 認ᄒᆞ며 朝烟暮火로만 自己의 事業을 作ᄒᆞ야 一生視線이 薪米鹽漿에 不外ᄒᆞ고 達觀이라 (…중략…) 我가 當初에 何意로 社會에 出現ᄒᆞ얏ᄂᆞᆫ가 只是社會의 風潮를 追隨ᄒᆞ야 社會가 腐敗커던 我도 腐敗ᄒᆞ며 社會가 頑陋커던 我도 頑陋ᄒᆞ며 社會가 萎靡커던 我도 萎靡ᄒᆞ며 社會가 陵夷커던 我도 陵夷ᄒᆞ야 彼茫茫大海에 無타舟갓치 推移ᄒᆞᆷ이 可ᄒᆞᆫ가 <u>然則我一身은 此社會中一贅肉에 不過하야 無之라 無所損이오 有之라 無所益이니 我라ᄂᆞᆫ것이 元來如此ᄒᆞᆫ 一死物</u>

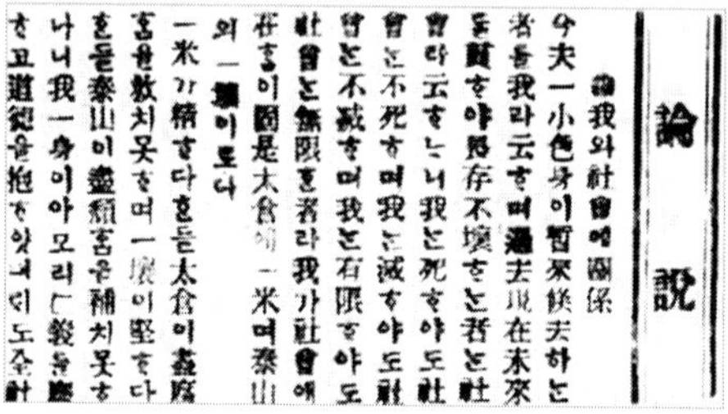
論說

論我와社會에關係

今夫一小色身이暫來倏去하ᄂᆞᆫ者ᄅᆞᆯ我라云ᄒᆞ며過去現在未來ᄅᆞᆯ貫ᄒᆞ야長存不壞ᄒᆞᄂᆞᆫ者ᄂᆞᆫ社會라云ᄒᆞᄂᆞ니我ᄂᆞᆫ死ᄒᆞ야도社會ᄂᆞᆫ不死ᄒᆞ며我ᄂᆞᆫ滅ᄒᆞ야도社會ᄂᆞᆫ不滅ᄒᆞ며我ᄂᆞᆫ有限ᄒᆞ야도社會ᄂᆞᆫ無限ᄒᆞᆫ者라我가社會에在ᄒᆞᆷ이固是太倉에一米며泰山의一壤이로다

一米가精ᄒᆞ다ᄒᆞᆫ들太倉이蠢敗ᄒᆞᆷ을救치못ᄒᆞ며一壤이堅ᄒᆞ다ᄒᆞᆫ들泰山이盡頹ᄒᆞᆷ을補치못ᄒᆞ나니我一身이아모리仁義를磨ᄒᆞ고道德을抱ᄒᆞ얏더ᄅᆡ도全社

〈그림 2〉「아와 사회에 관계」
(『대한매일신보』, 1908.3.3)

3) "必死의 我를 觀하면 我가 終必死ᄒᆞ고 不死의 我를 觀ᄒᆞ면 我가 長不死ᄒᆞ나니라(사멸할 나를 보면 종국엔 죽을 것이요, 불사하는 나를 보면 오래도록 죽지 아니한다)"(「대아와 소아」, 『대한매일신보』, 1908.9.17)

이뵐 而已인가

번역 대저 잠시 왔다 속히 가는 일개 작은 육신은 나이며, 과거 현재 미래에 일관되게 존재하며 변치 않는 것을 사회이니, 나는 죽어도 사회는 죽지 아니하며, 나는 멸망해도 사회는 멸하지 않으며, 나는 유한해도 사회는 무한한 것이라. 내가 사회에 존재한다는 것은 단단한 큰 창고의 한톨의 쌀알과 같으며, 태산의 먼지와 같은 흙이다 (…중략…) 내 한 몸이 아무리 인의(仁義)를 연마하고 도덕을 지녔다 하더라도 전사회의 부패를 어찌 하리오. 어리석고 변변치 못한 저급한 선비는 노인을 봉양하고 아이를 기르는 것만 자기의 일이라 생각하며, 아침에 밥을 짓고 저녁에 불을 밝히는 것만 자기의 사업으로 만들어 평생 시선이 풀과 쌀과 소금과 마실 것에서 벗어나지 못한다. (…중략…) 내가 당초에 어떤 뜻으로 사회에 나타났는가. 단지 이 사회의 풍조를 따르며 사회가 부패하면 나도 부패하며, 사회가 완고하고 식견이 좁으면 나도 그러하며 사회가 시들고 느슨해지면 나도 그러하니 미사회의 큰 언덕이 깎이면 나도 그러하니 망망대해에 돛단배 같이 움직임이 가능한가. 그런즉 내 한몸은 그 사회 속의 군더더기 고기 덩어리에 불과하여 손해도 이익도 없는 것이니, 나라는 것이 원래 그와 같으니 그 몸이 한 개의 죽을 사물이 될 것인가

―『대한매일신보』, 1908.3.3

보다시피 위의 글 또한 앞서 다룬 「소아와 자아」의 내용과 동궤의 논리라고 할 수 있다. 즉 '아(我)'는 유한성을 지니는 존재요, '사회'는 과거와 현재, 미래를 통하여 영속하며 변치 않는 존재라고 기술하고 있다. 여기에서 말하는 '아'는 일개인이라 할 수 있는데, '사회'와 대비적인 존재로써 인식되고 있다. 또한 일개인의 자기 도모로 사회를 변화시킬 수 없으며, 사회가 어떠하냐가 개인을 결정짓게 된다고 보고 있다. 결국 개인은 한 사회의 일분자로써 그 영향력 속에 있으며, "차사회중일췌육(此社會中一贅肉)", 즉 사회의 한 군더더기에 불과하다는 것이

다. 이러한 논의는 개인적 자아에 대한 극단적인 폄하로 보인다. 그러나 이는 개인의 이익 추구보다 사회적 공익이 그만큼 중요하다는 것을 역설적으로 표현한 것이라 할 수 있다.

【 아(我)와 사회(社會)에 관계(關係) 】

衆生이 皆瘠흔대 我能獨肥홀가 必不能이며 衆生이 皆痛흔대 我能獨樂흔가 必不能이라 故로 我가 呱呱怨聲을 報ㅎ야 社會의 一員된 以後에는 不得不此一員된 責任을 擔하며 一員된 天職을 盡ㅎ야 社會를 補助又改良ㅎ여야 社會가 不壞에 我亦不滅ㅎ며 社會가 不괴에 我亦不壞ㅎㄴ니 試思ㅎ라 東西萬古英雄聖哲이 皆至今生存흔 者아닌가 乃者碌碌癡想으로 如此至重至大흔 我를 眇視ㅎ야 我의 義務를 自懈ㅎ며 我의 價値를 自滅흔으로 或其種이 絶ㅎ며 或其國이 亡ㅎㄴ니 天下事를 皆可忘이언뎡 我를 忘흠은 不可ㅎ며 天下事를 皆可忽이언졍 我를 忽흠은 不可ㅎ니라

번역 중생이 여위어 가는데 나만 홀로 살찌울 것인가 그렇지 않다. 중생이 모두 고통스러운데 나 홀로 즐거울 것인가. 이도 아니다. 그러므로 내가 값진 소리에 답하고, 사회의 일원된 이후에는 그 일원된 책임을 담당하며 사회 일원으로서의 직무를 다 하여 사회를 돕고 개량하여야 사회가 무너지지 않으며, 나 역시 멸망하지 않으며 사회가 무너지 않음으로써 나 역시 무너지지 않는다. 생각을 해 보라. 만고의 영웅이나 위대한 철학자가 모두 지금도 생존하는 것이 아닌가. 이에 어리석은 생각의 나를 멸시하며, 한쪽으로만 보고 나의 책무를 게을리 하며 나의 가치를 스스로 멸하는 그런 류의 나를 끊지 않으면, 그 국가도 망한다. 세상 일이 망하면 나도 망하며 세상 일이 소홀하면 나도 소홀하게 된다.

—『대한매일신보』, 1908.3.3

인용문을 보면, 중생이 여위어 가는데, 일개인이 어찌 홀로 살찌며, 대중이 괴로운데 어찌 홀로 즐거울 수 있느냐는 것이다. 그러므로 사회

된 일원으로써 그 책임을 다하며, 이로써 대중을 돕고 사회를 개량해야 한다는 주장이다. 그런데 이 글에서는 사회라는 용어 대신 중생(衆生)이라는 표현을 쓰며, '아(我)'와 비교하고 있다는 점이 특징적이다. 여기에서 중생은 (일)개인으로서의 '개인적 자아'와 대조되는 (집단적인) 사회적 자아라고 볼 수 있다. 결국 개인보다 사회를 우선시하라는 의미라 할 수 있다. 그러므로 앞의 인용문에서 일개인의 사적인 자기 도모가 사회를 변화시킬 수 없다는[4] 언급은, 자신의 안위만 추구하는 이기적인 개인에 대한 부정적 시각을 내포하고 있다고 하겠다.

위와 같은 주장은 「일인과 사회의 관계」 등에서도 동일하게 논의되고 있다.

【 일인(一人)과 사회(社會)의 관계(關係) 】

天地가 茫茫흔딕 我壹身이 此壹隅에 寄居흐며 古今이 遙遙흔딕 我壹人이 此壹時에 適現흐얏스니 噫라 (…중략…) 然이나 此는 人의 小흠만 見흐고 人의 大흠은 不見흔 者로다 惟其大흔 故로 渺渺흔 七尺으로 國家의 安危를 佩흔 者도 有흐며 惟其大흔 故로 斷斷흔 寸舌로 時局의 風潮를 轉흔 者도 有흐며 惟其大흔 故로 孑然壹學士로 世界問題를 解決하는 者ㅣ 有흐며 (…중략…) 萬壹斯人된 者ㅣ 自己를 悲觀흐며 世事를 閑擲흐야 宇宙泡影裡에셔 去來흐며 人世昏霧間에셔 坐臥흐야 (…중략…) 池面의 浮萍와 無異며 職曰國民이로딕 山阿의 頑石과 無異흐야 社會勢力의 奴隷될 쑨이어니와 此에 反흐야 步步를 前進흐야 壹身의 位置를 自覺흐며 人類의 責任을 自擔

---

4) "我一身이 아모리 仁義를 磨흐고 道德을 抱흐얏더린도 全社會의 腐敗흠을 奈何리오흐야 庸人下士는 養老飼幼로만 自己의 天職으로 認흐며 朝烟暮火로만 自己의 事業을 作흐야 一生視線이 薪米鹽漿에 不外흐고 達觀이라(내 한 몸이 아무리 인의(仁義)를 연마하고 도덕을 지녔다 하더라도 전사회의 부패를 어찌 하리오. 어리석고 변변치 못한 저급한 선비는 노인을 봉양하고 아이를 기르는 것만 자기의 일이라 생각하며, 아침에 밥을 짓고 저녁에 불을 밝히는 것만 자기의 사업으로 만들어 평생 시선이 풀과 쌀과 소금과 마시는 것에서 벗어나지 못한다."(「아와 사회에 관계」, 『대한매일신보』, 1908.3.3)

호고 社會中心點에 據호야 其活動을 試호면 時勢를 造호는 者ㅣ 我여 民俗을 導호는 者ㅣ 我라 上天의 愛즈되며 國民의 良師되며 社會의 原動力되야 天을 旋호며 地를 斡홈도 可호고 龍을 拿호고 虎를 捕홈도 可호니 嗚乎志士여 社會勢力의 奴隷됨을 樂호지 말고 改良의 先鋒됨을 求훌지어다

번역 천지가 아득한데 내 한 몸이 그 한 모퉁이에 기거하며 옛날과 오늘이 멀고 아득한데 내 한 몸이 그 한 시기에 머물게 되었으니 오호라 (…중략…) 그러나 그것은 사람이 작은 것만 보고 사람의 큰 것을 보지 못함이로다. 사람의 큰 것은 작디 작은 칠척으로 국가의 평안과 위급함을 감당하기도 하며, 단단한 짧은 혀로 시국의 풍조를 바꾸기도 하며, 일개 학자로써 세계문제를 해결하기도 한다. (…중략…) 오로지 일개 사람이 자가 자기를 비관하며 세상 일을 버리는 것을 막아 하늘을 품고 그림자 속에서 가고 오며, 어둡고 자욱한 인간 세상에서 앉고 누워 (…중략…) 연못 위의 부평초와 다르지 않다. 국민이라는 신분이로되 산과 언덕의 무딘 돌과 다르지 않으며 사회의 노예될 뿐이다. 이에 반하여 한발 한발 전진하여 일신의 위치를 자각하며 인류의 책임을 스스로 담당하고 사회의 중심에서 분주하며 그 활동을 시도하면 시대 상황을 만들어내는 것이 나이며, 백성의 풍속을 계도하는 나이다. 하늘 숭상하고 국민의 량사 되며 사회의 원동력이 되어, 하늘과 땅을 움직임도 가능하며, 용과 호랑이를 사로잡음도 가능하니, 아아! 듯 잇는 자여. 사회의 노예됨을 즐겨말며 개량의 선봉됨을 구할지어다

—『대한매일신보』, 1909.7.20

위의 글도 앞선 내용과 마찬가지로 사회적 존재로서의 자아를 중시하는 주장이다. 특히 "인(人)의 소(小)", "인(人)의 대(大)"라는 대비 개념으로 자아에 대해서 접근하고 있는데, 신채호의 소아(小我)와 대아(大我)의 의미와 동일한 개념이라고 하겠다. 즉 '사람의 작은 것'은 미미하여 허무한 존재지만, '사람의 큰 것'은 국가의 안위를 염려하고, 시국을 바

꾸며, 만세인민을 유지하는 자이다. 반면에 세상 일을 등한시 하는 '작은 나'는 사회의 노예적 존재에 불과하다는 것이다.

이 글의 결론은 먼저 사회적 존재로서의 '큰 나'를 인식하자는 것이다. 그리고 사회의 중심에서 인민의 풍속을 인도하고 국민의 어진 교사로서 역할을 감당하라는 것이다. 위 인용문 중 중략된 부분에서는, 이러한 자아를 지닌 존재로 루소와 마치니를 예로 들었다. 즉 루소 한 사람의 글이 프랑스의 오래된 억압정치를 공화정으로 바꾸었고, 마치니 한 사람의 행동이 부패한 이태리를 개혁하여 세계열강이 되게 만들었다는 것이다.[5] 이것은 '큰 나'의 영향력이 그만큼 크다는 것을 강조하는 것으로서, 계몽 주체로서의 대아의 책무를 보다 강조하고 있는 논의라 하겠다.

1.1.2. 대아(大我)의 '자주(自主)와 자활(自活)'의 의무

앞서 살핀 자아론에서도 드러나지만, 사회적 존재로서의 자아는 결국 국가의 발전을 먼저 생각하는 자아라 할 수 있다. 근대 초기에 강조된 사회적 자아는 소멸하는 국가를 회복해야 할 운명을 부여받은 자아로서, 소멸하는 국가를 붙잡고 국권을 회복해야 할 주체[6]로서 인식된 시기라 할 수 있다. 아래의 글에서는 이를 '자주적 자아(自主的 自我)'라고 언급하기도 했다.

---

5) "思ᄒ라 慘酷ᄒ 法蘭西의 壓制를 破壞ᄒ고 共和政治를 建立케 ᄒ 者ㅣ 盧梭壹學士의 筆이며 腐敗ᄒ 伊太利를 改革ᄒ야 世界列强과 並馳케 ᄒ 者ㅣ 瑪志尼壹少年의 舌이니 壹人의 壹國社會에 在ᄒ 勢力이 果何如며(생각하라. 참혹한 프랑스의 압제를 파괴하고 공화정치를 건립케 한 것은 일개 학자 로사의 붓이며, 이태리를 개혁하여 세계열강과 나란히 달리게 한 것은 일개 소년인 마치니의 혀이니 일 개인이 한 나라와 한 사회의 세력을 열매맺게 하는 것이다)."(「일인과 사회의 관계」, 『대한매일신보』, 1909.7.20)

6) 송호근(2013), 『시민의 탄생: 조선의 근대와 공론장의 지각 변동』, 민음사, 19쪽.

【 자주적(自主的) 자아(自我) 】

人은 萬物의 靈이라. 衆理를 備ᄒ야 萬事에 應ᄒ다 홈은 古人도 니란 바어니와 우리 人類의 具備ᄒ 靈能眞價의 第一義ᄂ 스스로 分別을 得ᄒᄂ 點에 存ᄒ도다. 分別이라난 것은 事에 當ᄒ여 然홀가 然치 말가 此를 取홀가 彼를 捨홀가 ᄒᄂᄃᆡ 就ᄒ야 思慮를 回ᄒ야 그 스스로 採用홀 바를 撰定ᄒᄂ 能力을 云홈이니 此를 意思의 自由 또ᄂ 人의 自由라 홈인ᄃᆡ 萬一 此 自由가 無ᄒ면 人은 純然ᄒ 活動的 機械에 無異ᄒ야 自我ᄂ 自然界의 奴隷가 되고 道義的 活物이라난ᄃᆡᄂ 價치 못홀지라도 玆에 人이 有ᄒ야 一事二事를 他人의 指導를 仰ᄒ다가 他의 指導 업스면 暗夜에 燈을 失ᄒ고 一步動도 不能홈과 如ᄒ며 또ᄒ 未熟의 圍碁者가 一擧一動을 他人의 助言을 從ᄒ야 駒를 行ᄒ다가 助言者ㅣ 無홀 時ᄂ 忽然 道傍에 躊躇ᄒ야 再下手를 不能홈과 如타 홀진ᄃᆡ 此를 稱之曰 無骨丈夫라 ᄒ야 自主獨立의 能치 못홀 人物이라 云홀지라.

번역 사람은 만물의 영장이라. 무리를 다스리는 이치를 갖추고 만사에 응함은 옛 선인도 이른 바거니와 우리 인류가 갖춘 영적 능력의 진정한 가치를 들면. 그 첫째는 스스로 분별력을 얻는 점에 있다. 분별이라는 것은 일을 당하여 그렇까 말까, 이것을 취할까 저것을 버릴까 하는 데서 생각을 하여 스스로 채용할 것을 선정하는 능력을 말함이니, 이것을 의사의 자유 또는 인간의 자유라 함인데 만일 그 자유가 없으면 인간은 활동 기계와 다르지 아니하며 자아는 자연계의 노예가 되고 도의적으로 생물이라는 데까지 가치 매김을 얻지 못할지라도, 이것(자유)에 인간이 있는 것이다. 일 하나 하나 타인의 지도를 따르다가 타인의 지도가 없으면 어두운 밤의 등을 잃고 한발자국도 움직일 수 없는 것과 같으며, 또한 미숙하게 바둑을 두는 자는 일거일동을 타인의 훈수를 쫓아 말을 적절히 놓는다, 그러다 훈수하는 사람이 없을 때는 갑자기 길가에 머뭇거리다가 다시 하수를 능치 못하는 것과 같다 할진대, 이를 이르러 줏대없는 장부 [無骨丈夫]라 하여 스스로의 독립을 능치 못할 인물이라 말할지라.

—『태극학보』 제8호, 1907.3.24

위의 글은 오석유(吳錫裕)[7]의 글로써, 소위 '자주적 자아'라는 문제를 다룬 내용이다. 이에 의하면 자주적 자아란 스스로 분별을 얻는 자아이다. 여기에서 '분별'이란, 일의 결정에 있어서 타인에게 의지하지 않고 자신의 생각대로 취사선택하는 능력을 의미한다. 위에서는 이를 "의사의 자유" 혹은 "인(人)의 자유"라 언급하기도 했는데, 이러한 자유가 없으면 "자주독립의 능치 못홀 인물이라"고 지적하고 있다. 결국 '자주적 자아'의 형성은 앞선 글들에서 논한 대아(大我)를 확립하는 것이며, 이 것은 바로 자주독립의 토대를 확립이라는 의식을 반영하는 것이기도 하다. 인용문에 이어지는 부분에서도 부국강병은 이 분별력을 통해 발휘된다고 강조하고 있으며, 국가의 명맥을 좌지우지하는 힘이라고 부연하고 있다.[8]

또한 오석유는 『태극학보』 제9호에서 「자아의 자활의무」라는 제목으로 자주적 자아가 행해야 할 구체적인 책무들을 아래와 같이 논하기도 했다.

【 자아(自我)의 자활의무(自活義務) 】

凡人生이 此 世에 生存을 欲ㅎ는 者는 第一 몬져 스스로 働ㅎ야 其 生活을 自作할 感覺을 不可不 定이니 此는 卽 人生의 當然히 努力할 것이미 名之曰 自活義務라 ㅎ니 定義를 試言할진딘 自活이라는 것은 衣食住의 必要호 物件을 他人의 慈惠에 依치 말고 自己의 誠實호 勞働에 依ㅎ야 支給홈으로써 此 生命을 維持養成케 홈을 謂홈이니라. (第一) 吾人 人類가 各各 衣食住의 必要을 物得ㅎ려면 如何히 ㅎ여도 此를 獲得할 能力이 具存ㅎ엿도다 見할지어다. (…중략…) (第二) 正直히 勞働ㅎ는 者의게는 必有相當之成功

7) 오석유(吳錫裕)는 근대 초기에 『태극학보』 외 기타 근대 잡지, 『황성신문』 등에 자주 논자로서 등장하는데 친일파 명단에 등록된 인물이다(「친일반민족행위자명단」, 한국독립운동사 정보시스템 광복회 친일반민족행위자명단 편, http://search.i815.or.kr).
8) 「자주적 자아」(오석유(1907), 『태극학보』 제8호), 7~10쪽.

호니 此는 吾人의 不可不 自活홈을 斷定호 第二證이니라. (第三) 是에 反호 야 勞働치 안을 時는 貧困苦痛이 所到에 來襲호야 此 生命을 危難케 호니 此亦 吾人의 不可不 自活홈을 明示호 第三證이니라.

번역 무릇 세상에 생존하기를 원하는 자는 제일 먼저 스스로 일하여 생활을 스스로 꾸려가는 능력을 마땅히 준비하니 이것은 즉 인생 이 해야 할 당연한 노력이라 할 것이다. 이를 명하여 자활의무라 하니 그 정의를 풀이해 보면 자활이라는 것은 의식주에 필요한 물건을 타인의 자선에 의존치 않고 자기의 성실한 노동으로 얻으며 그 생명을 유지하고 양성케 함을 이르는 것이라. (제일) 우리 인류 각자가 의식주에서 필요한 물건을 스스로 얻으면, 그것을 획득할 능력을 이미 갖추었다고 볼 수 잇 다. (…중략…) (제이) 정직히 노동하는 자는 반드시 성공하니, 이것이 자 활을 결단코 정립해야 하는 두번째 증거이다. (제삼) 이에 반하여 노동치 않을 시에는 빈곤과 고통이 도처에 엄습하여 그 생명을 위험케 하니 이 역시 우리가 마땅히 자활함을 명시한 세 번째 증거이다.

—『태극학보』 제9호, 1907.4.24

위 글의 논점은 크게 3가지로, 첫째 자주적 자아는 의식주를 스스로 획득할 능력을 갖추어야 한다는 것이다. 둘째, 정직하게 노동하라는 것 이며, 이를 통해 성공에 이르라는 것이다. 셋째, 그러므로 노동하지 않 으면 빈곤과 고통으로 위급해진다는 것이다. 결국 이 세 가지 항목을 통해, 필자가 드러내고자 하는 핵심 논제는 바로 '자활(自活)'이라고 할 수 있다. 즉 주체적 자아는 스스로의 의식주를 해결해야 하며, 이를 위 해 노동함으로써 종국엔 자활에 이를 수 있다는 논지이다.

특히 위에서 세 번째 항목은 이 글에서 주장하려는 결론이라 할 수 있는데, 다음의 글을 보면, 자활의 문제는 바로 국가의 자활, 국가의 자주독립과 연결된 개념이라는 것을 알 수 있다.

【 자아(自我)의 자활의무(自活義務) 】

東西洋을 比較的으로 觀察ᄒ면 國의 風俗不同ᄒ되 因ᄒ여 國家의 關係됨이 亦非淺鮮이라. 西洋人은 不拘男女老少ᄒ고 各勉其業ᄒ야 苟非不具癈疾之限에ᄂ 皆 自勞自活ᄒ야 人에 依ᄒ야 遊食ᄒᄂ 者ㅣ 업ᄂ되 我大韓人은 是에 反ᄒ야 互相依賴ᄒ니 父子相依ᄒ며 兄弟相賴ᄒ야 一家ᄂ 姑舍ᄒ고 朋友親戚ᄭ지라도 他의 遺饋에 依코자 ᄒ니 (…중략…) 蓋國家라ᄂ 것은 人民團合에 依ᄒ야 成立된 者라. <u>人民이 弱ᄒ면 國家가 弱ᄒ고 人民이 强ᄒ면 國家가 强흠은 元亨利貞인즉 國家의 富貧强弱이 實係于人民이라. 故로 一人이 自活獨立ᄒ면 一家가 自活獨立ᄒ고 一家가 自活獨立ᄒ면 一國이 自活獨立ᄒᄂ니 一個人의 影響이 國家에 關係됨이 顧何如哉아.</u>

번역 동서양을 비교하여 관찰하면 나라마다 풍속이 같지 않음으로 인해 국가와의 관계 역시 차별된다. 서양인은 남녀노소 불구하고 각기 그 직업에 힘써 모두 스스로 노동하고 스스로 활동하여 타인에 의존하며 하는 일 없이 노는 자가 없다. 그런데 우리 대한 사람은 이에 반하여 서로 의존하니 부자가 서로 의존하며 형제가 서로 의존하는 등 한 집안은 고사하고 친구와 친척에게까지 먹을 것을 의존하니 (…중략…) 대개 국가라는 것은 인민의 단합에 의하여 성립된 것이라. <u>인민이 약하면 국가가 약하고 인민이 강하면 국가가 강함은 천도의 원리인즉 국가의 가난하고 부함, 강하고 약함은 인민의 열매이다. 그러므로 일 개인이 스스로 활동하여 독립하면 일 가정이 자활독립하고 일국이 자활독립하니 일개인의 영향이 국가와 관계가 있다고 하지 않을 수 없도다.</u>

—『태극학보』 제9호, 1907.4.24

인용문은 노동의 필요성을 논한 부분으로, 동서양의 비교를 통해 그 중요성을 피력하고 있다. 즉 서양인은 남녀노소 막론하고 각각 노동하며 자활하며 타인에 의하여 '유식(遊食)'하는 자가 없는데, 그에 반하여 한국인은 부자, 형제는 물론, 친척이나 친구에게까지 의존하는 현실이라고 개탄한다. 결국 "인민이 약ᄒ면 국가가 약ᄒ고 인민이 강ᄒ면 국가가 강"해진다는 주장으로, 한 개인이 자활독립(自活獨立)해야 한 가정, 한 국가가 자활독립할 수 있으며, 일개인이 곧 일국가에 영향력을 끼친다는 결론이다.

이러한 논리는 바로 자조론(自助論) 및 자강론(自强論)과 관련된다고 할 수 있다.

【 자조론(自助論) 】

天은 自助ᄒᄂ 者를 助ᄒ시ᄂᄂ 自助의 精神은 個人에 眞正 發達ᄒᄂ 根柢오. 多數ᄒ 人이 此 精神을 實行ᄒᆷ이 此 實國家强盛ᄒᄂ 眞淵源이니라. 外로 助ᄒᆷ은 其 結果가 其人의 力을 弱케 ᄒ고 中으로 助(卽 自助)ᄒᆷ은 其人의 氣力을 增益ᄒᄂ니 人人이 自助치 안이ᄒ고 外로 助케 ᄒ면 自爲ᄒᄂ 奮發心이 必要가 無하야 畢竟 無能無力ᄒᆷ을 免치 못ᄒᄂ니라. 비록 最良ᄒ 社會라도 人의게 實際的 帮助를 與키 不能ᄒ 것이라. 想컨듸 人을 束縛ᄒ지 안이ᄒ고 自由로 其 發達 改善을 ᄒ게 ᄒᆷ이 是 社會의 個人에 對ᄒ야 可得 爲ᄒᆯ 最上인 故로 古往今來에 人이 自己의 幸福 安寧이 社會 國家의 力에 依ᄒ야 確保ᄒᄂ 者로 誤信ᄒ고 其 自身의 行爲로 依ᄒ야 確保ᄒᄂ 者됨을 不知ᄒᄂ지라 (…중략…) 國民의 進步ᄂ 個人의 勤勉과 精力과 正直의 總額 이오. 國民의 退步ᄂ 個人의 怠慢과 私欲과 惡德의 總額이라. 個人이 正ᄒ면 一國이 進ᄒ고 個人이 惡ᄒ면 一國이 衰ᄒᄂ니 故로 最高ᄒ 愛國과 最高ᄒ 慈善은 法律을 改ᄒ며 制度를 更ᄒᆷ에 不在ᄒ고 人을 勵ᄒ며 人을 助ᄒ야 各自의 自由獨立ᄒᄂ 行動으로 依ᄒ야 自己가 改善ᄒ며 向上케 ᄒᆷ에 存ᄒ니라

번역 하늘은 스스로 돕는 자를 도우니 자조의 정신은 개인이 진실로 발달할 수 있는 바탕이다. 많은 사람이 그 정신을 실행함이 진실로 국가의 강성을 가져오는 근본을 된다. 외부로부터의 도움은 결과적으로 사람의 힘을 약하게 하고, 스스로 돕는 것은(즉 자조) 사람의 기력을

증진시키니 사람마다 스스로 자조치 않고 외부의 도움을 받으면 스스로 분발할 필요가 없어져 결국에는 무능력함을 면치 못한다. 비록 가장 우수한 사회라도 사람에게 실제적인 도움을 주는 것은 능하지 못한 것이다. 생각컨대 사회가 사람을 속박하지 아니하고 자유로 그 발달과 개선을 하게 하여 그것을 얻게 하는 것이 최상이다. 그러므로 예로부터 지금까지 사람들이 자기의 행복과 평안이 사회와 국가의 힘에 의하여 확보된다는 잘못된 믿음을 갖고, 자신의 행위에 의하여 확보된다는 것을 알지 못하는지라 (…중략…) 국민의 진보는 개인의 근면과 정력과 정직의 총액이오, 국민의 퇴보는 개인의 태만과 사욕과 악덕의 총액이라. 개인이 바르면 일국이 진보하고 개인이 악하면 일국이 쇠하나니, 그러므로 최고의 애국과 최고의 자선은 법률을 개량하며 제도를 변경시키는 데 있지 않고, 스스로 힘쓰고 스스로 도우며 각자의 자유롭고 독립적인 행동에 의하여 자기를 개선하고 향상케 함에 있다.

—『서우』제9호, 1907.4.24

위의 글은 사무엘 스마일즈(Samuel Smiles)[9]의 『자조론(Self-help On liberty)』의 내용을 게재한 것이기도 하다. 이 책은 총 13장으로 구성[10] 되었는데, 그 내용 중, 제1장 「자조론」에 해당되는 내용이다.[11] 『자조

---

[9] 사무엘 스마일즈(Samuel Smiles)는 영국 태생의 의사이자 정치개혁가, 저널리스트, 도덕주의자, 작가. 가난한 사람들에게 무료 진료를 해주는 등 가난한 의사 생활을 하면서도 언론인, 사회운동가로도 왕성하게 활동했으며 25권이 넘는 저서를 남겼다.

[10] 13개의 장은 아래와 같이 구성되어 있다. 1. 자조-국가와 개인, 2. 산업 지도자-발명가와 생산자, 3.도공 3대가-팔리시, 뵈트게르, 웨지우드, 4. 전심과 견인, 5. 도움과 기회, 6, 예술의 노작자, 7. 근면과 귀족계급, 8. 정력과 용기, 9. 사업가, 10. 돈-올바른 사용과 남용, 11. 자기 수양, 12. 본받을만한 일들, 13. 인격-참다운 신사'(스마일즈 지음, 남룡우·이상구 역(1983), 『자조론』, 을유문화사)

[11] "此論은 英國近年碩儒 스마이르스氏의 著홈ㅣ라 大凡個人의 性品思想이 國家運命에 關홈 力이 甚大홈으로이에 書를 著ㅎ야 國民을 醒覺케홈이니 世界到處에 氏의 著書를 繙譯홈이 極多ㅎ되 自助論이 卽其一이라 今에 其著論中에 的實혼 處를 譯ㅎ야 讀者로ㅎ가지 斯道를 講究코쟈ㅎ노니 中興의 圖홈에 庶乎根本의 力을 得ㅎ리라(이 이론은 근래 영국의 석학인 스마이르스씨가 저술한 것이라. 개인의 성품이나 사상이 국가운명과 긴밀한 관련이 있다

론』은 현대 서지 분류로 보면 일종의 자기계발서에 해당되는데, '국가와 개인(國民及個人)'이라는 부제 하에 기술된 글로서, 인용문에서도 드러난 바 "하늘은 스스로 돕는 자를 돕는다"라는 말을 서두에 두고, 자조 정신에 대해 다루고 있다.

이에 따르면 자조 정신은 올바른 개인 성장의 근원이며 많은 사람들이 그것을 실행하면 곧 국가의 힘이 된다는 것

〈그림 3〉 최남선 『자조론(自助論)』上 (한국독립운동사 정보시스템소장자료 http://search.i815. or.kr, 자료번호: 1-005683-000)

이다. 그런데 남을 돕는다는 것은 그 사람을 약하게 하는 것이요, 자립과 자조는 그 사람에게 힘을 주는 것이라는 주장이다. 또한 국가의 진보는 개인의 근면, 정력, 덕행의 총화요. 국가의 쇠퇴는 개인의 나태, 사심 및 악덕의 결과라고 피력하고 있다. 그러므로 최고의 애국과 자선은 법률을 개정하고 제도를 바꾸는 데에 있지 않고, 사람들을 지도하고 격려하여 각자의 자유와 독립적인 행동으로 인격과 인성을 향상시켜야만 한다는 결론이다. 이러한 '자조론'은 앞선 글의 대아(大我)의 책무로서, 결국 국가의 진보(발달)를 기하는 방법이라 여기는 견해라 볼 수 있다.

사무엘 스마일즈의 『자조론』은 1859년에 발간되어 1909년(명치(明治) 42년)에 일본의 내외출판사(內外出版協會)의 번역본으로 발행되었으며, 1910년(명치 10년)에는 중촌정직(中村正直)에 의해 상무인서관(商務印書館)에서도 발간되었다.[12] 우리나라의 경우에도, 위에서 인용한 『서우

는 것을 저술하여 국민을 각성케 하는 책이라 세계 도처에서 이 저서를 번역하는 경우가 많은데 자조론은 그 중 하나라. 오늘날에 적절한 부분을 택하여 독자에게 한가지 도덕을 강구케 하노니 중흥의 시도에 힘을 얻으리라)."(「자조론」, 『대한매일신보』, 1909.10.25)
12) 「자조론」(편집부(1906), 『조양보』 제1~3호)

(西友)』(1907)에 게재되기 전에 『朝陽報(조양보)』(1906)에서 이미 수록되었으며,13) 『대한매일신보』(1909)14)에도 동일 내용이 보도되었다. 그런데 보다시피 원서의 제1장에 속한 「자조론」만을 주로 소개하고 있는 경우이다. 그러나 1918년(대정(大正) 7년)에는 최남선(崔南善)에 의해 제6장까지 번역되어 신문관(新文館)과 광학서포(廣學書鋪)에서도 발행되었다. 사무엘 스마일즈의 『자조론』이 이렇게 거듭 소개되고 있는 것은, 국권상실기 조선적 현실에서 '자조(自助)'가 무엇보다 우선적인 가치라는 것을 반영하는 것이라 할 수 있다.

한편 위의 논의는 다른 말로 자강론(自强論)이라 할 수 있다. 이에 대한 담론들을 보면, 『대한협회회보(大韓協會會報)』에 실린 백성환(白星煥)의 논설 「학인 불학인의 관계」15)에서도 국가의 자립, 자강을 강조하는 자주적 자강독립론이 논의되고 있으며, 『대한매일신보』의 논설 「귀중한 줄을 인여야 보수할 줄을 인하지」에서도 "대한의 독립은 대한인의 자력으로 획득하고 자력으로 보수하여야 완전한 독립이 될 터이니"16)라고 하여 자주적 실력양성론을 주장하였다. 대한자강회 또한 그 취지서에서 국가의 독립은 오직 자강 여하에 있을 뿐이며, 자강의 방법은 교육을 진작하여 민지를 개발하고 '식산흥업' 하여 국부(國富)를 증진시키는 것으로 보고,17) 교육과 식산을 자강 실현의 양대 지주로 간주하기도 했다.

지금까지 살핀바, 「대아와 소아」(『대한매일신보』, 1908.9.16), 「아와 사회에 관계」(『대한매일신보』, 1908.3.3), 「일인과 사회의 관계」(『대한매일신

---

13) 「자조론」(한국고전적종합목록시스템 한국고전적종합목록, http://www.nl.go.kr)
14) 『대한매일신보』, 1909.10.25~26에 「자조론」을 연재되었는데, 하나 주목되는 사실은 한글판 『대한매일신보』에는 원제 『Self-help On liberty』에 의거해 '자유론'이라는 제목으로 게재하고 있다는 점이다.
15) 「학인불학인(學人不學人)의 관계(關係)」(백성환(1908), 『대한협회회보』 제3호).
16) 「귀중(貴重)흔 줄을 인(認)ᄒᆞ여야 보수(保守)홀 줄을 인(認)ᄒᆞ지」(『대한매일신보』, 1907.10.1).
17) 「대한자강회취지서(大韓自强會趣旨書)」(『황성신문』, 1906.2.27), 「실업계(實業界)의 신광선(新光線)」(『황성신문』, 1908.9.8).

보』, 1909.7.20), 「자주적 자아」(『태극학보』 제8호, 1907.3.24) 등에서 보다
시피 근대 초기에는 사회, 나아가 국가를 전제로 한 '사회적 존재로서
의 대아(大我)'를 진정한 자아로 인식했던 시기이다. 일개인은 일개인으
로서가 아닌 일국가의 구성원으로서 국가의 자활을, 국가의 자주를 위
한 '자아'로서 인식되었던 것이다. 뿐만 아니라 「자아의 자활의무」(『태
극학보』 제9호, 1907.4.24), 「자조론」(『서우』 제9호, 1907.4.24), 「학인불학인
의 궐계」(백성환(1908), 『대한협회회보』 제3호), 「귀중ᄒ ᆫ쥴을 인ᄒ ᆼ여야 보
수ᄒ ᆯ쥴을 인ᄒ ᆼ지」(『대한매일신보』, 1907.10.1), 「대한자강회취지서」(『황성
신문』, 1906.2.27), 「실업계의 신광선」(『황성신문』, 1908.9.8) 등에서 언급된
반, 사회적 자아는 자조, 자강이라는 책무를 지닌 자아임을 알 수 있다.

1.2. '민족과 역사 주체, 자기(自己)'로서의 '개아(個我)'

1.2.1. 민족적 주체로서의 개인

근대 초기 사회적 존재로서의 자아 인식은, 국권을 완전히 상실한
일제강점기로 향하면서 다소 변화된 양상을 보인다. 즉 '국가'를 우선
시한 '대아(大我)'라는 개념 대신, '역사와 민족 주체'로서의 자아가 부각
되며, 일개인은 보다 주체적인 자아로 부각되었다. 그런데 여기에서
'민족'이라는 개념은 근대 초기에는 대개 쓰이지 않던 개념이다. 근대
저널의 어휘 출현 빈도 통계에 따르면, 『독립신문(獨立新聞)』의 경우에
는 '국민', '인민', '백성', '신민' 등의 개념이 등장하지만, 민족이라는
단어는 한번도 등장하지 않는다.[18] 그런데 여기에서 『독립신문』 발간
시기의 상황을 고려할 필요가 있다. 당시 한국 사회의 공론 영역을 지

---

18) 권보드래(2007), 「근대 초기 '민족' 개념의 변화」, 『근대계몽기 지식의 굴절과 현실적 심
   화』, 소명출판, 44~57쪽.

배한 대표적인 개념은 바로 '독립'이었다. 그것은 외세의 위협이 지속되었던 상황이었기 때문이다. 동신문의 영문판 제목이 『The Indepenent』였음은 바로 이를 반영한다. 그리고 독립은 주로 국가적 차원에서 활용되었고, 주로 '자주(自主)'와 함께 쓰이는 경우가 일반적이었다. 즉 1896년 4월부터 1899년 12월 종간 시기까지 간행된 이 신문에서도 '독립'은 '자주'와 결합되어 '자주독립'이라는 표현이 반복적으로 출현한다.[19] 그러므로 국가를 상정한 국민(인민, 백성, 신민)이라는 개념이 쓰인 것은 당연한 귀결이다.

'민족'이라는 용어가 최초로 등장한 것은 『대조선유학생친목회회보(大朝鮮留學生親睦會會報)』이다. 그러나 "우고안락(優高安樂)의 지(地)에 입(入)함은 민족의 고유한 본심" 등처럼 '사람'들과 통용될 수 있는 의미로 사용되었다. 그러나 『대한매일신보』의 발간 시기인 1908년 전후로 '국민'과 '민족'의 의미 분별이 필요한 만큼 상황이 바뀌게 된다. 또한 여기에서 사용된 민족이라는 개념은 정치적 실체로서의 국가와 역사적·문화적 실체로서의 민족에 해당되었다.[20] 이어서 일제강점기에 이르면 역사인식의 전개와 더불어 '민족'이라는 개념은 보다 부각되며 일반적으로 쓰이는 현상을 보인다.

【 자아(自我)의 각성(覺悟)를 논(論)하여 의뢰심(依賴心) 타파(打破)에 급(及)함 】
　　『自我』의 改造는 人格을 尊重하고 天職의 生活難을 自覺함으로써 始作될지니 이와갓흔 覺醒을 싸라 生産의 基礎는 素質에 在하다는 基本的 觀察

---

19) 이것은 당 신문에서 사용한 '조선민족', '일본민족', '지나민족' 등의 표현에서도 볼 수 있다. 류준필(2004), 「19세기 말 '독립'의 개념과 정치적 동원의 용법」, 『근대계몽기 지식 개념의 수용과 그 변용』, 소명출판, 19~20쪽과 63쪽 등 참조.

20) 『獨立新聞』과 『大韓每日申報』의 국민/민족 관련 어휘 출현 빈도를 보면, 『獨立新聞』에서 '국민'이라는 어휘는 1986년(29), 1897년(44), 1898년(67), 1899년(31) 등의 수치로 드러나지만 '민족'이라는 단어는 전 시기에 모두 언급되지 않았다. 반면에 『大韓每日申報』의 경우는 '국민'은 1906년(171), 1907년(243), 1908년(324), 1909년(418), 1910년(319)/'민족'은 1906년(26), 1907년(47), 1908년(139), 1909년(126), 1910년(79)(권보드래, 2007: 58).;

과 如히 『自我』의 生活問題가 社會,
社會의 生活問題가 國家에 在하다는
一種 心理的 觀察에 入하는도다 (…
중략…) 今日 一般的으로 朝鮮民族의
情曲을 解剖的으로 省破하면 依賴心
이 업다고 하지못할쑨만 안이라 依
賴心이 過하다 하겟도다 自身을 畜生

〈그림 4〉「자아의 각오를 논하여 의뢰심 타파
에 급함」(『조선일보』, 1923.9.24)

치 못하는 時는 他者에 依賴하고 自
家를 管理치 못하는 時는 他家에 依賴하고 便히 一步를 進하야 廣汎한 範圍
로 論하면 自國을 保全치 못하는 時는 他國에 의뢰치 아니면 아니될 現狀
이엿다 『自我』가 『自我』를 求得함에도 他者를 依賴하거든 況自己이리요
그럼으로 朝鮮民族의 尊榮과 幸福은 朝鮮民族 全體가 아닌 各各『自我』의
精神을 確固한 地盤에 置하야

번역 『자아』의 개조는 인격을 존중하고 천직의 생활난을 자각함으로써
시작된다. 이와 같은 각성을 따라 생산의 기초는 소질에 있다는
기본적 관찰과 같이 『자아』의 생활문제가 사회, 사회의 생활문제가 국가
에 있다는 일종의 심리적 관찰에 들어가는도다 (…중략…) 오늘날 일반적
으로 조선민족의 정곡을 해부적으로 살피면 의뢰심이 없다고 하지 못할
뿐만 아니라 의뢰심이 과하다 하겟도다 자신을 기르지 못할 때는 타자에
의뢰하고 자신의 집을 관리하지 못할 때는 다른 집에 의뢰하고, 한발 더
나아가 광범위한 범위로 논하면, 자국을 보전하지 못라 때는 타국에 의뢰
하게 되는 현상을 낳는다 『자아』가 『자아』를 얻음에 타자를 의뢰하는 것
이 어찌 자기이리요. 그러므로 조선민족의 존영과 행복은 조선민족 전체
가 아닌 각각『자아』의 정신을 확고한 땅에 두어야

—『조선일보』, 1923.9.24

위의 글에서는 "조선민족(朝鮮民族)"의 성향은 의뢰심이 강하다고 전

제하면서, 자아를 새롭게 개조해야 한다는 주장을 펼치고 있다. 여기에서 '자아의 개조'는 먼저 인격을 존중하고 천직의 생활난을 자각하는 데서 시작된다고 보고 있다. 이러한 각성은 자아의 생활문제는 사회로, 사회의 생활문제는 국가로 향한다는 자각으로 이어진다는 것이다. 그렇지 못할 경우에는 타자(他者), 타가(他家), 타국(他國)에 의존하게 된다는 지적이다. 특히 인용문의 후반부에서는 조선 민족의 존영과 행복은 조선 민족 전체가 아닌 각각 '자아의 정신'을 확고히 하는 데 있다고 강조하고 있다. 이것은 앞서 근대 초기의 자조론과 일맥상통하는 논의이며, 여기에서의 자아 또한 '대아(大我)' 개념과 유사한 의미를 띤다고 볼 수도 있다. 그러나 이전 시기의 자아가 국가 우선주의에 토대를 둔 자아라면, '민족'이라는 보다 근원적인 동일 집단을 상정한다는 점에서 차이를 보인다.

지금까지 살펴본바, 근대 초기 '사회와 국가'의 일원으로서 '대아(大我)'가 일제강점화가 진행과 근대화가 본격화되면서 '민족' 주체로서의 개인적 자아론이 대두되기 시작한다. 앞서 다룬「자아의 각오를 논하여 의뢰심 타파에 급함」(『조선일보』, 1923.9.24)에서 다룬 논의는 바로 이를 반영하는 예시라 할 수 있다.

1.2.2. 역사적 주체로서의 개인

한편 1930년대는 민족의식과 더불어 전통과 역사에 대한 관심이 대두되었던 시기로, 시대적 흐름과 맞물리며 '역사적 주체로서의 자아'가 거론된다는 점이 주목된다.

【 자아(自我)를 개척(開闢)하라 】
朝鮮人은 두 가지로 볼 수 잇나니 곳 歷史의 朝鮮人과 現代의 朝鮮人과의 두 種類가 잇다하노라. 歷史上에 잇서 朝鮮人은 어떠하얏는고. 스스로

天帝子라 하고 남이 天族이라 하야 (…중략…) 이제 사람가티 오즉 남의 꽁문이만 좆지 아니하얏더라. 이제로부터 四千年前을 溯論하건대 아닌게 아니라 <u>모든 것이 草萊하야 高山大川을 제가 定치 아니하면 아니 될 것이오. 宗敎上에 잇서 第一이라 하는 一神敎를 제가 創開하지 아니하면 아니 될 것이오. 天下大本이라는 溫帶에 가장 適當한 農業을 제가 發達하지 아니하면 아니 될 것이오.</u> (…중략…) <u>天地가 開闢한지 멋 千年에 桓雄이란 어른이 그동안 막히엇든 思想界를 열어 그의 거룩한 생각을 드른 者ㅣ</u> 저자와 가틈으로 神市씨라는 이름을 가진 後로 다시 二千年을 나려와 무디고 무딘 倍達의 思想界를 열은 者 (…중략…) 人生은 人生이오. 人生의 사는 時代는 時代라. 예나 이제나 다를 것이 어대 잇스리오. (…중략…) 이제와 가티 治産에 或 東에 가아 띄어오고 혹 西에 가아 꾸어오아 거트로는 그런 듯하다가도 속은 그러치 못하며 한쪽으로는 박인 듯하되 참은 아모 것도 아니 것과 달랏더라. (…중략…) <u>인제는 人人 各個가 제여금 새 方向을 定하고 새 進路를 열어 다 各各 一面의 始祖가 될진저.</u>

번역 조선인은 두 가지로 볼 수 있으니, 곧 역사의 조선인과 현대의 조선인 등 두 종류이다. 역사상에 있어 조선인은 어떠하였는가. 스스로 하늘의 자손이라 하고 남을 하늘의 족속이라 하여 (…중략…) 요즘 사람같이 오직 남의 꽁무니만 좇지 아니하였더라. 이제로부터 사천년 전을 거슬러 논하건대 아닌게 아니라 <u>모든 것을 경작하여 높은 산과 큰 하천을 자기가 정치하지 않으면 안 되었을 것이고, 종교상에 있어서도 제일이라 하는 일신교를 열지 않으면 안 되었을 것이며, 천하의 근본이라는 온대 지역에서 가장 적당한 농업을 자신이 발달시키지 않으면 안 될 것었다.</u> (…중략…) <u>천지가 개벽한지 몇 천년에 환웅(桓雄)이란 어른이 그동안 막혔던 사상계를 열어 그의 거룩한 생각을 들은 저 자와 같음으로 신시씨라는 이름을 가진 후로 다시 이천년을 내려와 무디고 무딘 배달의 사상계를 열은 자</u> (…중략…) 인생은 인생이오. 인생이 사는 시대는 시대라. 예나 이제나 다를 것이 어디 있으리오. (…중략…) 이제와 같이 산업을 다스림

에 혹 동에 가서 띠어오고 혹 서에 가서 꾸어 오며 겉으로는 그런 듯하다
가도 속은 그렇지 못하며 한쪽으로는 박인 듯하되 참은 아무 것도 아니
것과 달랐더라. (…중략…) 이제는 사람 사람 각개인이 스스로 새 방향을
정하고 새 진로를 열어 다 각각 일면의 시조가 될진저.

—『개벽』제1호, 1920.6.25

위의 인용문은 권덕규(權悳奎)[21]의 논의로서, 이 글에서는 먼저 조선
인을 "역사의 조선인"과 "현대의 조선인" 등 두 유형으로 분류하고 있
다. 이에 의하면 전자는 자기결정을 하는 자요, 후자는 타자에 의존하
는 자라 정리할 수 있다. 그런데 이 글에서 전자는 말 그대로 역사 속의
조선인이며, 후자는 당대의 조선인을 의미한다. 여기에서 국권상실기
인 당대에서는, 국가 소멸 이전의 민족을 상정하고 이를 긍정적인 관점
에서 바라보고 있음을 알 수 있다. 특히 인용문에서, 환웅(桓雄)이라는
단군의 아버지를 들어 민족의 근원을 운운하며 각 개인이 새 진로를
개척하여, "각각 일면의 시조(始祖)"가 되어야 한다는 지적이 주목된다.
이것은 국가 이전의 한민족, 즉 뿌리로서의 민족에 기초를 둔 자아 인
식이라 할 수 있다.

최규홍(崔圭弘)[22]의 「현대적 자아의 분석(1~4)」에서도 '새로운 전통
의 수립을 위하여'라는 부제로 '자아'의 문제를 4회에 걸쳐 다루고 있
다. 먼저 이 글에서는 프랑스의 전통주의, 고전주의, 국민주의의 부흥
을 들면서 우리도 자신에 대한 깊은 성찰이 필요하다고 지적하였다.[23]

---

21) 권덕규(權悳奎)는 휘문, 중앙, 중동학교에서 국어와 국사를 가르쳤으며, 1936년부터 한글
   학회에서 조선어사전편찬 위원으로 일하였다. (「조선사」, 한국독립운동사 정보시스템,
   소장자료 http://search.i815.or.kr)
22) 최규홍(崔圭弘)은 당시 동아일보사의 기자 및 전곡분국장(全谷分局長)를 지낸 인물이다.
   「연천지국: 김성호회계 의원해직, 최규홍 임기자」, 『동아일보』, 1934.1.11; 「연천지국:
   윤준보 임전곡분국장, 최규홍 전곡분국장 의원해직」, 『동아일보』, 1934.1.12.
23) 「현대적 자아의 분석(1)」(『조선일보』, 1940.4.18).

이와 함께 현대의 최대 관심사는 "사상을 위한 사상을 다시 인간을 위한 사상에로 복귀하는 데 있다."[24]고 주장하며 다음과 같은 논의를 피력하고 있다.

【 현대적(現代的) 자아(自我)의 분석(分析)(3) 】

樂天的인 謙虛우에선 安定! 이전엔 이것을 아름답고 가장 自然스러운 人間의 態度로 보아 왓다. 그리고 正意만을 最大의 『모랄』로써 要求하여왓다. 그러나 오늘의 要求는 生存이요 思想의 限界表示는 同時에 思想의 倫理性의 剝奪이다. 倫理性은 同時에 方向을 意味하고 方向의 剝奪은 現代의 不安을 맨들어냇다. (…중략…) 歷史와 現實을 對決시켜볼 때 人間은 歷史 外에도 自己라는 한쪽의 根源을 가지고 잇다는 것을 알수잇스니 여기에 또한 人間의 歷史의 근원이 잇는 것이다.

〈그림 5〉「현대적 자아의 분석(2)」
(『조선일보』, 1940.4.17)

번역 낙천적인 겸허 위에선 안정! 이전엔 이것을 아름답고 가장 자연스러운 인간의 태도로 보았다. 그리고 정의만을 최대의 『모랄』로써 요구하여 왔다. 그러나 오늘날의 요구는 생존이요 사상의 한계를 표시하는 동시에 사상의 윤리성의 박탈이다. 윤리성은 동시에 방향을 의미하고 방향의 박탈은 현대의 불안을 만들앳다. (…중략…) 역사와 현실을 대결시켜볼 때 인간은 역사 외에도 자기라는 한쪽의 근원을 가지고 있다는 것을 알 수 있으니 여기에 또한 인간의 역사의 근원이 있는 것이다.

―『조선일보』, 1940.4.19

---

24) 「현대적 자아의 분석(2)」(『조선일보』, 1932.12.7).

인용문에 의하면, 과거는 '정의'를 최대의 윤리로 삼았던 시대이다. 그런데 윤리는 인간의 방향성을 의미하며, 이를 박탈하였을 때 불안이 발생한다고 보고 있다. 반면에 현대(당대)는 그 무엇보다 인간의 '생존'이 우선적으로 요구되는 시대라는 견해이다. 즉 인간은 외부적인 역사적 환경 이전에 자기라는 근원을 가지고 있는 존재이며, 이 점에서 인간의 역사적 근원이 있다는 주장이다. 여기에서 자국 민족과 그 전통에 대한 이해, 즉 자국 역사에 대한 이해가 중요시된다.

【 연구실(研究室)을 찾아서. 자아(自我)를 알자 】

무릇 한 民族으로서 그 民族의 歷史를 몰은다면 그 얼마나 큰 羞恥이냐 그러나 우리 朝鮮 사람은 예로부터 지금까지 이 羞恥를 行하고 잇다. 過去 朝鮮의 所謂 政治家 內地 學者들 모다 支那의 歷史를 읽을줄은 알면서도 朝鮮의 그 것은 알려고도 하지 아니하엿고 現在 所謂 知識層들은 쏘한 外國의 歷史는 多少 아나 朝鮮의 그것은 亦是 『제로』이다. (…중략…) 朝鮮 사람은 自我를 蔑視하고 此를 硏究하지 아니한 까닭이다. 다시 말하면 남을 너무 崇拜하고 自己를 너무 無視한 까닭이다. <u>朝鮮사람으로써 朝鮮歷</u>

〈그림 6〉「연구실을 찾아서: 자아를 알자」(『조선일보』, 1932. 12.7)

<u>史 硏究家가 만히 나기를 바라며 쏘 그들은 不眼不息하고 眞實하게 硏究하기를 바란다. (…중략…) 나는 一般이 朝鮮史에 對하야 만히 알기를 바란다 自己의 歷史를 몰으고 남의 歷史부터 먼저 안다는 이와가튼 矛盾이 쏘 어듸 잇느냐.</u>

번역 무릇 한 민족으로서 그 민족의 역사를 모른다면 그 얼마나 큰 수치이냐 그러나 우리 조선 사람은 예로부터 지금까지 이 수치를 행하고 잇다. 과거 조선의 소위 정치가, 내지 학자들 모두 중국[支那]의

역사는 읽을줄 알면서도 조선의 그것은 알려고도 하지 아니 하였고, 현재 소위 지식층들 또한 외국의 역사는 다소 알지만 조선의 그것은 역시 『제로』이다. (…중략…) 조선 사람은 자아를 멸시하고 이를 연구하지 아니한 까닭이다. 다시 말하면 남을 너무 숭배하고 자기를 너무 무시한 까닭이다. <u>조선 사람으로써 조선역사 연구가가 많이 나기를 바라며 자지도 쉬지도 말고 진실하게 연구하기를 바란다.</u> (…중략…) <u>나는 일반이 조선사에 대하여 많이 알기를 바란다 자기의 역사를 모르고 남의 역사부터 먼저 안다는 이와 같은 모순이 또 어디 있느냐.</u>

—『조선일보』, 1932.12.7

인용문은 필자 신석호(申奭鎬)[25]가 '자아를 알자'라는 제목으로 피력한 내용이다. 이 글에 따르면 조선인은 자국 역사는 무시하고 중국 역사나 서구 역사만을 알려고 하는 경향을 띤다는 것이다. 이렇듯 자기 역사보다 남의 역사를 탐구하는 모순적인 태도는 남을 숭배하고 자기를 경시한 데서 기인한 것이라 비판하고 있다. 그러므로 조선 역사 연구가의 배출과 진지한 연구의 필요성이 있다는 제언이다. 결국 기사 제목에서 내세운 "자아를 알자"라는 것은 다름 아닌 '역사적 주체로서의 자아'를 인식하자는 것이라 할 수 있다.

나아가 역사적 존재로써, '현대적 자아'는 자국 역사를 바르게 정립할 필요성이 있다는 논의도 거론되었다.

【 현대적(現代的) 자아(自我)의 분석(分析)(4) 】

一般的으로 歷史에 對한 두가지의 態度를 들어본다면 그 하나는 過去의 歷史와 光輝를 思慕하는 過去만을 認定코 未來를 認定치 안는 同時에 또한

---

25) 신석호(申奭鎬)는 경성제국대학 법문학부 사학과 졸업(조선사학 전공)한 사학자로서 저널에서 역사 부문에 다수의 기고 내용이 보인다. (「신석호」, 한국역사정보통합시스템 한국근현대인물자료 http://www.koreanhistory.or.kr)

가지는 未來만을 重要視하면서 過去를 無視하는 點에 잇서건 兩方이 對蹠的이나 過去로부터 未來에의 歷史的發展의 連續性을 副因하는 點엔 共通點을 가젓다 歷史의 連續性을 認定치 안는다는 것은 畢竟 過去의 歷史를 正當히 理解치 못한 同時에 歷史的으로도 正當한 行動을 할수업는 結果를 매즈리라고 생각된다 (…중략…) 眞實로 산傳統으로써의 生命을 가지고 잇는 것을 保持하는 同時에 또한 새로운 것을 傳統 가운데 加擔시키는데 있다. 그럼에도 不拘하고 오늘날처럼 얼마나 참다운 傳統이 喪失되고 새로운 것이 拒否될 危險性이 농후할가.

번역 일반적으로 역사에 대한 두 가지의 태도를 들어본다면 그 하나는 과거의 역사와 영광을 사모하며 과거만을 인정하고 미래를 인정하지 않는 것이며, 또 한 가지는 미래만을 중요시하면서 과거를 무시하는 것이다. 양방이 서로 상반되는 것이나 과거로부터 미래에의 역사적 발전의 연속성을 부인하는 점에서는 서로 공통점을 가졌다 역사의 연속성을 인정하지 않는다는 것은 필경 과거의 역사를 정당하게 이해하지 못한 동시에 역사적으로도 정당한 행동을 할 수 없는 결과를 맺으리라고 생각된다. (…중략…) 진실로 산전통으로써의 생명을 가지고 잇는 것을 유지하는 동시에 또한 새로운 것을 전통 가운데 가담시키는데 있다. 그럼에도 불구하고 오늘날은 참다운 전통이 상실되고 새로운 것이 거부될 위험성이 농후하다.

—『조선일보』, 1940.4.20

위 글은 서인식(徐寅植)이라는 필자의 논의로써, 역사를 바라보는 관점을 두 부류로 분류하였다. 하나는 과거의 역사만을 인정하고 미래를 인정하지 않는 것이다. 또 하나는 미래만을 중요시하면서 과거를 무시하는 것이다. 그러나 이 두 관점은 모두 과거로부터 미래로 향하는 역사 발전의 연속성을 부인하는 견해라는 지적이다. 역사의 연속성을 인정치 않는다는 것은 과거의 역사를 정당히 이해하지 못함이요. 동시에 역사 전개에 있어서도 정당한 행동을 할수 없다는 논지이다. 결국 '현대적 자아'는 과거의 전통을 '산전통'으로 유지하고 또한 새로운 것을 전통으로 수립시켜야 한다는 결론을 내리고 있다.

위와 같은 논의에 이어, 필자는 '현대가 요망하는 신윤리'는 바로 초월적 자아를 획득하는 일이라고 강조하고 있다. 그러면 그 초월적 자아란 무엇인가?

【 초월적(超越的) 자아(自我) 중(中) 】

現代의 職分倫理가 近代의 個我倫理에 比하여 優越한 側面이 잇다면 그것은 人間을 抽象的인 理性的 人間으로 보지안코 具體的인 歷史的 社會的 人間으로 보는데 잇다. 그는 人間을 갖가지 歷史社會의 分枝와 連續으로 보고 後者에 卽하여 前者로 把握하는데서 倫理의 主體를 個我에 두지 안코 民族에 두엇다. 그리고 그것은 두말할 것 업시 올다. 人間이 歷史의 以前이 아니고 以後라는 現代에 잇서서는 한 개의 常識이다. 민족을 倫理와 主體로 보는 職分倫理는 그 點에 限해서는 『로빈손』의 倫理가 아니고 歷史에 사는 산 人間의 倫理로 볼 수 있다. 그러나

〈그림 7〉「초월적 자아(중)」
(『조선일보』, 1940.5.31)

現代의 職分倫理는 歷史를 媒介로 하고 個人을 把握할줄만 알고 個人을 媒介로 하고서는 歷史를 把握할줄 모른다. 社會가 個人을 超越한것만 알고 個人이 社會를 超越한 것은 모른다. 그러나 歷史와 社會는 一方 自我를 生産한 同時에 또한 自我에 依하여 生産된 것이다.

번역 현대의 직분윤리가 근대의 개아윤리(個我倫理)에 비하여 우월한 측면이 있다면 그것은 인간을 추상적인 이성적 인간으로 보지 않고 구체적인 역사적 사회적 인간으로 보는 데 있다. 그것은 인간을 끝까

지 역사 사회의 한 가지와 연속으로 보고 후자는 즉 전자를 파악하는 데서 윤리의 주체를 개인적 자아에 두지 안코 민족에 두었다. 그리고 그것은 두말할 것 없이 옳다. 인간이 역사의 이전이 아니고 이후라는 것은 현대에 있어서는 하나의 상식이다. 민족을 윤리의 주체로 보는 직분윤리는 그 점에 한해서는 『로빈손』의 윤리가 아니고 역사에 사는 산 인간의 윤리로 볼 수 있다. 그러나 현대의 직분윤리는 역사를 매개로 하고 개인을 파악할 줄만 알고 개인을 매개로 하는 역사를 파악할 줄 모른다. 사회가 개인을 초월한 것만 알고 개인이 사회를 초월한 것은 모른다. 그러나 역사와 사회는 한편 자아를 생산한 동시에 또한 자아에 의하여 생산된 것이다.

—『조선일보』, 1940.5.31

이 글에서는 현대의 윤리와 근대적 윤리를 다음과 같이 비교하고 있다. 즉 근대는 '개아윤리(個我倫理)'를 중시한다. 인간을 "추상적인 이성적 인간"이 아닌 "구체적인 역사적·사회적 인간"으로 본다는 것이다. 이것은 인간을 역사의 일부이자 연속적인 존재로 보는 견해로써, 윤리의 주체를 개인적 자아에 두지 않고 민족에 두는 윤리이다. 위 글의 표현을 따르자면, "직분윤리(職分倫理)"에 해당된다. 그런데 현대에서는 개인의 파악에만 집중하고 역사를 파악할 줄 모른다는 지적이다. 필자의 결론은 역사와 사회는 자아를 생산한 동시에 또한 자아에 의하여 생산된 것이라는 주장이다. 이어지는 글에서는 개인적인 자아는 "역사 사회를 자아의 주체적 행위의 표현으로 알고, 자아와 역사의 동일을 자각하는 동시에 대립가치도 자각하는 자각이다."라고 부연하고 있다. 이것은 민족과 더불어 역사적 존재로서의 자아를 인식할 것을 촉구하는 내용이라 할 수 있다.

이상 살펴본바, 국권상실기의 자아는 민족적 측면에서의 자아와 더불어 역사 주체로서의 자아가 부각되는 현상을 보인다. 이는 「자아의 각오를 논하여 의뢰심 타파에 급함」(『조선일보』, 1923.9.24)에서도 잘 나타나 있다. 특히 「연구실을 찾아서: 자아를 알자」(『조선일보』, 1932.12.7), 「현대적 자아의 분석(1~4)」(『조선일보』, 1940.4.18~20), 「초월적 자아(중)」(『조선일보』, 1940.5.31) 등에서는 자국 역사에 대한 올바른 인식이 자아를 확립하는 초석이 된다는 주장을 보이고 있다. 결국 역사적 주체로서의 자아는, 국가 부재의 상황에서 민족적 근원으로서의 자의식을 인식과 연결되는 문제라고 할 수 있다.

1.2.3. 개성적인 '자기(自己認識)', 대중 주체로서의 '개아(個我)'

한편 자아를 '자기(自己)로서의 자아', '대중주체로서의 자아'라는 보다 주체적인 '개인적 자아(個我)'가 담론으로 드러나기 시작했다. 그런데 그 기저에 동학의 인내천(人乃天) 사상이 내포되어 있다는 점이 주목된다.

【 사회문제(社會問題)에 선(先)하야 자아문제(自我問題)에 반(反)하라 】
「人乃天」이라 함은 吾人이 水雲先生에게서 聞하얏고 「人生은 宇宙의 縮圖 즉 小宇宙라」 함은 吾人이 인류학상에서 알앗섯다. 吾人은 聞한 바로써도 인생이란 가장 위대하고 가장 권력자이오 가장 실재자이오. 전지전능 극귀극존한 자임을 역력히 알켓다. 吾人이 스스로 생각할지라도 吾人은 영육을 雙全함에서, 知情意를 俱存함에서, 風雨霜雪을 順調함에서, 무형유형을 정복함에서, 만물을 사용함에서, 大地萬方을 횡행함에서, 우주대계와 연락함에서 吾人은 吾人의 偉大를 覺得할 수 잇다. 吾人은 此와 如히 위대신성함을 알며 전지전능 극귀극존을 아는 동시에 그- 권리의무가 일치평등임을 안다. 彼가 人이면 我도 人이오 彼我가 공히 人이면 一毫의 差가 업는 절대평등임을 吾人은 역력히 안다.

번역 「인내천」이라 함은 우리가 수운 선생에게서 들었고 「인생은 우주의 축도 즉 소우주라」 함은 우리가 인류학상에서 알았었다. 우리는 들은 바로써 인생이란 가장 위대하고 가장 권력자요 가장 실재자요. 전지전능하며 극히 귀하고 극히 존중받을 자임을 역력히 알겠다. 우리 스스로 생각할지라도 우리는 영육을 온전케 함에서, 지정의를 존재케 함에서, 바람과 비와 서리와 눈을 순조로게 함에서, 무형유형을 정복함에서, 만물을 사용함에서, 대지만방을 횡행함에서, 우주대계와 연락함에서 우리는 우리의 위대함을 깨달을 수 있다. 우리는 이와 같이 위대하고 신성함을 알며 전지전능하고 극히 존귀함을 아는 동시에 그─ 권리 의무가 일치평등함을 안다. 저 이가 인간이면 나도 인간이오 너와 나 모두가 인간이면 한치의 차이가 없는 절대평등의 우리임을 역력히 안다.

—『개벽』 제12호, 1921.6.1

필자인 박달성(朴達成)26)은 상하, 귀천, 빈부, 남녀 등 모든 계급차별을 타파하고 만민이 평등하다는 인내천 사상을 들어, 각 개인이 민족이고 위인이고 시대라고 피력했다. 이에 "사람된 가치, 사람된 책임, 사람으로서의 목적"을 그대로 달성하기 위해서는 각자 자기를 위하여 성실한 노력을 가하여야 한다는 주장이다.27) 동학을 창시했던 최제우는 양반 계층의 존립 기반이었던 천(天) 개념의 울타리를 타파하고 조선 인민을 '한울님'이라는 인격적 형태로 부상시켰다. 여기에서 교화와 통치의 대상이었던 국민이 그 봉건의 굴레를 벗어던지고 권리의식을 갖춘 개별 인간인 '자각인민'으로, 수동적 국민에서 능동적 주체로 변화된 것이다.28) 동학의 인내천 사상은 '개인적 자아'가 부상되는 한 계기를

---

26) 박달성(朴達成)은 삼일 만세운동에 참가하였다가 체포되어 1919년 4월 23일 홍성경찰서에서 소위 보안법 위반으로 태(笞) 90도(度)를 받았다. 정부는 고인의 공훈을 기려 2006년에 대통령표창을 추서하였는데, 『개벽』지 등에 기고자로 많이 등장한 독립운동가이다. (「박달성」, 한국독립운동사 정보시스템 독립유공자 공훈자료 http://search.i815.or.kr)

27) 「사회문제에 선하야 자아문제에 반하라」(박달성(1921), 『개벽』 제12호), 14쪽.

마련하게 된 것이다.

한편 '개인적 자아'의 자각과 함께, 해외의 자아론(自我論)이 저널에 소개되기도 했다.

【 먼저 당신(自身)의 자아(自我)에 진리(眞理)가 잇슬지어다 】

인생은 표현이다. 동시에 생명이라 함은 내부로부터 외부로 향하는 운동이다. 즉 일종의 開展이며 발전이다. 자기의 활동을 위하야 자기의 취미 감정을 위하야 或은 자기의 인격을 위하야서 지위와 자유를 엇고저 하며 調和的 확장을 엇고저 함은 곳 生의 道이오 四圍閉塞중에 잠기어 자못 因習에 雷同할 뿐으로써 새로운 분투의 발휘가 업슴과 가튼 것은 곳 死의 道이다. (…중략…) 우리가 염두에 가지지 아니치 못할 것은 참생활이란 자아 그대로의 표현이 되지 안흘 수 업다는 것이니 표현에 갓가이 부트면 갓가히 붓는 그만큼 생명의 가치는 증가하는 것이다.

> **번역** 인생은 표현이다. 동시에 생명이라 함은 내부로부터 외부로 향하는 운동이다. 즉 일종의 개전이며 발전이다. 자기의 활동을 위하여 자기의 취미 감정을 위하여 혹은 자기의 인격을 위하여지위와 자유를 얻고자 하며 조화적 확장을 얻고자 함은 곧 생의 도요 사방 폐쇄된 곳에 잠겨 사뭇인습에 주관없이 따르게 될 뿐으로써 새로운 분투의 발휘가 없는 것은 곧 사의 도이다. (…중략…) 우리가 염두에 두어야 할 참생활이란 자아 그대로의 표현이 되어야 하는 것이니 표현에 가까이 붙으면 까까이 붙는 그만큼 생명의 가치도 증가하는 것이다

—『개벽』 제14호, 1921.8.1

위 글은 묘향산인(妙香山人)이라는 필자[29]에 의해 번역된 에드워드

---

28) 송호균(2013: 387).

29) 묘향산인(妙香山人)은 실제 이름이 아닌 필명으로 추정되며『매일신보』,『개벽』등에 그의 글이 다수 게재되었는데, 해외 서적의 번역, 학문론, 기행문 등을 실었다.

카펜터(Edward Carpenter)[30]의 글로써, 이어지는 내용에서는 노예와 같이 남에게 눌리어 생활함은 사는 것이 아니오 오직 존재하는 것뿐이라고 지적하기도 했다. 그러므로 온전한 자아란 자기 요구를 표현하고, 각자의 현실에서 욕구대로 충족시키며 살아가는 것이라는 주장이다.[31] 이 글은 "자신의 자아에 진리"가 있다는 논지를 보이는데, 동학의 평등사상과 일맥상통하는 내용을 보이고 있어 주목된다.

한편 다음의 글은 '개성(個性)'이라는 개념을 통해 자아를 논하고 있다는 점에서, 개인적 자아에 대한 인식이 한걸음 더 진전되고 있음을 보여준다.

【 참스러운 자아(自我) 】

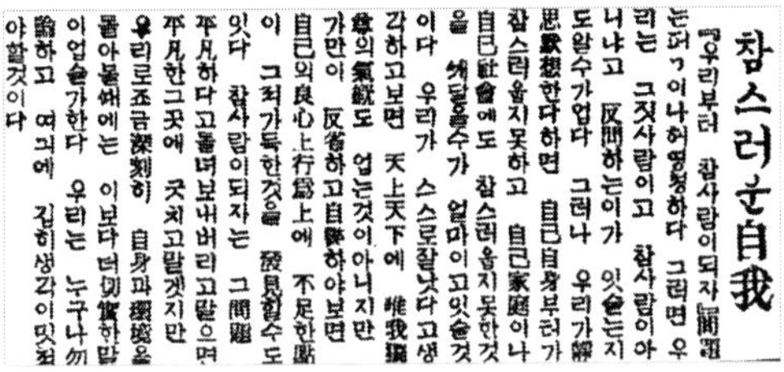
참스러운自我

「우리부터 참사람이되자」
는데ㄱ이나허영청하다 그러면 우
리는 그짓사람이고 참사람이아
니냐고 反問하는이가 잇슬는지
도알수가업다 그러나 우리가解
思歎想한다하면 自己自身부터가
참스러웁지못하고 自己家庭이나
自己社會에도 참스러웁지못한것
을 깨달을수가 업마이고잇슬것
이다 우리가 스스로잘낫다고생
각하고보면 天上天下에 唯我獨
尊의氣槪도 업는것이아니지만
가만이 反省하고自覺하야보면
自己의良心上行爲上에 不足한點
이 그저가득한것을 發見할수도
잇다 참사람이되자는 그問題
平凡하다고돌녀보내버리고말으면
平凡한그곳에 굿치고말것지만
우리로조금深刻히 自身과環境을
돌아볼때에는 이보다더切實한말
이업슬가한다 우리는 누구나勿
論하고 여긔에 깁히생각이잇서
야할것이다

〈그림 8〉「참스러운 자아」(『조선일보』, 1924.6.28)

自我와 個性에 눈뜬 世界民族은 慘酷한 歐洲戰爭의 뒤를 니어 敗兆의불으지잠 解放의 소리를 一層더놉히 불으게 되얏다 모든 制度의 敗革과 社會의 運動이 具體化하는 同時에 前보다는 갑자기 一新狀態를 일운 곳도 만이 낫허낫다 (…중략…) 우리 社會에 참스러운 사람이 不足한 것을 우리는 只今 다시 恨歎치 아니할수 업다 우리가 民衆的으로 誠心껏 信賴하고 依望하던 그의 人物덜의 心理와 行爲를 解剖하야 볼제마다 더욱 참사람이 업

30) 에드워드 카펜터(Edward Carpenter)는 W. 모리스의 영향을 받아 사회주의를 신봉하고 스스로 농경에 종사하면서, 시작(詩作), 사회문제, 미술, 철학 등 다방면에 걸친 저작 집필에 전념하였다. 사해동포적(四海同胞的)인 사상을 드러낸 『민주주의를 지향해서(*Towards Democracy*)』(4부, 1883~1902), 미래를 지향하고 정신적 문명을 중시한 『문명의 기원과 구제(*Civilization: its Cause and Cure*)』(1889) 등은 사회주의 사상계에 큰 반향을 일으켰다. 이 밖에도 미술과 종교 문제를 다룬 『예술의 종교적 영향』(1869) 등의 작품이 있다.

31) 「먼저 당신 자신의 자아에 진리가 잇슬지어다」(에드워드·카펜터, 묘향산인 역(1921), 『개벽』 제14호), 62쪽.

는 것을 우리는 痛切니 늦기게 된다. (…중략…) 民主主義가 오늘만치나마 發達한 現狀下에서는 모든 일에 적어도 民衆的 行爲를 取하지 아니하면 안될 것이다. 古代의 民衆은 偉人에게 支配를 밧엇지만 적어도 今日의 民衆은 偉人을 囑託하야 일식히고 支配할만한 民衆이 되어야만 한다 (…중략…) 우리가 다 各其 眞正한 誠力과 嚴密한 態度로 우리 民衆本位의 新社會를 建設하기에 努力하자 英雄崇拜의 奴隷的 道德을 바리고 自我中心의 新 人物이 되야 우리의 新 生命을 開拓하기에 勇往直前하자.

번역 자아와 개성에 눈뜬 세계민족은 참혹한 구주전쟁의 뒤를 이어 패망의 부르짖음, 해방의 소리를 일층 더 높이 부르게 되었다 모든 제도의 개혁과 사회의 운동을 구체화하며 이전과 다르게 한 층 더 새로워진 상태를 이룬 곳도 많이 생겼었다. (…중략…) 우리 사회에 참스러운 사람이 부족한 것을 우리는 지금 다시 한탄치 아니할 수 없다 우리가 민중적으로 성심껏 신뢰하고 희망하던 인물들의 심리와 행위를 해부하여 볼 때마다 더욱 참사람이 없는 것을 우리는 통절하게 느끼게 된다. (…중략…) 오늘날처럼 민주주의가 발달한 상황 아래에서는 모든 일에 적어도 민중적 행위를 취하지 아니하면 안 될 것이다. 고대의 민중은 위인에게 지배를 받았지만 적어도 오늘의 민중은 위인에게 맡겨 일을 시키고 지배할만한 민중이 되어야만 한다 (…중략…) 우리가 다 각기 진정하고 성실한 노력과 엄밀한 태도로 우리 민중본위의 새로운 사회를 건설하기에 노력하자, 영웅숭배의 노예적 도덕을 바리고 자아중심의 새 인물이 되어 우리의 새로운 생명을 개척하는데 용감히 나아가고 앞으로 전진하자.

—『조선일보』, 1924.6.28

위의 글에서 특히 주목되는 바는, 해방을 부르짖는 여타 국가들을 '자아(自我)와 개성(個性)에 눈뜬' 민족으로 보고 있다는 점이다. 또한 '개성'이라는 개념이 언급되고 있다는 점은 전 시기와 다른 자아 인식이라 할 수 있다. 한편 당대를 민주주의가 발달한 사회라고 칭하면서

'민중(民衆)'이라는 용어를 언급하고 있다는 점도 특징적이다. 즉 '위인(偉人)'에게 지배를 받던 전 시기와 달리, 이제는 '민중(民衆)'이 위인으로 하여금 일하게 하고, 민중 지배하는 시대라는 것이다. 그러므로 민중 본위의 새 사회를 건설해야 하며, '영웅숭배의 노예적 도덕'을 버리고 '자아중심의 새 인물'이 되어야 한다는 주장이다. 이렇듯 대중을 상정한 자아 개념은 사회주의 사상의 유입과 확산이라는 당대적 상황이 반영된 것이라 할 수 있다.

한편 한치진(韓稚振)은 개인을 '개인주의와 사회주의'라는 개념으로 대별하여 개인적 자아의 문제를 조명하고 있는데, '휴머니즘'을 들어 그 존재적 가치를 논하고 있다는 점에서 특징적이다.

【 개인주의(個人主義)와 사회주의(社會主義)의 이상(理想): 개아(個我)의 가치(價値)를 변명(辯明)함 】

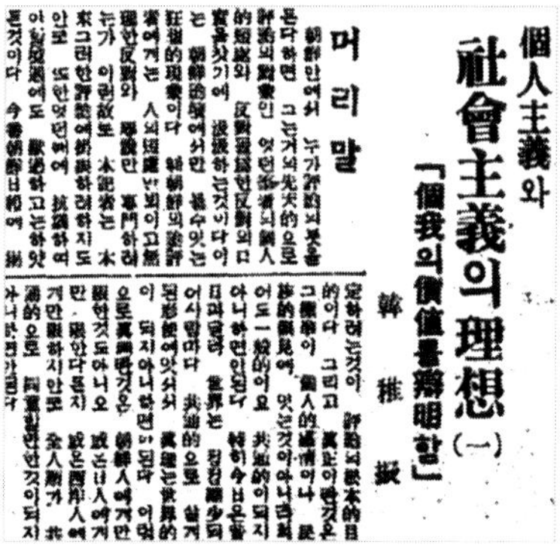

單子的 個我主義란 것은 近代의 人文主義(Humanism)의 特別한 形式이다 單子란 말은 分析할수업는 單純한 獨異의 뜻이나 이 屬性을 가진 個我는 必然的으로 外界의 影響을 밧지도 주지도 안는 自發的力이다. (…중략…) 大概 宇宙論은 有史以來 三次나 革命되엇다 할수 잇스니 첫 번은 사람들이 이 地球를 中心삼아 萬物을 說明하엿고(地球中心說) 둘재번은 太陽을 中心삼아 萬物을 說明하엿스니 이것이 아직도 그 說明을 維持하는 太陽中心說이다. 그러나 다시 個我中心的宇宙觀이 發見되엇스니 이것이 現代의 人文主義오 그 特別한 形式이 單子的 個我主義이다. 물론 發見이란 말은 이미 存在하든 것을 다시 認識하엿다는 뜻이니만큼 이 單子的 個我主義도 人人이 本來 所有하고 잇는

<그림 9> 「개인주의와 사회주의의 이상: 개아의 가치를 변명함」(『조선일보』, 1930.1.18)

<u>自然 중에 明白히 表出하게 되엇다는 것이다.</u> 이 個我主義를 반대하는 자
는 人格的 個體와 그 權利를 써나 抽象的 團體 곳 社會와 政府를 중심삼는
社會主義者들인 苦勞

번역 단자적 개아주의란 것은 근대의 인문주의(Humanism)의 특별한
형식이다. 단자란 말은 분석할 수 업는 단순하고 홀로 다르다는
<u>뜻이나 이 속성을 가진 개인적인 자아는 필연적으로 외계의 영향을 받지</u>
<u>도 주지도 안는 자발적 힘이다. (…중략…) 대개 우주론은 유사이래 세</u>
<u>차례나 바뀌었다 할 수 있으니 첫 번은 사람들이 이 지구를 중심으로 만</u>
<u>물을 설명하였고(지구중심설) 둘째 번은 태양을 중심으로 만물을 설명하</u>
<u>였으니 이러한 설면은 아직도 유지되는 태양중심설이다. 그러나 다시 개</u>
<u>아중심적 우주관이 발견되었으니 이것이 현대의 인문주의오 그 특별한</u>
<u>형식이 단자적 개아주의이다. 물론 발견이란 말은 이미 존재하던 것을</u>
<u>다시 인식하였다는 뜻이니만큼 이 단자적 개아주의는 사람 마다 본래 소</u>
<u>유하고 있는 자연적인 것이 명백히 드러나게 되었음을 의미한다. 이 개아</u>
<u>주의를 반대하는 자는 인격적 개체와 그 권리를 떠나 추상적 단체 곧 사</u>
<u>회와 정부를 중심삼는 사회주의자들인 고로</u>

—『朝鮮日報』, 1930.1.18

이 글은 '개아(個我)'라는 용어를 사용하며, 개인적 자아의 가치를 논
하고 있다는 점에서 특징적이다. 인용문에 의하면 개아는 단자적 개아주
의(單子的 個我主義)를 의미한다. 여기에서는 자연과학적 용어인 단자
(單子)라는 말로 자아를 언급하고 있어 특징적인데, 개아는 단자적 속성
을 지닌 존재이기 때문에 외부 세계의 영향과 무관한 '자발적 힘'을 지
닌 존재라는 것이다. 이것은 근대 서구의 휴머니즘(인문주의)에 토대를
둔 개념이라고 밝히고 있는데, 집단으로 환원되지 않는 '자아의 자율성
과 독립성'을 인정하는 서구의 근대적 자아 개념과 동일한 관점을 보인
다는 점에서 주목된다.

한편 위 글에서는 우주론의 변화상과 연결하여 자아의 존재적 가치를 논하고 있다는 점에서도 주목된다. 즉 우주론은 지구중심설에서 태양중심설로 옮겨갔으며, 현대에 와서는 다시 "개아중심적(個我中心的)"인 우주관이 발견되어 "단자적 개아주의"로 옮겨졌다는 지적이다. 특히 여기에서 "발견"이란 말은 이미 존재하던 것을 다시 인식한다는 뜻으로, 개아주의는 사람마다 본래 소유하고 있는 자연적인 면이 표출된 것이라 지적한 점이 눈에 띈다. 한편 이 개아주의와 반대되는 인식은 바로 "사회주의(社會主義)"라 표현하며, 개인의 인격적 개체와 그 권리 대신, 추상적 단체인 사회와 정부를 중심 삼는 개념으로 풀이하고 있다. 이어지는 내용에서는 "(1) 개인주의의 반대이유 (2) 개인주의의 주장 (3) 개인주의와 사회주의의 장래 (4) 사회주의의 난관 (5) 개아 개아 간의 교통" 등 총 4회에 이어 개인주의(개아주의)의 가치를 논하고 있는데, 개아의 흥망성쇄는 외부 세계에서 주어지는 것이 아니라 자기 스스로의 책임에 있다고 결론짓고 있다.

근대 초기 '사회와 국가'의 일원으로서 '대아(大我)'는 일제강점화의 진행과 근대화가 본격화되면서 '민족' 주체로서의 자아론이 대두되었다. 나아가 휴머니즘을 토대로 한 '개아(個我)', '개성(個性)' 등의 개념으로 자율성과 독립성을 지닌 개인적 자아로 인식하는 데까지 나아가고 있다. 「먼저 당신 자신의 자아에 진리가 잇슬지어다」(『개벽』 제14호, 1921.8.1), 「사회문제에 선하야 자아문제에 반하라」(『개벽』 제12호, 1921.6.1), 「참스러운 자아」(『조선일보』, 1924.6.28), 「개인주의와 사회주의의 이상: 개아의 가치를 변명함」(『조선일보』, 1930.1.18) 등에서 다룬 논의는 바로 이를 보여주는 담론들이다. 한편 이러한 자아인식의 바탕에는 동학의 인내천 사상과, 당대 세계적인 사상의 추세였던 사회주의의 유입, 서구 근대적 자아인식 등이 자리하고 있음을 볼 수 있다.

1.3. '사회적 자아'와 '개인적 자아', 근대기 자아 인식

위에서 근대기의 자아 인식을 고찰하기 위하여 근대 초기와 일제강점기의 자아 담론들을 살펴보았다. 이를 정리해 보면 다음과 같이 요약된다. 첫째로는 '사회와 국가' 인자(因子)로서의 '대아(大我)'이다. 이러한 관점을 취하는 논의로는 「대아와 소아」(『대한매일신보』, 1908.9.16), 「아와 사회의 관계」(『대한매일신보』, 1908.3.3), 「일인과 사회의 관계」(『대한매일신보』, 1909.7.20), 「자주적 자아」(『태극학보』 제8호, 1907.3.24) 등의 내용에서 구체적으로 살필 수 있었다. 근대 초기에 이루어졌던 이러한 담론들에서 제시한 '자아'란 바로 사회, 나아가 국가를 전제로 한 '사회적 존재로서의 대아(大我)'이다. 즉 일개인은 일개인으로서가 아닌 일국가의 구성원으로서 국가의 자활을, 국가의 자주를 위한 '자아'로서 인식되었던 것이다. 뿐만 아니라 「자아의 자활의무」(『태극학보』 제9호, 1907.4.24), 「자조론」(『서우』 제9호, 1907.4.24), 「학인불학인의 궐계」(『대한협회회보』 제3호, 1908), 「귀중혼줄을 인ᄒ여야 보수홀줄을 인ᄒ지」(『대한매일신보』, 1907.10.1), 「대한자강회취지서」(『황성신문』, 1906.2.27), 「실업계의 신광선」(『황성신문』, 1908.9.8) 등에서 언급된 반, 사회적 자아는 자조(自助) 자강(自强)을 기해야 하는 책무를 지닌 존재이다.

근대 초기 대한자강회, 대한협회, 서북학회 단체의 애국계몽가들은 먼저 국민이 근대 지식을 함양하고 경제적으로 자립하며, 강건한 애국정신과 정치참여의 능력이 있을 정도로 실력이 있어야만 국권회복을 기할 수 있다고 보았다. 그러므로 근대 초기 자아론은 외세의 침략에 대응하는 국권회복의 논리와 봉건적 압제에 대응하는 국민국가건설의 논리로 집약된다. 일제의 '보호국체제'로부터 국가의 주권을 회복하려는 국권회복이 궁극적인 목표로 삼았기 때문이다. 이러한 상황에서 대한자강회의 장지연은 「자강회문답」이란 논설에서 장기적인 노력을 통하여 자강을 실현해야 한다는 점진적 자강론을 펴기도 했다.[32]

【 자강회문답(自强會問答) 】

有志愛國之士는 決不可坐而待亡也니 當此之時ᄒ야 雖無自强之能力이라
도 人人이 宜各自奮勵於自强之道ᄒ야 如行千里者ㅣ 必自一步而始니 今日에
進一步ᄒ고 明日에 進一步ᄒ야 日日一步라도 前進不已ᄒ야 一久月深ᄒ며
歲積年累ᄒ면 必有到達其目的地点之日ᄒ리니 我國之勢ㅣ 警之如潰癰廢疾
之人ᄒ야 必須鍼灸藥石之歲月奏効오 難望其急速之功矣라.

번역 애국에 뜻을 가진 자는 결코 앉아서 그 멸망을 기다려서는 안 된
다. 현재는 비록 자강 능력이 없을지라도 한사람 한사람이 자강의
도에 분투하고 힘써야 한다. 천리를 가려면 먼저 일보부터 시작해야 하니
오늘 한발 나아가면 다음날 한발 앞서고, 하루 하루 일보라도 쉬지 않고
나아가며 한결같이 나아가며 세월이 쌓여 필히 목적한 곳에 이르게 될
것이니 우리나라의 세력이 기울어짐을 깨우침이 반드시 침과 뜸과 약과
돌의 세월이오. 신속한 공의라는 것을 잊지 못함이라.

—『대한자강회월보』 제2호, 1906.8.25

위의 글에서는 애국에 뜻을 둔 인사는 결코 앉아서 멸망을 기다려서
는 안 될 것이며, 비록 현재는 자강 능력이 없다 해도 사람마다 자강의
도(道)를 한걸음씩 시작해야 한다는 것이다. 『황성신문』의 「경쟁시대」[33]
에서도 우리 민족이 생존경쟁의 장에 나아가 열심히 노력하면, 10년
또는 20년 이내에 일본과 같은 위치에 도달하여 보호국의 수치를 모면
할 수 있을 것이라 주장하며, 장기적 노력에 의한 자강독립을 전망하였
다.[34] 이러한 시대적 상황에서 근대 초기는 '사회와 국민적 자아' 즉

---

32) 유영렬(1995), 『한국독립운동의 역사: 제12권 애국계몽운동』, 독립기념관, 144~145쪽.
33) 「경쟁시대(속)」(『황성신문』, 1906.11.19).
34) 이와 같이 애국계몽가들은 무장투쟁의 방법을 지양하고 장기적으로 실력을 양성하여
    국권을 회복해야 한다는 점진적 자강독립의 논리를 주로 전개했다. 비록 비밀결사인 신
    민회가 독립전쟁론을 폈으나, 그것은 일제와 근대전(近代戰)을 전개할 수 있는 충분한
    준비를 갖추고 일본이 타국과 침략전쟁을 벌이는 기회를 포착하여 수행하는 것을 전제

'대아(大我)' 중심의 자아인식이 강하게 드러났다. 이 시기는 와해되어 가는 국가일지라도 국권이 존재한 시기라고 할 수 있다. 그러므로 국가를 전제로 한 자아가 보다 부각된 것이라 할 수 있다. 그러나 일제강점화가 본격화되면서 '민족과 역사 주체'로서의 자아론이 강조되기 시작한다. 앞서 다룬 「자아의 각오를 논하여 의뢰심 타파에 급함」(『조선일보』, 1923.9.24), 「사회문제에 선하야 자아문제에 반하라. 그리하야 사회에 대한 공복이 되라」(『개벽』 제12호, 1921.6.1) 등의 논의는 바로 이를 반영하는 예시라 할 수 있다. 이에 「연구실을 찾아서: 자아를 알자」(『조선일보』, 1932.12.7), 「현대적 자아의 분석(1~4)」(『조선일보』, 1940.4.18~20), 「초월적 자아(중)」(『조선일보』, 1940.5.31) 등에서는 자국 역사에 대한 올바른 인식이 자아를 확립하는 초석이 된다는 주장을 보이고 있다. 결국 역사적 주체로서의 자아는, 국가 부재 상황에서 민족적 근원으로서의 자의식을 탐색하는 문제라고도 할 수 있다. 다시 말해 외형적인 국가 부재의 상황에서 민족 및 역사적 주체로서의 자아라는, 보다 근원적인 존재의 자각을 의미한다고 볼 수 있다.

그러면서 점차적으로 휴머니즘을 토대로 한 개인적 자아가 부각되는 변화를 보인다. 「먼저 당신 자신의 자아에 진리가 잇슬지어다」(『개벽』 제14호, 1921.8.1), 「사회문제에 선하야 자아문제에 반하라」(『개벽』 제12호, 1921.6.1), 「참스러운 자아」(『조선일보』, 1924.6.28), 「개인주의와 사회주의의 이상: 개아의 가치를 변명함」(『조선일보』, 1930.1.18) 등에서 다룬 논의는 바로 이를 반영한다. 이 논의들은 '개성(個性)'과 '개아(個我)'를 운운하며 "자신의 자아에 진리"가 있다는 주장을 보인다. 이것은 그야말로 자기(自己) 자체를 인정하는 새로운 담론으로서, 이러한 자아인식의 바탕에는 동학의 인내천 사상과, 당대 세계적인 사상의 추세였던 사회주의의 유입, 서구적 근대 개념으로서의 자아인식 등이 자리하고

로 한 것이었다(유영렬, 1995: 144).

있었다.

위에서 살펴본 근대기 자아의 의식의 변화상은, '사회적 자아'와 '개인적 자아'로 의식의 변이를 보여준다고 정리할 수 있다. 아래의 글은 각각의 자아에 대한 특징을 정리하고 있는 논의라는 점에서 주목된다.

【 이해조, 윤리학(倫理學) 】

人類의 天性은 天生으로 社會本能을 具有홈으로 單獨孤立키는 不能하니 然則 最初의 自我는 個人的 自我요 肉體的 自我인 故로 思想홈과 働作홈이다. 劣等되는 自個를 爲홀 쓴이는 最後의 自我는 社會的 自我인 故로 思想홈과 働作홈이 自己와 社會를 爲하며 自我를 發展하야 大我가 되야 自他平等天人一如의 妙境에 入하야 聖人의 域에 達하기도 能하니 卽 社會가 有하여야 自我가 發展되야 人格이 此에셔 生하거니와 社會가 無하면 人格을 作키 不能하니 (…중략…) 我는 最初의 自我 卽 小我오 名은 社會의 我를 云하는 者인디 最後의 我가 大我 卽 眞我며 人類는 社會를 依하야 人格이 有홈으로 人格 卽 社會的 自我는 永遠히 死生의 陋巷을 超脫하야 天堂에 昇하느니 然則 自我의 進步는 社會와 相俟되고 寸分도 分離치 못홀 者이라.

번역 인류의 천성은 천생으로 사회본능을 지님으로 단독으로 고립되는 것은 능치 못하니 그런즉 최초의 자아는 개인적 자아요 육체적 자아임으로 열등한 자신을 위하여만 생각하고 움직인다. 그러나 최후의 자아는 사회적 자아임으로 자기와 사회를 위하여 생각하고 움직인다. 자아를 발전시켜 대아가 되며 자기나 타인이나 모두 평등하다는 경지에 이르러, 성인의 영역에 도달하는 것이 능하니, 즉 사회가 있어야만 자아가 발전되며 인격이 여기에서 생기니 사회가 없으면 인격을 형성할 수 없으니 (…중략…) 나는 최초의 자아, 즉 작은 나[小我]요. 이름하여 사회 속의 나를 말하는 것인데, 최후의 내가 대아(大我) 즉 참된 나이며 인류는 사회에 의해 인격이 있음으로 인격 즉 사회적 자아는 영원히 살고 죽는다는 좁은 생각을 벗어나 하늘에 오르나니, 그런즉 자아의 진보는 사회와 함께 하고 한시도 분리되지 못할 것이다.

— 『기호흥학회월보』 제5호

위의 글을 요약하면, 자아는 사적인 "개인적 자아(個人的 自我)"와 사회 구성원으로서의 "사회적 자아(社會的 自我)"로 구분된다. 여기에서도 후자는 '대아(大我)'적 존재라 하여 근대 초기 자아론과 동일한 시각을 드러낸다. 이러한 논의에 비추어 보면, 근대 초기의 경우는 국가를 상정한 사회적 자아 인식이 지배적이며, 일제강점기에 들어서서는 민족과 역사라는 측면에서의 사회적 자아로, 나아가 '자기(自己)로서의 자아'인 '개인적 자아'로 옮겨가고 있다고 볼 수 있다. 아래에서는 이러한 자아 인식을 고려하며, 그 실천적 양상으로 먼저, 사회적 자아의 형성을 위한 '윤리와 도덕'의 문제를 살펴보고자 한다. 윤리나 도덕은 사회적 자아를 형성하는 토대로써 당대 교육의 내용과 상관된다고 할 수 있다. 이에 당대 수신서의 내용을 통해 윤리와 도덕의 구체적 계도 방향을 참고삼기로 하겠다. 다음으로는, 개인적 자아의 성장이 공론의 장에서 어떻게 표출되는지를 고찰하고자 한다.

2. 윤리와 도덕: '사회적 자아'의 형성과 실천적 덕목

2.1. 윤리학, 사회적 자아의 정립과 실천의 학문

앞서 자아 인식의 변화상 가운데서도 드러나지만, 근대 계몽기는 과도기적 정치 상황 속에서 변혁을 꾀하던 시대였다. 특히 사회적 자아와 개인적 자아라는 인식의 문제는 바로 윤리의식의 재정립이라는 과제를 안고 있었다. 이것은 바로 교육이라는 문제와 직결되는데, 근대계몽기에는 학교 체제의 도입 및 안정화를 위한 새로운 시도들과 함께 수신,

독서, 작문, 지리, 산술 등을 중심으로 교과
목 체계가 도입되었다.[35] 특히 이전에는
찾아볼 수 없던 전문적인 교육학 서적들도
유포되었는데 키무라 토모하루[木村知治]의
『신찬교육학(新撰敎育學)』, 유옥겸(兪鈺兼)의
『간명교육학(簡明敎育學)』, 유근(柳瑾)의 「교
육학원리」[36] 등이 대표적이다. 그런데 이
저서들은 주로 도덕교육의 측면에서 교육
학을 전개시킨 경우이다.

〈그림 10〉 '간명교육학' 광고(「간명
교육학」, 『황성신문』, 1908.6.17)

敎育은 個人性과 社會心을 調和的으로 發達ᄒ야 實地에 不迂ᄒ고 理想에
不流ᄒᄂ 人을 造ᄒᄂ 目的에 在ᄒ다 云홀지니 其 此를 能 致ᄒᄂ 바ᄂ
唯 道德에 在ᄒ 故로 吾人은 更히 總括的으로 敎育의 目的은 道德的 生活의
完成에 在ᄒ다 云ᄒ고 此를 詳述코져 ᄒ노라.

번역 교육은 개인성과 사회심을 조화롭게 발달시켜 실지에 마음을 바
르게 하고 이상에 흐르지 않는 인간을 만드는 것에 목적이 있다
할지니, 이에 능히 달하게 하는 것은 오직 도덕에 있다. 그러므로 총괄적
으로 교육의 목적은 도덕적 생활의 완성에 있다 말하며 이것을 상세히
기술하노라.

—유옥겸(兪鈺兼), 『간명교육학』(황성: 우문관, 1908, 72쪽)

위 인용문은 『간명교육학』에서 밝힌 내용으로, 교육의 목적이 개인
성과 사회성의 조화로운 발달과 이를 통한 도덕적 생활에 있음을 강조

---

35) 김민재(2013), 「근대계몽기 중등용 수신교과서의 도덕교육적 시사점 연구」, 『윤리교육연
구』 제31집, 한국윤리교육학회, 162쪽.
36) 「교육학원리」는 『대한자강회월보』(제6~13호)에 연재된, 유근의 해외 교육학의 번역 내
용이다.

하고 있다. 『교육학원리』에서도 플라톤[栢拉圖], 아리스토텔레스[阿里士士德], 몽테뉴[毛貪人], 로크[龍克], 헤르바르트[黑排梯] 등의 사상을 소개하고, 지육, 덕육, 체육 이외에도 특히 '정육(情育)'편을 추가하여 도덕적 생활에 대해 상세히 설명하고 있다.[37] 특히 『신찬교육학』에서는 교육학의 두 축을 '심리적 교육학'과 '윤리적 교육학'이라 분류하고 지육(智育), 덕육(德育), 체육(體育)의 조화를 강조하고 있는데, 이 중 덕육에 많은 지면을 할애하고 있기도 하다.[38] 이렇듯 당대 윤리와 도덕의 문제는, 교육의 중심에 자리하고 있음을 볼 수 있다.

그러면 윤리에 대한 당대의 시각은 무엇이었는가? 그것은 바로 사회적 자아가 실제로 행해야 할 실천적 덕목을 지시하는 것이라 할 수 있다.

【 이해조, 윤리학(倫理學) 】

倫理學은 人倫의 眞理를 究ㅎ야 實行의 方法을 求ㅎ는 바이라. 物理學과 倫理學으로 互相 比較ㅎ야 其 差別을 試觀ㅎ면 足히 其 眞理를 知홀지로다. (…중략…) 倫理學의 性質은 實踐홈을 貴히 ㅎ야 論理홀 時에 間或 鉤深索隱홈이 有ㅎ느 然이나 其 目的은 學理 發明을 爲홈이 아니오, 躬行實踐ㅎ야 社會의 發達을 補助홈에 在ㅎ니 是는 卽 倫理學이 實踐ㅎ는 科學이 되야 物理學 等으로 相異흔 所以니라. (…중략…) 然이나 吾人 人類가 다만 一社會 中에 集合ㅎ야 生活홈이 아니오, 社會로 더부러 互相 聯絡홈이 必有ㅎ니 是는 吾人의 思想 行爲가 社會에 關係치 아님이 無ㅎ고, 且 直接 或 間接으로 其 發達을 助ㅎ며 或 妨害홈이 有ㅎ니 何則고. 社會는 元來 有生機體가 되야 生命과 如홈으로 其中의 生存ㅎ는 個人이 決코 獨立ㅎ야 그 生活을 得全흔 者ㅣ 아니라. 是는 倫理學者가 實노 吾人의 一擧一動과 밋 一切의 事를 包含홈이니 學派 學說의 如何홈을 徒爭홈은 是皆 枝葉의 論이라.

---

37) 「교육학원리」(유근(1907), 『대한자강회월보』 제6~11호).
38) 허재영(2012), 『근대계몽기 교육학 연구와 교과서』, 지식과교양사, 39쪽.

윤리학은 인류의 진리를 궁구하는 실행의 方法 구는하는 것이다. 물리학과 윤리학을 서로 비교하여 그 차이를 따져 보면 족히 그 진리를 알게 될 것이다. (…중략…) 윤리학의 성질은 실천함을 중시한다. 간혹 논리적으로 심층적인 의미를 찾는 경우도 있으나 그 목적은 학문적 이론을 발명하기 위함이 아니요, 실천해야 사회의 발달을 도울 수 있다. 이것은 즉 윤리학이 실천하는 과학이라는 점에서 물리학 등과는 서로 다 다르다 할 수 있다. (…중략…) 그러나 우리 인류가 다만 한 사회 중에 모여 생활함이 아니오, 사회로 더불어 호상 연락함이 반드시 있으니 이것은 우리의 사상 행위가 사회에 관계되지 않는 것이 없고, 또 직접 혹은 간접으로 그 발달을 도우며 혹은 방해하는 경우도 있다. 사회가 유기체적인 생명과 같음으로 그 속에 살아가는 개인은 결코 독립하여 그 생활을 보전하지 못한다. 이것은 윤리학자가 실로 우리의 일거일동과 일체의 일을 포함함이니 학파, 학설의 여러 논쟁들은 이에 포함된 지엽적인 논의라.

—『기호흥학회월보』 제5호

위에서 지적한 바처럼 윤리학은 인류의 진리를 구하여 실행의 방법을 구하는 학문이다. 사회는 일개인이 모여 이루어지는 것이며, 그러므로 개인의 사상과 행위는 직간접으로 사회와 연관되어 그 발달 여부를 결정한다는 것이다. 특히 위에서는 윤리학의 개념을 물리학과 비교하여 논하고 있다는 점이 주목된다. 중략된 부분에서는 물리학은 논리와 응용으로 분류되는데 응용의 여부를 불구하고 다만 학문적 원리를 탐구하여 천칙(天則)을 발명하는 것을 목적으로 한다는 것이다. 그러나 윤리학은 논리와 응용으로 나뉘는 것이 불가하며, 실천[응용]이 중요하다는 점에서 상반적인 성격을 띤다고 설명하고 있다. 결국 윤리학의 목적은 학문적 원리를 탐구하는 것이 아니라, 실천적인 것이며 사회의 발달을 기하는 데 있다는 주장이다.[39]

이 시기에는 이러한 윤리관을 담은 교과서류가 다종으로 발간되기도 했다. 당시 수신과 교과서는 기존의 소학용 독본과는 달리 '수신 교과서', 또는 '윤리학 교과서'라는 책명을 사용했는데, 대표적인 교과서로는 『윤리학교과서』(1906, 신해영), 『초등윤리학교과서』(1907, 안종화), 『녀자소학슈신서』(1907, 노병희), 『중등수신교과서』(1907, 휘문의숙), 『초등소학수신서』(1908, 유근), 『고등소학수신서』(1908, 휘문의숙), 『초등수신』(1909, 박정동) 등이 있다. 이들 교과서의 주요 내용은 전통 수신 윤리와 근대적 사회 이념 및 국가 윤리를 담고 있다.[40]

〈표 1〉 근대 계몽기 수신 교과서 목록(허재영, 2011: 14 재인용)

서적명	저자 및 편자	발행 연도	출판사
초등 여학독본 (初等女學讀本)	이원경 (李源競)	융희 2년(1908)	보문사(普文社)
초등 윤리학 교과서 (初等倫理學教科書)	안종화 (安鍾和)	융희 1년(1907)	광학서포(廣學書鋪)
초등 수신 교과서 (初等修身教科書)	안종화 (安鍾和)	융희 3년(1909)	광학서포(廣學書鋪)
고등 소학 수신서 (高等小學修身書)	휘문의숙 (徽文義塾)	융희 1년(1907)	휘문관(徽文館)
초등 소학 수신서 (初等小學修身書)	유근 (柳瑾)	융희 2년(1908)	광학서포(廣學書鋪)
보통교육 국민 의범 (普通教育國民義範)	진희성 (陳熙星)	융희 2년(1908)	의진사(義進社)
윤리학 교과서 (倫理學教科書)	신해영 (申海永)	융희 2년(1908)	보성관(普成館)
녀자 소학 슈신서	노병선 (盧秉鮮)	융희 3년(1909)	박문서관(博文書館)
초등 수신서 (初等修身書)	박정동 (朴晶東)	융희 3년(1909)	동문사(同文社)
보통교과 수신서 (普通教科修身書)	휘문의숙 (徽文義塾)	융희 4년(1910)	휘문관(徽文舘)
중등 수신 교과서 (中等修身教科書)	휘문의숙 (徽文義塾)	광무 10년(1906)	휘문관(徽文舘)

---

39) 「윤리학」(이해조(1908), 『기호흥학회월보』 제5호).
40) 안종화 외 저, 허재영 외 역(2011), 『근대 수신 교과서』 1, 소명출판, 10쪽.

이렇듯 윤리학 관련 교과서류가 다양하게 발간[41])되었다는 것은, 사회적 자아에 대한 당대 인식과 더불어, 그에 부합하는 실천적인 인간상의 정립이 무엇보다 급선무였음을 반영하는 것이다. 한편 위에 제시된 수신서의 내용을 안종화(安鍾和)[42])의 『초등윤리학교과서』의 목차를 통해 살펴보면 다음과 같다.

〈표 2〉 안종화의 『초등윤리학교과서』 목차(허재영, 2011: 40 재인용)

주제	내용
제일장 수기(修己)	제일절. 보강강(保康强)[일. 귀청결(貴淸潔), 이. 수절도(守節度), 삼, 계기욕(戒嗜慾), 사. 근운동(勤運動)] 제이절. 수도덕(修道德)[일. 성실(誠實), 이. 근면(勤勉) 삼. 규율(規律), 사. 수치(羞恥)] 제삼절. 진지능(盡知能)[일. 보통지지능(普通之知能), 이. 직업지지능(職業之知能), 삼. 호상지지능(好尙之知能)]
제이장 가족(家族)	제일절. 부모(父母) 제이절. 형제(兄弟) 제삼절. 부부(夫婦) 제사절. 주역(主役) 제오절. 친척(親戚)
제삼장 사우(師友)	제일절. 사제(師弟) 제이절. 붕우(朋友)[일. 충(忠), 이. 신(信), 삼. 서(恕), 사. 의(義)]
제사장 타인(他人) 제오장 사회(社會)	제오장. 사회[일. 직업(職業), 이. 공익(公益), 삼. 공덕(公德)]
제육장 국민(國民)	일. 수업(守法) 이. 납세(納稅)

안종화의 『초등윤리학교과서』는 중국 오상(吳尙)의 책을 일부 수정하여 번역한 것인데,[43]) 책의 구성을 보면, 제1장은 자신의 수양[수기:

---

41) 〈표 1〉은 허재영(2011), 「근대계몽기 교과서 해제」, 『근대수신교과서』 1, 소명출판, 14쪽에 제시된 근대기 수신서 교과 목록을 재인용한 것이다.

42) 안종화(安鍾和, 1800~1924)는 근대계몽기 역사학자이자 교육자이다. 대표적인 저서로는 『국조인물지(國祖人物志)』, 『동사절요(東史節要)』, 『광릉세고(廣陵世稿)』, 『초등본국역사(初等本國歷史)』 등이 있다. 허재영(2011), 「초등윤리교과서 교과서 해제」, 『근대수신교과서』 1, 소명출판, 38쪽.

43) 안종화 외 저, 허재영 외 역(2011: 38~45).

修己], 제2장은 가족(家族), 제3장은 스승과 벗[師友], 제4장은 타인(他人), 제5장은 지역사회[선군: 善羣], 제6장은 국가(國家) 등으로 이루어졌다. 이 교과서는 전통적인 수신(修身)을 바탕으로 근대적 사회 윤리와 국가 윤리를 가미한 초등용 교과서로서, 개인의 건강이나 도덕심을 바탕으로 가족과 사제, 친구, 타인, 사회, 국가 윤리에 해당하는 기본적인 내용을 다루고 있다.[44]

〈표 1〉에서 제시한 기타 수신서의 경우도 각 교과서마다 내용 전개 방식이 다르지만, 큰 틀에 있어서는 대동소이하다. 전통적인 수신서의 내용과 체계를 일정 부분 계승하면서도 당시 상황을 적극적으로 반영하는 내용을 담고 있다고 할 수 있는데. 전통적인 '소학' 중심의 덕목과 함께 서구 근대사상에 기반한 덕목이나 가치를 동시에 중시하고 있다. 예를 들어 유근의 『초등 소학 수신서』나, 안종화의 『초등 윤리학 교과서』는 그 대표적인 경우이다. 유근은 효와 충, 우애와 같은 전통적인 유교 덕목은 물론 자유나 의무와 같은 민주주의의 핵심 가치를 주제로 삼는 독립된 장을 배치하고 있다. 안종화도 보다시피 준법[守法]이나 납세(納稅) 같은 민주시민으로서의 의무도 중요한 수신 교과서의 내용으로 제시하고 있다.[45]

위에서 자료들을 통해 드러나듯이, 근대 계몽기 윤리학은 동양의 전통적인 윤리학과 서양의 근대 윤리학의 내용을 통하여 개인 윤리, 사회 윤리, 국가 윤리 등을 제시하고 있다고 할 수 있다. 아래에서는 각각에 대한 윤리관이 무엇인지, 당대 윤리학 담론을 통해 구체적으로 탐색하고자 한다.

---

44) 허재영(2011: 40~41).
45) 박병기(2011), 「수신서 장르 해제」, 『근대수신교과서』 1, 소명출판, 18쪽.

2.2. 윤리학 담론, '개인, 사회, 국가' 윤리

2.2.1. 개인 윤리로서의 '수신(修身)'

이해조(李海朝)[46]의 윤리학에서는 자아를 세분하여 첫째, 개인 윤리 [수신(修身)], 둘째, 가족 윤리, 셋째, 사회윤리 등으로 분류하여 제시하기도 했다.[47] 먼저 개인 윤리에서 우선적인 덕목으로 든 것은 '수신(修身)과 처세(處世)'이다.

【 이해조, 윤리학(倫理學) 】

倫理學上으로 自ᄒ야 細分홀진ᄃᆡ 一曰 修身이오, 一曰 處世니 修身 云者ᄂᆞᆫ 其 德性을 涵養ᄒ며 其 品格을 高尙케 ᄒᄂ 바이오, 處世 云者ᄂᆞᆫ 社會 發達의 天則으로 本을 作ᄒ야 吾身으로써 先導홈이ᄂ 然이나 此 目的을 達코져 홀진ᄃᆡ 一主義로 標準을 삼으면 正이 되ᄂᄂ니, 是ᄂᆞᆫ 道德上에 謂혼 바 善이오, 此를 背ᄒ면 邪가 되ᄂᄂ니 是ᄂᆞᆫ 道德上에 謂혼 바 惡이라. 然이나 世人의 善惡을 判別홈이 往往 已往의 經驗을 固執ᄒ야 所謂 格言, 習慣 等 常識으로써 主義를 삼아 社會가 煩雜홈에 日富ᄒ야 進步가 頗速홈을 不知 ᄒ고, 往昔의 習見에 徒泥ᄒ니 其 今日에 不適홈은 智者를 不待ᄒ고 甚히 明確ᄒ도다. 故로 各派 倫理의 學說을 比較ᄒ야 其利害를 硏究ᄒ야 今日의 思想으로 더부러 幷立홀 最良主義를 求홈이 第一 要義가 될지니 主義가 旣定ᄒ면 非徒眞理를 發明홈에 足홀 ᄯᅡ 아니라. 곳 此로 由ᄒ야 吾人의 思想 行爲를 管轄홀지니 然則 倫理學은 論理의 學이 아니오, 乃 實踐의 學이

---

46) 이해조(李海朝, 1869~1927)는 1906년 11월부터 잡지 『소년한반도(少年韓半島)』에 소설 「잠상태(岑上苔)」를 연재하면서 본격적인 문학 활동을 시작하였다. 1907년 대한협회(大韓協會)와 1908년 기호흥학회(畿湖興學會) 등의 사회단체에 가담하여 신학문의 소개와 민중계몽운동에 나서기도 하였고, 한때 『매일신보』 등의 언론기관에도 관계하면서 30여 편 이상의 작품을 발표하였다.

47) 「윤리학」(이해조(1908), 『기호흥학회월보』 제5~12호).

니라.

번역 윤리학을 세분하면 하나는 수신이오, 또 다른 하나는 처세이니 수신이라는 것은 그 덕성을 함양하며 그 품격을 고상케 하는 것이오, 처세란 사회 발달의 자연적인 법칙으로 근본을 만들어, 내가 선도하고자 하는 목적에 이르고자 하는 것이니, 이를 하나의 주의로 표준 삼으면 정의가 되니, 이것은 도덕상 선이오, 이를 등지면 사악함이 된다. 이것은 도덕상 악이라. 그러나 세상 사람의 선악을 판별함이 이왕의 경험을 고집하여 소위 격언, 습관 등 상식으로써 주의를 삼아 사회가 번잡해지고 진보가 빨라진 것을 알지 못하고, 지난 지 오랜 식견에 젖어 있으니, 오늘날에 부적당함으로 지혜를 기대할 수 없다는 것은 매우 명확하다. 그러므로 각파 윤리의 학설을 비교하여 그 이해를 연구하여 오늘의 사상과 더불어 병립하여 최량주의를 구함이 제일 중요한 요지라 할 것이니. 주의가 이미 정해지면 진리가 아닌 것으로 설명함에 족할 뿐 아니라. 그로 인해 우리의 사상 행위를 지배하게 되니 그런즉 윤리학은 논리의 학문 아니오, 이에 실천의 학문이니라.

—『기호흥학회월보』제5호

보다시피 이 글에서는 윤리학의 첫 번째 덕목은 바로 수신과 처세(處世)라고 정리하고 있다. 인용문에 따르면 수신은 덕성을 함양하며 자신의 품격을 고양시키는 것이며, 처세는 사회 발달의 원칙을 도모하며 선도하는 것을 목적으로 한다. 이러한 의미에서 "윤리학은 논리의 학문이 아니오, 실천의 학문"이다.[48] 또한 '수신과 처세'의 윤리에서 사회 발달을 기하느냐의 여부를 표준으로 삼아 행하는 실천적 행위가 바로 '정의[正]'요, 도덕적인 '선(善)'이라는 것이다. 여기에서 개인적인 수신

---

48) "윤리학(倫理學)은 논리(論理)의 학(學)이 아니오, 내(乃) 실천(實踐)의 학(學)이니라"(이해조(1908),「윤리학」,『기호흥학회월보』제5호)

은 바로 세상에 처하는 처세와 직결되며, 처세는 사회적인 발달을 가져오는 행위라고 할 수 있다. 또한 이 글에서는 선악의 판단은 격언, 습관 등 상식으로써 주의를 삼는 것이 아니기 때문에 윤리 학설 제반을 제대로 이해할 필요가 있다는 내용을 덧붙이기도 했다.

필자 이해조는 위의 논의에 이어 '자기(自記)의 구성을 "자기 신체, 자기 사상, 자기와 사회의 관계, 자기와 천연(자연)의 관계"로 설정하고, 윤리학이 사회 윤리 및 도덕상과 긴밀한 관계가 있음을 피력하고 있다. 나아가 이러한 자기 이해를 자식된 도리, 부부의 도리, 형제간의 도리 등으로 확대시켜 가정윤리에 대해서도 논하고 있다.

한편 『소년한반도(少年韓半島)』에서는 양재건(梁在謇)이 '자수론(自修論)'을 들어 개인 윤리에 대해서 논하고 있는데, 이 또한 이해조의 수신론(修身論)과 맥을 같이 하는 논의라 할 수 있다.

【 양재건, 자수론(自修論) 】

自修者는 盖 省察 克治之功이니 顔氏子淵之 克己復禮ㅣ 是已라. 其省察克治也에 毅力이 爲之先이라야 自修之實을 可得而言矣라. (…중략…) '人이 治ᄒᆞᄂᆞᆫ 者ㅣ 常히 天이 行ᄒᆞᆷ으로 더부러 相搏ᄒᆞ야 爲不斷之競爭矣라.' (近代 哲學家의 恒言) 天行之爲物이 往往 與人類所期望으로 相背故로 其反抗力이 至大且劇ᄒᆞ야 人類 向上 進步之美性이 又非可以現在之地位而自安也ㅣ라. (1호) (…중략…) 凡厥自修者는 尊其瞻視ᄒᆞ고 趾高氣揚者之謂乎아. 曰非也ㅣ라. 月日三班ᄒᆞ고 日夕章句者之謂乎아. 曰非也ㅣ라. 凡我所謂 自修者는 迺高尙純潔之愛國心과 堅靭不折之武毅力으로 磨而不磷ᄒᆞ고 湼而不緇ᄒᆞ야 建築 二十世紀之少年韓半島者ㅣ 是之曰 自修也라. (3호)

> **번역** 자수라는 것은 성찰하여 다스림의 공에 이르는 것이니 자기의 의지로 욕망을 억제하고 예의에 어그러지지 않도록 하는 그것이라. 먼저 성찰과 다스림의 굳센 힘이 있어야 자수의 열매를 얻었다 말할 수 있다. (…중략…) '사람이 다스리는 것은 항상 하늘이 행함으로 더불어 서

로 마주치는 것이라 끊임없이 경쟁하는 것이다'(근대 철학가의 말) 하늘
이 사물을 위하여 행하는 것과 인류의 그 기대와 소망은 서로 배치된다.
그러므로 그 반항력으로 인해 인류 향상 진보가 있는 것이요. 또 현재의
지위에 스스로 안주하지 않는 것이다. (1호) 무릇 자수라는 것은 그에 비
추어 존중하고 의기양양한 태도를 이르는 것이다. 날마다 달마다 서성거
리고 낮이나 밤이나 그것을 생각하는 것이다. 무릇 자수라는 것은 고상순
결한 애국심과 꺾이지 않는 굳센 힘으로 끊임없이 정진하여 이십세기의
소년한반도를 건축하는 것이다. 그리고 이를 자수라고 말할지라. (3호)
—『소년한반도』 제1~3호

　위의 글에 따르면, 자수(自修)라는 것은 자기를 성찰(省察)하고 다스림
의 공[克治之功]에 이르는 것이다. 이를 먼저 갖추어야 자수의 실효를
얻을 수 있으며, 선(善)으로 향할 수 있다는 것이다. 또한 필자가 원하는
궁극적인 자수의 개념은 고상 순결한 애국심, 꺾이지 않는 굳센 무의력
(武毅力)으로 20세기 소년 한반도를 건축하는 것이라고 할 수 있다. 결
국 자수론은 자기를 먼저 닦는 것이며, 이상적인 사회(국가) 건설의 토
대라는 주장이다.
　서병현(徐炳玹)[49] 또한 자기를 먼저 수련해야 사람과 나라를 다스릴
수 있다는[50] '수기론(修己論)'을 펼치기도 했다. 이 윤리관은 앞선 '수신
론', '자수론'과 함께, 이른바 "수신제가치국평천하(修身齊家治國平天下)"

---

49) 서병현(徐炳玹, 1892~?)은 일제 강점기의 지방행정 관료이다. 1935년에는 고등관 4등에
　　올랐다. 이 해에 총독부가 편찬한 『조선공로자명감』에 조선인 공로자 353명 중 한 명으
　　로 수록되어 있다. 이 책자에는 "조선 각도의 군수 중에서도 행정상으로 식견과 수완에
　　있어서 단연코 뛰어나며 원로격의 비중을 가진 인사"라는 평이 실려 있고, 지방민의 신
　　뢰도 두텁다고 적혀 있다.
50) "修己라야 治人治國이란 것을 敎授커든 修己而謀治人治國홀지오(자기를 닦아야 사람과
　　나라를 다스린다는 것을 가르치려면 자신을 수련하고 사람과 나라를 다스리는 것을 도
　　모하라)."(서병현(1909), 「수신윤리 모범 이행 팔자를 진정우피 교육자 제군」, 『서북학회
　　월보』 제8호)

라는 대학(大學)의 내용과 유사한 이념을 보인다. 여기에서 유교적 윤리관이 저변에 자리잡고 있음을 보여준다. 그런데 또 하나 주목되는 윤리학 담론은 「윤리총화(倫理叢話)」로서, 여기에서는 '수신(修身), 자수(自修), 수기(修己)'라는 말 대신 "애기(愛己)"라는 표현을 쓰고 있다. 또한 이는 홉스와 니체의 이론에 근거를 둔 것으로, 헤겔의 "애타의(愛他義)"로 연결되어 '자기 사랑에서 타자 사랑으로' 확대되었다고 지적하고 있다.51) 또한 이러한 윤리 개념은 후일 도산 안창호의 사상적 기반으로 작용하기도 했다. 즉 도산은 자조(自助)와 호조(互助)를 강조했고, 애기(愛己)와 애타(愛他)를 역설했으며, 대공주의(大公主義)와 자아(自我) 혁신을 주창하며 민족 개조 사상을 강조했던 것이다.52)

『소년한반도』에는 이 외에도 개인 윤리로서 서병길(徐丙吉)의 「현금문명각국통례(現今文明各國通禮)」와 「교제신례(交際新禮)」 등이 수록되었는데,53) 동잡지 제1호부터 제6호까지 연재되었으며, '현금 문명 각국 통례'와 '교제신례'로 구성되었다. 교제신론은 '방문', '담화', '소개' 등의 소항목을 두고 그 예절에 대해서 다루기도 했다. 『소년한반도』는 전문적 이론보다 '일반교양 위주'의 내용으로 지식의 대중화를 꾀한 잡지에 속한다. 즉 학회나 정당의 기관지보다 넓은 독자층을 포괄해야 한다는 생각으로 발간된 잡지이다.54) 여기에 실린 양재건의 '자수론'이

---

51) "吾人이 何로써 道德의 基礎를 定홀가 홈에 對ᄒ야ᄂ 二條의 見解가 有ᄒ니 即 (一) 英國의 홋부스와 獨逸의 니－제 等의 主唱ᄒᄂ 愛로써 基礎를 作홈과 (二) 獨逸의 휘－데슌꿰휄 等이 主張ᄒᄂ 愛他로써 基礎를 슴음이라(우리가 무엇으로써 도덕의 기초를 정할가 함에 대하여는 두 가지의 견해가 있으니 (일) 영국의 홉스와 독일의 니체 등이 주장한 '사랑'을 기초로 한 것과 (이) 독일의 휘 - 데슌꿰휄 등이 주장한 타자사랑을 기초로 삼음이라)." (편집부(1909), 「윤리총화: 애기와 애타의」, 『서북학회월보』 제11호)

52) 도산은 인간이 동물과 다른 점은 개조 능력을 가진 점에 있다고 보았다. 즉 인간은 개조하는 힘이 있기 때문에 생활의 향상이 있고, 사회의 발전이 있고, 문명의 진보가 있다. 이에 도산은 민족의 5대 개조를 강조했다. 첫째는 국토 개조, 둘째는 사회 개조, 셋째는 생활 개조, 넷째는 성격 개조, 다섯째는 정신개조 등이다. (「안창호」, 한국독립운동사시스템, 독립유공자 공훈자료 http://search.i815.or.kr)

53) 「현금문명각국통례」(서병길(1906), 『소년한반도』 제1호), 「교제신례」(서병길(1906), 『소년한반도』 제2~6호).

나 서병길의 해외 예법 소개 및 교제 예법 등의 논의는 당대 일반 대중에게 개인 윤리에 대한 학지적(學知的) 담론을 소개하는 것이라 주목되는 자료라 할 수 있다.

2.2.2. 사회와 국가 윤리: '윤리(倫理)의 총화(叢話)'

이해조는 「윤리학」에서 개인윤리에 이어 국가와 사회의 개념, 사회윤리의 특징도 함께 다루고 있다.

【 이해조, 윤리학(倫理學) 】

社會倫理. 多數ᄒᆞᆫ 人類가 住所를 定ᄒᆞ고 群集生活ᄒᆞᆷ이 自然 統一ᄒᆞ야 團體를 成ᄒᆞᆫ 者ㅣ 有ᄒᆞ니 此가 社會라 謂ᄒᆞᄂᆞᆫ 者라. 夫 國家 與 社會ᄂᆞᆫ 密邇(밀이)ᄒᆞᆫ 關係가 有ᄒᆞ나 其 相異ᄒᆞᆫ 處를 不可不 知ᄒᆞᆯ 바ㅣ 有ᄒᆞ니, <u>國家ᄂᆞᆫ 法律과 權力으로 人民의 團體를 統一ᄒᆞ야 人을 治ᄒᆞᄂᆞᆫ 者도 有ᄒᆞ며 人의 治를 被ᄒᆞᄂᆞᆫ 者도 有ᄒᆞ야 各人 互相間에 權理 義務가 皆有ᄒᆞᆫ 것이오, 社會ᄂᆞᆫ 人情 自然으로 本을 作ᄒᆞ야 其 交際가 互相 結合ᄒᆞᄂᆞᆫ 者</u>이나. 然이나 社會의 結果가 비록 人情의 自然 發達로 本을 作ᄒᆞ되, 其 自然에만 放任ᄒᆞᆫ 所致로 結合은 益密ᄒᆞᆯ지언뎡 利害ᄂᆞᆫ 相返ᄒᆞ야 競爭이 是生ᄒᆞᆷ으로 秩序가 或 紊ᄒᆞ며 且 自然의 結合은 大社會를 統轄키 不能ᄒᆞ고 分裂ᄒᆞ야 小團體될 勢가 自有ᄒᆞ니 此ᄂᆞᆫ 國家를 組織ᄒᆞ고, 權利義務의 制限을 立ᄒᆞ야 强力으로써 其 統一을 保存ᄒᆞᄂᆞᆫ 바의 始ᄒᆞᆫ 者로다.

> **번역** 사회윤리. 다수의 인류가 거할 곳을 정하고 자연스럽게 군집생활을 하며 단체를 이룬 것, 그것을 사회라 이르는 것이라. 대저 국가와 더불어 사회는 긴밀한 관계가 있으나 서로 다른 점이 있음을 알아야

---

54) 구장률(2010), 「근대 초기 잡지의 영인 현황과 연구의 필요성」, 『근대서지』 제1호, 근대서지학회, 94쪽.

한다. 즉 국가는 법률과 권력으로 인민 단체를 통일하여 사람들을 다스리는 자도 있으며, 다스림을 입는 자도 있어, 각인 상호간의 권리와 의무가 대개 있는 것이다. 사회는 인정을 자연으로 근본을 만들어 그 교제가 상호 결합하는 것이다. 그러나 사회가 비록 인정의 자연적인 발달을 근본으로 삼되, 그 자연에만 방임하는 까닭에 단합체들의 결속력이 강해지면서 이해가 서로 표면화되고 경쟁이 생기니, 이에서 질서가 어지러워지며 또 자연적인 결합체를 큰 사회가 모두 거느려 관할할 수 없고, 분열하여 소단체가 될 기세가 있으니, 국가를 조직하고, 권리와 의무의 제한을 수립하여 강력하게 그 통일을 보존하는 것이다.

—『기호흥학회월보』 제12호

위 글에서는 사회에 대해서 다음과 같이 정의내리고 있다. 즉 여러 유형의 사람들이 정착하여 군집생활을 하게 되면서 통일된 공동체가 형성되었는데, 이를 '사회'라고 칭한다는 것이다. 한편 사회와 국가는 긴밀한 관계가 있으나, 서로 상이한 면을 지니고 있다고 설명한다. 국가라는 것은 법률과 권력으로 인민 단체를 통일하여 다스리는 자도 있으며, 그 다스림을 받는 자도 있다. 그러므로 각 사람은 상호간의 권리와 의무가 있다는 것이다. 여기에서 사회는 사람 간의 이해가 상반하여 경쟁이 생기기 마련인데, 이해가 서로 달라 분열하기도 쉽다고 지적했다. 이에 권리와 의무에 제한을 두는 국가 통치가 필요하다는 논지이다. 필자는 이어지는 글에서, 사회가 비록 개인의 집합이라고 하나 "동일의 혈족과 동일의 역사와 그 풍속, 언어, 사상, 종교의 같음을 지향"한다고 논했다. 이러한 점에서 민족적 동질성을 지니며 일국가가 형성되는 것이라고 보았다.[55] 결국 이 글은 개인은 사회에, 사회는 국가에 대한 권리와 의무가 있으며, 이것이 바로 국가윤리라고 정의한 경우라

---

55) 「윤리학」(이해조(1908), 『기호흥학회월보』 제12호).

할 수 있다.

한편 「윤리총화」라는 '사회와 도덕'의 관계에 대하여 다음과 같이 논하고 있어 주목된다.

【 편집부, 윤리총화(倫理叢話) 】

前節에셔 社會와 個人이며 自己와 他人에 對ᄒᆞᆫ 關係를 四肢五體에 譬홈과 如히 社會라 홈은 自我의 反對가 아니라 自我 本性의 大部分이니 若 社會가 無ᄒᆞ고 吾一人이 地球上에 獨立ᄒᆞ얏다 假定ᄒᆞ면 道德을 行ᄒᆞᆯ 機會가 無ᄒᆞᆯ 뿐 아니라 自己의 價値신지도 殆히 消滅케 되ᄂᆞᆫ 것이라. 然則 社會가 無ᄒᆞᆫ 處ᄂᆞᆫ 道德의 價値가 無ᄒᆞ니 卽 社會가 成立ᄒᆞᆫ 後에야 道德을 修키 能ᄒᆞ고 必要도 有ᄒᆞ고 (…중략…) 社會가 有ᄒᆞ여야 自我가 發展되야 人格이 此에셔 生ᄒᆞ거니와 社會가 無ᄒᆞ면 人格을 作키 不能ᄒᆞ니 內로ᄂᆞᆫ 父母姊妹兄弟妻子의 關係와 외로ᄂᆞᆫ 君臣師弟朋友의 關係가 皆 人格을 形成ᄒᆞᄂᆞᆫ 要素이라.

번역 앞 절에서 사회와 개인, 자기와 타인에 대한 관계를 사지오체(四肢五體)에 비유함과 같이 사회라 함은 자아의 반대가 아니라 자아의 본성을 대부분 지니고 있으니 만약 사회가 없고 우리 인간이 지구상에 홀로 서 있다고 가정하면 도덕을 행할 기회가 없을 뿐 아니라 자기의 가치까지도 거의 소멸케 되는 것이라. 그런즉 사회가 없는 곳엔 도덕의 가치가 없으니 즉 사회가 성립한 후에야 도덕심을 기르는 것이 가능하고 그 필요성도 있고 (…중략…) 사회가 있어야 자아가 발전되어 인격이 이에서 생겨나거니와 사회가 없으면 인격을 형성치 못하니 안으로는 부모 자매 형제 처자의 관계와 밖으로는 군신 사제 붕우의 관계가 대개 인격을 형성하는 요소라.

—『서북학회월보』 제11호

앞서 '자아'의 문제를 다루는 장에서 이미 살펴본 바 있지만, 「윤리총화」에서는 자아를 사적인 "개인적 자아(個人的 自我)"와 사회 구성원으로서의 "사회적 자아(社會的 自我)"로 구분하고 있다. 위의 글에서는 이를 전제로 사회란 개인적 자아가 모여 구성된 것임으로 반대가 아니라 그 본성을 내포하고 있다는 주장이다. 또한 사회가 존재함으로써 자아가 발전되며, 가족관계[부모자매형제처자(父母姉妹兄弟妻子)]와 사회관계[군신사제붕우(君臣師弟朋友)]의 등에서 도덕의 가치의 실현과 인격 형성을 도모를 기할 수 있다는 결론이다. 「윤리총화」 속편에서도 이와 유사한 논의를 보이는데, 개인과 사회윤리에 대해 다음과 같은 주장을 보이하고 있다.

【 편집부, 윤리총화 속(倫理叢話 續) 】

社會가 有흔 後에야 人格이 有흔즉 社會를 離흔 人은 人類가 아니라. 故로 人은 生흠은 天然 自然이ᄂ 人을 造흠 은 即 社會라. 人은 生흠으로븟터 身心의 能力이 有ᄒ다고 人類됨은 아니라 人은 肉體도 他動物과 比ᄒ면 不完全ᄒᄂ 生흔 後 父母의 保育을 待ᄒ야 肉體ᄂ 若干 完全흔 듯 ᄒᄂ 其 精神은 尙 此 不完備흠으로 此를 敎育ᄒ야 人格을 賦與흠은 家庭이오 學校오 社交界오 國家오 世界니라.

번역 사회가 있은 후에야 인격이 있은즉 사회를 떠난 인간은 인류가 아니다. 그러므로 인간은 태어남으로 천연의 자연이나 인간을 만드는 것은 바로 사회라. 사람은 태어나면서 심신의 능력이 있다고 인류가 되는 것이 아니다. 사람은 육체도 다른 동물에 비하면 불완전하게 태어나서 후에 부모의 보육에 의해 육체가 완전하게 되는 듯하나, 그 정신은 불완전함으로 이를 교육하여 인격을 부여함은 가정이요 학교요 사교계요 국가요 세계니라.

—『서북학회월보』 제12호

인용문에서는 사회가 존재함으로 인격이 있으며, 사회를 떠난 개인은 사람이 아니다는 극단적인 표현을 쓰고 있다. 사람이 태어나는 것은 자연적인 것이나 사람을 만드는 것은 바로 사회라는 것이다. 다시 말해 여타 생물에 비해 불완전하게 태어난 인간은 부모의 보육(保育)으로 신체가 성장하고 가정과 학교 등의 사회와, 국가의 교육으로부터 인격이 완전하게 된다는 것이다. 이러한 논의는 일개인의 심신의 성장은 사회라는 울타리 안에서만 이루어질 수 있다는 것이며, 특히 인격적인(윤리적) 성장은 사회와 국가의 교육에서 발전할 수 있다는 주장이라 할 수 있다.

2.2.3. 개인 윤리와 사회 윤리의 조화: '애기심(愛己心)과 애타심(愛他心)'

앞서 살펴본 윤리론은 사회와 국가 발전이라는 측면에서 개인의 윤리는 결국 사회윤리로 통한다는 내용이다. 개인 윤리의 궁극적인 종착점은 사회와 국가의 발전의 한 지체로서 공익과 상관된 것으로서, 결국 사회적 윤리가 보다 중시되고 있음을 볼 수 있다. '개아(個我)'의 가치를 중시하는 일제강점기에 들어서는 개인과 사회 윤리의 관계는 종속적인 의미보다 상호보완적인 의미로 변화된 양상을 보인다.

이를 보여주는 논의로는 백두산인(白頭山人)의 「현대윤리사상의 개관」이라는 글로, 우선 이 글에서는 동서양의 윤리의 특징을 '개인의 발전'과 '집단의 발전'과의 관계로 접근하고 있다는 점이 주목된다.

【 백두산인, 현대윤리사상(現代倫理思想)의 개관(槪觀) 】
元來 西洋人의 思想은 個人制度의 主義이나 東洋人의 思想은 家族制度의 主義가 根本에서 一은 絶對로 是하며 他一은 絶對로 非한 것은 아니겟다. 거긔에는 서로 一長一短이 잇스며 一是一非가 잇나니 家族의 觀念이 업시 個人의 發展뿐 圖하는 것은 이 種族을 蔑視함이며 家族의 觀念으로써 個人의 自由를 防遏하는 것은 이 個性을 忽視하는 것이니 兩者 共히 善한 調和

를 어든 후에야 世道人事ㅣ 바야으로 圓滿의 發展이 잇슬 것이엇다. 이 點에서 西洋人도 東洋人의 思想을 배울 必要가 업지 아니하며 東洋人도 또한 西洋人의 思想을 學得할 必要가 잇다. (…중략…) <u>彼의 長을 取하야 我의 短을 補하며 又 我의 長을 가지고 彼의 短을 理解하야 兩者의 調和를 得함이 可하며 더욱이 倫理의 思想에 此 精神을 確守하야 新生活의 端緖를 염이 가장 得策이 될 것이엇다.</u>

번역 원래 <u>서양인의 사상은 개인제도 주의이나 동양인의 사상은 가족 제도 주의가 근본이다. 하나는 절대로 옳으며 다른 하나는 절대로 그른 것은 아니다.</u> 거기에는 서로 일장일단이 있으며 옳고 그름이 있으니 가족 개념 없이 개인의 발전만 도모하는 것은 이 종족을 멸시함이며 가족의 개념으로써 개인의 자유를 막는 것은 이 개성을 멸시하는 것이니 양자 모두 선한 조화를 얻은 후에야 세상의 도와 사람 일이 바야흐로 원만하게 발전하게 되는 것이다. 이 점에서 서양인도 동양인의 사상을 배울 필요가 있으며 동양인도 또한 서양인의 사상을 배울 필요가 있다. (…중략…) <u>저의 장점을 취하여 나의 단점을 보완하며 또 나의 장점을 가지고 저의 단점을 이해하여 양자의 조화를 얻는 것이 가능하며 더욱이 윤리 사상에 저의 정신을 확실히 수립하여 신생활의 단서를 여는 것이 가장 훌륭한 계책이 될 것이다.</u>

—『개벽』 제16호(1921)

위 글은 "윤리와 동서문명의 융합"이라는 부제 하에 쓰여진 내용으로, 서양 사상은 개인주의가, 동양은 가족주의가 근본을 이룬다고 보고 있다. 그러나 동서양의 이러한 인식은 무엇이 옳고 그르다고 할 수 없다는 것이다. 각각의 사상에는 일장일단이 있으며, 가족을 무시하고 개인의 발전만 도모하는 것은 종족을 멸시하는 것이요, 가족만을 생각하여 개인의 자유를 방해하는 것은 개성을 멸시하는 것이라고 피력하고 있다, 결국 이 양자가 조화를 이루어야 세상의 도덕과 사람의 관계가 원만해

진다는 결론이다. 이 점에서 서양인도 동양인의 사상을 배울 필요가
있으며, 동양인도 또한 서양인의 사상을 배워 양자를 조화시켜야 한다
는 주장이다. 백두산인은 이돈화의 필명으로 천도교 사상가이다.[56) 위
의 논의는 동학의 인내천 사상과 동궤를 이루는 내용이라 하겠다.

한편 위의 글에 이어 '윤리사상의 이대특점'이라는 부제로 윤리의 특
징을 다음과 같이 논하고 있다.

【 백두산인, 현대윤리사상(現代倫理思想)의 개관(槪觀) 】

東西文明이 점차 融和하는 곳에 倫理의 觀念도 또한 變化하야 가며 그리
하야 우리의 社會生活의 意味가 一層ㅣ 널러 가겟다. 玆에 우리가 此 廣義
의 倫理生活에서 반듯이 思考치 아니치 못할 二大 特點이 잇나니 하나는
社會發展이라 하는 것이오 하나는 個人發展이라 하는 것이엇다. 그리하야
此 兩者로부터 生하는 思想과 事實을 善히 調和하는 것이 곳 倫理의 二大
特點이라 할 것이다. 個人이 重하냐 社會가 重하냐 혹은 個人이 輕하냐 社
會가 輕하냐 하는 此 難疑는 어느덧 討究의 問題가 아니며 論議의 材料가
아니엇다. 個人을 離하야 社會가 업스며 社會를 離하야 個人이 업다 하는
觀念은 現代人으로써는 常識 중 普通常識이엇다. 元來 個性의 發達은 社會
의 發展을 意味하는 것이오 社會의 發展은 또한 個性의 向上을 促하는 것
이다. 個性과 社會는 車의 兩輪과 가트여 利害가 相存하며 同益이 相從하는
것이니 此 兩者의 並進은 實로 倫理의 理想이라 하는 것이다.

번역 동서문명이 점차 융화되면서 윤리 관념 또한 변화하여 가며 그리
하여 우리의 사회생활의 의미가 한층 넓어져 가고 있다. 이에 우
리가 그 광의의 륜리생활에서 반듯이 생각해야 할 이대 특징이 있나니

---

56) 백두산인(白頭山人)은 이돈화(李敦化, 1884~?)의 필명으로 천도교 사상가이다. 개벽(開
闢), 부인지(婦人誌), 신인간(新人間), 천도교창건사(天道敎創建史), 신인철학, 인내천요의
(人乃天要義), 수운심법강의(水雲心法講義), 천도교교리독본, 복념(福念), 수도요령, 천도
교요의, 천도교사전(天道敎史傳)새말, 교정쌍전(敎政雙全), 동학지인생관(東學之人生觀)
등 다수의 저서와 작품이 있다.

하나는 사회발전이라 하는 것이요 하나는 개인발전이라 하는 것이다. 이 양자로부터 생겨나는 사상과 사실을 선하게 조화시키는 것이 곧 윤리의 이대 특징이라 할 것이다. 개인이 중요하냐 사회가 중요하냐 혹은 개인이 경하냐 사회가 경하냐 하는 어려운 의문은 어느덧 연구할 문제가 아니며 론의의 재료가 아니다. 개인을 떠나서 사회가 없으며 사회를 떠나서 개인이 없다 하는 관념은 현대인에게는 상식 중 보통상식이다. 원래 개성의 발달은 사회의 발전을 의미하는 것이요 사회의 발전은 또한 개성의 향상을 촉구하는 것이다. 개성과 사회는 자동차의 양 바퀴와 같으며 이해가 서로 존재하며 동일한 이익이 서로 따르는 것이니 그 양자가 함께 나아감이 실로 윤리의 이상이라 할 것이다.

—『개벽』 제16호(1921)

앞선 논의에 이어 여기에서는 윤리의 의미를 '개인발전'과 '사회발전'이라는 측면과 연결짓고 있음을 볼 수 있다. 필자는 먼저 동서문명이 점차 융합되면서 윤리의 관념도 또한 변화되었다고 지적하고 있다. 즉 개인이 중하냐 사회가 중하냐 하는 논의는 이제 담론의 소재가 될 수 없다는 것이다. 그것은 개인을 떠난 사회가 없으며, 사회를 떠난 개인이 있을 수 없기 때문이라는 것이다. 이에 "개성(個性)"의 발달은 사회의 발전을 의미하는 것이오, 사회의 발전은 또한 개성의 향상을 촉진시키는 것이라는 논지이다. 그러므로 과거와 달리 윤리생활은 사회발전과 개인발전 양자를 조화하는 것이 이상적이라는 주장이다.

한편 위와 이러한 인식을 개인을 위하는 "애기심(愛己心)"과 사회를 위하는 "애타심(愛他心)"으로 풀이하고 있어 주목된다.

【 백두산인, 현대윤리사상(現代倫理思想)의 개관(槪觀) 】
이상에 述함과 가티 우리의 生活에는 항상 個人과 社會의 兩者가 並立하엿스며 그리하야 此兩者의 並隨하는 效果와 價値에는 愛己와 利己라 하는 것이 追隨하는 것이니 個人을 위하는 愛己心과 社會를 위하는 愛他心은 우리의 日常生活 혹은 理想的 生活에 在하야 互相 頡頏의 勢로써 나아가는 것이다. 딸아서 愛己心의 主體는 個人主義가 된 것이오 愛他心의 主體는 社會主義가 된 것이엇다. 그런데 近代 此 兩主義의 發源한 原因을 溯考하야 본다 하면 吾人은 個人主義의 代表者를 「니체」로 볼 수 잇스며 社會主義의 代表者를 「톨스토이」로 보게 되엇나니 此 兩者는 共히 現代의 偉大한 天才로써 互相 極端의 兩傾에 立하야 反對의 理想으로써 一世를 驚倒케 하엿다.

번역 이상 기술한 바와 같이 우리의 생활에는 항상 개인과 사회 양자가 병립하며 그래서 그 양자 각각의 효과와 가치로는 자기사랑[愛己]과 자기를 이롭게[利己] 하는 것이니 개인을 위하는 애기심과 사회를 위하는 애타심은 우리의 일상생활 혹은 이상적 생활에 있어 상호 길항의 세력으로써 나아가는 것이다. 따라서 애기심의 주체는 개인주의가 된 것이오 애타심의 주체는 사회주의가 된 것이다. 그런데 근대에 이 두 가지 주의가 발원한 원인을 거슬러 생각해 보면, 우리는 개인주의의 대표자를 「니체」로 볼 수 있으며 사회주의의 대표자를 「톨스토이」로 볼 수 있으니 이 두 사람은 공히 현대의 위대한 천재로서 상호 상반적인 경향을 보이는데, 정반대의 이상으로써 일세를 놀라게 하였다.

—『개벽』 제16호(1921)

인용문에서는 개인을 위하는 애기심(愛己心)과 사회를 위하는 애타심(愛他心)은 이상적 생활을 위하여 둘 다 필요한 요소라고 지적하고 있다. 또한 전자를 개인주의, 후자를 사회주의라 칭하며 근대에 두 사조를 대변하는 인물로 니체(개인주의)와 톨스토이(사회주의)를 들고 있다는 점이 주목된다.

즉 니체는 인습적인 윤리도덕을 타파한 철학자로, 과거의 애타주의적 도덕은 자신보다 타인을 위하는 노예주의의 도덕이라고 부정하였다. 도덕은 자아를 중심으로 출발하여야 하며, 타자를 위한 "박애(博愛)"

나 "겸애(博愛)"라 하는 것은 모두 위선적인 도덕이라고 반박하였다. 결국 니체는 "자아 이외에는 하등의 도덕심이 업스며 자아 이외에는 하등의 진리가 업슬 것이다"라고 결론짓고 있다. 필자는 니체의 이론은 개인의 자유권을 용인하는 것이지만, 사회를 멸시하고 개인주의를 중시하는 폐해가 있다고 지적했다.[57]

이에 반하여 톨스토이는 개인의 자유권을 부인하고 자기보다는 타인을 향한 도덕을 중시하였다. 즉 "인세무상(人世無上)의 행복주의(幸福主義)"를 지향하며, "물저항주의(勿抵抗主義), 징병부인주의(徵兵否認主義), 비전쟁(非戰爭), 재판권부인주의(裁判權否認主義)" 등의 애타주의에 입각한 사회주의를 주창하였다. 필자는 이러한 이론은 사회도덕의 발전은 가져올 수 있으나 반면에 개인의 "개성(個性)"을 약화시켜 무정부주의에 빠지게 할 폐해가 있다고 반박하였다.[58] 결국 앞서 '애기론'을 통해 개인주의를 역설한 니체나, '애타론'을 통한 사회주의를 주창한 톨스토이의 윤리 도덕론은 각각 일장일단이 있다는 것이 필자의 논점이라 할 수 있다.

【 백두산인, 현대윤리사상(現代倫理思想)의 개관(槪觀) 】
如斯히 「니체와 톨스토이」의 兩主義는 彼此가 共히 極端에 背馳한 觀이 잇슴으로 此 兩者의 長點을 取하야 互相 調和함은 실로 理想的 美德이 되리라. 要컨대 個人主義와 社會主義는 둘이다. 兩極에 立하야 中庸을 失한 者로 볼 수 잇나니 하나는 個人을 認하고 社會를 忘하엿스며 하나는 社會뿐 認하고 個人을 忘却하엿다. 그럼으로 道德의 原理는 항상 中庸에 잇나니 個人으로써 社會를 不忘하며 社會로써 個人을 不忘한 然後에야 眞實한 眞理의 成立을 發見할지라 何故오. 眞理는 個人的인 동시에 社會的임으로

---

57) 「현대윤리사상의 개관」(백두산인(1921), 『개벽』 제16호), 29~30쪽.
58) 「현대윤리사상의 개관」(백두산인(1921), 『개벽』 제16호), 30~31쪽.

써이다. 이러한 眞理下에서야 倫理的 道德이 처음으로 新한 端緖를 打開할 수 잇나니 즉 今日의 所謂 倫理思想은 東洋思想과 西洋思想을 調和함에 잇스며 個人主義와 社會主義를 共化함에 잇나니 나의 所謂 倫理的 槪觀은 此 基礎의 上에서 新倫理의 端緖가 열려온다 하야도 過言이 아니겟다.

번역 이렇듯 「니체와 톨스토이」의 양 주의는 서로 극단적으로 배치된 관점이 있음으로 그 양자의 장점을 취하여 상호 조화시키면 실로 이상적 미덕이 되리라. 요컨대 개인주의와 사회주의는 둘이다. 양극에 서 서 중용을 잃어버린 자로도 볼 수 있으니 하나는 개인만 인정하고 사회를 망각하는 것이며, 하나는 사회만 인정하고 개인을 망각하는 것이다. 그러 므로 도덕의 원리는 항상 중용에 잇나니 개인으로써 사회를 망각하지 않 으며 사회로써 개인을 망각하지 않은 연후에 진실한 진리의 성립을 발견 할지라 진리는 개인적인 동시에 사회적인 것이다. 이러한 진리 아래에서 야 윤리적 도덕이 처음으로 새로운 단서를 타개할 수 있나니, 오늘날 소 위 윤리사상은 동양사상과 서양사상을 조화함에 있으며 개인주의와 사회 주의를 하나로 화함에 있으니, 소위 윤리적 개관은 그 기초 위에서 새로 운 윤리의 단서가 열린다 하여도 과언이 아니다.

—『개벽』 제16호(1921)

위 인용문은 필자 백두산인이 지향하는 윤리관을 정리한 것이라 할 수 있다. 즉 니체의 개인주의적 윤리 도덕, 톨스토이의 사회주의적 윤 리 도덕 등에서 각각의 장점을 취하여 상호 조화를 이루는 것이 "이상 적 도덕[理想的 美德]"이라는 결론이다.

2.3. 사회적 자아와 윤리적 당위성

윤리학 담론은 결국 사회적 자아의 윤리적 당위성을 논한 것이라 할 수 있다. 앞서 다룬 내용들을 요약하면 다음과 같다. 먼저 앞서 살핀 자아 인식의 변화상 가운데서도 드러나지만, 근대 계몽기는 과도기적 정치 상황 속에서 변혁을 꾀하던 시대였다. 특히 사회적 자아와 개인적 자아라는 인식의 문제는 바로 윤리의식의 재정립이라는 과제를 안고 있었다. 이미 다룬 논의에서도 언급되었지만, 윤리학은 인륜의 진리를 구하여 실행의 방법을 구하는 학문이다. 결국 윤리학은 학문적 원리를 탐구하는 것이 아니라, 실천적인 것이며 사회의 발달을 기하는 데 목적을 둔 학문이다. 이러한 점에서 윤리는 바로 교육과 직결되는 문제이기도 하다.

이에 근대기에는 다종의 '수신 교과서', 또는 '윤리학 교과서'가 발간되었다. 이것은 사회적 자아에 대한 당대 인식과 더불어, 그에 부합하는 실천적인 인간상의 정립이 그 무엇보다 급선무였음을 반영하는 것이라고 할 수 있다. 대표적인 교과서로는 『윤리학교과서』(1906, 신해영), 『초등윤리학교과서』(1907, 안종화), 『녀자소학슈신서』(1907, 노병희), 『중등수신교과서』(1907, 휘문의숙), 『초등소학수신서』(1908, 유근), 『고등소학수신서』(1908, 휘문의숙), 『초등수신』(1909, 박정동) 등이 있다. 각 교과서마다 내용 전개 방식이 다르지만, 큰 틀에 있어서는 대동소이하다. 한 전범으로 안종화의 『초등윤리학교과서』의 목차를 살펴본 바 있지만, 전통적인 수신서의 내용과 체계(동양의 전통적인 윤리학)를 일정 부분 계승하면서도 당시 상황을 적극적으로 반영하는(서양의 근대 윤리학) 내용을 담고 있으며, 이를 통하여 개인 윤리, 사회 윤리, 국가 윤리 등을 제시하고 있다.

한편 당대 윤리학 관련 담론에서도 동양의 전통적인 윤리학 논의와 서양의 윤리학이 대등하게 논의되었음을 볼 수 있다. 이를 통해서도 당대의 윤리관을 읽을 수 있는데, 윤리학에 대해 다음과 같은 담론이 제시되고 있다. 먼저 이해조는 「윤리학」(『기호흥학회월보』 제5~12호, 1908)에서 윤리를 개인 윤리[수신(修身)], 가족 윤리, 사회윤리 등으로 분류하여 제시하였다. 개인 윤리에서 우선적인 덕목으로 든 것은 바로

'수신(修身)과 처세(處世)'였다. 개인적인 수신은 바로 세상에 처하는 처세와 직결되며, 처세는 사회적인 발달을 가져오는 행위라고 설명하고 있다. 양재건은 「자수론(自修論)」(『소년한반도』1~6호)을 들어 개인 윤리에 대해서 논하고 있는데, 이 또한 이해조의 수신론과 맥을 같이 하고 있다. 서병현 또한 자기를 먼저 수련해야 사람과 나라를 다스릴 수 있다는 '수기론(修己論)'을 펼쳤다. 이들의 윤리관은 이른 바 "수신제가치국평천하(修身齊家治國平天下)"라는 대학(大學)의 내용과 유사하다. 여기에서 유교적 윤리관이 저변에 자리잡고 있음을 보여준다. 그런데 하나 주목되는 또 다른 윤리학 담론은 「윤리총화」로써, 여기에서는 수신(修身), 자수(自修), 수기(修己)라는 말 대신 "애기(愛己)"라는 표현을 쓰고 있다. 이는 홉스와 니체의 서구 이론에 근거를 둔 것으로, 헤겔의 "애타의(愛他義)"로 연결되어 '자기 사랑에서 타자 사랑으로'라는 논리로 수신의 문제를 다루고 있다는 점에서 특징적이다.

한편 이해조는 「윤리학」에서 국가와 사회의 개념, 사회 윤리의 특징에 대해서도 다루었는데, 개인은 사회에, 사회는 국가에 대한 권리와 의무가 있으며, 이것이 바로 국가윤리라고 밝히고 있다. 「윤리총화」에서도 자아를 사적인 "개인적 자아"와 사회 구성원으로서의 "사회적 자아"로 구분하고 있다. 이를 전제로 사회란 자아란 개인적 자아가 모여 구성된 것임으로 반대가 아니라 그 본성을 내포하고 있다는 주장했다. 또한 사회가 존재함으로써 자아가 발전되며, 가족관계와 사회관계 등에서 도덕의 가치 실현과 인격 형성을 도모할 수 있다고 보았다. 「윤리총화」 속편에서도 개인 윤리의 궁극적인 종착점은 사회와 국가의 발전이기 때문에, 공익과 상관된 사회적 윤리가 보다 중요하다고 역설하였다.

그런데 '개아(個我)'의 가치를 중시하는 일제강점기에 들어서서는 개인과 사회 윤리에 대한 개념은, 종속적인 의미보다 상호보완적인 개념으로 변화된 양상을 보인다. 이를 보여주는 논의로는 백두산인의 「현대 윤리사상의 개관」(『개벽』제16호, 1921)이라는 글로, 우선 이 글에서는 동서양의 윤리의 의미를 '개인발전'과 '사회발전'의 측면에서 논하고 있다. 그는 개인을 떠난 사회가 없으며, 사회를 떠난 개인이 있을 수 없다고 보았다. 이에 "개성(個性)"의 발달은 사회의 발전을 의미하는 것이오, 사회의 발전은 또한 개성의 향상을 의미한다는 논지이다. 그러므로 과거와 달리 윤리생활은 사회발전과 개인발전 등 양자를 조화하는 것이 이상적이라는 주장을 펴고 있다.

또한 백두산인의 「현대윤리사상의 개관」에서는 위와 같은 인식을 개인을 위하는 "애기심(愛己心)"과 사회를 위하는 "애타심(愛他心)"으로 풀이하고 있어 주목된다. 여기에서도 애기심과 애타심은 이상적 생활을 위하여 둘 다 필요한 요소라고 지적하고 있다. 또한 전자를 개인주의(니체 이론), 후자를 사회주의(톨스토이 이론)라 칭하며, 개인주의적 윤리 도덕이나, 사회주의적 윤리 도덕은 각각 장단점이 존재한다고 보고 있다. 결론적으로 양자의 장점을 취하여 상호 조화를 이루는 것이 "이상적 도덕[理想的 美德]"이라는 주장이다. 필자 백두산인[이돈화]은 천도교 사상가이다. 이러한 논의 속에 동학의 인내천 사상이 내포되어 있음을 볼 수 있다.

앞서 밝힌 바 윤리학은 학문적 원리보다 실천적 행동에 중심을 학문이라 볼 수 있다. 논자들의 윤리학 담론들은 사회적 자아와 개인적 자아의 가치를 어떻게 보느냐의 문제와도 연결되는데, 결국 공통적인 지향점은 사회와 국가로 향하고 있다. 자기 수양[修身]은 바로 사회 구성원으로서의 자질을 함양하는 과정이며, 이를 통해 도덕적인 사회와 국가가 형성된다는 논점이다. 결국 이러한 윤리담론들은 사회적 자아가 행해야 할 당위론적인 행동상을 밝히고 있는 논의라 할 수 있다.

지금까지 다룬 논의들은 사회적 자아로서의 가치와 당위론적 책무[윤리와 도덕]로 일종의 사회적 자아의 형성과 관련된 논의라고 할 수 있다. 그러면 또 다른 자리를 차지하고 있는 '개인적 자아'는 어떻게 표출되고 있을까? 아래에서는 사회상의 변화와 연결하여 그에 대한 문제를 구체적으로 탐색하고자 한다.

3. 언론과 공론을 통한 담론: '개인적 자아'의 성장과 표출

3.1. 자의식의 성장 배경, 문식성의 향상과 지적 자각

1920년대 후반부터 조선일보사와 동아일보사는 문자 보급 운동 및 농촌계몽의 브나로드 운동을 통해 한글 보급 운동[59]을 펼쳤다. 일어가 '국어'의 위치를 담당하며 조선어 말살 정책이 강화되어 가던 시대에 두 민족지가 대항하여 한글 보급 운동을 벌인 것이다. 또한 민족의 80% 가 문맹 상태에 있었던 당시, 국어교육의 주요한 전제가 문맹퇴치에 있었던 것은 지극히 당연하다. 이 시기의『동아일보』,『조선일보』양지 의 기사들을 보면 주로 지식인 학생에 의한 한글운동 활동상들이 속속 보도되고 있다. 이들은 하기방학뿐 아니라 동기 방학에도 지방 곳곳에 서 실시된 '한글강좌' '한글강습회' '한글야학' 등의 기사들이 보도되고 있으며, 그로 인해 농민이나 노동자들의 문식성은 대폭 향상되는 결과 를 가져왔다.[60]

뿐만 아니라 신문사에서는 문자보급에 있어서 공이 큰 자들에게 그 공로를 치하하여 지식인의 참여를 독려했으며,[61] 조선일보사는 '한글

---

59) 한국교열기자회(1998),『한국신문방송 말글백년사』, 한국프레스센터, 28쪽.

60) 일례로 조선일보는 1929년 7월 14일부터 '아는 것이 힘, 배워야 산다'는 표어를 내걸고 문자보급운동을 시작했는데, 첫해엔 4백9명의 학생들이 참여했고, 그 활동 보고서를 보면 우리글을 깨친 사람은 2천8백49명이나 되었다. 이듬해에는 참여학생도 9백여 명으로 늘어났고 문자를 깨친 사람은 1만5백67명에 달했다(조선일보사(1980),『조선일보 60년 사』, 조선일보사, 227~230쪽 참조).

61) 일례로『동아일보』1930년 4월 2일자 사설이 그 예를 보여주는데 "조선어문(朝鮮語文)을 중휘(重輝)케하는 운동(運動)의 선구자(先驅者)가 되고 지도자(指導者)가 된 이가 돌아가신 주시경씨(周時經氏)를 위시(爲始)하여 이번에 본사가 치사(致謝)한 제씨(諸氏)이다".

기념가'와 '문자보급가'를 현상 모집하여 당선작을 발표하기도 했다.
또한 춘계 문자보급반까지 결성하고 조선일보 전국 지국과 분국을 총
출동시켜 3주간에 걸쳐 문맹퇴치를 위한 한글원본을 전국에 무료 배부
했다.[62] 동아일보사도 이윤재편 『한글공부』를 교재로 사용하여 첫해인
1931년 7월 21일부터 9월 20일까지 62일간 계몽요원 424명이 142개
처의 강습지를 돌며 강습을 실시하는 일대 민중운동을 벌였다.[63] 이러
한 양 신문사의 조직적인 한글 보급 운동은 문맹타파와 국어보급에 큰
역할을 담당했다.

　1920~30년대에 일었던 한글운동은, 일제가 끊임없이 추구하고자 했
던 '동화정책'의 핵심인 '언어정책'에 대항한 식민지 조선인들이 문화
적 영역에서의 투쟁의 양상이라고 할 수 있다.[64] 일제 치하에서 언론이
전개한 국어운동은 민족의 독립 역량 배양이라는 원대한 목표를 두고
추진된 것이었고, 국어의 수호와 보급[65]에 있어서 신문은 가장 강력하
고 효율적인 기관으로서의 역할을 수행했던 것이다. 또한 문자 보급
운동으로 문식성이 증가하면서 독서운동도 함께 전개되었다는 점이 주
목된다.[66] 1920년대에 도서관은 학교를 대신하는 사회교육 기관으로
서 그 의미가 컸다. 당시 일제 총독부에서는 문화사업으로 각 도시에
국립도서관을 보급케 하려는 움직임이 일었고, '도서관사용조례' 등을
발포(發布)하는 등 도서관 운동이 활발히 전개되었던 시기이다.[67]

　참고로 아래 〈표 3〉은 1920~30년대 한글운동 즈음에 보도되었던 당

---

62) 한국교열기자회(1998: 27).

63) 한국교열기자회(1998: 28).

64) 박정우(2003), 「일제하 언어민족주의」, 서울대학교 석사논문, 74쪽.

65) 한국교열기자회(1998: 29).

66) 「농촌에는 문자보급 도시에는 독서치열」(『조선일보』, 1929.11.11).

67) 「경성부, 도서관사용조례발포」(『동아일보』, 1922.9.30). 「울산도서관신축계획」(『동아일
보』, 1922.10.12), 「총독부, 국립도서관을 각도시에 보급케 할 계획으로 위선 경성에 설립」
(『東亞日報』, 1922.10.19), 「국립도서관설립계획」(『동아일보』, 1922.6.27), 「경성부 문화사
업으로 도서관과 인사상담소, 구월부터 개시」(『동아일보』, 1922.7.7).

대 국내 도서관의 주요 독서 통계로서, 이를 통해 당대 독서자 수 및 독서 경향을 살필 수 있다.

〈표 3〉 1920~30년대 주요 독서 통계

번호	신문명	연월일	기사제목	독서 분야
1	조선일보	1923.05.09	인천의 독서 경향	[5월 열람 서적] 문학, 어학 최다. 정치, 법률, 경제, 재정, 역사, 전기, 기행문 순. 종교, 철학, 교육 등의 분야는 거의 읽지 않음 [5월 열람자 수] 전체(341)
2	동아일보	1923.08.27	과학의 중심지인 독일에서 서적의 정수가 경성 도서관에	[경성도서관] 막스전집, 칸트전집, 마이얼 백과사전, 괴테 전집, 러셀전집, 독일 어대사전, 쇼펜하우어 전집, 세계역사, 박물학자전, 아리스토텔레스 전집, 인넬만 전집, 피히테 전집, 율리스울 전집, 라카의 세계역사, 플라톤 전집, 하우트만 전집, 타고르 전집, 도서관실감, 쌘딜자전, 세계도서, 랑싸이드 자전
3	동아일보	1923.08.30	문학 어학이 수위 여자는 남자의 삽삼분의 일	[종로도서관 열람서적] 철학, 종교〉 교육〉 문학, 어학〉 전기, 역사〉 정치, 경제〉 상업문통〉 수학, 이학〉 공학〉 병사〉 미술, 음악 [열람자수] 전체(3,497)
4	동아일보	1923.12.10	임박한 시험기와 학생의 독서격증, 경성도서관에 나타난 근일 독서계	[경성도서관 열람서적] 문학(4,213)〉 수리(2,430)〉 법률, 경제〉(2,242) 공학(94) [열람자 수] 남자(6,400), 여자(24)
5	조선일보	1923.12.25	최근 경성도서관의 독서 경향. 법률과 정치사회의 열람이 증가	[경성도서관 열람서적] 소설, 희곡, 법률서, 정치, 사회, 외국어학, 사회 사상서 [열람자 수] 남자(2,000) 여자(100)
6	동아일보	1924.04.05	독서계로 본 사회상	경성부립도서관 [3월 열람 서적] 문학 어학(3,547부), 미술 음악(1,685부), 공학 병학(198) 순. 국외 서적[서양책(문학 어학 10), 대부분 일본 서적 독서 [3월 열람자 수] 남녀(1,616) 일일 평균(272) 여성 독자 수 증가 추세. [직업별 열람자 수] 학생 최다(4,877명) 농상공업 실무 방면(314), 관리(296), 직공 최소(42)
7	조선일보	1925.10.30	경성도서관에서 본 최근의 독서경향	[경성 시내 각 도서관 열람서적 총괄] 법률, 정치, 경제, 사회〉 수리, 역사, 전기, 지리〉 공학 [독서자수] 전체(5,486)
8	조선일보	1928.04.10	지식! 지식! 지식! 조선 청년의 독서열	[열람 서적] 정치, 사회과학, 사상서 등 애독 [열람자 수] 전체(8,495)

번호	신문명	연월일	기사제목	독서 분야
9	조선일보	1928.12.24	경성에서 본 독서계	[경성 시내 각 도서관 총괄] [연간 열람자 수] 300,000여 만 명, 조선인 열람자 수는 36,000명 증가. 여자 독서 인구 수도 증가 추세 [직업별 열람자 수] 학생(남 136,436, 여 1,152), 노동자(1,709), 교육가와 종교가(남 3,641, 여 30), 기자와 예술가(2,795), 농상공업자(4,872), 은행가와 회사원(2,243), 관공리(7,780), 무직자(31,182명)문에 방면의 서적: 러시아의 신흥 문예와 일본 문예를 애독. 도서관을 찾는 사람들의 반수가 신문이나 잡지 등의 정기구독물 독서
10	조선일보	1929.01.10	경성부립도서관관 독서 자수	경성부립도서관 [열람서적] 문학, 의학, 공학 서적 순 [열람자 수] 10,000여 명 학생 최다
11	동아일보	1929.01.10	근래의 독서경향 문학에서 과학에	[경성부립도서관] 문학(1,400), 과학(1,400), 예술(638), [종로분관] 과학(1,357), 역사지리(800), 문학(600)
12	조선일보	1929.01.21	총독부도서관. 거년 십이월중 독서자수	[총독부도서관] [연간 열람서적 수] (19,160권), 문학과 어학(6,035권), 이학과 의학(4,350권), 역사와 지리(1,188권), 공학과 군사(531권), 철학과 종교(555권) [연간 열람자 수] 전체(24,537)
13	조선일보	1929.11.11	농촌에는 문자보급 도시에는 독서치열	[경성부립도서관] [월간 열람서적] 문학, 어학, 수리의학 순 [월간 열람자 수] 직업별: 남학생(6,266) 최다. 아동(888) 2위
14	조선일보	1933.12.04	평양 각 도서관	[평양 인정도서관] 학생 최다. 여성독서자 증가. 자연과학/사회과학/역사/공예학/어학 순으로 독서
15	조선일보	1939.04.30	도서관의 대출 상태	'시국소설(時局小說)', '지나소설(支那小說)', 문예 서적『보리와 兵士』가, 조선의 문예물로는 이광수의『사랑』,『영원의 여상』,『찔레쏫』, 김유정의『동백쏫』, 박종화의『금삼의 피』 순으로 많이 애독
16	조선일보	1939.05.22	대중은 문학팬	60퍼센트가 문학 독서, 철학과 종교는 2% 정도

표에 제시된 자료들은 1920~30년대 도서관 통계로서, 당대 조선인들의 독서자 수와 열람서적 등을 살펴볼 수 있는 기사들이다. 시기별로 열람자 수나 독서경향 등이 변화되고 있으나 독서자 수가 점차 증가되고 있는 추세를 보이며, 독일 철학서, 전집류 등 당시 독일 서적의 정수

라고 할 수 있는 내용의 책이나, 문학, 법률, 경제, 철학, 종교, 과학, 사상서 등 다양한 분야의 국내 서적 및 외서(外書)를 열람했음을 볼 수 있다.

특히 지식인이나 학생뿐만 아니라, 상공인이나 노동자 등까지 독서를 했다는 사실이 주목된다. 이는 서적을 읽을 수 있는 독서자들의 저변이 보다 확산되고 있음을 의미한다. 한글운동으로 인한 문식성의 증가와 도서관의 설립 등으로 인해, 특정 지식인만이 아닌 일반인까지 지식을 습득할 수 있는 창구가 열려졌음을 반영하는 것이라 할 수 있다. 한편 이와 함께 1920~30년대 중반까지 전개되었던 '독서구락부(讀書俱樂部)' 운동도 주목할 만한 활동상에 속한다. 당시에는 대도시에서 도서관의 독서운동이 있었다면, 지방 각 지역에서는 독서구락부를 통한 독서운동이 활발하게 일고 있었다. 이 단체는 조선 민중의 문맹을 퇴치하고 사회 상식을 깨우쳐 주며, 농촌 계몽 계발을 목적으로 삼았다. 서적과 잡지를 회원에게 읽히고, 토론회와 강연회를 개최하며 '노동야학회'를 설치하는 등 활발한 움직임을 보였던 것이다. 이러한 일련의 독서운동은 지식 소통의 장이 확대됨으로써, 자아 인식도 보다 확장되는 계기가 마련된 것이다.[68]

한편 근대기에는 저널을 통해서도 다양한 분야의 지식이 소개되었다. 근대는 소수의 지식인들이 아니라 상대적으로 다수의 '인민'들이 주체로 등장한 시기이다. 서양에서 근대 민족주의 등장과 확산이 인쇄자본주의(print capitalism)의 발전 없이는 불가능했다는 지적은 한국의 근대에도 그대로 적용된다. 근대적 인쇄 매체들이 새로운 주체들을 발견하고 훈육하는데 지대한 공헌을 했다.[69] 위 〈표 3〉「경성에서 본 독서계」(『조선일보』, 1928.12.24)에서도 도서관을 찾는 사람들의 반수가 신

---

68) 윤금선(2005), 「1920~30년대 독서 운동 연구」, 『한말연구』 17, 한말연구학회, 61쪽.
69) 고미숙 외(2007), 『근대계몽기 지식의 굴절과 현실적 심화』, 소명출판, 4쪽.

문이나 잡지 등의 정기구독물을 보러 온다고 밝히고 있는데, [70) 저널에서 소개하는 지식론은 일반 대중의 지식을 배양케 하는 요소로서 작용했을 것이라 추정된다.[71) 그런데 근대 초기의 경우에는 주로 잡지(학회보)에서 지식 담론[72)을 다루는 경우가 지배적이었다면, 일제강점기에는 『조선일보』와 『동아일보』 등 신문에서도 학문 담론이 활발하게 논의되고 있음을 볼 수 있다.

참고로 1920~30년대 양 신문에 게재된 지식 담론을 부문별로 제시하면, 학문 분야는 크게 인문학(문학, 역사, 철학, 언어학), 자연과학(수학, 물리학, 농학, 생물학, 광물학, 수산학, 동물학, 식물학, 지리학, 지문학, 천문학, 이학), 교육학 및 사회학(가정학, 교육학, 경제학, 심리학, 법학, 사회학, 윤리학, 정치학, 격치, 종교학), 해외자료 번역 및 학문 일반 등 다양한 분야의 학문 담론들이 게재되고 있다. 또한 근대 초기와 비교하여, 일제강점기에는 각 분야의 학문론 수치가 대폭 증가되었음을 볼 수 있다.[73)

---

70) 「경성에서 본 독서」(『조선일보』, 1928.12.24).

71) 또 한편으로는 근대 이후부터 저널의 교육적 기능은 중시되었고, 이에 따라 다수의 신문과 잡지들이 발간되었다. 일례로 「학문전(學問戰)과 신문」(『조선일보』, 1921.8.23)에서는 학문전(문화전쟁)에서 신문이 중요한 매체라고 지적하면서, 1720년 메사추세츠의 신문 발간 경위를 보이면서 미국의 강성은 바로 신문의 역할이 컸다는 점을 강조하고 있기도 하다. 특히 3·1운동 이후 대거 등장했던 잡지의 배경 등을 통해 학문과 저널과의 관련성 논의도 살펴볼 수 있으리라 여긴다.

72) 국내 발행 단체의 학회보 『대조선독립협회회보(大朝鮮獨立協會會報)』, 『대한자강회회보(大韓自彊會月報)』, 『소년한반도(少年韓半島)』, 『서우(西友)』, 『야뢰(夜雷)』, 『한양보(漢陽報)』, 『대동학회월보(大東學會月報)』, 『대한협회회보(大韓協會月報)』, 『호남학보(湖南學報)』, 『기호흥학회월보(畿湖興學會月報)』, 『소년(少年)』, 『교남교육회잡지(嶠南教育會雜誌)』, 『보중친목회회보(普中親睦會會報)』 등 10종, 유학생 단체의 학회보 『친목회회보(親睦會會報)』, 『태극학보(太極學報)』, 『공수학보(公修學報)』, 『대한유학생회보(大韓留學生會學報)』, 『동인학보(同寅學報)』, 『낙동친목회학보(洛東親睦會學報)』, 『대한학회회보(大韓學會會報)』, 『대한흥학보(大韓興學報)』 등 8종으로 총 18종의 학문 담론 참조(『근대 계몽기 학회보 소재 분과 학문 분류(1~3)』, 연구발표회(2015.12) 과제명: 한국 근현대 학문 형성과 계몽운동의 가치)

73) 일제강점기에는 각종 잡지와 신문 등이 다양하게 출간된 시기로 자료가 너무 방대하여 1920~45년 가지 발간된 『조선일보』와 『동아일보』 등 당시 조선인의 대표 신문을 표본으로 학문 담론들을 자료들을 검토해 보았다. 또한 본고에서는 일제강점기의 경우, 전문적인 학문 분야 자료가 어느 정도인지 양적인 면에서 살피기 위해, 검색 용어를 '~학(學)'

신문이 일반인을 상대로 하는 반면 잡지들은 여러 분야로 나누어지면서 특정 독자들을 상대로 하는 경향을 보인다는 점에서 차이를 보인다고[74] 할 수 있는데, 이렇듯 신문을 통한 다양한 지식론은 당대 독서자들의 지식을 배양시키는 데 지대한 영향력을 끼쳤을 것으로 보인다. 이것은 바로 자의식의 성장과 직결되고 있는데, 앞서 살핀 "자기로서의 개인적 자아"가 담론화된 것은 한글운동과 독서운동을 통한 문식성의 향상, 저널을 통한 지식 소개, 그에 따른 당대 일반인들의 지적 성장이라는 사회적 배경과 무관치 않다고 판단된다.

3.2. 언론의 장과 신구사상 담론의 확산

3.2.1. 신구사상의 충돌, 명분론(名分論)과 실지론(實智論)

근대 초기는 선진적인 왜래 학문의 수용이라는 측면에서, 그리고 일제강점기에는 식민사관의 영향으로 유학(유교)는 역사적 정체성을 형성시킨 주요인으로 간주되어 폄하되었다고 할 수 있다. 특히 19세기 이후 급격한 외세의 침탈에 의해 국가, 사회가 약화되고 결국 일본의 식민지로 됨에 따라 그 원인을 유교와 유학자에게 돌리려고 하는 경향이 있었다. 이에 유학은 식민사학자들에게는 식민사관의 논거로 비판의 대상이 되었으며, 민족주의 역사학자들에 있어서도 구사상(舊思想)으로 인식되었던 경향이 있었다. 즉 유학은 '외래적, 사대적, 보수적'인 것으로 인식되었으며 성리학이 지배한 조선시대는 공허한 이기논쟁과

(文-學, 家庭-學, 政治-學, 法-學 등)을 공통적으로 표시하여 검색하였다. 그 결과 근대 초기 잡지/일제강점기 학문 담론 수가 다음과 같이 차별된다. [인문학 분야] 50/6.117 [교육학 및 사회학 분야] 249/1.023 [자연과학 분야] 166/2.355 등으로 전자는 근대 초기, 후자는 일제강점기 분야별 학문 담론 수로, 일제강점기에 들어 학문 담론 수가 훨씬 상회함을 보여준다.

74) 조남현(2012), 『한국문학잡지사상사』, 서울대학교 출판부, 17쪽.

당쟁이 지배하던 시기로 평가되었다.[75] 이러한 배경 하에서 일제강점기 개인적 자아의 성장과 관련된 당대의 사상적 토대가 무엇인지 살펴볼 만하다.

먼저 당대 사상적 경향을 보여주는 자료로 「신구사상의 충돌과 참극」이라는 기사가 주목된다. 이 글에서는 가족, 사회, 당파, 학생, 남녀 등의 문제 등은 모두 신구사상의 충돌에서 비롯된다고 지적하면서, 신사상 수용의 필연성을 다음과 같이 제시하고 있다.

【신구사상(新舊思想)의 충돌(衝突)과 참극(慘劇) 】

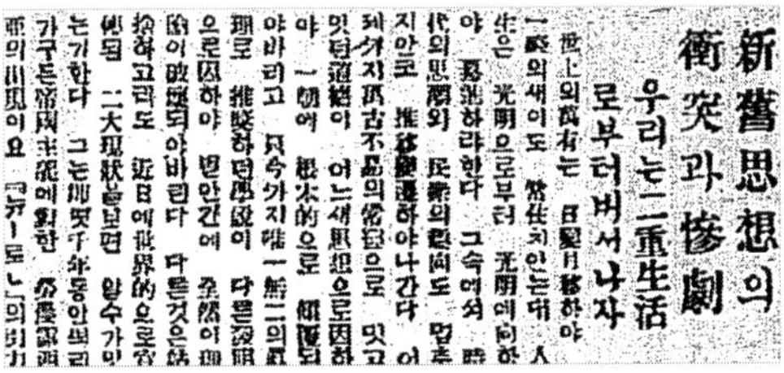
新舊思想의 衝突과 慘劇

우리는 二重生活로부터 버서나자

世上의 萬有는 日變月移하야 一瞬의 새이도 常在치 안는대 人生은 光明으로부터 光明에 向하야 前進하랴 한다 그속에서 時代의 思潮와 民衆의 趣向도 멈추지 안코 推移變遷하야 나간다 어제까지 萬古不易의 常識으로 밋고 잇던 道德이 어느 새思想으로 因하야 一朝에 根本的으로 傾倒되야바리고 只今까지 唯一無二의 眞理로 推奬하던 學說이 다른 發明으로 因하야 별안간에 全然이 理論破滅되야바린다

〈그림 11〉「신구사상의 충돌과 참극」
(『조선일보』, 1924.7.5)

우리는 二重生活로부터 버서나자. 世上의 萬有는 日變月移하야 一순의 새이도 常在치 안는대 人生은 光明으로부터 光明에 向하야 前進하랴 한다. 그 속에셔 時代의思潮와 民衆의 趣向도 멈추지 안코 推移變遷하야 나간다. 어제까지 萬古不易의 常識으로 밋고 있던 道德이 어느 새思想으로 因하야 一朝에 根本的으로 傾倒되야바리고 只今까지 唯一無二의 眞理로 推奬하던 學說이 다른 發明으로 因하야 별안간에 全然이 理論破滅되야바린다. (…중략…) 如何한 爭點, 如何한 衝突이 잇더래도 人文의 歷史나 天道의 順序를 通하야 舊가가고 新이옴은 公理의 엇절수 업는 定則이다. (…중략…) 新舊의 衝突은 永遠이 滅亡을 目的함이 아니라 階段的으로부터 一層向上하려하는 努力이 아니면 안될 것이다.

---

75) 이윤미(2006: 31~36).

번역 우리는 이중생활로부터 벗어나자. 세상의 만물은 날마다 변하고 달마다 움직여 一○의 사이도 있지 않는데 인생은 광명으로부터 광명에 향하여 전진하려 한다. 그 속에서 시대의 사조와 민중의 취향도 멈추지 않고 그 추이가 변천하여 나간다. 어제까지 만고불역의 상식으로 믿고 있던 도덕이 어느새 새 사상으로 인하여 일조에 근본적으로 경도되어 버리고 지금까지 유일무이의 진리로 추천하며 장려했던 학설이 다른 발명으로 인하여 별안간에 완전히 이론이 파멸되어 버린다. (…중략…) 여하한 쟁점, 여하한 충돌이 있더라도 인문의 역사나 하늘의 순리를 통하여 옛것이 가고 새것이 옴은 공리의 어쩔 수 없는 정해진 규칙이다. (…중략…) 신구의 충돌은 영원이 멸망을 목적함이 아니라 단계적으로부터 일층 향상하려 하는 노력이 아니면 안 될 것이다.

—『조선일보』, 1924.7.5

위의 기사문에서는 어느 시대이든 "만고불역(萬古不易)의 상식으로 밋고 있던 도덕이 어느 새사상으로 인하야 일조(一朝)에 근본적으로 경도"되며 이것은 자연스러운 현상이라고 지적하고 있다. 그 변화 지점에서 신구사상이 서로 충돌하게 되지만, 신사상의 수용은 단계적으로 일층 향상하려는 한 움직임이라 보고 있다. 이어지는 논의에서는 신사상의 대표적인 예로 러시아에서 출현한 사회주의 사상, 뉴튼의 만유인력, 아인슈타인의 상대성 원리를 들고 있는데, 당대 신사상은 계급주의 사상과 자연과학적 사상에 토대를 두고 있음을 반영한다. 나아가 신사상은 바로 신학문에 토대를 두고 있음을 보여주고 있다.

한편 아래의 기사는 당대 사상적 조류를 "경쟁사상(競爭思想)"과 "협동적 경향(協同的傾向)"으로 대별하여 진단하고 있다는 점에서 주목된다.

【 경쟁사상(競爭思想)과 협동적(協同的) 경향(傾向) 】

現代의 個人 乃至 社會生活은 矛盾된 兩大潮流에 支配되고 잇다. 하나는

『競爭思想』 그것이요. 또 다른 하나는 『協同的傾向』 그것이다. 그리하야 一部의 人間은 競爭思想으로서 社會 乃至 個人生活의 金科玉條라하야 一切의 文化 즉 哲學, 宗教, 政治, 經濟, 文學, 藝術 等 의 精神的 產物을 競爭化하는 者이니 哲學을 幽玄化, 宗教를 催眠劑로 政治를 侵略的 帝國主義로 經濟를 獨占的 資本主義로 文學 藝術을 遊戲, 享樂的으로 하야 弱者를 强壓하며 劣者를 征服하며 貧者를 搾取하며 愚者를 酷使한다. 此에 反하야 一部의 人間은 競爭을 殺戮的 掠奪的이라 背斥하는 同時에 協同的傾向로써 社會 乃至 個人生活의 根本的 要求라 하야 一切의 文化 즉 哲學, 宗教, 政治, 經濟, 文學, 藝術 等의 精神的 產物을 協同化 하랴는 者이니 哲學을 現實化 宗教를 理想化 政治를 民主化 經濟를 社會化 文學 藝術을 생활화 民衆化하야 가지고 征服에서 解放으로 不自由에서 自由로 殺戮에서 平和로 突進하랴한다.

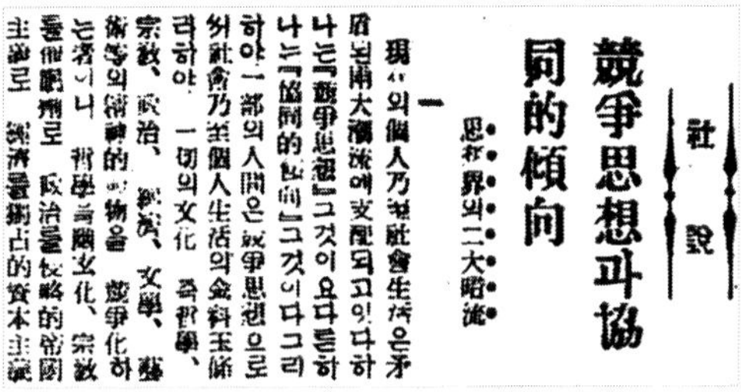
社說
競爭思想과協同的傾向
—思想界의二大潮流—
一
現代의個人乃至社會生活은矛盾된兩大潮流에支配되고잇다하나는『競爭思想』그것이요다른하나는『協同的傾向』그것이다그리하야一部의人間은競爭思想으로써社會乃至個人生活의金科玉條라하야 一切의文化 即哲學、宗教、政治、經濟、文學、藝術等의精神的產物을 競爭化하는者이니 哲學을幽玄化、宗教를催眠劑로 政治를侵略的帝國主義로 經濟를獨占的資本主義

〈그림 12〉「경쟁사상과 협동적 경향」
(『조선일보』, 1925.1.10)

번역 현대의 개인 내지 사회생활은 모순된 양대조류에 지배되고 잇다. 하나는 『경쟁사상』 그것이요. 또 다른 하나는 『협동적경향』 그것이다. 그래서 일부의 인간은 경쟁사상으로서 사회 내지 개인생활의 금과옥조라 하여 일체의 문화 즉 철학, 종교, 정치, 경제, 문학, 예술 등의 정신적 산물을 경쟁화하는 자이니 철학을 어부게 하고, 종교를 최면제로 정치를 침략적 제국주의로 경제를 독점적 자본주의로 문학 예술을 유희, 향락적으로 하야 약자를 강압하며 열등한 자를 정복하며 가난한 자를 착취하며 어리석은 자를 혹사한다. 그에 반하여 일부의 인간은 경쟁을 살륙적 약탈적이라 배척하는 동시에 협동적경향으로써 사회 내지 개인생활의 근본적 요구라 하여 일체의 문화 즉 철학, 종교, 정치, 경제, 문학, 예술 등의 정신적 산물을 협동화 하려는 자이니 철학을 현실화 종교를 이상화 정치

를 민주화 경제를 사회화 문학 예술을 생활화 민중화하여 정복에서 해방
으로 부자유에서 자유로 살육에서 평화로 돌진하려 한다.

—『조선일보』, 1925.1.10

먼저 위의 글에서는 당 시대에는 '경쟁사상'과 '협동적 경향'이라는
서로 모순된 양대 조류가 지배적이라 지적하고 있다. 위의 글에 따르면
경쟁사상이란 일체의 문화 즉 철학, 종교, 정치, 경제, 문학, 예술 등의
정신적 산물을 경쟁화하는 것이다. 철학을 유현화(幽玄化), 종교를 최면
제로, 정치를 침략적 제국주의로, 경제를 독점적 자본주의로, 문학을
유희적·향락적으로 만든다는 것이다. 결과적으로 이러한 경쟁사상은
약자를 강압하며, 열등한 자를 정복하며, 빈자를 착취하며, 어리석은
자를 혹사한다는 것이다. 반면에 협동적 경향은 철학을 현실화, 종교를
이상화, 정치를 민주화 경제를 사회화, 문학 예술을 생활화·민중화하여
정복에서 해방으로, 부자유에서 자유로 살육(殺戮)에서 평화로 만드는
것이라 설명하고 있다. 이러한 논의는 억압으로부터 벗어난 민중을 상
정한 논의라는 점에서 주목된다.

한편, 위의 사상적 경향과 맞물려 당대에 요구하는 신사상의 가치는
사회적인 이익을 도모하는 데 있다고 보고 있다.

【 학문활용(學問活用)의 필요(必要) 】

실제(實際)에 적용(適用)
하라', 孔孟이 徒히 論理學
說만 提唱한 것이 아니라
일로써 安心立命의 道를
作하얏스며 일로써 王道
現實의 活動을 開始하얏
도다 (…중략…) 希臘印度

〈그림 13〉「학문활용의 필요, 실제에 적용하라」
(『동아일보』, 1922.5.25)

의 古代 哲學者가 徒히 宇宙 人生의 抽象的 觀念을 追求한 것이 아니라 그 主義와 그 原理를 實際에 適用하며 體現하야 兩者의 間에 影形相隨의 感이 不無하얏도다 그러나 朝鮮에 在하야 李朝以來의 學者社會를 鷹視하면 道學者는 俗流에 超然하며 山林에 潛入하야 社會國家의 實務에 交涉하는 것은 學者의 品位와 價値를 捨하고 名利의 獨流에 投人한 것과 갓치 싱각하야 國家의 興廢와 民衆의 榮辱에도 기대지 아니하고 (…중략…) 至今에도 그 遺弊인지는 不知하거니와 學者라면 依例히 現實事情에 疎遠하며 實際 社會에 等閑하는 것이 學者의 本分이며 天職으로 싱각하는 傾向이 不無하도다 이는 知行合一이 尋常容易한 ○가 아니라 行爲는 항상 責任을 守하나니 一個人으로서 社會國家에 關하야 그 人格의 進涉을 上得하며

번역 공자와 맹자 등은 논리학설만 제창한 것이 아니라 이로써 생사의 도리를 깨달아 마음의 평안을 얻는 도를 지었으며 이로써 왕도현실의 활동을 개시하였다 (…중략…) 희랍 인도의 고대 철학자 무리가 우주 인생의 추상적 관념을 추구한 것이 아니라 그 주의와 그 원리를 실제에 적용하며 체현하야 양자가 서로 그림자와 같이 함께 하는 감이 있었다. 그러나 조선에서는 이조시대 이래로 학자사회를 응시하면 도학자는 속세에 초연하며 산림에 들어가 사회국가의 실무에 교섭하는 것은 학자의 품위와 가치를 버리고 것이라 하여 명예와 이익에 던져진 것같이 생각하여 국가의 흥폐와 민중의 영욕에도 기대지 아니하고 (…중략…) 지금도 그 남은 폐해인지는 알 수 없으나 학자라면 의례히 현실사정에 소원하며 실제사회에 등한시 하는 것이 학자의 본분이며 천직으로 생각하는 경향이 없지 않다 이것은 지행합일은 용이하게 찾아지는 것이 아니다. 행위에는 항상 책임을 요구하니 일개인으로서 사회국가와 관련하여 그 인격의 나아감을 얻을 것이며

—『동아일보』, 1922.5.25

위의 글에서는 상고시대의 공맹(孔孟)이나 희랍 철학자 등의 경우는

학문이 이론에서만 그치는 것이 아니라, 그 원리를 실제에 적용하며 체현하였다는 점에서 가치를 두고 있다. 그런데 우리나라의 경우 이조시대 이래의 학자들은 명리만 중시하고 국가의 홍폐와 민중의 안위에 무관했다는 지적이다. 학문은 지행합일이 필요하며, 사회와 국가의 진보를 획득하는 것이 진정한 학문 연구의 책무라는 논지이다. 이 외에도 「학식의 학식다운 값은 생활화에 잇습니다」(『동아일보』, 1939.1.23)에서도 이와 유사한 견해를 보이는데, 학문의 목적은 그 학식을 응용하고 활용해서 실생활을 향상시키는 데 있다는 주장이다.

위의 논의들을 요약하면, 먼저 「신구사상의 충돌과 참극」(『조선일보』, 1924.7.5), 「학문활용의 필요, 실제에 적용하라」(『동아일보』, 1922.5.25), 「학식의 학식다운 값은 생활화에 잇습니다」(『동아일보』, 1939.1.23) 등은 시대적 흐름을 수용하는 신사상에 대한 옹호론을 펼치는 경우로 에서 명리에만 치중한 구사상의 폐해를 들며 신사상의 실용적인 측면을 중시한 당대 가치관을 살펴보았다. 한편 위의 견해와 달리 「경쟁사상과 협동적 경향」(『조선일보』, 1925.1.10) 당 시대의 사상적 특징을 '경쟁사상'과 '협동적 경향'으로 분류하고 전자를 부정적으로 후자를 긍정적인 가치로 들고 있다. 이러한 논의들은 전 시기의 봉건적인 사상을 지양하고 민중, 개인의 실질적인 삶의 가치를 중시하는 관점이라 할 수 있다.

3.2.2. 동서양 문명의 사상적 가치, 전통과 역사적 자각

한편 개인적 자아가 성장한 일제강점기의 사상적 경향은 근대 초기와 달리 신구사상에 대한 각각의 문제점을 간파하며, 신사상에 대한 무조건적인 추수론(追隨論)이나 구사상에 대한 무조건적 폄하라는 경직된 사고에서 벗어나 보다 유연한 시각을 보여주고 있는 담론들도 보이고 있다.

【 양양양양(兩洋兩洋)의 문명(文明) 】

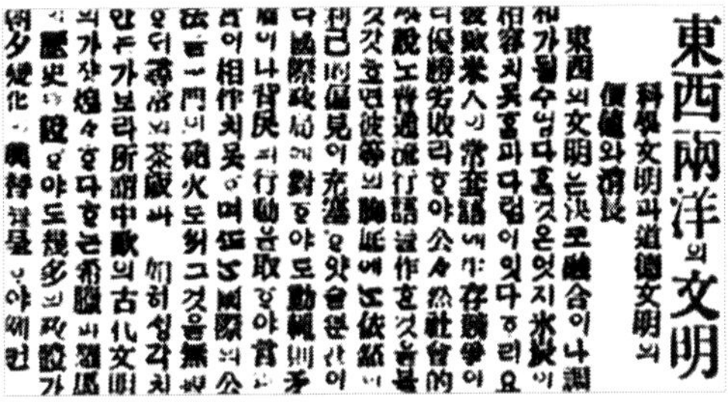
東西兩洋의 文明

〈그림 14〉「양양양양(兩洋兩洋)의 문명」
(『조선일보』, 1921.7.26)

東西의 文明은 決코 融合이나 調和가 될수 업다 함은 엇지 永訣이 相容치 못함과 다럼이 잇다 ᄒᆞ리요 彼東歐美人洋이 常套語의에 生存競爭이라 優勝劣敗라 ᄒᆞ야 公公 然文 社會的 學說로 普通 流行語를 作한 것 (…중략…) <u>彼等明의 何時ᄭᆞ지라도 道와 德이 그 中心勢力을 維持케된 以上에 泰西의 科學文明을 調和ᄒᆞ여야 그 恒久的 平和를 存在홀것이라</u>ᄒᆞᄂᆞᆫ 同時에 此等도 亦是 이와갓치 交換的 意義를 閑居치 못ᄒᆞ리라.

번역 동서의 문명은 결코 융합이나 조화가 될 수 없다 함은 죽은 사람과 산 사람이 서로 용납치 못함과 다를 바 없다. 저 동구미주 사람들이 상투어로 생존경쟁이라 우승열패라 하여 공공연하게 사회적 학설의 유행어로 만든 것 (…중략…) <u>이러한 문명 등이 언제까지라도 도와 덕을 그 중심세력에 유지케 된 이상에 태서의 과학문명과 조화해야 그 항구적 평화가 존재하는</u> 동시에 이들도 이와 같이 교환적 의의를 막지 못하리라.

—『조선일보』, 1921.7.26

위의 글은 동서양 문명의 사상적 가치를 논한 경우로, 즉 동양의 문명은 '도(道)와 덕(德)'이 중심인 '도덕문명'이요, 서양의 문명은 '과학문명'이라고 지적하면서, 이 두 문명은 서로 상치되는 것이 아니라 상호 보완적인 것이라는 견해를 보인다. 결론적으로 동서양의 문명의 가치를 각각 인정하고 둘의 조화가 필요하다는 주장을 하고 있는 것이다. 그런데 이어지는 글에서는 동양문명은 구사상, 서양문명은 신사상의 토대라고 부연하고 있어, 결국 신구사상의 절충안을 제시한 논의라 할 수 있다.

한편 다음의 글에서는 '자연과학'과 '역사적 학문'이라는 개념을 들어 각각의 사상적 가치를 논하고 있어 주목된다.

【 학문(學問)의 매력(魅力)(2) 】

現象的 學問의 硏究는 單一的 魅力이 잇는 것이오 <u>歷史的 學問의 硏究는 多角的 魅力이 잇는 것이라</u> (…중략…) <u>現象的 學問의 硏究方式이라는 것은 언제든지 쉴새가 업시 實地實驗에 依하여서만 進行하되 拒否하려하나 拒否할수 업는 確實性 卽 單一性에까지 究極하는 證明의 힘이 잇는 것이오</u> 歷史的 學問의 그 取扱方法이란 大槪에 잇서서 原則的으로 그와는 反對로 拒否하려하나 拒否할 수 업는 確實性의 九極적 單一性의 魅力을 가저오기는 어려운 것이라 하겟다. 그럼으로 어떠한 歷史의 學問을 勿論하고 그 硏究의 마당에 잇서 흔히 悟性의 學說을 자바내서 恒常 解釋하고 (…중략…) 所以로 歷史的 學問의 이 點은 다른 理論的 學問에 比하여 多角的 硏究의 魅力을 가지고 있는 것으로 硏究하는 무리로 하여금 眞實한 關心과 純化한 淨潔을 다른 學問의 硏究보다 더욱 요구하여 마지 아니하는 것이라 하겟다.

번역 현상적 학문의 연구는 단일적 매력이 있는 것이오 <u>역사적 학문의 연구는 다각적 매력이 있는 것이라</u> (…중략…) <u>현상적 학문의 연구방식이라는 것은 언제든지 쉴새가 없이 실데 실험에 의하여서만 진행하되 거부하려 하나 거부할 수 없는 확실성 즉 단일성의 극도에 달하는 증명의 힘이 있는 것이오</u> 역사적 학문의 그 취급방법이란 대개 원칙적으로 그와는 반대로 확실성과 단일성의 매력을 가져오기는 어려운 것이다. 그러므로 역사의 학문은 그 연구하는 마당에 있어 흔히 지성이나 사고에 바탕을 둔 학설을 잡아내서 항상 해석하고 (…중략…) 그런고로 역사적 학문의 이 점은 다른 이론적 학문에 비하여 다각적 연구의 매력을 가지고 있는 것으로, 연구하는 무리로 하여금 진실한 관심과 순수한 정결을 다른 학문의 연구보다 더욱 요구하게 되는 것이라 하겠다.

—『조선일보』, 1940.3.12

위의 글은 유자원(柳子原)이라는 필자가 쓴 것으로, '자연과학과 역사적 학문'이라는 부제를 달고 있는데 3회에 걸쳐 연재된 기사문이다. 게재된 내용에서 주목되는 것은 학문을 '자연과학'과 '역사적 학문'이라는 개념으로 상반적인 정의를 하고 있다는 점이다. 전자는 '현상적 학문'이라 칭하면서 실험에 의존하며 확실성을 추구하는 '단일성'을 추구하는 것이며, 후자 '역사적 학문'은 확실성을 가져오기는 어려운 것으로, 해석적이고 다각적인 학문이라 정의하고 있다. 자연과학이나 사회과학이 주로 신학문의 대명사로 인식되었던 당대 상황을 고려하면, '역사적 학문'이라는 것은 은유적으로 과거로부터 이어져오던 일종의 구학문이라 볼 수 있다. 이에서 신학문과 구학문의 가치를 각각 인정하며, 상보적인 학문으로 보고 있는 논의라 할 수 있다. 이어지는 「학문의 매력(종)」 연재편에서는 '고전실증의 학문적 흥미'라는 부제로 고전에 대한 가치를 논하기도 했다. 즉 "광명하고 위대한 세계"의 거울은 고전적 질서에서 찾을 수 있다고 지적하면서, 고문서를 수집하고 보호하여 고전적 학문을 재현하자는 주장을 펼치고 있다.[76] 이러한 논의는 앞서 자아론에서 살핀 '역사 주체로서의 자아관'의 일면을 내포하고 있다는 점에서 주목되는데, 아래의 기사 또한 이와 유사한 논의를 보인다는 점에서 주목된다.

【 녯 지식(智識)과 새 학문(學問) 】

나는 요사이 엣것을 살펴볼 時間을 갓게 되엿다. 學問을 배우는 사람에게 옛것을 習得하는 것이 當然한 일이지마는 (…중략…) 先賢의 訓言을 배

---

76) 「학문의 매력(종)」(『조선일보』, 1940.3.14).

호지 안홈이 아니며 또한 古典의 文學을 習得하지 안홈도 아니엿스나 그것이 젊은 사람의 타오르는 피를 복도다주지 못하엿든것이여서 스스로 만들고 그리로 모라넛고 마렷스니 (…중략…) 모다들 새것에 對한 執着이 만타. 그리고 새것에 對한 創造에 全力을 消散하는 것이다. 이것은 社會發展에도 필요하고 사람의 生活에도 推進力을 加하는 것이려니와 그 反對에 ○定理가 잇슴에 또한 우리의 主意를 끄러가는 것이 잇다. (…중략…) 그러나 우리가 歷史의 페지를

〈그림 15〉「넷지식과 새학문」 『조선일보』, 1937.7.16)

넘기여보면 人類의 生活(私生活, 社會, 政治)은 실증날만치 反復하고 잇슴을 볼 수 잇는 것이다. 이러므로 새것은 全部 새것이 아니며 옛것은 모두 옛것이 아니니 모든 것은 一眞理의 多數한 外形을 새것이라고 하지안나하고 나는 생각한다.

번역 나는 요사이 옛것을 살펴볼 시간을 갖게 되엿다. 학문을 배우는 사람에게 옛것을 습득하는 것이 당연한 일이지만 (…중략…) 선현의 훈계를 배우지 않음이 아니며 또한 고전 문학을 습득하지 않음도 아니었으나, 그것이 젊은 사람의 타오르는 피를 북돋아 주지 못하여서 스스로 만들고 그리로 몰아 넣고 말았으니 (…중략…) 모두들 새것에 대한 집착이 많다. 그리고 새것에 대한 창조에 전력을 소진하는 것이다. 이것은 사회발전에도 필요하고 사람의 생활에도 추진력을 가하는 것이려니와 그 반대에 ○정리가 있음에 또한 우리의 주의를 끌어가는 것이 있다. (…중략…) <u>그러나 우리가 역사의 페이지를 넘겨보면 인류의 생활(사생활, 사회, 정치)은 싫증날만큼 반복하고 있음을 볼 수 있는 것이다. 그러므로 새것은 전부 새것이 아니며 옛것은 모두 옛것이 아니니, 모든 것은 하나의 진리가 다수한 외형을 지닌 것으로, 그 외형을 새것이라고 하지 않나 하고, 나는 생각한다.</u>

―『조선일보』, 1937.7.16

위 인용문의 필자는 박영희(朴英熙)로서, 전통과 역사에 대한 가치를 피력하고 있다. 먼저 학문을 배우는 사람은 옛것을 습득하는 것이 당연한 일이며, 고전의 습득이 새학문의 토대가 된다고 밝히고 있다. 인류의 역사를 보면, 원천적으로는 모두 반복된 현상을 보이는 것으로 새것은 전부 새것이 아니며 옛것은 모두 옛것이 아니니 두 학문 모두 필요한 학문이라는 주장을 하고 있다. 이 또한 신사상과 구사상을 서로 대척점으로 보는 것이 아니라 상호보완적인 것으로 보는 견해라 할 수 있으며, 전통과 역사에 대한 자각을 역설한 것이라 할 수 있다.

앞서 살핀 글들은 신구사상에 대한 각각의 가치를 인정하는 보다 유연한 시각을 보여주고 있는 담론이라 할 수 있다. 「양양양양(兩洋兩洋)의 문명」(『조선일보』, 1921.7.26)에서는 동양의 문명을 '도와 덕'이 중심인 '도덕문명'이요, 서양의 문명은 '과학문명'로 보고, 상호보완적인 것이라는 견해를 보인다. 그런데 이 글에서는 동양문명은 구사상, 서양문명은 신사상의 토대라고 부연하고 있어, 결국 신구사상의 절충안을 제시한 논의라 할 수 있다. 「학문의 매력(1~3)」(『조선일보』, 1940.3.11~13), 「녯지식과 새학문」(『조선일보』, 1937.7.16) 등의 담론 또한 신사상과 구사상을 서로 대척점으로 보는 것이 아니라 상호보완적인 것으로 보는 견해를 보이며, 전통과 역사에 대한 자각을 역설한 글이라는 점에서 주목된다.

3.3. 공론의 장과 개인의 표출

3.3.1. 토론회를 통한 개인 의사의 반영

근대 초기부터 연설이나 토론회는 서구 열강의 침략으로부터 국권을 지키기 위한 계몽적 열정에서 시작되어, 『독립신문』과 같은 계몽적 신문과 배재학당, 협성회와 같은 교육기관을 통해 퍼져 나갔다. 1920년대에 들어서면서 연설이나 토론회는 '사회'나 '사회주의'의 유입 속에서 전문적이고 분화된 강연, 토론, 웅변의 형태를 띤다. 또한 3·1 운동 이후 매체의 확산 속에서, 강연하는 청년 뿐 아니라 '비청년들'이 등장하고 갈등하는 장으로 조직되었다.[77] 이렇듯 공론장의 형성은 바로 근대성의 측면에서 주목할 만하다.

한편 공론장은 자신의 계급적 이익을 관철하기 위해 활용하는 정보와 상품의 유통 영역이자 수단으로서 인쇄 매체, 각종 모임, 토론 단체 등을 통해 합의를 창출하고 확장시켜 나가는 공적 네트워크를 의미하는 것이다.[78] 그런데 이렇듯 공론의 장에서 자신들의 소리를 발하게 되었다는 것은 바로 개인적 자아의 성장에서 비롯된 것이라고 할 수 있다. 그런데 공론의 장으로 나온 개인들은 어떠한 논쟁을 하였을까? 〈표 4〉는 1920~30년대 초『동아일보』토론회 개최 관련 기사 중, 주요 기사의 논제를 파악한 것이기도 하다.

〈표 4〉 토론회의 논제(『동아일보』각지 청년 단체 소식)

번호	연월일	제목	논제
1	1920.07.14	강동천도교청년회 토론회 개최	령적취미가 승어내적취미(勝於內的趣味)
2	1920.07.14	엡웻청년회 토론	우리의 급무가 물질문명인가 정신문명인가
3	1920.07.16	토론회 개최	여자교육이 승어남자교육(勝學於男子敎育) (연사: 윤정희 이봉근)
4	1920.08.03	안동청년회 토론회 개최	인격이 승어금전(勝於金錢)
5	1920.08.04	상동예배당 엡웠청년회 문예부 주최로	사회를 정리함에는 노인호아 청년호아
6	1920.08.13	고성청년단 토론회 개최	사회유지는 도덕호아 법률호아
7	1920.08.15	영흥청년구락부 토론회 개최	근승어재
8	1920.08.16	천안구락부 토론회 개최	생활향상은 지직이 승어금전(勝於金錢)
9	1920.08.16	서호청년회 주최 토론회 개최	가정교육이 승어학교교육

---

77) 신지영(2010),「한국 근대의 연설·좌담회 연구」, 연세대학교 석사논문, 3쪽.
78) 송호근(2013),『시민의 탄생』, 민음사, 10쪽.

번호	연월일	제목	논제
10	1921.03.04	정평청년회 토론회 개최	사회를 향상시킴에는 학문이냐? 금전이냐 (연사: 원종집 진병로 장세환 오태영 원정준 진석오)
11	1921.04.09	개복동기독청년회 토론회 개최	문제 영웅이 조시세호아 시세가 조영웅호아
12	1921.04.27	인천엡웠청년회 주최로 의법강연급 토론회 개최	생활을 증진함에는 금전이냐? 학문이냐? (연사: 김정우 신대균 한상봉 라시환)
13	1921.06.29	함흥기독청년회 주최 대토론회 개최	우리의 급선무는 실업이냐 교육이냐
14	1921.06.30	중앙기독교청년회 토론회 개최	결혼의 표준은 금전이 승어연애(勝於戀愛)
15	1921.07.08	청년전도회 토론회	국가의 문명이 학문에 재호아 금전에 재호아
16	1921.07.12	사리원면려청년회 토론회 개최	사회발전에는 물질이 승어정신(勝於精神)
17	1921.07.21	의주기독청년회 토론회 개최	현 우리 사회의 급무가 교육이냐 실업이냐 (연사: 이은상 이기정 김인숙 손봉조 최사규 하태익)
18	1921.08.28	의주여자기독청년회 토론회 개최	인격양성이 피동호(被動乎)
19	1921.09.11	신의주기독청년회 토론회 개최	차세상이 악관이냐 비관이냐
20	1921.09.12	양산청년회 토론회 개최	현대조선사회에는 남녀평등이 가야부야(可耶否耶)
21	1921.10.13	순안청년회급 천도교회 연합토론회 개최	조선사회에는 산업이 승어교육(勝於敎育)이다
22	1921.12.02	평양이문리엡윗청년회 토론회 개최	인생은 만능이냐 아니냐
23	1922.01.18	안성기독교소년회 토론회 개최	학문을 성취함에는 근면이 재화를 승한다
24	1922.02.15	성천청년수양 토론회 개최	체육이 승어지육(勝於智育)
25	1922.02.16	예수교 청년회연합회 남녀현상 토론회 개(開)	세계를 개조하려면 종교로 할가 정치로 할가 (연사: 손메리 홍기원 송춘근 조숙경)
26	1922.01.23	백배회 주최 토론회 개최	사회를 정돈함에는 로년이냐 청년이냐
27	1922.02.23	인천내리교회의법청년회 토론회 개최	인류향상에는 과학이냐 종교이냐(연사: 박동석 이상룡 임균영 예종호)
28	1922.03.22	의주기독청년회 토론회 개최	현대문명이 승어고대문명(勝於古代文明)
29	1923.01.03	선산교회 토론회	학문이 승어도덕(勝於道德)
30	1923.02.08	성천청년 수양토론회	사회발전에는 학문이냐?
31	1923.09.03	유학생 토론회	학문을 닦는데는 근면이냐 재이냐라
32	1931.09.05	우천소년토론	학문이 금전보다 승하냐(연사: 이병묵 신중균 홍종국 이윤익 이순근 박승배)

위에서 정리한 논제는 유사한 논의를 제외하고 주제별로 변별되는 자료만 선별한 것으로, 1920~30년대 『동아일보』뿐만 아니라 『조선일보』에서도 매일의 기사에서 토론회 소식을 다수 전하고 있다. 한편 표에서 정리한 기사들은 모두 「각지 청년 단체 소식」에 게재된 내용이기도 하다. 당시에는 따로이 고정 게재란을 두어 그 활동상을 살피고 있을 정도로, 다양한 종류의 청년회가 조직된 시기였다. 그리고 청년(일반 단체/종교 단체)들이 주최하는 토론회가 활발하게 전개되고 있었다. 위의 토론회 주제를 보면, 사회, 철학, 윤리와 도덕, 종교, 교육 등 다방면의 논제를 다루었음을 볼 수 있다. 또한 "우리의 급무가 물질문명인가 정신문명인가"(2), "인류향상에는 과학이냐 종교이냐"(27), "현대문명이 승어고대문명(勝於古代文明)"(28)와 같은 논제는 앞서 다룬 사상론과 맞물려 토론의 장에서도 논의되고 있음이 흥미롭다.

【 토론회개최(討論會開催) 】

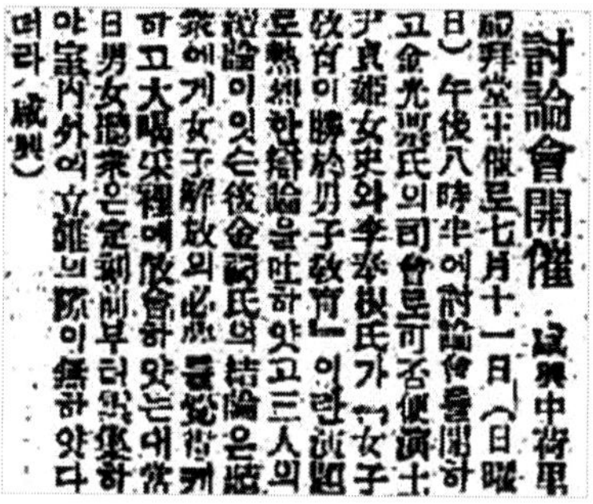
討論會開催 咸興中荷里禮拜堂十○로七月十一日(日曜日) 午後八時半에討論會를開하고金光藁氏의司會로可否便演士尹貞嬉女史와李泰根氏가『女子敎育이勝於男子敎育』이란演題로熱烈한辯論을吐하얏고三人의續論이잇슨後金閔氏의結論은聽衆에게女子解放의必要를覺悟케하고大喝采裡에散會하얏는데常日男女聽衆은定刻前부터雲集하야室內外에立錐의隙이無하얏다더라(咸興)

〈그림 16〉「토론회개최」
(『동아일보』, 1920.07.16)

咸興 中荷里禮拜堂十○로 七月 一日(土曜日) 午後 八時에 討論會를 開催하고 金光藁氏의 司會로 可否便 博士 尹貞嬉 女史와 李泰根氏가 『女子敎育이 勝學於男子敎育』이란 演題로 熱烈한 辯論을 吐하얏고 三人의 續論이 잇슨 後 金閔氏의 結論은 聽衆에게 女子解放의 必要를 自覺케하고 大喝采裡에 散會하얏는데 常日 男女聽衆은 定間부터 雲集하야 室內外에 隔이 無하야다더라.

번역 함흥 중하리 예배당 십○로 칠월 일일(토요일) 오후 8시에 토론회를 개최하고 김광고 씨의 사회로 가부편 박사 윤정희 여사와 이태근 씨가 『여자교육이 승학어남자교육』이란 연제로 열렬한 변론을 토하얏고 삼인의 속론이 있은 후 김민 씨의 결론은 청중에게 여자해방의 필요를 자각케 하고 큰 박수 속에서 끝났는데 <u>이날 남녀청중은 정시부터 다수가 모여 실내외가 **빽빽히** 틈이 없었다더라.</u>

—『동아일보』, 1920.07.16

위 기사는 여자교육의 필요성에 대한 토론회의 결과를 보도한 것으로, '여자교육이 승학어남자교육(勝學於男子敎育)'이라는 논제로, 사회 김광고(金光藁), 윤정희(尹貞嬉), 이태근(李泰根) 등의 찬반 논쟁이 있었다는 내용이다. 특히 위에서 주목되는 내용은 남녀 청중이 입추여지 없이 참석하였고 성황리에 토론회를 마쳤다고 하는 부분이다. 이것은 당대 토론회에서 일반인들의 참여도 활발했음을 반영하는 것이 할 수 있다.

토론회 소식은 각지에서 이루어졌는데, 대개의 토론회는 매월 정기적으로 개최되었고,[79] 경우에 따라서는 입장료를 받기도 했다.[80] 그럼에도 불구하고 대개의 경우 청중석이 만석이라 서서 관람하는 등 성황을 이루는 경우가 대부분이었다.[81] 청중들은 주로 남녀 일반인들로서, 찬반 양측 최종 변론이 있은 후에 그들의 거수로 승패를 결정하는 등 참여를 유도하기도 했다.[82] 이렇게 청중이 최종 판정권을 지닌다는 점에서 이들은 토론을 경청하고 자신의 판단력을 발휘해야 하는 상황이었다. 결국 토론의 장은 연사뿐만 아니라, 청중 개개인의 의사가 반영되는 공동의 장이었던 것이다.

한편 〈표 4〉에 제시한 논제에서도 일부 제시되었지만(10, 15, 32) 당대 토론회를 다룬 기사들을 보면, 특히 물질과 학문과의 관계를 다루는 논제가 다각적인 측면에서 다루어졌음을 볼 수 있다.[83] 논제의 내용을

---

79) 「청양교회 토론회 개최」(『동아일보』, 1920.9.10).
80) 「예수교 청년회연합회 남녀현상토론회 개(開)」(『동아일보』, 1922.2.18).
81) 「안성 기독교소년회 토론회 개최」(『동아일보』, 1922.01.18).
82) 「청주 기독청년회 토론회 개최」(『동아일보』, 1922.1.18).

크게 대별하면 물질과 학문 중 무엇이 우선인가? 사회 문화 발전에 물질과 학문 중 무엇이 필요한가? 등으로 요약되는데, '물질(황금, 금전, 돈)'과 '학문' 중 무엇이 우선하는가의 가치 논제들이라 할 수 있다. 그런데 이렇듯 물질'과 '학문'이 대비적인 개념으로 논쟁화된 배경은 무엇일까 하는 문제가 대두된다. 기사들은 논제 제목과 찬반측만 주로 제시된 경우라, 실제 논의 내용은 개략적으로 드러나, 기타 자료들을 좀 더 검토할 필요성이 있다. 그러면서도 한편, 앞서 살핀 사상론에서 실용적인 측면에서 학문이 소용되어야 한다는 논의가 보이는데,[84] 학문 습득과 실생활과 문제와도 관련이 있을 것으로 추정된다. 또한 이것은 졸업 후 취업난이 심각했던 당대 상황을 반영한 것이 아닐까 판단되는 부분이기도 하다.

【 조선인(朝鮮人)과 학문(學問) 】

學校卒業期가 갓차와옴을 싸라 卒業生 就業問題가 四方에서 식그렇게 들닌다. 朝鮮에는 여러 가지 産業機關이 잇고 朝鮮總督府에

〈그림 17〉 「조선인과 학문」(『조선일보』, 1932.1.28)

서는 大規模의 事業을 始作한다고 써든다. 그러나 朝鮮人의 就職問題가 그로 因하야 解決된다는 말은 듣지 아니한다. 그럼으로 朝鮮人은 子女들을

---

83) 『동아일보』 관련 기사는 「여자교육이 승학어남자교육」(1920.7.16), 「황금이 승어학문」(1920.8.15), 「사회를 향상시킴에는 학문이냐? 금전이냐?」(1921.3.4), 「생활을 증진함에는 금전이냐? 학문이냐?」(1921.4.27), 「국가의 문명이 학문에 재호아 금전에 재호아」(1921.7.8), 「금전이 승어학문」(1921.9.1), 「시대의 요구는 금전이냐 학문이냐」(1921.10.12), 「학문을 성취함에는 근면이 재화를 승한다」(1922.1.18), 「금전이 중하냐 학문이 중하냐」(1922.1.24) 외 다수 게재되고 잇다.

84) 「학문활용의 필요, 실제에 적용하라」(『동아일보』, 1922.5.25), 「학식의 학식다운 값은 생활화에 잇습니다」(『동아일보』, 1939.1.23) 등.

가르칠 돈도 업는 사람이 多數이어니와 그에 더해야 <u>어렵게 工夫식히고</u> <u>學校를 卒業할지라도 就職할 곳이 업서서 갈 곳을 아지 못하게 된다. 이것</u> <u>을 보고 어느 總督府官吏는 學校를 增設하야 敎育을 만히 식히는 것은 結局</u> <u>高等遊民을 養成함에 不過하니 차라리 學校增設을 避하여야 된다는 暴言을</u> <u>吐하게 된다.</u>

번역 학교졸업기가 가까워옴에 따라 졸업생 취업문제가 사방에서 시끄럽게 들린다. 조선에는 여러 가지 산업기관이 있고 조선총독부에서는 대규모의 사업을 시작한다고 떠든다. 그러나 조선인의 취직문제가 그로 인하여 해결된다는 말은 듣지 아니한다. 그러므로 조선인은 자녀들을 가르칠 돈도 없는 사람이 다수거니와 더구나 <u>어렵게 공부시키고 학교</u> <u>를 졸업할지라도 취직할 곳이 없어서 갈 곳을 알지 못하게 된다. 이것을</u> <u>보고 어느 총독부 관리는 학교를 증설하여 교육을 많이 시키는 것은 결국</u> <u>교육을 받고도 할 일 없이 노는 사람을 양성함에 불과하니 차라리 학교</u> <u>증설을 피하여야 된다는 폭언을 토하게 된다.</u>

—『조선일보』, 1932.1.28

위의 기사에서는 학문과 취업의 문제에 대한 총독부 관리의 말을 빌어, 학문(학교)의 무가치함을 논하고 있다. 이어지는 글에서는 이 문제를 보다 구체적으로 논의하기도 했는데, 당시 졸업기에 처한 학생들은 입학난과 학업난과 싸우며 학업에 임했지만, 졸업을 앞두고 취직난 때문에 고심하고 있는 현실이라는 것이다. 필자는 여기에서 그 원인으로 조선 고등교육의 문제점을 들고 있다. 그것은 일본 고등교육과 동일한 수준의 교육을 받지 못하는 '식민교육'이 원인이라는 것이다. 당시 각지 청년회에서 주요 논제로 삼았던 '학문과 물질' 논쟁은, 바로 이러한 시각에 대한 찬반 대립이 팽배했던 당대 사회적 상황과도 관련된 것이 아닐까 추정된다. 또한 이 지점에서 일반인들이 참여한 토론회의 가치를 발견할 수 있다. 이것은 공론의 장에서 사회문제를 함께 공유하며,

그 해결을 자발적으로 모색하였다는 것을 반영하기 때문이다. 이 점에서 개인적 자아의 성장이 바로 자기 의사의 표출로 이어지고 있음을 볼 수 있다.

3.3.2. 강연회를 통한 사회적 담론의 확산

토론의 장이 일반 대중의 자발적 의사 표현의 장이라면, 강연의 장은 일반 대중에게 사회적 담론을 확산시키는 장이라고 할 수 있다. 이것은 자아 각성의 측면에서 또 다른 공론의 장이라고 판단된다. 그런데 앞서 살핀 토론회 자료들은 주로 1920년대 중반까지 다수 드러나고 있는데, 이는 그만큼 토론회가 활성화되었음을 보여준다. 그러나 중반 이후부터는 토론회 소식보다 강연회 소식이 더 많이 드러난다는 점이 주목된다. 즉 근대 계몽기부터 공론의 장에서 활발했던 토론은 1920년대 중반 이후로 지식인의 일방적인 강연의 형태로 변화되는 양상을 보인다. 이러한 변화는 당대 정치적, 사회적 변화와 관련하여 그 의미를 드러낼 필요가 있다고 보여진다.

아래 〈표 5〉는 강연회 내용 중 주요 자료만을 정리해 본 것으로, 아래와 같은 연제들을 제시하고 있다.

〈표 5〉강연회 연제(『동아일보』 강연회 소식)

번호	연월일	기사제목	비고
1	1921.04.27	인천엡윗청년회 주최	도(島)교육과 나의 늣김(장기진), 본능의 동물(서병훈), 인종개량문제(리상룡)
2	1921.08.09	구음의숙 강연회	오인의 할일(정연명), 학문(김상마)
3	1922.09.09	대전소년회대 강연회	사회의 실력을 양성하랴면 노동이 승어학문(勝於學問)
4	1923.08.27	천주교 청년회 강연. 진주 천주교 청년회	완전한 학문, 인생의 미래

번호	연월일	기사제목	비고
5	1923.08.30	진주천주교청년회 대강연회	완전한 학문, 인생의 미래(푸예란), 애(愛)의 본원(박순명)
6	1924.01.26	제이회 학술강연. 조선학생회 주최로 금일 중앙청년회관에서	강사(최긍이 경열이 심종 한영욱)
7	1925.04.03	과학문명보급회. 동경류학생이 설립하고 농촌에 과학을 보급할 계획	과학문명보급회
8	1925.10.29	과학문제강연, 오는 삼십일일 학생과 학연구회 주최	상대성원리에 대하야 (안일영), 경제사상의 력사적변천(이긍종)
9	1925.12.10	제이회 강연음악대회. 조선학생회주최와 시대(時代) 본보후원하에 래십일일 래청각에서	(강연) 최남선, 이긍종 외 여러 인사
10	1926.03.25	세의학술강연 및 음악연극회. 금일동교강당과 남대문예배당에서	의학학술강연
11	1927.03.31	부녀세계사 주최로 남선순회강연. 사월오일부터	'부녀세계사' 주최
12	1927.05.30	지방순회학술강연단 삼씨 금일 출발. 현대평론사 주최 본사 후원으로	지방순회학술강연단 이관용, 이관구, 홍기문 등은 남선각지 인차순회
13	1927.08.03	과학강연	과학문명보급회사명(이종린), 현대 과학적 생활(한치관), 조선인 공업급발명(백운기, 이성용)
14	1927.08.21	강릉학생강연	학생운동의 사명(조근환), 교육문제에 대하야(장성준), 경제학상으로 본 이기주의 이타주의(박용익), 현대과학문화 중심은 무엇(최순집)
15	1927.09.19	신천서 과학강연, 과학문명보급회	국제적 과학생활의 시기(오응천)
16	1927.10.02	과학대강연회, 장연에서 성황	과학문명보급회의 사명(김기봉), 현대과학의 경이(신흥균), 위대하다 과학의 공(오응천), 우주의 비밀과 과학의 력(김학선)
17	1928.07.10	농미순회강연, 연희전문 주최	경제문제(김로겸), 사회문제(조상한), 과학문제(채우병), 가정문제(안병덕)
18	1929.01.19	강연회소식	중국문화의 근원과 근대학문의 발달(장병린, 양건식), 중국 근대학문(장병린 량건식)
19	1932.06.30	평양대강연 구일로연기	인생과 범죄(이창휘), 금본위제의 장래(김영주), 각성(옥선진), 학문과 생활(최두선)

번호	연월일	기사제목	비고
20	1932.07.08	특별대강연회 주최 보성전문학교 교우회 평양지부 후원 동아일보사 평양지국	인생과 범죄(이창휘), 학문과 생활(최두선), 세계금본위제의 장래(김영주), 각성(옥선진)
21	1933.10.21	명사 초청하야 광주에 대강연, 기독 청년 주최로	기독과 인생문제(김영섭), 기독과 남녀문제(신흥우), 기독과 사회문제(신흥우), 기독과 도덕문제(홍병선), 기독과 생활문제(홍병선). 기독과 과학문제(변영서), 기독과 종교문제(변영서)

위의 자료를 보면 각계각층에서 학술 강연회가 개최되었음을 볼 수 있는데, 주최측 및 강연회 연제를 정리하면 아래와 같이 요약된다.

〈표 6〉 강연회 주최측 및 연제

주최	주제 및 연사	해당번호
구음의숙강연회	〈오인의 할 일〉, 〈학문〉	1
대전소년회	〈회의 실력을 양성하랴면 노동이 승어학문〉	2
진주 천주교 청년회	〈완전한 학문〉, 〈인생의 미래〉	3
진주천주교청년회	〈완전한 학문〉, 〈인생의 미래〉	4
과학문명보급회	동경유학생이 과학 관련 강연, 〈국제적 과학생활의 시기〉, 〈과학문명보급회의 사명〉, 〈현대과학의 경이〉, 〈위대하다 과학의 공〉, 〈우주의 비밀과 과학의 력〉	6, 14, 15
학연구회	과학문제강연: 〈상대성원리에 대하야〉, 〈경제사상의 력사적 변천〉	7
조선학생회	문학, 사회 관련 강연	8
세의학술	의학학술강연	9
부녀세계사	남선순회강연	10
현대평론사 주최. 동아일보사 후원	지방순회학술강연단	11
과학문명보급회	과학강연, 〈과학문명 보급회사명〉, 〈현대 과학적 생활〉, 〈조선인 공업급발명〉	12
강릉학생	〈교육문제에 대하야〉, 〈경제학상으로 본 리기주의 리타주의〉, 〈현대과학문화 중심은 무엇〉	13
연희전문	농미순회강연: 〈경제문제〉, 〈사회문제〉, 〈과학문제〉, 〈가정문제〉	16

주최	주제 및 연사	해당번호
평양 동아일보사 평양 지국	〈각성〉, 〈학문과 생활〉	17
주최 보성전문학교 교우회 평양지부 후원, 동아일보사 평양지국	〈학문과 생활〉, 〈세계금본위제의 장래〉, 〈각성〉	18
광주 기독청년회	〈기독과 사회문제〉, 〈기독과 도덕문제〉, 〈기독과 생활문제〉, 〈기독과 과학문제〉, 〈기독과 종교문제〉	19

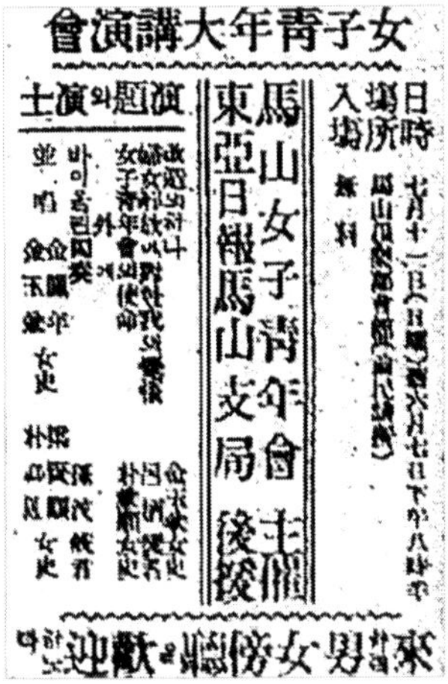

강연 주최측을 보면 종교단체(진주 천주교 청년회, 진주천주교청년회, 광주 기독청년회), 연구회(학연구회, 세의학술, 과학문명보급회, 강릉학생, 과학문명보급회), 잡지사 및 신문사(부녀세계사, 현대평론사. 동아일보사, 조선일보사), 기타 학교 및 단체(연희전문, 보성전문학교 교우회, 구음의숙강연회, 대전소년회, 조선학생회) 등 각계각층으로 드러나며, 연제도 종교, 인문, 사회, 과학, 의학, 교육 등 다양한 분야를 다루고 있음을 볼 수 있다. 특히 '과학문명보급회(科學文明普及會)'[85]의

〈그림 18〉「女子靑年大講演會」(『東亞日報』, 1921.7.8)

과학 관련 강연이 활발하게 전개되었음을 볼 수 있는데, 이 단체는 최봉운(崔鳳運)을 중심으로 한 동경 유학생 단체로, 농촌에 과학을 보급할 목적으로 결성된 연구회이다.[86] 『과학문화(科學文化)』, 『과학세계(科學世界)』 등의 과학 잡지를 발행하고 이를 실비로 제공하는 등[87] 과학문명

---

85) 참고로 「민족적 감정의 이유. 결의문 산포 금지」(『조선일보』, 1926.3.2)를 보면, 당시 조선인 학계에서는 과학 분야의 학문을 중시했음을 알 수 있다. 즉 국내에서 결성된 '조선학생과학연구회'는 조선인 중심의 경성도서관에서 과학을 연구하기 위해 정기적인 모임을 갖고 토론회를 개최하고 있다고 보도하고 있기도 하다.

86) 「과학문명보급회」(『조선일보』, 1925.4.3), 「과학문명보급회를 조직」(『조선일보』, 1925.4.4).

87) 「잡지과학세계 발행」(『조선일보』, 1925.8.12), 「과학문화(오월창간호) 동경과학문화 아카데미본부발행」(『조선일보』, 1930.7.20).

이해를 위한 다양한 활동상을 전개한 단체이기도 하다.[88] 한편 신문사에서 순회강연을 주도적으로 실시했다는 점이 주목된다.[89]

위에서 살핀 바처럼, 일제강점기에는 토론회 뿐만 아니라 각계각층의 강연회도 활발하게 개최되었음을 볼 수 있다. 강연회 또한 청중을 대상으로 한 공론의 장이라고 할 수 있다. 강연회 연제들을 보면, 당대 신문에서 다룬 사상론이나, 토론회의 논제 등과 서로 넘나드는 경향을 보인다. 토론회와 달리 명사들의 강연을 일방적으로 경청해야 하는 장이기는 하지만, 이러한 상호성을 지니면서 청중들(일반대중)의 지적인 성장이나 자의식의 각성 등이 다양한 측면에서 이루어졌을 가능성을 보여준다.

한편 위의 강연회 관련 내용과 함께, 당시 출간된 논저 및 학계 학술 활동 등도 게재되고 있는데, 그 대표적인 예로「각양각색의 진영과 기업적(1~6)」(『동아일보』, 1935.1.1~6)와 황욱(黃郁)이라는 필자에 의해 쓰여진 「작년도 학술계 논자를 통해 본 학계의 수확(1~6)」(『동아일보』, 1935.1.1~6) 등을 들 수 있다. 여기에서는 실제 학계의 학문 활동을 통해 당대 관심을 가지고 있는 학문 분야 및 그 연구 내용을 기술하고 있는데, 경제학, 어학, 철학, 자연과학, 자연, 사회과학 등 다양한 학회들을 소개하고 있다.[90] 그런데 기사 내용에서 주목되는 바는, 당대의 학문적 경향은 상아탑적 독존이 아니라 대중 보급을 중시하는 대중화를 지향

---

88) 특히 과학과 관련된 논의는 미신적인 추정을 벗어나게 하는 학문으로 중요하다고 강조하고 있다. (「미신에서 버서나자, 과학문명에 진력하자」, 『동아일보』, 1924.4.5.)

89) 신문사 주최의 강연회 소식을 보면 강연회에서 음악회를 겸하여 행하는 경우가 대부분이다. 일종의 독자위안회와 같은 형태로 강연회가 목적이지만 음악회를 함께 개최함으로써 청중 참여를 도모한 것으로 추정된다.

90) 당시 결성된 학회들을 들면, '조선경제학회(朝鮮經濟學會)', '조선어학회(朝鮮語學會)', '경성박물연구회(京城博物研究會)', '철학연구학회(哲學研究學會)', '과학지식보급회(科學知識普及會)' '조선어학연구회(朝鮮語學研究會)', '발명학회(發明學會)', '엽전식물동호회(葉專植物同好會)', '송경서충연구회(松京鼠蟲研究會)', '자연과학연구회(自然科學研究會)' 등을 예로 들 수 있다(「각양각색의 진영과 기업적」, 『동아일보』, 1935.1.1).

하고 있었다는 점이다.

【 작년도(昨年度) 학술계 논저(學術界 論著)를 통(通)해 본 학계(學界)의
수확(收穫)(6) 】

以上으로써 대강 지난 一年의 學界收穫의 簡單한 紹介를 맛친다. <u>학문의
簡單化 平易化와 밋 그 普及</u>은 무엇보다도 必要한 바이지만 그것은 열의
아홉 번은 학문의 俗化를 가져오는것임은 잘 아는 바이만치 여기에 學界
先輩 諸位에게 <u>그 學問을 이처럼 民衆化식힌데</u> 對하야 갓득히 새해에 學界
에 宏大한 收穫이 잇기를 다시금 빈다.

번역 이상으로써 대강 지난 일년의 학계수확의 간단한 소개를 마친다.
<u>학문의 간단화 평이화와 밋 그 보급</u>은 무엇보다도 필요한 바이다.
그것은 열의 아홉 번은 학문의 세속화를 가져오는 것임은 잘 아는 바이만
큼 여기에 학계 선배 여러분에게 <u>학문을 이처럼 민중화시킨 데</u> 이어 새해
학계에 크나큰 수확이 가득하기를 다시금 빈다.

—『동아일보』, 1935.1.1

위의 내용은 당시 학계의 연구 활동에 대한 총평가라 할 수 있는데,
이상의 연구 내용들에서 '학문의 간단화·평이화 및 그 보급"을 그 성과
로 보고 있다. 이 기사는 1930년대 중반기의 자료로써 지식의 평이화라
는 학문 지향점은 일반 대중들의 지적 성장과 그 각성에도 지대한 영향
력을 끼쳤을 것으로 보인다.

4. 맺음말

본고의 목적은 근대기 조선에서의 근대 인식은 무엇이었으며, 이에
따른 자아 형성과 그 표출 양상이 무엇이었는지 살피는 데 있다. 본론

에서는 이의 구체적인 탐색을 위하여 첫째, 자아 인식의 문제, 둘째, 사회적 자아의 실천 행위로서의 윤리와 도덕, 셋째, 개인적 자아 인식의 성장 배경과 그 표출 양상을 살폈다. 이에 대한 구체적이 분석 내용을 요약하면 다음과 같다.

첫째, '자아 인식의 문제'를 보면, 근대 초기의 '자아'란 바로 사회, 나아가 국가를 전제로 한 '사회적 존재로서의 대아(大我)'를 의미한다. 일개인은 일개인으로서가 아닌 일국가의 구성원으로서 국가의 자활을, 국가의 자주를 위한 '자아'로서 인식되었던 것이다. 그러나 일제강점화가 진행과 근대화가 본격화되면서 '민족' 주체로서의 개인적 자아론이 대두되기 시작한다. 그런데 이러한 자아는 휴머니즘을 토대로 한 '개아(個我)', '개성(個性)' 등의 개념으로 집단으로 환원되지 않는 '자아의 자율성과 독립성'을 인정하는 자아 인식으로까지 나아간다. 이러한 자아 인식의 변화 저변에는 동학의 인내천 사상과, 당대 세계적인 사상의 추세였던 사회주의의 유입, 서구 근대적 자아인식 등이 자리하고 있음을 볼 수 있다. 결론적으로 근대기 자아의 의식의 변화상은, '사회적 자아'에서 '개인적 자아'로의 변이를 보여준다고 정리할 수 있다. 즉 개인적 자아는 사적인 자기요, 사회적 자아는 사회적 존재로서의 공적인 나이다. 근대 초기의 경우는 국가를 상정한 사회적 자아 인식이 지배적이었다면, 일제강점기에 들어서서는 민족과 역사라는 측면에서의 사회적 자아로, 나아가 '자기(自己)로서의 자아인 '개인적 자아'로 옮겨가고 있다는 것이다.

둘째, '사회적 자아의 실천 행위로서의 윤리와 도덕'을 보면, 앞서 자아 인식의 변화상 가운데서도 드러나지만, 근대 계몽기는 과도기적 정치 상황 속에서 변혁을 꾀하던 시대였다. 특히 사회적 자아와 개인적 자아라는 인식의 문제는 바로 윤리의식의 재정립이라는 과제를 안고 있었다. 먼저 논자들의 윤리학 개념은 학적 원리보다 실천적 행동에 관한 학문이다. 이에 윤리나 도덕은 사회적 자아를 형성하는 토대로써 당대 교육의 내용과 상관된다고 할 수 있다. 그래서 이 시기에는 '수신 교과서' 또는 '윤리학 교과서'라는 책명으로 다종의 수신서가 발간되었다. 이것은 사회적 자아에 대한 당대 인식과 더불어, 그에 부합하는 실천적인 인간상의 정립이 그 무엇보다 급선무였음을 반영하는 것이라고 할 수 있다. 각 교과서마다 내용 전개 방식이 다르지만, 큰 틀에 있어서는 대동소이하다. 즉 교과서의 주요 내용은 전통 수신 윤리와 근대적 사회 이념 및 국가 윤리를 담고 있으며, 이를 통하여 개인 윤리, 사회 윤리, 국가 윤리 등을 제시하고 있다고 할 수 있다.

셋째, '개인적 자아 인식의 성장 배경과 그 표출 양상'을 보면, 먼저 앞선 논의들은 사회적 자아로서의 가치와 당위론적 책무[윤리와 도덕]로 일종의 사회적 자아의 형성과 관련된 논의라고 할 수 있다. 그러나 또 다른 자리에는 '개인적 자아'가 차지하고 있다. 여기에서는 개인적 자아의 성장 배경과 그 표출 양상을 탐구한 장이라고 할 수 있다. 앞서 자아론에서 살핀바, "자기로서의 개인적 자아"는 일제강점화가 본격화되는 시기에 이르러서야 담론화 되고 있다. 개인적 자아의 성장 배경으로는 먼저 한글운동과 독서운동을 통한 문식성의 향상을 들 수 있다. 여기에 저널을 통한 지식 소개, 그에 따른 당대 일반인들의 지적 성장이라는 사회적 배경과 무관치 않다고 판단된다.

한편 이와 함께 토론의 장과 강연의 장을 통해 자기를 표현하는 개인이 등장하고 있다는 점도 주목된다. 공론장은 자신의 계급적 이익을 관철하기 위해 활용하는 정보와 상품의 유통 영역이자 수단으로서 인쇄 매체, 각종 모임, 토론 단체 등을 통해 합의를 창출하고 확장시켜 나가는 공적 네트워크를 의미하는 것이다. 이렇듯 공론의 장에서 개개인의 의사를 발하게 되었다는 것은 바로 개인적 자아의 성장에서 비롯된 것이라고 할 수 있다. 또 하나 주목되는 점은 당대 신문에서 다룬 사상론이나, 토론회의 논제 등과 서로 넘나드는 경향을 보인다. 토론회의 논제, 강연회의 연제 등은 서로 상호성을 지니고 있다. 이것은 청중들(일반대중)의 지적인 성장이나 자의식의 각성 등이 다양한 측면에서 이루어졌다는 것을 보여준다 하겠다.

지금까지 살펴본 바, 근대성은 자아 인식으로부터 출발된다고 할 수 있다. 그런데 근대기 자아 인식은, '사회적 자아'에서 '개인적 자아'로 의식의 변이를 보여주고 있다. 즉 근대 초기의 경우는 국가를 상정한 사회적 자아 인식이 지배적이었다면, 일제강점기에 들어서서는 민족과 역사라는 측면에서의 사회적 자아로, 또 한편으로는 인내천 사상과 서구 사회주의 사상의 유입, 서구적 근대성에 의거한 '자기(自己)'로서의 개인적 자아로 옮겨가고 있다. 또한 사회적 자아의 형성과 실천적 덕목으로써 '윤리와 도덕'의 문제가 대두되었다. 이에 당대 수신서의 내용과 윤리학 담론들에서는 개인 윤리, 사회 윤리, 국가 윤리 등에 대한 실천적 덕목에 대해 구체적으로 제시하기도 했다. 한편 문식성의 향상, 지적 자각 개인적 자아 인식의 성장을 가져왔으며, 공론의 장에서 의사 표출로 드러나고 있다.

제4장 근대 계몽기 사회와 국가

김혜련

1. 민본주의 전통과 법률

1.1. 민본(民本)과 민본 사상 연구

계몽의 핵심은 계몽의 대상, 즉 민(民)에 대한 인식에 있다. 여기서 다룰 민본(民本) 역시, 민(民)에 대한 인식 양상에 따라 의미의 진폭이 상당히 크다. 일반적으로 민본 사상 연구는 '민본(民本)'이란 어휘를『위고문상서(僞古文尙書)』「오자지가(五子之歌)」편의 '민유방본(民惟邦本)'[1]이나 '이민위본(以民爲本)'[2]에서 기원한 것으로 본다. 따라서 '백성을 다스

---

1) "民可近, 不可下, 民惟邦本, 本固邦寧(백성은 가까이 사랑하여야 할 것이다. 하대하여서는 안된다. 백성은 나라의 근본이니 근본이 견고해야 나라가 편안해진다)." 원문은 다음과 같다. "皇祖有訓, 民可近, 不可下, <u>民惟邦本</u>, 本固邦寧. 予視天下愚夫愚婦一能勝予, 一人三失, 怨豈在明, 不見是圖. 予臨兆民, 懍乎若朽索之馭六馬, 為人上者, 柰何不敬"(『僞古文尙書』「五子之歌」).

2) "嬰聞之, 卑而不失尊, 曲而不失正者, 以民為本也(안자가 대답하기를, 스스로 낮추면서 존경

리는 근본'으로서 민본은 유가의 관념과 상통하며 "공자에게는 위민 의식으로 맹자에서는 민본 의식으로"라는 인간관(안병주, 1987: 83~84)으로 개진되었다고 판단한다. 안병주의 『유교의 민본사상』(1987)과 김형효 외의 『민본주의를 넘어서: 동양의 민본사상과 새로운 공동체 모색』(2000)은 유가적 전통과 사상에 기대어 민본을 연구한 사례들이다.

최근에는 민본이라는 어휘가 중국 한자 문화권에 존재하지 않았으며 근대 서구 사상의 유입 과정에서 만들어진 번역어일 뿐이라는 주장을 제기하며 기존 민본 사상 연구에 문제를 제기한 연구들이 등장하고 있다. 박병석의 「중국 고대 유가의 '민' 관념: 정치의 주체인가 대상인가?」(2014)은 문자학, 훈고학 및 문법학 등을 바탕으로 '민'에 대한 어원 분석과 갑골문 및 청동명문 등 원시 자료 또는 동시 사료를 통한 분석을 통해 '민' 개념을 분석하여 민본 사상의 본질을 고찰했다. 특히 중국 고전 속에서 '민(民)'이라는 핵심어(keyword)가 사용된 문장(sentence)을 추출하여 술목구조에 사용된 민과 주술 구조에 사용된 민의 의미를 분석했다. 그는 민을 대상(목적어)로 하는 술목(述目) 구조의 동사형 복합어인 위민(爲民), 애민(愛民), 자민(字民), 제민(濟民), 중민(重民), 목민(牧民), 제민(齊民)과 민이 주어가 되는 주술 구조 명사형 복합어인 민주(民主), 민귀(民貴), 민본(民本) 등을 분석했다. 그 결과 '군본(君本)'이나 '관본(官本)'과 대비되는 '민본(民本)'은 유가의 대표적인 개념이며 사상으로 평가되고 있지만 놀랍게도 청대 이전의 어느 전적에서도 전혀 찾을 수 없는 개념이며, 중국의 대표적인 사전인 『현대한어사전(現代漢語詞典)』에도 수록되지 않은 어휘라고 주장했다. 다만 현대 중국 전공자의 논문이나 저술에서나 볼 수 있을 뿐이다(박병석, 2014: 63). 그 결과 "民惟邦本"과 "天視自我民視, 天聽自我民聽"은 『맹자』보다 한참 늦은 동진

을 잃지 않고, 스스로 굽혀 행동하면서 정의를 잃지 않는 것은, 백성을 근본으로 하는 것일 뿐입니다." 원문은 다음과 같다. "嬰聞之, 卑而不失尊, 曲而不失正者, 以民爲本也. 苟持民矣, 安有遺道! 苟遺民矣, 安有正行焉!"(『晏子春秋』「問下」).

(東晉) 시대 위조된 『위고문상서(僞古文尙書)』 「오자지가(五子之歌)」편과 「태서중(泰誓中)」편에서야 나타난 개념이라고 역설한다. 뿐만 아니라 '민귀군경(民貴君輕)'으로 성어화(成語化)되어 민본사상의 중요 논거로 인용되는 "民為貴, 社稷次之, 君為輕"(「盡心下」)도 『맹자』만의 주장으로 민을 통치 수단 또는 대상으로 보는 것이지 주체로 보는 시각에서 나온 것은 아니라고 주장하며 『논어』나 『맹자』 등 선진양한의 전적에는 일반적으로 말하는 민본(民本)이라는 개념은 없다는 것이다. 위정자는 민(民)을 자신의 정권과 통치를 유지하는 데 필요한 근본임을 인식하고 '민유방본(民惟邦本)'이나 '민위귀(民為貴)' 등의 수사를 동원했지만 그 전제는 '위정(爲政)', 즉 왕권과 정권의 유지와 강화에 있었다.

중국과 조선을 비롯한 동아시아에서 왕권의 강화와 유지를 위해 민본(民本)·위민(爲民)을 표방해 왔다. 민본(民本)·위민(爲民)은 군주의 일방적인 시혜의 성격을 지닌 것으로서 교화와 은택의 이념을 전제로 한 것이었다. '군위민천(君爲民天)' 중심의 민본 사상에서 군주와 민의 관계는 지배와 피지배의 관계일 수밖에 없는 것이다. 고려시대에는 군주가 민의 하늘(君爲民天)이라는 인식이 보편적이었다면, 고려 말 조선 초기에는 이같은 인식이 역전되어 민이 군주의 하늘(民為君天)의 인식이 일반적으로 받아들여졌다(김인규, 2012; 이석규, 2004 등).[3]

【 부전·판적(賦典·版籍) 】

蓋君依於國 國依於民 民者 國之本而君之天 故周禮獻民數於王 王拜而受之 所以重其天也 爲人君者 知此義 則其所以愛民者 不可不至矣.

 대개 임금은 나라에 의존하고 나라는 백성[民]에 의존하는 것이니, 백성이란 나라의 근본이며 임금의 하늘인 것이다. 그러므로

『주례』에서는 인구수를 왕에게 바치면 왕은 절하면서 받았으니, 이것은 그 하늘을 존중하기 때문이었다. 인군이 된 사람이 이러한 뜻을 안다면 백성을 사랑함이 지극하지 아니할 수 없을 것이다.

—『삼봉집(三峯集)』권13「조선경국전상(朝鮮經國典上)」

'군위민천'은 군주의 시혜를 강제할 수단이 없었기 때문에 사실 백성이 외면될 수 있었으며 민은 군주의 일방적인 지배의 대상으로 존재했다. 반면 '민위군천'은 백성이 나라의 근본이면서 군주의 하늘(天)이기에 외면할 수가 없으며 군주는 민(民)을 위한 정치를 수행해야 했다. 비로소 민본 사상은 군주의 시혜 차원이 아니라 군주나 지배층의 사회적 책무가 된 것이다. 민은 왕권을 보존하기 위해 편안하게 해 주어야 [安民] 할 정치적 실체로 인식되었다.[4] 통치와 교화의 대상으로서 민이 선택과 권리의 주체로서 변화하는 과정에서 민본의 이념도 달라질 수밖에 없다. 군주의 철학이나 통치 이념에 따라 위민(爲民), 민국(民國), 군민일체(君民一體), 안민(安民) 등 다양한 계열을 양산했던 민본 사상은 19세기 후반 서구의 democracy의 유입과 함께 민주(民主), 민권(民權) 등과 갈등과 경합의 과정을 거치게 된다. 따라서 민본 사상에 대한 연구역시 전통적 유교의 관점에서 민본에 접근하는 흐름[5]과 근대적 민주주

---

4) 안민(安民)으로서 민본 사상은 율곡 이이(1536~1584)에서도 보여 "백성은 나라의 근본"이라는 인식이 더 강하게 구축되었다. 백성이 없으면 나라도 존재할 수 없음으로 인간은 하늘처럼 받들어야 할 존재이고, 훌륭한 임금은 백성들의 먹는 것을 최우선적으로 해결해 주어 백성을 편안히 해주어야 한다는 것이다. 정약용 역시 「탕론」에서 신하 신분인 상탕(商湯)이 군주인 걸(桀)을 친 것이 잘못 아니라는 점을 입증하고, 인장(隣長) → 이장(里長) → 구후팔백(九侯八伯) → 천자(天子)의 추대와 교체 과정을 그 근거로 삼았다. 아울러 목과 민의 관계 설정도 목민관을 위해 백성이 존재하는 것이 아니라 백성을 위해 목민관이 존재함을 분명히 했다. 상세한 논의는 김인규(2008) 참조.

5) 김인규(2012), 「조선후기 실학파의 "民"에 대한 인식과 정치권력론의 새로운 지평: 민본주의(民本主義)에서 민권주의(民權主義)로의 새로운 패러다임의 전환」, 『온지논총』제31집; 김형효 외(2000), 「민본주의를 넘어서: 동양의 민본사상과 새로운 공동체 모색」, 청계; 배병삼(2012), 「우리에게 유교란 무엇인가」, 녹색평론사; 남상락(1998), 「다산의 민권사상: 근대성의 문제와 관련하여」, 『유교사상연구』제10집; 안병주(1986), 「유교의 민본

의와 민본의 관계를 고찰하는 흐름6)으로 구분된다.

1.2. 민권과 법률 개념의 인식

19세기 후반 서양 문물의 수용을 통해 근대적 전환을 맞이한 동아시아에 선진 과학 기술과 함께 서양의 고전적 자유주의와 자연권 사상에 기초한 기본권으로서의 민권(民權)이 주창되기 시작했다. 전통적 민본은 민을 정치의 대상으로서 인식했다. 그러나 한국의 계몽은 개인, 권리, 자유, 인권 등 민주주의 관련 개념의 수용과 함께 '민'을 전통적 개념이나 가치와는 다르게 인식해 갔다. 전통적 민본사상에서 정치의 대상으로서 민이 정치의 중심 역할을 하는 주체로서 강조되며 이와 함께 민권이라는 용어가 부상하기 시작했다. 민권은 일본 지식인들이 서구 사상을 인식하고 수용하는 과정에서 번역된 용어이다.7) 초기 계몽 담

사상에 관한 연구: 군주, 민본으로부터 민주에로의 전환 가능태의 모색」, 성균관대학교 박사논문, 1986; 이석규(1994), 「朝鮮初期 民本思想硏究」, 한양대학교 박사논문; 이재룡 (2000), 「조선 시대의 법 제도와 유교적 민본주의」, 『사회사상과 문화』 제3집; 장현근 (2009), 「민(民)의 어원과 의미에 대한 고찰」, 『정치사상연구』 15(1); 최석만 외(2006), 「유교적 사회질서와 문화, 민주주의」, 전남대학교 출판부; 최영진(2008), 「유교(儒敎) 국가론(國家論)에 있어 통치(統治) 주체(主體)와 객체(客體)의 문제(問題)」, 『동양철학연구』 53집; 하라 다케시, 김익한·김민철 역(2000), 『직소와 왕권: 한국과 일본의 민본주의 사상사 비교(直訴と王權: 朝鮮·日本の'一君萬民'思想史)』, 지식산업사; 한국철학연구회(2008), 『한국실학사상사』, 심산 등.

6) 김재문(2007), 『한국전통 민주주의 이론과 법의 정신』, 아세아문화사; 나리타 류이치(成田 龍一), 이규수(2011), 『다이쇼 데모크라시』, 어문학사; 박명규(2009), 『국민·인민·시민: 개념사로 본 한국의 정치 주체』, 소화; 박영도(2013), 「유교 전통 속의 공공성: 그 특징과 현재적 함의; 유교적 공공성의 문법과 그 민주주의적 함의」, 『동방학지』 164집; 신철희 (2013), 「'민'(demos) 개념의 이중성과 민주주의(demokratia)의 기원」, 『한국정치연구』 22(2); 안외순(2001), 「19세기 말 조선에 있어서 민주주의 수용론의 재검토: 동서사상 융합의 관점에서」, 『정치사상연구』 4집; 이상익(2015), 「민본과 민주의 통섭을 위한 시론」, 『동양문화연구』 20집; 이헌미(2012), 「반역의 정치학: 대한제국기 혁명 개념 연구」, 서울대학교 박사논문; 한상익(2002), 「茶産의 牧民論: 民本을 넘어 民主로」, 『역사와 사회』 3집 등; 한국정치사상학회 편(2004), 『이상국가론: 동양과 서양』, 연세대학교 출판부 등.

7) '民權'은 箕作麟祥(미쓰쿠리린쇼, 1846~97)가 『프랑스민법전』을 번역하는 과정에서 프랑스어의 'droit civil'을 표현한 것이다. 이 용어는 국권이라는 말과 함께 일본, 중국, 한국에

론의 집결지였던 『한성순보』와 『주보』는 영국의 입헌군주제, 미국의 합중공화 등을 부지런히 소개했으며, 서양 국가들의 기초가 "나라를 다스리는 주권이 국민에게 있"다는 것과 민중의 권한을 한 사람에게 모아 "위임하여 민중에게 유익하게 하고" 등으로 백성의 기본권으로서 민권을 강조했다.

【 민권이 무엇인지 】 (논설)

ㄱ. 美國將更立大統領而國內有共和庶民兩黨各欲出於其黨互相褒貶論議額激 云查美國舊爲英◆其後英主暴淚虐或課◆稅或傷民權美民不能◆耐爲之語曰

번역 미국에서 다시 대통령을 선출하려 하는데 국내에는 共和黨과 庶民黨이 있어 각각 장기 당에서 내세우려고 서로를 褒貶하는 소리가 제법 격렬하다고 한다. 미국은 옛날 영국의 속국이었는데 그후 영국왕이 포악하여 세금을 가혹하게 매기고 또 民權을 무시하자 미국 국민이 감당하지 못하여 "自由民이 되어야지 영국왕의 백성은 되지 않겠다" 하고는 마침내 군사를 일으켜 若日耳華盛頓(조지 워싱톤)을 의병장으로 삼아 국내의 영국군과 싸우기를 7년 동안이나 하였다. 그래서 마침내 승리, 독립국이 되었다. 헌법을 정해 공화정치를 했는데 조지 워싱턴이 대통령이 되니, 이때가 서기 1789년이다[8]

—『한성순보』, 1884.8.31, '미국대통령(美國大統領)'(各國近事)

(◆는 판독 불가)

ㄴ. 셰샹 일을 근심 ᄒᆞᄂᆞᆫ 사름들이 말 ᄒᆞ되 빅여년 젼에 불란셔에 낫던 민변이 대한에 날가 염녀라 ᄒᆞ니 대황뎨 폐하쯰옵셔 여졍 도치 ᄒᆞ시ᄂᆞᆫ

도 영향을 끼치며 사용되었다. 中村雄二郎, 「自由民權論の法思想」, 野田良之·碧海純一 編集, 『近代日本法思想史』, 有斐閣, 1979; 김효전, 2012: 172 재인용.

8) 『한성순보』, 『한성주보』의 번역문은 한국언론진흥재단(http://www.mediagaon.or.kr)의 번역문을 사용했다.

세계에 그런 변혁이 잇슬 리는 만무 ᄒ거니와 혹 ᄉ세를 쟈셰히 모로ᄂ이가 잇슬가 ᄒ야 대강말 ᄒ노니 법국의 그 째 정형과 대한 금일 ᄉ세를 비교 ᄒ면 대단히 다른것이 몃 가지라 첫지 법국은 본릭 민회가 엇던 나라이라 그런 고로 비록 압제가 심ᄒᆯ 째에도 빅셩이 민권이 무엇인지 알앗거니와 대한은 ᄌ고 이릭로 민권 이ᄌᄂ 일홈도 모로다가 겨오 근일에 와셔야 말이나 듯고 둘지는 법국이 가챵 악정에 괴로아 인민이 도탄에 잇슬 째도 우리 나라에 비ᄒ면 학문이 흥왕 ᄒ야 빅셩의 교육이 우리 보다 월승 ᄒ며 국가과 교졔가 번셩 ᄒ야 문견이 총명 ᄒ얏거니와 대한은 교육이 쇠미 ᄒ야 한문ᄌ이나 낡은 사람 외에는 전국이 무식 ᄒ고 타국과 릭왕이 업셧ᄂ 고로 완고 ᄒ고 고루 ᄒ야 내 나라이 더러온것도 붓그러워 안코 남의 나라의 죠흔것도 빅ᄒᆯ 그운아 업스며 셋지는 법국 민변 나기 젼 여러 십년에 유명ᄒ 학ᄉ들이 셔칙을 반포 ᄒ며 연셜과 신문으로 인민의 ᄌ유 권리와 정부의 직분 등ᄉ를 넓히 교훈 ᄒ야 빅셩들이 다만 ᄌ유 권리 잇ᄂ줄만 알쑨 아니라 ᄌ유 권리를 엇지 쓰ᄂ것을 씨다른 사람이 만ᄒ 신닭에 압졔 정부를 번복 ᄒ고도 오히려 그다시 랑픽 보지 아니 ᄒ엿거니와 대한에ᄂ 그러ᄒ 학ᄉ들의 교훈도 업셧고 신문과 셔칙도 업셔셔 인민이 다만 ᄌ유가 무엇인지 알지도 못 ᄒᆯ쑨 외라 ᄌ유 권을 뭇기더라도 쓸줄을 몰나 어린 ᄋ희의게 칼 준것 굿ᄒᆯ터이오 넷지는 법국이 그 째에 비록 닉정은 잘못 ᄒ엿스나 무공을 숭샹 ᄒ야 병갑이 강셩 ᄒ야 민권당이 챵궐 ᄒᆯ 째에 각국이 쳐 드러와도 명쟝과 정병이 일심으로 싼화 타국 군ᄉ가 감히 엿 보지 못 ᄒ게 ᄒ엿거니와 대한은 불힝히 ᄌ고로 진담 누셜이나 숭샹 ᄒ고 무긔를 업수히 넉히여 인민이 ᄌ약 ᄒ고 겁이 만ᄒ여 몃 빅년을 남의 나라의 공격만 밧고 슈치만 당 ᄒ야 쓸듸 업ᄂ 큰 쇼릭만 한문 법으로 홀줄 알되 남의 나라를 흔번도 쳐 보지 못 ᄒ엿스며 지금 인민의 긔샹이 쇠약 ᄒ니 엇지 타국과 닷홀슈가 잇스리요 다셧지는 법국 사람들은 나라를 사랑 ᄒ야 샤혐을 닛ᄂ 고로 평시에 셔로 닷호다가도 국가에 유ᄉ ᄒ면 모도 일심이 되야 민변 후에 룽히 토와 국권을 보젼

ᄒ엿거니와 대한 사름들은 샤ᄉ 쓰홈에ᄂᆞ 용밍이 잇다가도 나라 쓰홈에ᄂᆞ 겁이 만 ᄒᆞ며 국가ᄂᆞ 다망 ᄒᆞ더라도 샤ᄉ 의증으로 붕당ᄆᆞᆫ 일 삼으니 이 몃 가지를 비교 ᄒᆞ여 보면 빅여년 젼 법국 형셰가 금일 대한 졍셰 보다 소양지 판이라 우리가 이 ᄀᆞᆺ치 무식 ᄒᆞ고 죠약 ᄒᆞ고 의국 ᄒᆞᆯ ᄆᆞ음이 업시 엇지 법국 사름이 ᄒᆞ던 ᄉᆞ업을 경 이나 ᄒᆞ리오 부ᄃᆡ 그러ᄒᆞᆫ ᄉᆡᆼ각들은 ᄭᅮᆷ에도 품지 말고 다ᄆᆞᆫ 신문과 교육으로 동포의 문견ᄆᆞᆫ 넓히 ᄒᆞ며 우리 분외의 권리ᄂᆞ 불ᄋᆞ지도 말고 대황뎨 폐하ᄭᅴ셔 허락 ᄒᆞ신 양법 미규나 잘 시ᄒᆡᆼ 되도록 관민이 일심 ᄒᆞ면 ᄌᆞ연 총명과 교육이 느ᄂᆞᆫᄃᆡ로 민권이 ᄎᆞᄎᆞ 확장이 되야 황실도 만셰에 견고케 ᄒᆞ며 국셰도 부강 ᄒᆞ게 될 일을 긔약 ᄒᆞ노라

번역 세상 일을 근심 하는 사람들이 말 하되 백여 년 전에 프랑스에 낫던 민변이 대한에 날가 염려라 하니 대황제 폐하께옵서 여정 도치 하시는 세계에 그런 변혁이 있을 이는 만무 하거니와 혹 사세를 자세히 모르는 이가 있을까 하여 대강말 하노니 법국의 그 때 정형과 대한 금일 사세를 비교 하면 대단히 다른 것이 몇 가지라 첫째 법국은 본래 민회가 어떤 나라이라 그런 고로 비록 압제가 심할 때에도 백성이 민권이 무엇인지 알았거니와 대한은 자고 이래로 민권 이 자는 이름도 모르다가 겨우 근일에 와서야 말이나 듣고 둘째는 법국이 가창 악정에 괴로워 인민이 도탄에 있을 때도 우리 나라에 비하면 학문이 홍왕 하여 백성의 교육이 우리 보다 월승 하며 국가과 교제가 번성 하여 문견이 총명 하였거니와 대한은 교육이 쇠미 하여 한문자이나 읽은 사람 외에는 전국이 무식하고 타국과 내왕이 없었는 고로 완고 하고 고루 하여 내 나라가 더러운 것도 부ᄭᅳ러워 않고 남의 나라의 좋은 것도 배울 기운아 없으며 셋째는 법국 민변 나기 전 여러 십 년에 유명한 학사들이 서책을 반포 하며 연설과 신문으로 인민의 자유 권리와 정부의 직분 등사를 넓게 교훈 하여 백성들이 다만 자유 권리 있는 줄만 알 뿐 아니라 자유 권리를 어찌 쓰는 것을 깨달은 사람이 많은 까닭에 압제 정부를 번복 하고도 오히려 그 다

시 낭패 보지 아니 하였거니와 대한에는 그러한 학사들의 교훈도 없었고 신문과 서책도 없어서 인민이 다만 자유가 무엇인지 알지도 못 할 뿐 이 외라 자유 권을 맡기더라도 쓸 줄을 몰라 어린 아이에게 칼 준 것 같을 터이오 넷째는 법국이 그 때에 비록 내정은 잘못 하였으나 무공을 숭상 하여 병갑이 강성 하여 민권당이 창궐 할 때에 각국이 처 들어와도 명장 과 정병이 일심으로 싸워 타국 군사가 감히 엿 보지 못 하게 하였거니와 대한은 불행히 자고로 진담 누설이나 숭상 하고 무기를 업신 여기여 인민 이 잔약 하고 겁이 많아 몇 백 년을 남의 나라의 공격만 받고 수치만 당 하여 쓸데 없는 큰 소리만 한문 법으로 할 줄 알되 남의 나라를 한 번도 처 보지 못 하였으며 지금 인민의 기상이 쇠약 하니 어찌 타국과 다툴 수가 있으리오 다섯째는 법국 사람들은 나라를 사랑 하여 사혐을 잊는 고로 평시에 서로 다투다가도 국가에 유사 하면 모두 일심이 되어 민변 후에 능히 토와 국권을 보전 하였거니와 대한 사람들은 사사 싸움에는 용맹이 있다가도 나라 싸움에는 겁이 만 하며 국가는 다 망 하더라도 사 사 애증으로 붕당만 일 삼으니 이 몇 가지를 비교 하여 보면 백여 년 전 법국 형세가 금일 대한 정세 보다 소양지 판이라 우리가 이 같이 무식 하고 조약 하고 애국 할 마음이 없이 어찌 법국 사람이 하던 사업을 경 이나 하리오 부디 그러한 생각들은 꿈에도 품지 말고 다만 신문과 교육으 로 동포의 문견만 넓게 하며 우리 분외의 권리는 바라지도 말고 대황제 폐하께서 허락 하신 양법 미규나 잘 시행 되도록 관민이 일심 하면 자연 총명과 교육이 느는 데로 민권이 차차 확장이 되어 황실도 만세에 견고하 게 하며 국세도 부강 하게 될 일을 기약 하노라

—『독립신문』, 1898.7.9

전통적 민본과 달리 민권은 자유주의와 자본주의의 성장과 함께 해 온 서구 계몽주의적 기원을 가지는 것으로 유교 문화권의 동아시아에 는 19세기 이전만 하더라도 존재하지 않았던 개념이다. 민권은 '인민의

권리(人民權利)'[9]를 보장하기 위한 국가적, 법적 장치들에 대한 의식과 관계가 깊다. 위 인용문의 ㄱ은 기득권 세력에 대한 저항 운동의 성격으로 개진된 인간의 권리 즉 보편적 민권에 대한 자각을 보여주는 것으로 이후 민권의 제도화를 추동한 서양적 특성을 보여준다. 그러나 중세에 대한 근대적 '인간'의 발견과 그에 따른 보편적 민권의 자각을 경험하지 못한 조선의 경우 "누구던지 그 나라에 사ᄂᆞᆫ 사름은 모도 그나라 ᄇᆡ셩이라 ᄇᆡ셩 마다 얼마큼 하ᄂᆞ님이 주신 권리가 잇ᄂᆞ듸 그 권리ᄂᆞᆫ 아모라도 쌧지 못 ᄒᆞᄂᆞᆫ 권리"가 있음에도 불구하고 "죠선 ᄇᆡ셩들은 몃ᄇᆡᆨ년을 ᄌᆞᆨ 나라 사름들의게 압졔를 밧아 ᄇᆡ셩의 권리라 ᄒᆞᄂᆞᆫ거슨 당쵸에 다 이져 버렷고 또 무슴 뜻신지도 모로ᄂᆞᆫ"[10] 상태인 것이다. 민권은 '민권 이ᄌᆞᄂᆞᆫ 일홈도 모로다가 겨오 근일에 와셔야 말이나 듯고'와 같이 이 시대에 인식하게 된 용어였다.

위 인용문의 ㄴ은 프랑스와 조선의 민권 의식을 비교하고 있는 논설로서 "ᄇᆡᆨ여년 젼 법국 형셰가 금일 대한 졍셰"와 판이할 뿐만 아니라 현재 조선은 "무식 ᄒᆞ고 죠약 ᄒᆞ고 이국 홀 ᄆᆞ음이 업시 엇지 법국 사름이 ᄒᆞ던 스업을 경 이나 ᄒᆞ리오"라며 조선의 특수한 상황을 강조한다. 이는 서구의 사상이나 이론을 무분별하게 수용하지 말고 조선의 사회적 역사적 맥락을 먼저 파악하고 "신문과 교육으로 동포의 문견ᄆᆞᆯ 넓히 ᄒᆞ며 우리 분외의 권리ᄂᆞᆫ ᄇᆡᆯᄋᆞ지도 말고" "양법 미규나 잘 시ᄒᆡᆼ 되도록 관민이 일심"하여 "총명과 교육"을 신장시키는 것이 긴절한 과제임을 강조한다. 이를 잘 수행하면 "민권이 ᄎᆞᄎᆞ 확쟝이 되야" "국셰도 부강 ᄒᆞ게 될 일"이라는 것이다. 민권은 "황실"이 정한 제도와 법을 잘 지켜 총명한 민이 될 경우 자연스럽게 획득 가능한 것으로, 민권의 보장은

---

9) 『황성신문』, 1898.9.16, 「美國이 開國ᄒᆞᆫ지 距今一百二十三年이라 世界各國에 比하면 第一最新國이로되」[論說]. (출처: 한국언론진흥재단)
10) 『독립신문』, 1897.3.9, 「나라이 진보 되야 가ᄂᆞᆫ지 안 가ᄂᆞᆫ지 쳣지 보이ᄂᆞᆫ거슨 그」[論說]. (출처: 한국언론진흥재단)

'황실과 국세'의 강화를 위해 필수적 장치로 인식되었다(정용화, 2000: 15, 전상숙, 2012: 6).

19세기 말 조선에서 민권은 서구의 개인의 자유와 관련된 개념보다는 국권 상실의 위기 의식 속에서 국권을 공고히 하기 위한 방법적 개념으로 수용되었다. 따라서 의회, 정부, 제도 등 국권을 강조하는 계몽 담론과 함께 강조되었다. 다음은 민권 개념의 인식을 보여주는 논의의 일부이다.

순번	연월일	학회보	제목	세분야
1	1884년 08월 31일	한성순보	美國大統領	各國近事
2	1886년 02월 22일	한성주보	日本近信彙報	外報
3	1896년 07월 16일	독립신문	경무학도들 노릇	雜報
4	1898년 06월 18일	독립신문	셔반아와 미국이 기전흔 후에 구라파 제국이 영국을	外國通信
5	1898년 07월 09일	독립신문	민권이 무엇인지	論說
6	1898년 07월 27일	독립신문	하의원은 급지 안타	論說
7	1898년 08월 16일	독립신문	비스막씨 힝적	論說
8	1898년 10월 25일	독립신문	독립협회상쇼	論說
9	1898년 12월 15일	독립신문	민권론	論說
10	1898년 09월 16일	황성신문	美國이 開國ᄒ지 距今一百二十三年이라 世界各國에 比하면 第一最新國이로되	論說
11	1902년 07월 12일	황성신문	投書函與寄書	論說
12	1905년 08월 30일	황성신문	讀蜜啞子書	論說
13	1906년 07월 25일	황성신문	工業을 不可不汲汲奬勵	論說
14	1906년 07월 31일	황성신문	無實無信이 必乃亡國	論說
15	1906년 08월 28일	황성신문	讀越南亡國史	論說
16	1906년 08월 29일	황성신문	讀越南亡國史 （續）	論說
17	1906년 09월 15일	황성신문	掬二千萬民淚ᄒ야 灑地方政府 續	論說
18	1906년 10월 02일	황성신문	送十一府尹二十七郡守書	論說
19	1906년 10월 16일	황성신문	報筆의 自由로 以觀國之盛衰	論說
20	1906년 11월 02일	황성신문	地方自治制度	論說
21	1906년 12월 05일	황성신문	義務敎育	論說

순번	연월일	학회보	제목	세분야
22	1906년 12월 10일	황성신문	世界平和가 在東洋	論說
23	1906년 12월 20일	황성신문	讀意大利建國三傑傳 (續)	論說
24	1907년 01월 16일	황성신문	論日本留學生二十一人斷指	論說
25	1907년 04월 05일	황성신문	斯巴達小志	論說
26	1907년 04월 06일	황성신문	斯巴達小志 (續)	論說
27	1907년 05월 09일	황성신문	保國論 (續)	論說
28	1907년 07월 10일	황성신문	思想과 能力 (續)	論說
29	1907년 08월 31일	황성신문	又一告暴動者	論說
30	1908년 09월 23일	황성신문	內閣과 民會의 乖隔	論說
31	1908년 12월 27일	황성신문	漢城內外各坊民團組織	論說
32	1909년 01월 31일	황성신문	異哉라貴族家의敎育	論說
33	1909년 03월 07일	황성신문	勸告各坊民團	論說
34	1909년 06월 27일	황성신문	勞動力作의 身範 (續)	論說
35	1910년 02월 06일	황성신문	新舊交換時代가 最有可觀	論說
36	1910년 03월 03일	황성신문	我韓의 宗敎와 歷史	論說
37	1910년 03월 24일	황성신문	讀土耳其維新近史	論說

　위 자료를 통해 알 수 있듯이 1900년대 민권 개념은 근대적 민권에 대한 정의에서부터 의회 제도나 교육 제도, 지방자치제도 등과의 관련 속에서 구체화되었다. 특히 미국, 독일 등 서구적 정치 제도가 형성해 온 민권 의식을 참조할 것을 당부하는 논의도 진행되었음을 알 수 있다.

【 국권(國權)에 대한 민권 】

ㄱ. 샹목지의 편지를 좌에 긔지 ᄒ노라 나라라 ᄒ는것은 사름을 두고 이름 이니 만일 빈강산에 쵸목 금슈믄 잇고 일월믄 릭왕 ᄒ는 곳이면 엇지 나 라라고 칭 ᄒ리오 그럼으로 사름이 토디를 의지 ᄒ여 나라를 셰울 째에 님군과 정부와 빅셩이 동심 합력 ᄒ여 나라를 셰웟나니 그러 흠으로 사름 되는 도리가 사신곡복(絲身穀腹)을 못 ᄒ면 싱셩홀 도리가 업고 싱셩치 못 ᄒ면 나라될 도리가 업슨즉 불가불 의복 음식과 각항 직젼을 판비 ᄒ 여야 나라라 칭 훌터인딕 의식과 직젼을 판출 ᄒ량이면 님군이 홀노 요슌

우탕이라도 못 ᄒ실터이요 정부가 고기 직설이라도 못 ᄒ흘터이요 아모리 우쥰 ᄒ여도 빅셩이라야 즁력을 합동 ᄒ여 판츌 ᄒ나니 이럼으로 빅셩의 권리로 나라이 된다 이름이나 그러 ᄒ나 三千년 이리로 전국 권리를 정부가 쥬쟝 ᄒ므로 빅셩은 그런 권리 잇ᄂ 줄로 몰으던터인딕 지금 졸지에 빅셩이 엇지 권리를 찾는다 ᄒ리요 ᄒ믈며 동양이 전제정치를 쓰는 고로 빅셩이 미양 고단 ᄒ고 정부는 강악 ᄒ여 나라 득실을 정부가 혼자 맛하 지니는 고로 그 나라 흥망이 미양 그 정부의 손에 잇섯슨즉 빅셩이 엇지 롱히 권리를 알은체 ᄒ엿스리요 빅셩이 만일 알은체곳 ᄒ량이면 나라이 万億년을 부강 ᄒ여 안향 ᄒ흘줄은 번연이 알것마는 이왕에 금셕 ᄀᆺ치 굿은 풍쇽을 졸연이 변기 ᄒ흘슈 업스니 나의 쇼견으로 말 ᄒ량이면 당금 텬하가 물쓸듯 ᄒ고 강국이 범 보듯 ᄒ는 째라도 나라를 반셕 ᄀᆺ치 안보ᄒ 계칙이 잇노라 대더 동양 풍쇽이 나라를 정부가 독당 ᄒᄂ 고로 나라이 위틱ᄒ 째를 당 ᄒ여도 빅셩은 권리가 업슴으로 나라 흥망을 전혀 정부에다가 미루고 슈슈 방관만 ᄒ고 정부는 나죵의 몃몃 사름이 슌절만 ᄒ흘줄노 셩ᄉ를 삼는 고로 나라 힘이 미약 ᄒ여 망 ᄒᄂ 폐단이 자쥬 날쑌더러 나라 망 ᄒᄂ 형상을 보거드면 종묘 사직을 밧고도 님군을 밧고고 나라 일홈을 곳칠쑌이요 정부와 빅셩은 그디로 두는 고로 그 정부 자손이 그 새나라에 도로 벼슬 ᄒ고 빅셩들도 그 새 나라에 도로 셰랍 ᄒᄂ 고로 나라 망 ᄒᄂ 것을 불관이 넉이나니 엇지 한심치 아니 ᄒ리요. (…즁략…) 연즉 지금 구폐ᄒ흘 방략은 다름 아니라 챵졸에 빅셩의 권리를 모다 주어 나라 일을 ᄒ라 ᄒ것도 아니요 관민이 합심 ᄒ야 정부와 빅셩의 권리가 샹반된 후에야 대한이 万億년 무강 ᄒ흘줄노 나는 아노라

　　　　　　　　—(논셜) '민권론', 『독립신문』, 1898.12.15

ᄂ. 법률이라 ᄒᄂ거슨 샹하 귀쳔 빈부 유무셰를 샹관치 아니 ᄒ고 공평이ᄀᆺ만 가지고 직판을 ᄒ 식둛에 사름이 가란 ᄒ고 셰가 업고 디위가 낫드릭도 법에만 범치 아니 ᄒ고 올혼 일만 ᄒ흘것 ᄀᆺ흐면 세상에 두려워 ᄒ

사름이 업고 남의게 압졔 밧을 묘리가 업는지라 그런 고로 기화흔 나라에
셔는 사름마다 올혼 일만 홀 싱각들을 힘 쓰는 고로 사름이 알고 협잡
흔다든지 법에 범 ㅎ는 일을 힝 ㅎ는 사름이 젹거니와 열니지 못흔 나라
에셔는 사름이 권리만 잇스면 나라 법률을 가지고 ㅈ긔 몸에 편코 리ㅎ도
록 시힝을 ㅎ는 고로 혹 올혼 일이 그르게도 되고 그른일을 올케도 ㅁ든
는 법이 잇는지라 그런 고로 법은 둘ㅈ가 되고 권리가 뎨일이더니 죠션
ㄴ각 대신 네 즁에 이런 폐단 아는이가 만히 잇고 그외 놉흔 관인즁에도
법률이 잇셔야 나라히 되는 리치를 ㅅㄷ달은이가 더러 잇는 고로 이번에
정셩우라고 ㅎ는 사름이 여러 사름을 대단히 거러 샹쇼 ㅎ엿는딕 그즁에
먹킨이는 ㄴ부 대신 박졍양씨와 농샹 공부 대신 죠병직씨와 군부 대신
리윤용씨와 외부 대신 리완용씨와 즁츄원 의관 안경슈씨와 김가진씨와
독립 신문 샤쟝 뎨션씨들을 광언 망셜노 대단히 험담을 ㅎ엿는지라 이젼
ㄱㅌㅎ면 이런 인언이 잇스면 ㅈ판 홀 싱각들이 업고 쳐의 흔다 ㅎ고 ㅅ직
샹쇼를 흔다든지 그러치 아니 ㅎ면 샹쇼흔 사름을 ㅈ판 업시 모라 졍비를
보낸다든지 죽인다든지 흘터인딕 이번에는 이일을 법률노 공평히 ㅈ판을
흔 뒤에 만일 그 사름이 흔 말이 다 증거가 잇셔 분명 흘진딕 비록 놉흔
관원들이라도 형벌을 법률을 좃차 닙을터이요 만일 이사름이 흔 말이 증
거가 업시 다만 녯 풍쇽으로 경계 업시 그져 얽어 샹쇼를 ㅎ엿슬것 ㄱㅌㅎ
면 ㄱ군 망샹 흔 죄를 이사름이 닙을터이라 이러케 일을 죠쳐흔 후에 누
가 죄를 닙던지 그사름이 엇지 한탄을 ㅎ리요 우리 싱각에는 이번 이ㅈ판
ㅎ는거슬보니 대죠션 오뷕년 ㅅ긔에 뎨일 가는 경ㅅ라 시원림 국무 대신
들이 일긔 평민의 말을 어렵게 넉여 ㅈ판쇼에 와 ㅈ판 ㅎ기를 쳥 ㅎ고
그평민이나 시원림 대신이나 일쳬로 법관 압희 안져 리치와 도리와 경계
와 법률을 가지고 올코 그른거슬 딕질ㅎ야 공평 되게 분셕 ㅎ랴고 ㅎ니
이거슬 보거드면 죠션도 차차 법률이 즁ㅎ고 두렵고 공변 되고 명빅히
사비 곡직을 ㅅ실ㅎ야 죄 잇스면 누구든지 벌을 닙으량으로 비쥰ㅎ고 죄
업시면 누구든지 벌닙을 묘리가 업는줄을 ㅅㄷ달은거시라 이번 이ㅈ판에

262

원고 피고의 공쵸를 셰샹 사름들이 다 알터이어니와 조곰치라도 편벽 된 거슨 업슬터이니 이거슬 싱각 ᄒ면 엇지 죠션 인민의 경ᄉ가 아니리요 이거슬 싱각 ᄒ면 공쵸와 직판 ᄒ던 문셔를 ᄆᆞᆺᄂ 뒤에 츌판 ᄒ려니와 그 젼이라도 누구든지 직판ᄒᄂ거슬 보랴면 직판쇼에 와셔 방쳥인으로 듯고 공평 ᄒ지 아니 ᄒ지 셰계 사름이 다 알터이라 직판이라 ᄒᄂ거슨 셰계 사름이 다 보ᄂᆞᆯ 뒤 ᄒ여야 그직판이 명빅 ᄒ고 공평 ᄒ게 될지라 만일 일 후에 무슴 직판이든지 이규칙을 가지고 힝 ᄒᆯ것 ᄀᆞᆺ흐면 엇지 원통이 숑ᄉ 를 지ᄂ 사름이 잇스며 슈졍이 잇스리요 직판 잘 ᄒᄂ거시 나라 되ᄂ 근 본이니 이번에 이 여러분들이 직판쇼에 ᄌᆞ원 ᄒ야 유무죄를 법률노 붉혀 달나 ᄒ거슨 셰계에 칭찬을 밧을만 ᄒ 일이요 국가를 즁흥 ᄒ랴ᄂ 싱각이 라 이분들이 다만 우리의 칭찬을 들을ᄲᆞᆫ이 아니라 각국 신문지들의 칭찬 과 감격 흠을 밧을듯 ᄒ더라

— 『독립신문』, 1896.7.14

국권(國權)과 연계된 민권에 대한 인식은 시혜의 원리를 중심으로 하 는 전통적 민본 사상에 기초한 정치 체계를 비판하는 것으로 개진된다. 위 인용문 ㄱ은 권리를 갖지 않은 백성과 국가의 관계는 불관(不關)하여 "나라이 위틱흔 ᄯᅢ를 당 ᄒ여도 빅셩은 권리가 업슴으로 나라 흥망을 젼혀 졍부에다가 미루고 슈슈 방관ᄆᆞᆫ ᄒ고 졍부ᄂ 나죵의 몃몃 사름이 슌졀ᄆᆞᆫ 홀줄노 셩ᄉ를 삼ᄂ 고로 나라 힘이 미약 ᄒ여 망 ᄒᄂ 폐단이 ᄌᆞ쥬" 발생한다는 점을 개탄하고 있다. 따라서 절실한 것은 "관민이 합 심하여 정부와 백성의 권리가 상반"되는 것이며, 이렇게 된 후에야 "대 한이 万億년 무강"한다는 인식이다. 여기서 주목할 것은 민권의 강조가 국가의 안위에 대한 백성의 의무와 연동되고 있다는 점이다. 즉 백성의 권리, 민권은 백성의 의무에 수반되는 논리로 귀결되고 있는 것이다. 위 인용문 ㄴ은 민권에 대한 강조만 앞설 경우 근대적 국민으로서 백성 의 책무보다는 권리만 요구하여 국가의 혼돈을 가져올 수 있으므로 권

리와 의무의 균형을 확보할 '법률'이 필수적인 장치로 인식되었다. "사람이 권리만 있으면 나라 법률을 가지고 자기 몸에 편하고 이하도록 시행을 하는 고로 혹 옳은 일이 그르게도 되고 그른 일을 옳게도 만드는 법이 있는지라 그런 고로 법은 둘째가 되고 권리가 제일"이 될 수 있는 현실을 우려하여, 개화한 나라에서는 민권과 함께 법률을 제정하고 준수하는 것을 병행하고 있다는 사실을 강조한다. "법률이라 하는 것은 상하 귀친 빈부 유무세를 상관하지 아니 하고 공평 이 자만 가지고 재판을 한 까닭에 사람이 가난 하고 세가 없고 지위가 낮더라도 법에만 범치 아니 하고 옳은 일만 할 것 같으면 세상에 두려워 할 사람이 없고 남에게 압제 받을 묘리가 없"게 된다는 것이다. 즉 민권은 백성의 의무와 법률과 함께 주창되어야 하며, 이로써 민권을 통한 국권이 보장될 수 있다. 이 시기 민권과 함께 주창된 법률은 다음과 같이 형사법, 회사법, 조세법, 국제 공법은 물론 이혼법 같이 사회와 가정 등에서 인민의 권리와 공공의 권리의 관계가 발생하는 다양한 영역에서 강조되었다. 다음은 학회보에 소재한 근대 민권과 법률 개념의 인식을 보여주는 자료의 일부이다.

【학회보 소재 근대 민권과 법률 개념의 인식을 보여주는 자료】

순번	연대	학회보	필자	제목	수록권호
1	1908	기호흥학회월보	홍정유	회사법 초략	제4, 5, 6, 7호(4회)
2	1906	서우	한광호	영사의 재판권	제7호
3	1907	대한유학생회학보	이승근	국제공법론	제2호, 3호(2회)
4	1908	대동학회월보	한천자	치외법권	제7호
5	1906	소년한반도	정교	國際法/國際公法	제1~4호(4회)
6	1909	대한흥학보	곽한탁	조약개의	제12, 13호(2회)
7	1906	대한자강회월보	석진형	평시 국제공법론	제12, 13호(2회)
8	1906	서우	한광호	외국인의 공권 급 공법상 의무	제10호
9	1908	대한협회회보	안국선	민법과 상법	제4호

순번	연대	학회보	필자	제목	수록권호
10	1906	서우	박성흠	민법 강의의 개요	제7, 8, 9, 13호(4회)
11	1896	친목회회보	유치학	민법의 개론	제6호
12	1908	대한협회회보	조완구/ 이종린	민법총론	제1, 2, 9, 10, 11, 12호(6회)
13	1907	동인학보	채기두	법률과 전제사상	제1호
14	1906	태극학보	오석유	학창여담(법과 국가관련)	제11, 12호(2회)
15	1908	대동학회월보	두천생	법률 발생의 원인	제1호
16	1907	대한유학생회학보	이창환	법률과 도덕의 구별	제1호
17	1908	대동학회월보	법률 독서인	형벌에 관한 법정주의	제3, 4, 6, 11, 12호(5회)
18	1908	대동학회월보	이종하	공법사법의 구별	제5호
19	1908	대동학회월보	이종하	법률학에 관한 개견	제18, 19, 20호(3회)
20	1908	대한협회회보	석진형	법률의 필요	제2호
21	1908	호남학보	이기	법학설	제4, 5, 6, 7, 8, 9호(6회)
22	1896	대조선독립협회회보	편집국	법률적요	제2호
23	1906	소년한반도	상호	법학	제3, 4호(6호)
24	1907	낙동친목회학보	김영기	법학 정의 개론	제1호
25	1896	친목회회보	김상순	법률의 정의	제5호
26	1908	대한협회회보	원영의	법률개론	제4호
27	1908	기호흥학회월보	홍정유	법학	제8, 9호(2회)
28	1908	대한협회회보	중악산인	법률을 불가불학	제7호
29	1907	공수학보	현석건	법률과 도덕의 차이	제1호
30	1896	친목회회보	정재순	법률개론	제5호
31	1908	기호흥학회월보	이범성	법률학	제4~10호(6회)
32	1908	대한협회회보	변덕연	법률이 사세에 시행되는 이유	제5, 6호(2회)
33	1906	대한자강회월보	설태희	법률상의 권위	제8, 9, 10, 12호(4회)
34	1906	서우	편집부	법학의 범위	제15호
35	1906	태극학보	김원극	법률 학생계의 관념	제22호
36	1908	대한협회회보	정달영	정당방위권을 허한 이유 와 기허하는 범위	제10호
37	1908	대한협회회보	한상초자	재판심급의 제도	제3호
38	1908	대한학회월보	편집자	선거법의 종류 급 이익 폐 해의 비교	제7, 9호(2회)
39	1906	서우	한광호	이혼법 제정의 필요	제17호

순번	연대	학회보	필자	제목	수록권호
40	1908	대동학회월보	권보상	법률학	제1, 2, 3, 5호(4회)
41	1908	기호흥학회월보	홍정유	조세의 정의	제1호
42	1906	태극학보	최석하	조세론	제5, 6, 7호
43	1908	대한협회회보	이종린	채권법 총론	제12호
44	1908	대한협회회보	금릉거사	관리의 민사책임	제2, 3호(2회)
45	1906	태극학보	곽한탁	헌법	제6, 7, 9호(3회)
46	1908	대한협회회보	설태희	헌법서언	제3, 5, 6호(3회)
47	1908	대한학회월보	편집자	각국 헌법의 연혁 급 연대 참고의 대략	제6호
48	1896	친목회회보	장규환	감옥제도론	제5호
49	1896	친목회회보	이면우	형법 의의의 약론	제5호
50	1906	서우	편집부	형법과 형사소성법의 관계 여하	제16호
51	1896	친목회회보	유창희	형사소송법의 연혁	제5호

위의 자료들을 보면 근대적 법제도의 필요성에서부터 헌법, 국제법, 민법, 형법, 형사소송법, 채권법, 이혼법, 선거법 등에 이르기까지 근대 법률 개념과 유형에 대한 논의가 활발하게 진행되었음을 알 수 있다. 뿐만 아니라 사법 제도를 통한 국가의 보존과 유지를 강조하는 논의를 통해 국가와 법의 관계를 환기하고 있을 뿐만 아니라 재판권과 감옥제도 등에 이르기까지 개인의 권리와 공적 질서의 관계에 대한 근대 지식인들의 관심을 보여준다.

2. 인민, 국민, 국가의 재구성

2.1. 자형(字形)을 통한 민(民)의 이해

민(民)의 자형 연구들에 따르면, 현대 사회에서 민(民)은 정치의 주체이지만 본래는 종속적인 존재를 의미했다. 자형 분석을 통해 민의 어의

를 고찰한 연구들은 민의 의미를
여러 가지로 추론해 왔다(장형근,
2009; 박병석, 2014 등). 이들의 연
구를 정리하면, 첫째 민(民)자의
금문 자형이 옷도 입지 않고 발
에 기계를 찬 육차운의 이 비유
를 꼭 닮아서 노예로 해석하고

（泰公敔）　　（盂鼎）　　（古鉦）

〈그림 1〉 민(民)의 자형 변화(장형근, 2009: 139)

나중에 보통 인민을 부르는 용어로 발전했다는 주장, 둘째, 꼬챙이로
눈을 찌르는 형상으로 역시 노예의 상형으로 보는 입장이고 이 민자가
나중에 노예를 포함하는 평민을 지칭하는 말로 발전했다 주장, 셋째,
노예로 보는 해석에 이의를 제기하고 주나라 경전을 중심으로 해석하
여 이주 백성을 뜻하는 맹(萌) 또는 맹(甿)자의 가차(假借)로 보려는 경향
으로서 널리 인민이나 일국의 국민, 분절적인 개인을 가리킬 뿐 노예로
쓰인 용례는 없다는 주장, 넷째, 꼬챙이로 눈을 찌른 노예와 맹인이란
설을 합하여 은나라 때 '民'이라 불린 사람들이 따로 존재했다는 주장
이다. 금문을 해석하면 민(民)은 소경, 맹인, 암흑 등 주로 부정적 의미
와 연관되고 있다. 부정적 의미에서 무지몽매한 백성이란 뜻으로 民자
는 전통시대 중국 정치 문화를 구성하는 한 요인이 되기도 했다. 장분
전(張分田)은 중국에서 민(民)의 어의가 다양하지만 폄하적 의미로 사용
되었다고 본다. 주로 종속된 사람, 비천한 사람, 우매한 사람, 덕이 없는
사람 등 부정적 의미를 지니게 되었으며 한당 이래 중국 정치 문화의
한 성분이 되었다고 주장한다(장분전, 2006; 장형근, 2009: 139 재인용). 궁
정직이든 부정적이든 민(民)의 의미가 피지배층 전체를 의미하는 것으
로 정의된 것은 문헌 기록의 출발 즉 『서경』에서 시작했으며, 춘추 전
국 시대에 이르러 여민(黎民), 서민(庶民), 백성(百姓), 국인(國人) 등과 더
불어 피통치자를 부르는 보통명사로 완전한 자리를 잡았다.

2.2. 민(民)의 근대적 분화: 인민, 국민

19세기 후반 민은 백성, 민, 인민, 민인, 신민 등 다양하게 호명되었다. 백성은 『한성순보』·『한성주보』에는 등장하지 않으나 『독립신문』, 『황성신문』, 『대한매일신보』 이후 등장 빈도가 급증했다. 권보드래(2007: 198)에 따르면 『독립신문』에서 백성은 4,726회, 인민은 2,909회, 동포는 346회, 신민은 273회, 국민은 171회가 사용되었다. 『독립신문』에서 가장 높은 빈도를 보였던 백성은 대한매일신보(국한문판)에 이르면 24회(한글판 856회)로 급격히 낮아졌고, 인민(1762회)과 국민(1551회)이 급증했다. 사용 맥락도 상이해서 국민, 상민, 양민, 천민, 궁민 등에서는 신분이나 처지를 나타내는 한자 단어와 주로 사용되기도 했으며, 민인과 인민과 같이 일반적인 복수의 의미로 사용할 경우는 주로 왕이 통치권의 행사를 정당화할 때 사용되었다. 예컨대 통치의 관점에서 부국과 강병을 위해 구성원의 '견문을 넓히며 (…중략…) 비판적 지식을 제공'하려 했던 『한성순보』는 민이나 인민이란 용어를 주로 사용했다.11)

【 공동체의 구성원으로서 인민(人民) 】

ㄱ. [第一款各港口留駐日本國人民管理官於朝鮮國沿海地日本國諸般致敗緊急得古地方官經過該地沿路]

> 번역 제1조: 각 항구에 주재하는 일본국 인민의 관리관은 조선국 연안 지역에서 일본국 상선의 파선 혹은 긴급한 상황에 처해 있을 때는 지방관에게 고하여 해당 지역 항로를 지날 수 있다

　　—'수호조규(修好條規)', 『한성순보』, 1883.11.30, 내국근사(內國近事)

---

11) 청·일본의 신문을 주로 전재했던 『한성순보』가 인민 용어를 사용한 데는 청과 일본의 영향을 배제할 수 없다. 그러나 『한성순보』가 세계 각국의 발전 정도를 소개할 때 인민의 학식과 주체적 노력을 연관 지어 설명하고 있었다는 점은 이미 국가구성원으로서의 인민에 대한 새로운 표상이 일어나고 있었다고 할 수 있다.

ㄴ. [山東一省今年偏被水災事變穀人民流離十月二十九日有 上諭賑恤 云又]

山東 一省이 금년에 유독 旱害와 水災를 입어 흉년이 들었으므로
人民이 떠돌고 있다. 그래서 10월 29일 이들을 賑恤하라는 上의
諭旨가 있었다고 한다. 또 중국 근해에 외적의 전운이 치열하여 내외의
기선에 난을 당한 것이 적지 않다고 한다. 이 두 소식은 東京의 日日新聞에
기재된 것이다

—'중국근신(中國近信)', 『한성주보』, 1886.2.1, 외보(外報)

위 인용문에서 인민은 국가 또는 지역에 속해 있는 구성원을 지칭하
는 의미로 등장하고 있다. 이 때 인민은 인용문 ㄱ과 같이 개화된 나라
의 구성원을 지칭하여 국가의 정체성을 대표하는 존재로 표상되기도
하고("지금 印度의 文學·宗敎를 살펴보면, 이미 한 풍속을 탈피하여 開化之成하
여 印度의 人民이 모두 국가의 독립과 政治自主의 소중함을 알고 있는데도, 영
국 정부에서는 허락하지 않고"), ㄴ처럼 미개하거나 구휼의 대상으로서
지칭될 경우도 있다. 이와 같이 『한성순보』·『한성주보』가 인민을 국가
나 지역과 연계하고 있다는 것은 인민을 특정 공동체에 규정된 존재로
서 인식하고 있었다는 사실을 보여준다.

한편, 인민은 국가나 지역 등 공동체의 구성원이면서 동시에 법률에
복종하고 정치에 참여할 수 있는 권리를 가진 존재로서 의미를 지니기
도 한다.

【 권리를 가진 구성원으로서 인민 】

ㄱ. 吾人이此國土에生ᄒ얏스니人民된權利와義務를無失홀지라盖, 人民이
國家에對ᄒ야其法律에服從홈은卽第一義務나特獨立의精神을腦髓에貫徹
ᄒ야

우리는 이 국토에 태어났으니 국민된 권리와 의무를 잃지 말아야
한다. 대개 국민이 국가에 대하여 그 법률에 복종함은 첫 번째 의

무이나 특히 독립의 정신을 뇌수에 관철하여[12]

　　　　—'제2과 인민(人民)', 『고등소학독본(高等小學讀本)』, 1906

ㄴ. 大皇帝陛下께옵서上項所陣六條를 允許하옵시고因하야 詔勅으로五條
를特下하시고十一月二十六日에仁化門外에 親臨하사萬民을招對하사갈ᄋ
사ᄃ嚮日官民公同會에서獻議한六條와 勅下하신五條를次第로實施하야人
民의게信義를示하리라하섯시니凡我同胞들은期圖實踐하야弘大하옵신聖
恩을報答하기를옹視하오.

번역 　우리 대황제 폐하께옵서 백성들의 헌의한 여섯 조건을 허락 하옵
시고 인하여 조칙으로 다섯 가지 조건을 특히 나리시고 또 십일월
이십육 일에 인화문 밖에 친림하사 가라사대 향일 관민 공동회에서 협의
한 여섯 조건과 조칙으로 나리신 다섯 조건을 차례로 실시하여 신과 의를
보이리라 하셨으니 무릇 우리 동포들은 기어이 실천 되기를 도모하여 넓
고 크신 성은을 보답 하기를 간절히 바라옵 대한 광무 이년 십일월 일
독립협회 발간

　　　　—「광무 이년 십월 이십팔일에 독립 협회에서 발긔ᄒ」,

　　　　　　　　　　　　　　　　　　　『독립신문』, 1898.12.12

　위 인용문에서는 인민이라면 권리와 의무를 동시에 지녀야 한다는
점을 강조한다. 인민은 국가의 법률에 복종해야 하며(ㄱ), 군주 역시 인
민에 의무를 다해야 한다(ㄴ). 특히 군주에 대한 인민의 신의가 아니라
"관민 공동회에서 협의한 여섯 조건과 조칙으로 나리신 다섯 조건을
차례로 실시하여 신과 의를 보이리라"며 인민에 대한 군주의 신의를
다짐하고 있는 부분이 인상적이다. 19세기 말 인민의 권리를 강조하는

---

12) 『고등소학독본』의 번역문은 휘문의숙편집부 편찬, 『고등소학독본』, 김찬기 편역(2013)
　 을 따랐다.

문맥은 참정권을 비롯한 정치적 주체로서 제반 권리를 지켜야 하는 존재이자 정부를 구성하는 주체로 인민을 규정하기에 이른다.

【 국가의 구성원이자 정치적 주체로서 국민(國民) 】

ㄱ. 夫國家ᄂᆞᆫ 統治者와 被治者의 形體上ᄋᆞ로 言ᄒᆞᆯ진듸 一定ᄒᆞᆫ 土地에셔 有機的 及無形的ᄋᆞ로 人格을 組成ᄒᆞᆫ 人類의 全體라 略言ᄒᆞ면 國家ᄂᆞᆫ 一定ᄒᆞᆫ 國土內에셔 國民이 政治的ᄋᆞ로 組織ᄒᆞᆫ 格이라 云ᄒᆞᆯ지니 此를 左에 略辨코ᄌᆞ ᄒᆞ노라.

第一. 人衆 國家ᄂᆞᆫ 人額의 結社的 生活에 一現像이라 人類ᄅᆞᆯ 離ᄒᆞ야ᄂᆞᆫ 國家ᄅᆞᆯ 想像치 못ᄒᆞᆯ지라 是以로 如何ᄒᆞᆫ 國家든지 多少의 人衆이 無ᄒᆞᆫ 者ㅣ 未有ᄒᆞᄂᆞ니 國家組織上人衆이 一大要素됨은 大言을 不須ᄒᆞᆯ지나 人類의 集合의 幾許에 達ᄒᆞ면 國家ᄅᆞᆯ 組成ᄒᆞᆯ가 ᄒᆞᄂᆞᆫ 問題ᄂᆞᆫ 程度의 問題니 絶對的ᄋᆞ로 斷定ᄒᆞ기 難ᄒᆞᄂᆞ 親族及血族의 範圍ᄅᆞᆯ 離ᄒᆞ야 民族의 關係ᄅᆞᆯ 生ᄒᆞᆷ이 아니면 國家라 謂ᄒᆞ기 難ᄒᆞ나니 故로 國民이 無ᄒᆞ면 國家가 亦無ᄒᆞᆯ지며 況且 近世各國이 廣土衆民과 强兵堅艦ᄋᆞ로 衡을 爭ᄒᆞᄂᆞᆫ 時에 在ᄒᆞ야ᄂᆞᆫ 國民의 數ᄂᆞᆫ 可謂多多益善이니 此로 由ᄒᆞ야 觀ᄒᆞ야도 國家組織上人衆이 第一要됨을 ᄯᅩᄒᆞᆫ 知ᄒᆞᆯ지오.

번역 무릇 국가는 통치자와 피통치자의 형태로 말할 수 있을진대 일정한 토지에서 유기적 및 무형적으로 인격을 형성한 인류의 전체라 간단히 말하면 국가는 일정한 국토 내에서 국민이 조직한 격이라 말할 수 있으니 왼쪽에서 간략하게 설명하고자 한다.

제 일: 사람의 무리로서 국가는 인간의 결사적 생활에 관한 하나의 현상이기 때문에 인류를 떨어뜨리고는 국가를 상상할 수 없다. 어떠한 국가든지 다소의 사람이 없는 국가는 있지 않으며 국가 조직상 사람이 가장 큰 요소가 크게 말할 필요가 없으나 인류의 집합이 얼마쯤 이뤄지면 국가를 조직할 수 있을가 하는 문제는 정도의 문제라 절대적으로 단정하기 어렵다 그러나 친족 및 혈족의 범위를 떨어뜨려 민족의 관계가 생기는

것이 아니면 국가라 할하기 어렵나니 고로 국민이 없으면 국가 역시 없으며 하물며 근세 각국이 넓은 토지와 중민(衆民) 그리고 강병견함으로 군형을 다투는 때에 있어서는 국민의 수는 많을수록 좋으니 이를 보아도 국가 조식상 인중(人衆)이 제일 요소가 됨을 또한 알 수 있다.

—'국가의 성질(國家의 性質)',『대동학회월보』제2호, 1908.3

ㄴ. 新國民을 造成ᄒᆞᄌ 新國民을 造成ᄒᆞᄌ ᄒᆞ니 如何ᄒᆞᆫ 國民이 新國民인가 柔順的國民인가 曰否라 柔順은 怯懦를 生ᄒᆞ고 怯懦ᄂᆞᆫ 退縮을 生ᄒᆞ고 退縮은 劣敗를 生ᄒᆞ고 劣敗ᄂᆞᆫ 滅亡을 生ᄒᆞ나니 今此腥風血雨가 東西에 漲滿ᄒᆞᆫ 時代에 在ᄒᆞ야 柔順的國民을 造成흠은 譬컨딘 群虎가 亂攪하ᄂᆞᆫ 中에 羊을 放흠과 壹般이라 엇지 其可ᄒᆞ리오 穩靜的國民인가 曰否라 穩靜은 保守를 生ᄒᆞ고 保守ᄂᆞᆫ 衰弱을 生ᄒᆞ고 衰弱은 劣敗를 生ᄒᆞ고 劣敗ᄂᆞᆫ 滅亡을 生하나니 今此龍爭虎戰이 宇宙를 震撼ᄒᆞᆫ 時代에 在하야 穩靜的國民을 造成흠은 譬컨대 洪水가 驅入ᄒᆞᆫ 中에 睡人을 置흠과 壹般이라 엇지 其可ᄒᆞ리오

然則如何ᄒᆞᆫ 國民인가 曰猛壯的勇進의 國民이니라. (…중략…) 如何ᄒᆞᆫ 던지 今日에 在ᄒᆞ야 柔順的穩靜的國民을 唱하는 者ᄂᆞᆫ 韓國의 公賊이며 韓人의 公仇니라 嗚乎라 余의 愛ᄒᆞᆫ 韓國同胞여 猛壯的國民이 될지여다 嗚乎라 余의 敬ᄒᆞᆫ 韓國同胞여 勇進的國民이 될지여다

余가 韓國同胞를 爲ᄒᆞ야 香火로 祝ᄒᆞ노다

번역 신국민(新國民)을 조성하자 조성하자 하니 어떠한 국민이 신국민인가 유순한 국민인가 그렇지 않다. 유순은 겁나(怯懦)를 낳고 유순은 퇴축(退縮)을 낳고 유순은 열패를 낳고 열패는 멸망을 낳느니라 지금 피비린내 나는 비바람(腥風血雨)이 동서에 가득한 시대에 있어서 유순한 국민을 만드는 것은 호랑이 무리가 날뛰는 가운데 양을 방목하는 것과 같으니 어찌 옳다고 할 수 있으리오 온정적 국민인가 그렇지 않다. 온정은 보수를 낳고 보수는 쇠약을 낳고 쇠약은 열패를 낳으니 열패는 패망을 낳느니라 지금 치열한 싸움이(龍爭虎戰) 우주를 진동하는 시대에 온정적

272

국민을 만드는 것은 홍수가 밀려 들어오는 가운데 잠자고 있는 사람을 그대로 두고 있는 것과 같으니 어찌 옳다고 할 수 있으리오

그러한즉 어떠한 국민인가 맹렬하고 용감한 국민이라고 말할 수 있으니라 (…중략…) 어떠하든지 오늘날 유순하고 온정적인 국민을 노래하는 자는 한국의 공공의 적(公賊)이요 한국인의 공공의 원수(公仇)니라 오호라 내가 사랑하는 한국 동포여 맹렬하고 장한 국민(猛壯的 國民)이 될지어라 오호라 내가 존경하는 한국 동포여 용감하게 나아가는 국민(勇進的 國民)이 될지어라 내가 한국 동포를 위하여 향화로 축복하노라

　　　　　—'한국의 신국민(韓國의 新國民)', 『대한매일신보』, 1909.6.4

ㄷ. 嗚呼라 凄風淫雨에 三千里山河가 顏色을 變ᄒ고 烈火深水에 二千萬同胞가 悲號를 作ᄒᄂᆞᆫ도다 然則何以ᄒ면 此韓國이 能히 勝利의 歌를 奏하 適存의 福樂을 享ᄒ며 何以하면 此韓國이 能히 富强의 基를 開하 民國의 威靈을 光ᄒᆯ까 曰此ᄂᆞᆫ 오즉 國民同胞가 二十世紀新國民됨에 在ᄒ니라. (…中略…) 大抵二十世紀의 國家競爭은 其原動의 力이 一二人의게 不在ᄒ고 其國民全體에 在하며 其勝敗의 果가 一二人에게 不由ᄒ고 其國民全體에 由하 政治家ᄂᆞᆫ 政治로 競爭ᄒ며 宗敎家ᄂᆞᆫ 宗敎로 競爭ᄒ며 實業家ᄂᆞᆫ 實業으로 競爭하며 或은 武力으로 ᄒ며 或은 學術로 하야 其國民全體가 優ᄒ 者ᄂᆞᆫ 勝ᄒ고 劣ᄒ 者ᄂᆞᆫ 敗ᄒ나니 彼盖世英雄 成吉思汗 亞歷山王이 아모리 雄ᄒ며 아모리 强하 數百萬健兒를 鞭ᄒ며 數萬里土地를 拓ᄒ더링도 彼ᄂᆞᆫ 個人의 競爭이라 故로 其勢가 不長ᄒ며 其威가 易裂하 一時 其庭下에 拜를 納ᄒ던 民族도 容易히 其頭를 再擧ᄒ고 長風에 嘯하 舊勢를 爭復ᄒ엿거니와 今日은 不然하야 其競爭이 卽全國民의 競爭이라 故로 其競爭이 烈ᄒ며 其競爭이 長ᄒ며 其競爭의 禍가 大ᄒ나니 故로 曰國民同胞가 二十世紀新國民되지 아니ᄒᆷ이 不可ᄒ다 ᄒᄂᆞᆫ 바며

今日韓國人士中에 何故로 政治家ᄂᆞᆫ 政治에 敗ᄒ며 實業家ᄂᆞᆫ 實業에 敗하며 其他何種의 事業家던지 外人에게 必敗하나냐 ᄒ면 曰新國民이 아닌 所

以며 何故로 國家精神이 無ᄒ며 何故로 國民能力이 無ᄒᄂ냐 하면 日新國民이 아닌 所이며 何故로 國를 賣ᄒᄂ 者가 有ᄒ며 何故로 民를 賣ᄒᄂ 者가 有하야 하면 日新國民이 아닌 所이니 故로 日國民同胞가 二十世紀新國民되지 아니홈이 不可ᄒ다 ᄒᄂ 바라 (未完)

번역 오호라 처풍음우(凄風淫雨)에 삼천리 산하의 안색이 변하고 열화심수(烈火深水)에 이천만 동포가 슬프게 절규하는도다 그러한즉 어떻게하면 이 한국이 능히 승리의 노래를 연주하여 생존에 맞는 일의 복락을 누리며 어떻게 하면 이 한국이 능히 부강의 터전을 열어서 민국의 위령을 비출까. 말하자면 이는 오직 국민 동포가 이십세기의 신국민이 되는 것에 있느니라 (…중략…)

무릇 이십세기의 국가 경쟁은 그 원동력이 일이인에게 있지 않고 그 국민 전체에 있으며 그 승패의 결과가 일이인에게 유래하지 않고 그 국민 전체에 말미암아 정치가는 정치로 경쟁하며 종교가는 종교로 경쟁하며 실업가는 실업으로 경쟁하며 혹은 무력으로 하며 혹은 학술로 하여 그 국민 전체가 우월한 자는 승리하고 열등한 자는 패하나니 저 개세영웅 성길사한(成吉思汗-징기스칸) 아력산왕(亞歷山王-알렉산더왕)이 아무리 웅하고 아무리 강하여 수백만 건아를 채찍질하며 수만리 땅을 개척하더라도 저 개인의 경쟁이라 고로 그 세력이 길지 않으며 그 위력이 쉬이 없어져 일시에 그 아래에서 절을 하던 민족도 쉽게 그 머리를 다시 들고 장풍에 소(嘯)하여 옛 세력을 다시 쟁취하였거니와 금일은 그렇지 않아 그 경쟁이 즉 전국민의 경쟁이라 고로 그 경쟁이 열렬하며 그 경쟁이 길어지며 그 경쟁의 화가 크나니 고로 말하건대 국민 동포가 이십세기(二十世紀) 신국민(新國民)이 되는 것이 옳다고 하는 바라(미완)

—'이십세기 신국민(二十世紀 新國民)', 『대한매일신보』, 1910.2.22

'국민'이라는 용어는 조선시대에도 사용되던 어휘였지만[13] 근대적인 네이션의 의미로서의 국가는 아니었다. 19세기 후반 조선의 국민은 주지하듯이 후쿠자와 유키치의 유명한 "일본에는 단지 정부만 있고 국민은 없다"(『학문의 권장』, 1874)라는 의미에서 정치적 책임을 각성한 집단으로서의 국민의 개념이 수용되었다. 최초의 근대적 교과서로 알려져 있는 『국민소학독본』(학부편집국, 1895)의 제목에서 '국민'을 제안한 것에서도 알 수 있듯이 국민은 새롭게 교육되어야 할 개념이었다. 그러나 군주 중심적인 국민 개념에 익숙해 있었고, 새로운 정치 주체로서의 국민 개념을 인식한 것은 아니었다.

〈그림 2〉 「二十世紀 新國民」(『대한매일신보』, 1910.2.22)

러일전쟁 이후 조선이 일본의 보호국으로 전락하면서 자주 독립 국가에 대한 열망이 고조되면서 국민 담론도 활성화되었다. ㄱ과 같이 국가를 구성하는 가장 기본적인 요소로 국민을 제시하는 논설이 생산되었다. '한국의 신국민' 혹은 '20세기 신국민' 등 이 시기 신문이나 잡지, 학회보 등 계몽 담론장은 경쟁적으로 '신국민'의 모델을 창출하기 위해 분주했다. ㄴ과 같이 "柔順的穩靜的國民을 唱ㅎㄴ 者ㄴ 韓國의 公賊이며 韓人의 公仇"라고 단죄하며 "韓國同胞여 猛壯的國民이 될지여다

---

13) 정병준은 조선왕조실록에 국민이라는 용어가 163회 등장하고 있다고 밝힌 바 있다(정병준, 2013: 372).

嗚乎라 余의 敬ᄒᆞᆫ 韓國同胞여 勇進的國民"이 되어야 함을 역설하거나
ㄷ에서 반복해서 강조하는 경쟁에서 승리하는 국민이 되기를 호소했
다. 특히 ㄷ은 20세기의 신국민은 "古時代의 精神만 保守ᄒᆞ며 中古時代
의 物質만 保守ᄒᆞ야 中古的國民을 不免흔 者ᄂᆞᆫ 國家의 實力이 强大ᄒᆞ고
社會의 文明이 발興흔 二十世紀世界에서 衰亡을 不免"하다고 강조하며
새로운 시대는 전체 분야에서 경쟁하여 승리하는 국민이 필요함을 역
설하고 있다. 주목할 것은 국민의 강조에서 개별적 국민은 인정하지
않고 있다는 점이다. '國民全體'가 경쟁해야 하고, '國民全體'가 호전적
국민이 되어야 한다. '개인'은 존재하지 않으며 공동체의 개념만 존재
할 뿐이다. 비로소 '사회'라는 개념이 함께 호명되었다.

3. '사회'의 근대적 호명과 재개념화(再槪念化)

개인과 함께 근대적 계몽 주체로서 호명된 '사회' 역시 근대에 수입
된 용어이다. 'society'의 번역어로서 '사회' 개념은 '국민', '민족', '개인',
'국가' 등과 더불어, 또 '정치', '경제' 등과 함께 정착한 근대적 개념의
하나다. 조선에서 '사회' 개념의 수용과 형성 과정에 관한 연구는 아직
까지 충분하지 않다. 이 개념의 출현에 일찌감치 주목한 신용하(1975:
593)는 독립협회의 활동과 관련하여 "19세기에 처음으로 가장 뚜렷하
게 민족 국가와 개인과 국민과 사회의 개념이 확립되었다"고 서술한
뒤 이 개념은 사회 계약설에서 보이는 개인 간의 관계와 인간 결합의
총체를 지칭하는 두 가지 의미를 지니고 있는 것으로 연구의 선편을
잡았다. 이후 근대적 개념어로서 '사회'의 수용과 정착에 대한 연구에
대한 본격적인 연구는 박주원(2004)와 박명규(2012) 등에서 볼 수 있다.
전자는 '국가'와 '개인'이 배타적 관계가 아니라 서로 강력하게 요구하
는 관계 속에서 형성되었으며 특히 근대적 국가(state) 개념의 형성은

'국가'와 '사회'의 공간적 분리를 통해, 다시 말해 국가를 형성하는 사회의 개념이나 혹은 사회를 구성하는 국가의 개념이 전제되었을 때 가능하다고 주장한다. 이러한 관점에서 '국가'와 '사회' 혹은 '국민(혹은 민족)'과 '개인'의 문제를 함께 고려해야 한다는 이 연구의 문제의식을 1890년대 『독립신문』과 1906~1907년 간행된 교과서 텍스트들(예컨대, 유길준의 『노동야학독본』(1907)과 『정치학』(1907), 주정균의 『법학통론』 등)을 통해 규명하고 있다. 특히 『독립신문』에서 공공적 교류와 결사를 의미하는 회(會) 개념과는 확연히 분리된 장소로서 산업과 상업상의 권리와 의무를 교류하는 경쟁 장소로 분명히 인식(박주원, 2004: 233)하는 사실의 규명은 '사회' 개념의 수용과 형성에서 흥미로운 성과이다.

후자 역시 '사회'의 등장을 1890년대에서 찾고 있다. 예컨대 『친목회회보』 창간호(1895.10)에 "사회당에 대하야 현내각의 정략을 問흔즉 (…중략…) 사회주의에 대흐야 현재로 유지흐는거시 가흐다"(「佛國에 의원의 신임투표」)에 '사회당, 사회주의'라는 형식으로 등장하고 있다. 그러나 논자도 지적했듯이 이 기사는 일본 『국민신보』에 실린 기사를 전재한 것이고 '사회당'과 '사회주의'라는 외국의 특정 현상을 지칭한 것이어서 개념어로서 '사회'의 의미를 내포한다고 말하기는 어렵다. 그런 점에서 논자는 "상하사회적인上下社會的인 통공편리通共 便利"(「한문자와 국문자의 손익 여하」, 제2호), "하등 사회적 인물이던지 차此는 천연성질의 소유흠이로다"(「일가일국 一家一國에 일인一人의 관중」) 등 일본 신문의 번역 기사, 전재 기사, 기고문 등에서 다수 발견되는 '사회'에 주목할 필요를 역설한다. 그는 무엇보다도 근대적 의미로서 사회 개념을 대중적으로 보급시킨 매체로 『독립신문』을 강조했다. 논자가 분석한 바에 따르면 『독립신문』에서 '사회'는 인민이 공적인 영역을 창출하고 거기에 참여할 수 있는 권리를 향유하며 나아가 인민의 잠재력을 계몽시키는 데 효과적이고 좋은 방법으로서 "무론 모사흐고 사름이 여럿이 모혀 의론흐면 회라 칭흐는 것이요"(제3권 129호)로서 요청되었으며 사회라는 개념을 '자연'과 대조적인 것으로 이해하여 사람들에 의해 '만들어진' 것, '일으켜진' 것으로서 '여러 사람이 서로 도와주며 교제하여' 비로소 달성되는 집단적, 공공적 힘을 가진 것으로 그 내용이 표상되고 있었다.

이처럼 1890년대 후반에 '사회'가 조선에 소개되기는 했지만 명확한 의미를 지닌 개념어로서 수용된 것은 아니었다. 사회적 공간이라 할 만한 것들을 지칭하는 '경향 각쳐', '국닉', '셰계' 등이나 '회'나 '사' 등의 전통적 어휘들이 더 많이 사용되고 있었다. 그러나 나라와 백성 사이, 법과 자유 사이, 지배와 피지배 사이에 구별 가능한 어떤 특정한 공간이 존재한다는 점, 그리고 이런 공간이 인식되기 시작했다는 것은 근대적 사유이자 성과이다. 따라서 근대 문명의 요소로 외부로부터 수입된 것이긴 하지만 이 새로운 용어가 수용되고 확산되는 과정을 추적하는 것은 시대적 상황에 대한 당대 지식인들의 문제의식을 살필 수 있다는 점에서 의미가 있다. 특히 이 절에서는 선행 연구들이 '사회' 개념 수용의 기점을 1890년대로 파악한 것과 달리 그 이전 시기인 1880년대 특히 『순보』와 『주보』 등에서 이미 수용하고 있었다는 사실에 먼저 주목하였다.

3.1. 'society'의 번역어로서 '사회(社會)'

사회는 서양의 근대적 관념이며, 그 의미는 사회를 개인이 자신의 목적을 달성하기 위해 만든 조직으로 보는 것이다. 사회라는 단어 society는 고대 그리스에는 없었고 고대 로마에 있었던 것이지만 아직 궁극적인 정당성을 갖추지는 못하였다. 굳이 아렌트(H. Arendt)의 "근대의 흥기는 사회의 흥기이며, 시장 사회와 공공 영역이 그 관련 양상"이라는 지적을 떠올리지 않더라도 사회는 국가, 개인 등과 함께 근대와 연동되는 개념이다. 따라서 오늘날 '사회'는 대체로 '그 성원 상호간에 구속력을 갖는 어떤 행동 교칙을 인정하고 대부분 그에 따라서 행동하는 사람들로 이루어진, 어느 정도 자족적인 연합체'(백종현, 2004: 147) 정도로 인식되고 있다.

사정이 이러하다 보니 시장 사회와 공공 영역을 경험하지 못한 동아시아 지식인들에게 'society'라는 개념은 'individual'이나 'nation'만큼이나 낯선 것이었다. society 또는 이에 상응하는 서구어를 최초로 '사회(社會)'로 번역한 이들은 일본 지식인들이었다. 야나부 아키라(柳父章, 2003)은 1872년 나카무라 마사나오(中村正直)가 번역한 『自由之理』(원저: 밀(J. S. Mill, 1806~1873)의 『自由論』)에는 원저의 society가 '政府, 仲間連中, 世俗, 仲間, 人民/會社, 仲間會社, 會社, 總體人' 등으로 다양하게 번역되고 있다. 'society'의 함의를 경험하지 못한 일본 지식인의 고뇌를 알 수 있다. 일본의 지식장에서 society가 처음 등장한 곳은 1796년 일본 최초의 네덜란드-일어 사전인 『하루마와게(波留麻和解)』이다. 이 사전에서 네덜란드어 genootschap(허노츠스하프)를 '마지와루(交ル: 교제하다)·아츠마루(集ル: 모이다)'로 번역했고, 이후 1814년 『영일사전』에서는 諳厄利亞(암액리아) society를 '료한(侶伴) 또는 소반(ソウバン)'으로 번역했다. 이 사전은 나가사키의 통역관인 모토키 마사히데가 만든 일본 최초의 영일사전으로서 '료한'은 오늘날의 '한료(伴侶, 반려)'라는 의미이다. 이어 1862년 호리 타츠노스케(1823~1894) 등이 편찬한 영일 사전 『에이와타이야쿠슈친지쇼(영화대역유진사서)』에서 society를 '나카마(仲間: 동료), 마지와리(交リ), 잇치(一致)'로, 프랑스어-일어 사전인 『佛語明要』 역시 société를 '나카마(仲間: 동료), 콘(懇), 마지와리(交リ)'로 번역했다. 지금까지 society 혹은 이에 상응하는 서구어에 대한 일본 지식인들은 이 어휘의 의미를 주로 좁은 범위의 인간관계를 표현하는 것으로 이해하고 있었다는 사실을 알 수 있다.

조선의 지식인들이 영향을 많이 받은 후카자와 유키치는 '인간 교제'로서 society를 인식했다. 인간 교제로서 society를 번역하는 가운데 그는 권력의 편중에 따른 정부와 인민 사이의 관계를 '교제'의 관점에서 해석함으로써 society를 현실과 밀접한 어휘로 인식하는 것으로 society를 개인의 의지나 지향하는 공적 목적 등을 함의한 공적 의미의 장으로 확장했다.

그렇다면 중국의 경우는 어떠할까? 데이터베이스를 바탕으로 중국에서 개인, 사회, 국가 개념의 수용 양상을 고찰한 진관타오(2009)는 사회 개념의 수용에 대해 다음과 같이 정리했다. 그는 중국 전통사회에서도 '사회'라는 단어는 이미 있었고, 서양의 society와 의미가 대부분 일치한다고 보았다. 그러나 명청 시기, 대부분은 민간의 비밀 결사를 말하였으며, 유가의 이데올로기로 볼 때 정당성을 결핍하고 있었다. 그러므로 1895년 이전 서양 관념의 선택적 수용의 시기에 society를 '사회'로 번역한 경우는 없었으며 주로 이용했던 번역어는 '회(會)'라는 단어였다는 것이다. 예를 들어 1880년대 출판된, 서양의 정치 경제학 교과서 중 가장 이른 중역본이었던 『좌치추언(佐治芻言)』에는 개인이 사회를 구성한다는 설명이 있는데, 'society'를 '회(會)'로 번역했다. 1895년 청일전쟁 실패 이후 유학은 회의의 대상이 되었고 그에 따라 society의 의미적 정당성도 회복되기 시작했다. 그런데 진관타오에 따르면 당시 중국 지식인들은 society를 '회(會)'가 아닌 '군(群)'으로 번역했다. 당시 중국 지식인은 '군(群)'으로 서양의 사회를 연구하였으며, 사회학을 '군학(群學)'으로 이해했다. 그러나 중국 사회에서 개인의 권리 관념이 확립되면서 '군(群)'으로 해석하던 society가 빠르게 사회로 대체되었다. 그가 인용하고 있는 통계는 1902년 '군'과 '사회'의 쓰임은 비슷했으나 1903년이 되면서 '군'은 그다지 많이 사용되지 않았고, '사회'가 '군'을 압도하였다. 진관타오는 '군 → 사회'로의 대체는 "개인의 권리 관념의 확립과 걸음을 같이하고 있으며, 명확하게 개인의 권리와 사회계약론이 사회관 형성에 대하여 중요함을 표명"했던 시기와 맥을 같이한다고 보고 있다. 실제로 중국 사회에서 사회 개념의 확산은 그와 관련이 있는 사회

행동의 광범위한 전개를 불러왔으며, 상공업에 대한 장려, 상회(商會)의 광범위한 성립, 공공 영역 형성 등이 보편화되는 계기로 기능했다.

3.2. '사회'의 출현과 진화

19세기 후반의 조선 역시 '사회' 개념은 세계적 차원의 새로운 공간을 지칭하는 어휘이기는 했지만 중심적 지위를 차지하는 개념은 아니었다. '국가'나 '국민' 등의 패러다임과 함께 수입된 '사회' 개념은 종종 전자와 관련하여 부차적인 지위를 갖거나 '회(會)'나 '계(契)' 등 전통적 어휘들과 관련해서도 미약한 지위를 가지는 출발하였다. 그러나 한 나라의 계몽 경험은 '국가'라는 단일한 코드를 통해서 이야기될 수 없다. '국가'라는 관념은 '개인'이나 '사회' 영역의 존재를 확인하는 동시에 서로가 밀접한 관련 속에서 특정한 모습을 형성해 왔다. 그런 점에서 이 장은 제3장에서 살펴본 '개인' 개념의 형성 과정과 이 장에서 살펴볼 '사회' 개념의 형성과 발전 과정이 이후 '국가'의 특성과 형태에 밀접히 연관되어 있다는 논의 선상에 놓여 있다. '개인'이나 '사회', '국가' 개념은 국면에 따라 때로는 상보적 관계로 때로는 상충하는 관계를 형성하며 19세기 후반 조선의 계몽 경험을 구성해 갔다.

이 연구에서는 번역어 '사회'가 '사'와 '회'에서 조합되어 나온 말(야나부 33)을 바탕으로 '사회'의 용례를 살피기 전에 먼저 '사'와 '회'의 쓰임부터 살피기로 한다. 『한성순보』・『한성주보』에 등장하는 '社'는 주로 근대적 의미의 '會社'와 연계된 의미 혹은 회사 자체로 등장하는 경우가 대부분이다. 스딩궈・뤄웨이둥(2013)에 따르면 '社'는 고대 농업 사회에서 토지의 신을 가리키는 것으로서 사에게 제사지내는 곳을 사묘(社廟) 혹은 사(社)라고 불렀다고 한다. 황제의 사묘가 가장 크며 전체 국가의 토지를 상징한다. 민간에도 사묘가 있는데, 매 부락마다 하나의 사묘가 있다. 명절을 지낼 때 사람들이 사묘에 와서 명절을 축하했으며 많은 사람들이 사묘에 모이는 것을 '社會(사회)'라고 불렀다고 한다. 여기에서 후에 '社'에 '조직', '단체'의 의미가 생겨났다고 볼 수도 있다. 그러나 『한성순보』·『한성주보』에서 이와 같은 사(社)의 의미는 발견하기 어렵다. 사(社)가 결부된 어휘로는 '종사(宗社)'가 있으며 『한성순보』·『한성주보』에 각각 1건과 3건씩 등장한다.

【 종묘사직으로서 사(社) 】

ㄱ. 若猶因循姑息恐非宗社生靈之福也

 그대로 因循姑息할 계획만을 생각한다면 아마도 宗社와 生靈의 福이 아닐 것이다.

— '治道略則', 『漢城旬報』, 1884.7.3

ㄴ. 十一月英兵◆◆王夷其宗社

 11월에는 영국 군대가 버마왕을 사로잡고 그 宗社를 끊어버렸다.

— '논천하시국(論天下時局)', 『한성주보』, 1886.3.8, 사의(私議)

ㄷ. 以救宗社之危以済人民之急此之謂民國之富強由是而漸就也

종사(宗社·종묘사직)의 위기를 구하고 인민의 급한 일을 구제하는 데 이를 일러서 국민의 부강이 이로 말미암아 점점 나아가는 것이라 한다.

— '무역론제사(貿易論第四)', 『한성주보』, 1886.4.26, 사의(私議)

ㄹ. 革朝廷煽惑人心宗社之危呼吸是急

그리하여 朝廷을 변혁하고 인심을 현혹시켜 宗社의 위험이 매우 급박하였읍니다만"

— '청토옥효량적당여소(請討玉孝兩賊黨與疏)', 『한성주보』, 1886.5.31

위 인용문에서 '사'는 공통적으로 '종사(宗社)'의 사례로 등장한다. 이들 사례에서 '사'는 종사의 위기를 구하기 위해서 국가의 부강이 중요하다거나 종사의 위험이 급박하다는 것을 인지하는 장면 등 주로 종묘사직, 즉 국가를 통칭하는 전통적 어휘로 사용되고 있다. 전통적인 국가의 의미로서 사는 『순보』에서 검색되는 87건의 '사'의 용례 중에서 1건이고, 『주보』의 경우는 3건이다.

그렇다면 '社'의 대부분을 차지하는 나머지 용례는 어떤 것들일까?

【 근대적 경제 단체로서 사(社) 】

ㄱ. 今泰西諸國莫不設會而超商寔爲富强之基礎也. (…중략…) 夫會社者衆人合本而託之數人犇理農工商賈之事務者而工商之事不一

> **번역** 요즈음 서양 제국에서는 모두 會社를 설립하여 商人들을 부르고 있는데, 실로 부강의 基礎라 하겠다. 대저 상업이란 한 고장에 없는 것을 영영 없도록 하는 것도 아니며, 한 고장에 있는 것을 독점하여 자기 소유를 삼게 하는 것이 아니라, 반드시 이곳에 있는 물건을 저쪽 없는 곳에 공급하는 것이다. 또 저쪽에 남는 물건을 부족한 이쪽에다 보태주는 것이니, 이는 하늘이 사람을 기르고, 사람이 생을 누리는 방법이다. 이를 버리고 하지 않으면 農·工이 모두 피폐해져, 하늘은 사람을 기르지 못하고, 사람은 생을 보존하지 못한다. 그렇기 때문에 옛날 聖人이 周易의 噬嗑의 象을 보아 사람들에게 낮에 시장에 가交易하기를 가르친 것이다. 그러나 동방의 상인들은 지금까지 4천여년을 지내오는 동안, 단지 한사람 단독으로 무역하고 바꿀 줄만 알았지, 여러 사람이 모여 함께 경영할 줄은 몰랐기 때문에 상업이 성하지 못하고, 나라 형세가 떨치지 못한 지가 오래였다. 저 서양은 그렇지 않아서 한 사람 혼자 힘으로 무역할 수 없으면 반드시 10명이 함께 하고, 10명의 힘으로도 되지 않으면 반드시 백명·천명이 함께 한다. 그래서 크고 작은 일이 성사되지 않음이 없어, 한 집안이 넉넉해지고 나라가 부강하여, 다만 한 고장에서 안녕을 누릴

뿐 아니라 반드시 온 천하에서 우뚝하고자 한다. 이로 본다면 商社의 사업 역시 시일을 다투는 急務이므로 서양 사람들의 成法을 同志들께 알린다.

대저 會社란 여러 사람이 자본을 합하여 여러 명의 農工·商賈의 사무를 잘 아는 사람에게 맡겨 운영하는 것이다. 工商의 사무가 한둘이 아니기 때문에 商會의 종류 역시 많다. 鐵道會社는 국내의 輸運을 편리하게 하고, 선박회사는 외국 왕래를 통하게 한다. 일상 용품을 제조하는 회사가 있으며, 오직 토지 개간을 전문으로 하는 회사도 있으며, 기타 다른 사업을 하는 회사도 있는데, 모두 結社하여 결정한다.

또 정부에서 그 사업을 장려하여 날로 발전하게 한 회사도 있다. 그러므로 각국 정부가 어떤 회사가 국가에 이로운 것으로 판단되면, 장려하는 방법이 매우 많다. 그중 가장 중요한 방법이 둘인데, 하나는 정부와 회사가 서로 계약하는 것이다. 만약 회사가 큰 손해를 입거나 자본에서 결손이 나면, 정부가 반드시 결손을 보상하여 社員으로 하여금 항상 자본금을 축내지 않게 하는 것이다. 더러는 정부가 회사의 이익을 保證하기도 하는데, 회사의 이익이 자본금의 이익에 못미칠 때는, 정부에서 돈을 내어 그 이식을 충당해서 社員으로 하여금 항상 자본에 대한 이식을 얻도록 하는 것이다. 그러므로 크고 작은 회사들이 앞을 다투어 생겨 날로 번성하고 있다.

—'회사설(會社說)', 『한성순보』, 1883.10.21

ㄴ. 회샤라 ᄒᆞᄂᆞᆫ 것이 여러 가지 명목이 잇ᄂᆞᆫ디 뎌뎌 무슴 목뎍으로던지 회샤를 조직ᄒᆞ랴 ᄒᆞ면 몃 사름이 ᄆᆞ음과 힘을 합ᄒᆞ야 목뎍을 붉게 들어내고 규칙을 엄히 세워 언졔ᄭᅵ지든지 그 목뎍을 잇지 안코 그 규칙을 쥰슈ᄒᆞ여야 그 회사가 능히 부지ᄒᆞᄂᆞᆫ 법이라. ᄯᅩ 회샤라 ᄒᆞᄂᆞᆫ 것은 달은 게 아니라 ᄒᆞᆫ 사름의 심력과 젼지ᄂᆞᆫ 홍상 한이 잇ᄂᆞᆫ 고로 만일 기창 ᄒᆞᆫ ᄉᆞ업을 영위ᄒᆞ랴 ᄒᆞ면 ᄒᆞᆫ 사름의 힘과 지물노ᄂᆞᆫ 졸연히 셩취ᄒᆞ기 어려온 고로 미양 즁인의 심역을 합ᄒᆞᆫ 연후에 능히 경영ᄒᆞ야 ᄉᆞ업을 일우기 쉬운 고로

ᄉ농공샹 간에 유지ᄒᆞᆫ 사ᄅᆞᆷ들이 무슴 영업을 셩취코자 ᄒᆞ면 흔히 동지인을 모화 그 일을 협력ᄒᆞ야 찬셩ᄒᆞ고 서로 보호ᄒᆞ여 가ᄂᆞᆫ 것을 회샤라 칭ᄒᆞᄂᆞ니 동셔 문명졔국에 굉장ᄒᆞᆫ ᄉᆞ업을 ᄒᆞᆫ 사ᄅᆞᆷ들은 회샤의 힘을 ᄌᆞ뢰치 아니ᄒᆞ고 능히 그 일을 셩취ᄒᆞᆫ 재 업ᄂᆞᆫ지라. (…중략…) 무슴 목덕으로 회샤를 조직ᄒᆞ엿던지 그 목덕을 잇지 말고 다만 경영ᄒᆞ던 ᄉᆞ업을 긔여히 셩취ᄒᆞ기로만 쥬의ᄒᆞᆯ 디경이면 샤회가 중도이폐만 아니ᄒᆞᆯ ᄲᅮᆫ 아니라 필경에 흥왕ᄒᆞ여 셩취ᄒᆞᆯ 날이 잇슬 터이니 이러케 되려 ᄒᆞ면 학문과 의리가 잇셔야 ᄒᆞᆯ 줄노 우리ᄂᆞᆫ 밋노라.

—'론셜', 『매일신문』, 1898.8.11

ㄷ. 社會란 人類가 互相 結合ᄒᆞᆫ 一個 團體라. 故로 協力 同心이 第一 要義가 되ᄂᆞ니 古昔에ᄂᆞᆫ 人人이 食料를 得코자 ᄒᆞ야 團體를 結ᄒᆞ야 獸類를 追逐ᄒᆞ고 或은 盜賊을 防禦ᄒᆞ니 此ᄂᆞᆫ 社會 結合의 始初라. 萬若 人類가 社會를 不成ᄒᆞ고 獨力으로 事業을 執ᄒᆞ면 畢竟 野蠻을 不免ᄒᆞᆯ지니 彼 未開國의 可憐ᄒᆞᆫ 狀態ᄂᆞᆫ 곳 社會의 組織이 完全치 못ᄒᆞᆫ 緣故니라.

번역 사회란 인류가 서로 결합한 일개 단체이다. 그러므로 힘을 합하고 마음을 같게 하는 것이 제일 요소가 되니 옛날에는 사람이 음식물을 얻고자 단체를 맺어 짐승을 좇고 혹은 도적을 방어하니 이것이 사회 결합의 시초이다. 만약 인류가 사회를 이루지 못하고 혼자 일을 하면 마침내 야만을 면하지 못할지니 저 미개국의 가련한 상태는 곧 사회의 조직이 완전하지 못한 이유 때문이다.

—학부 편집국(1902), 『중등만국지지』

위 인용문에서의 사(社)는 근대적 농공·상가 단체의 의미를 지닌 '회사(會社)의 용례들에 해당된다. '會社란 여러 사람이 자본을 합하여 여러 명의 農工·商賈의 사무를 잘 아는 사람에게 맡겨 운영하는 것'이나 '회샤라 ᄒᆞᄂᆞᆫ 것이 여러 가지 명목이 잇ᄂᆞ디 뎌뎌 무슴 목덕으로던지 회샤를 조직ᄒ랴 ᄒ면 몃 사름이 ᄆ음과 힘을 합ᄒ야 목뎍을 붉게 들어내고 규칙을 엄히 셰워'와 같이 농상공업을 위한 특정 목적에 의해 설립된 것으로서 특정 규칙에 의해 가동되는 단체의 의미를 지닌다. "나라 사람들이 다투어 회사를 설립하여 함께 富強을 꾀한다",14) "정부에서 該會社에 8천8백원을 지급한다",15) "中國에 居留하고 있는 외국사람 및 그들이 설치한 會社를 조사하여 다음과 같이 기록한다",16) "日本의 統計表를 상고해 보면, 全國의 新報社의 총계가 2백5개사이며 한해동안 出刊하는 수도 모두 5천8백12만5천7백54冊이나 되는데, 이것이 이른바 民報라는 것들이다",17) "최근에 印度에는 잠업이 病 때문에 실패, 공업이 크게 쇠퇴하고 있어, 政府에서는 잠업을 진흥하려고 병든 누에를 구별하여 프랑스 商業會社에 보내, 누에 병의 원인을 규명하고 누에 기르는 법을 연구 중이라 한다"18) 등과 같이 『순보』·『주보』는 영국, 프랑스, 벨기에, 미국은 물론 중국, 일본, 인도의 회사 설립 열풍을 열정적으로 전달하며 회사로서 사의 근대적 개념을 축조해 나갔다. 회사의 설립이 국가의 부국강병의 토대라는 점을 강조하고, 근대화된 나라일수록 회사 설립을 장려하고 지원한다는 논조의 기사를 적극적으로 홍보했던 것이다. 물론 순보와 주보의 기사 대부분이 중국과 일본의 신문이나 서적에 기대어 그대로 전재하거나 복사한 것이 대부분이지만 회사와 관련된 기사를 적극적으로 게재한 것은 열악한 국내의 경제적 현실에 대한 편찬진의 자강의식의 반영이라고 볼 수 있다. 서양 각국의 철도, 광산, 전선, 양잠 회사 등의 사례를 적극적으로 전재하고 그에 따른 경제적 부의 창출을 수치로 보여주는 등 회사에 대한 계몽을 설파하기에

---

14) 『한성순보』, 1883.12.20, '영국지략(英國誌略)'[各國近事]

15) 『한성순보』, 1884.9.29, '일본관비(日本官費)'[國內私報]

16) 『한성순보』, 1884.10.9, '중국상무일람표(中國商務一覽表)'[各國近事]

17) 『한성주보』, 1886.8.16, '신보론(新報論)'[私議]

18) 『한성주보』, 1887.8.1, '인도잠업(印度蠶業)'[外報]

분주했던 것이다.

'사'의 의미와 관련해서 이러한 기사들에서 주목할 것은 더 이상 사 (社)를 종묘사직의 전통적 의미와 결부하지 않고 근대적 식산흥업정책의 관점에서 이윤 창출을 목적으로 하는 통상적 조직으로서 이해하고 있다는 점이다. 특히 1884년 9월 고종이 칙령을 내려 식산흥업 추진을 국책으로 명시했고, 근대화 사업을 주도할 기관으로 기기국(機器局, 1883), 전환국(典圜局, 1883), 농무목축시험장(農務牧畜試驗場, 1884), 직조국(織造局, 1885), 전운국(轉運局, 1885), 종상소(種桑所, 1886), 조지국(造紙局, 1887), 광무국(鑛務局, 1887), 조선전보총국(朝鮮電報總局, 1887) 등을 설치하여 서양 근대 과학기술을 수용하고 관영 공장, 회사 등을 설립하도록 하였다.[19] 예를 들어 기기국에서는 청나라에서 각종 물자와 기술을 도입하여 관영 무기 공장인 기기창(機器廠, 1887)을 설립하였고, 전운국에서는 외국에서 기선을 구입하여 세곡운송 등에 직접 운영하다가 1893년에 관영기선회사인 이운사를 창설하여 일반 화물과 여객 운송으로 영업 범위를 확대하였다. 직조국은 중국에서 기술자와 직조기계를 도입하여 직물을 생산하였으며, 농무목축시험장은 보빙사 사행으로 미국에 다녀왔던 최경석(崔景錫)이 중심이 되어 미국으로부터 농기구 등을 도입하여 개설한 농장이었고, 종상소는 양잠, 제사 등을 목적으로 독일인 매르텐스(Maertens, 麥登司)를 고빙하여 설립한 곳이었다. 전기통신에서도 중국의 한성전보총국이 운영한 인천에서 서울, 의주에 이르는 서로전선에 대응해 조선 독자적으로 조선전보총국을 설립하여 서울에서 전주를 거쳐 부산에 이르는 남로전선(1888)과 춘천을 거쳐 원산에 이르는 북로전선(1891)을 개통 운영했다(오진석, 2006: 10).『순보』·『주보』에서 전면화하고 있는 근대적 관점의 경제 조직이자 상업 단체로서 사(社)는

---

19) 金泳鎬,「韓末 西洋技術의 受容」,『亞細亞硏究』11(3), 1968; 이배용,「開化期 西歐 科學技術 受容의 역사적 의미」,『省谷論叢』27(3), 1996; 홍순권,「상권수호와 식산흥업운동」,『한국사12』, 한길사, 1994.

근대화를 향한 계몽의 의지로 그 성격이 구축되고 있었던 셈이다.

'회(會)'의 경우는 어떠한가? 『순보』와 『주보』에서 회(會)는 각각 219여 건, 170여 건의 높은 빈도로 출현한다.[20] 이 중에는 조회(照會, 19건/16건), 행회(行會, 5건/7건), 지회(知會, 6건/0건), 부회(附會, 4건/1건), 회동(會同, 6건/4건) 등과 같이 '모이다'를 뜻하는 서술어로 등장하는 경우, 인명이나 직위명, 지명 등 고유명사로서 등장하는 경우, 그리고 특정 정치 단체(社會黨)를 지칭하는 경우(6건/0건) 등이 전체의 50% 정도를 차지한다. 그렇다면 '회'의 다른 용례는 어떠한가?

【 근대 정치 공론장으로서 '회(會)' 】

ㄱ. 故各國政府令全國人民特擧議員都會於政府議定法律名曰民會.

번역 정치면은 瑞西(스위스)와 프랑스만이 共和政治를 하고, 러시아와 터키는 君主專治를 하며, 기타 각국은 모두 君主와 國民이 함께 다스린다. 그렇기 때문에 <u>각국 정부는 전국 국민으로 하여금 議員을 선거하게 하여 모두 政府에 모이게 해서 法律을 議政케 하는데, 이를 民會라 한다.</u> 이는 실로 유럽의 오늘날 일대 중대사이기 때문에 각국 정부가 政務를 몇 개 局으로 나누어 局마다 宰相을 두어 맡기니, 內務宰相·外務宰相·商務宰相·軍務宰相·工務宰相 등이 모두 그것이다. 이들 재상은 모두 국사를 도와 國政을 함께 한다. 그러나 재상이 시행한 條案은 民會에 붙일 뿐이고, 시행할 정책은 한결같이 민회에서 의정한 準則대로 한다. 그렇기 때문에

---

20) 다음은 『순보』와 『주보』의 '회'의 용례를 연도별로 분류한 것이다.

구분		民會	議會	會議	會社	協會	學會	博覽會·競進會
한성 순보	1883년	5	2	7	7	2		
	1884년	6	11	23	24	5	2	4·1
	합계	11	13	30	31	9	2	5
한성 주보	1886년	5	2	19	4		1	3
	1887년			7	13		1	1
	1888년			1	2			
	합계	5	2	27	19	0	2	4

국왕이나 政府가 자기 마음대로 단독으로는 할 수 없다. (…중략…) 이로 미루어 본다면 서양의 富强은 民會에서 나온다는 말이 결코 근거 없는 말은 아니다.

— '유럽주(歐羅巴州)', 『한성순보』, 1883.11.10

ㄴ. 雖大統領或上下兩院不能干其施措也又◆乎地方政治則州郡各分爲邑又分爲村村有長及議會乃所謂村長及村會是也村內事宜與他村無干者自村長及村會與議◆措焉邑有長及議會乃所謂邑長及邑會是也邑內事宜而不可自一邑措處之自其長及州會與處處焉而洲會議員則自其地人民選任之又州長則惑自其之州會選任之邑村亦然而至於

번역 비록 大統領이나 혹 상하 양원이라 하더라도 간섭할 수 없다. 또 지방정치로 말한다면 주·군을 각각 나누어 읍으로 만들고 읍을 또 촌으로 나누어 촌마다 장과 의회를 두는데 이른바 촌장 및 촌회라는 것이 이것이다. 그리고 촌안의 사무로 다른 촌과 관계가 없는 것은 촌장 및 촌회가 함께 의논하여 조처한다. 읍에는 장과 의회를 두는데 이른바 읍장과 邑議會가 이것이다. 그리고 읍안의 사무로 一村에서 조처할 수 없는 것은 읍장 및 邑會에서 함께 의논하여 처리 조처한다. 주·군에도 장 및 의회가 있는데 이른바 州長·州會 및 郡長·郡會라는 것이 그것이다. 주·군안에 사무로 한 읍에서 조처할 수 없는 것은 그 장과 州會가 함께 의논해서 조처하되 주회의 議員은 그 지역의 사람 중에서 뽑고 또 州長은 그 지역사람 중에서 뽑거나 혹 지역의 州會에서 뽑는다. 읍과 촌도 역시 그러하다. 郡會議員은 그지역 사람 중에서 선출하여 맡기고 군장은 대통령이 임명한다. 또 각주·각군에는 반드시 司法官이 있는데 주에는 州長이 임명하고 군에는 大統領이 임명한다. 그러나 각각 그 군에 따라 알맞게 法律을 정하여 訟狀을 처리한다. 외국과의 外交와 海陸의 방비와 貨幣를 주조하는 등의 일은 중앙정부가 관리하며 그 나머지는 모두 人民會議에 맡겨 名州·名邑·名郡이 독립상태로서 주에서 하는 일이 한 나라와 같아서 독일

연방과 크게 다를 것이 없다. 그러므로 美國의 原名을 米洲聯邦(아메리카 합중국)이라고 한다. 이 원고는 完成이 아니다.

―'條約을 맺은 여러 나라의 政治 體制를 대략 기록한다',
『한성순보』, 1884.9.29(◆은 판독불가)

『순보』는 서구의 의회 제도를 소개하는 가운데[21] 민회(民會), 의회(議會), 주회(洲會), 촌회(村會) 등 근대적 회의(會議)의 다양한 유형을 보여주고 있다. ㄱ은 유럽의 지형, 위치, 풍속·정령·교화학술·기예, 정치 제도를 소개하는 가운데 유럽의 정치 제도의 특징을 '민회(民會)'로 제시하고 있다. 여기서 민회는 "전국 국민으로 하여금 議員을 선거하게 하여 모두 政府에 모이게 해서 法律을 議政케 하"는 근대적 정치 공론장으로서의 의미를 지닌다. 매년 국가 예산을 비롯한 국가의 조안(條案)이나 정책(政策)을 민회를 통해서 결정하고 매년 결산 역시 민회에 공의(公議)를 붙여 국민 전체에 고지하는 형식을 취한다는 것이다. ㄴ의 읍의회(邑議會), 주회(州會) 및 군회(郡會) 등에서 역시 선거를 통해 선출된 의원(議員)이 민의를 대신하여 중요 정책이나 안건을 결정하는 공론장의 의미로서 회(會)가 사용되고 있다.

【 자율적 결사체로서의 '會' 】

ㄱ. 今泰西各國有所謂協會者同業者相結共設一會與之熟講或我有所先覺則必以是而敎人或人有先則覺亦必以是而敎我彼我相益之方無過於是也.

> **번역** 현재 서양 각국에서는 이른바 協會라는 것이 있다. 이는 동업자들이 서로 결합하여 하나의 모임을 만들어 함께 연구 토론한다. 그래서 혹 자신이 먼저 깨닫게 되는 일이 있으면 반드시 그것을 다른 사람에게 가르쳐 주고, 혹 다른 사람 중 먼저 깨닫는 자가 있으면 그 역시

---

21) '歐米立憲政體'(各國近事)(1884.1.30), '歐米地方政治'(各國近事)(1884.2.7) 등.

나에게 가르쳐주어 피차 서로 도움이 되는 것으로, 이보다 좋은 방법이 없다. 또 한가지 일을 일으키거나 중단하려면 반드시 먼저 이 회에서 의논하기 때문에, 官吏 및 學者롭터 아래로는 노공 상인들까지도 각자의 직업에 도움되는 바가 참으로 적지 않다고 한다. 요즘 신문에 의하면 영국에는 이런 협회가 6백여 개나 있다 하는데 部門別로 보면 다음과 같다.

—'영국협회(英國協會)', 『한성순보』, 1884.8.1, [각국근사(各國近事)]

ㄴ. 余日本人士立一社日興亞既而改名亞細亞協會蓋取協力同心彼我相益以進富强之域務振起亞細亞州之大勢也夫所謂協力同心彼我相益以進富强之域非中日固交而何余往者素特此論頃見該會中會員源仲...

> **번역** 나는 매번 일본 人士가 한 단체를 만들어 興亞라고 이름하였다가 얼마 후 아시아협회라고 개명하였다 하니 대개 협력동심하여 피차가 서로 유익하게 하여 부강의 위치에 나아가 힘써 아시아 全洲의 대세를 진작하려고 하는 것이다. 무릇 협력동심하여 피차가 서로 유익하게 하여 부강하게 하려고 한다면 중국과 일본이 국교를 굳게 하지 아니하고 어떻게 하겠는가.

—'인교론(隣交論)', 『한성순보』, 1884.7.3

근대 정치적 공론장으로서 '회'의 용례를 보여준 「근대 정치 공론장으로서 '회(會)'」의 내용과 달리 위에 인용한 「자율적 결사체로서의 '會'」에 대한 것은 개인의 자유로운 참여와 공동의 협력에 의한 사회 문화적 모임이나 조직을 지칭하는 의미로 '회(會)'가 사용된 사례들이다. 위 인용문에 나타나듯이 "동업자들이 서로 결합하여 하나의 모임을 만들어 함께 연구 토론하는 모임을(ㄱ), "대개 협력동심하여 피차가 서로 유익하게" 하려는 모임(ㄴ)을 '협회(協會)'라 일컫는 것에서 알 수 있듯이 회는 학문적, 사상적 연구 토론 모임의 의미로도 사용되었던 것으로 보인다. 실제로 이러한 의미로서 1896년 6월 결설된 독립협회나 1896년 11

월 학생들의 토론 모임으로 조직된 협성회 역시 근대적 학문과 사상의 토론장으로서 '회(會)'의 기반을 닦은 사례들이다.

【 근대 경제적 조직으로서 '회(會)' 】

夫通商一款小之則爲一人之利害大之則爲一邦之得失之則國可以富强失之則民◆以◆◆◆安可不盡力就之◆三民之中農人痴工人庸不得自立惟◆士者能達時務◆◆出入而稅則定捷於貴賤而時務辨或獲資而作會或借款而.

번역 대개 通商은 적게는 한 사람의 이해가 되고, 크게는 한 나라의 득실이 되는 것이므로, 통상을 잘하면 나라가 부강하고 잘못하면 백성도 따라서 가난하게 될 것이니 어찌 힘을 다하여 통상에 매진하지 않아서야 되겠는가, 士·農·工 三民 가운데 農民은 어리석고 工人은 용렬하여 자립할 수 없지만 선비는 時務에 통달하고 出入에 밝아 稅則을 정할 수 있고 귀천에 민첩하여 시세를 판단할 수 있으니, 혹 자금을 모아 회사를 세우거나, 혹은 차관을 내어 상업을 일으키는 것이 모두 進取와 利益의 방법일 것이다

— '귀상론(歸商論)', 『한성주보』, 1886.9.20, [사의(私議)](◆은 판독불가)

위 인용문은 '회(會)'를 근대적 경제 단체의 의미로 사용하고 있는 사례에 대한 것이다. 이 기사는 일찍이 민업(民業)의 유형을 사농공상으로 구분하여 사민의 한계를 뛰어 넘지 못해 왔으나 서양 정부에서는 사민을 구분하지 않을 뿐만 아니라 입신양명에 문벌이나 적서의 차별이 없다는 점에 주목하고 "더우기 상업을 急先務로 삼아 商民을 보호하여 회사에서 자금을 빌려 준다"고 강조하고 있다. "통상(通商)은 적게는 한 사람의 이해가 되고, 크게는 한 나라의 득실이 되는 것이므로, 통상을 잘하면 나라가 부강하고 잘못하면 백성도 따라서 가난하게 될 것이니 어찌 힘을 다하여 통상에 매진하지 않아서야 되겠는가"라고 역설하면서 "진취(進取)와 이익(利益)"을 취하기 위한 방법으로서 "자금을 모아

회사를 세우"는 방법이 있다는 점을 제시하고 있다. 여기서 '회(會)'는 통상을 위한 근대적 경제 단체의 성격으로 이해되고 있는 것이다.

　이상의 사례들을 보면, 『순보』·『주보』에서는 일정한 목적에 따라 구성된 단체나 모임을 공통적으로 '회'라고 표현하고 있으며 여기에는 다양한 사람들이 공통의 목적에 따라 구성되었고 따라서 일정한 규칙이 공통적으로 작동하고 있다는 것을 알 수 있다. 사실 회(會)는 계회(契會), 계(契)와 함께 삼한 시대부터 사용된 것으로 알려져 있지만 1880년대 순보와 주보에 등장하는 회(會)는 계몽의 관점에서 수용되고 있다는 사실에 주목할 필요가 있다. 이를테면 서양의 참정권이나 민본주의의 차원이나 근대적인 경제 제도, 참여적이고 협력적인 목적을 실현하려는 서양의 근대적 제도 등을 계도하는 관점에서 '회(會)'의 용례를 수용하고 있는 것이다. 전통적인 어휘이지만 1880년대 『순보』·『주보』의 공간에서 회는 민회, 의회, 협회, 회사 등 다양한 유형의 근대적 조직이나 모임을 알려서 깨우치는 성격([啓蒙])으로 재개념화되고 있었던 셈이다.

【 '社會'의 근대적 양상과 의미 】

ㄱ. 기화라 홈은 사름마다 아는 바요 사름마다 능히 말ᄒ것마는 그 근본이 어듸로 오며 엇더케 되는 것은 아지 못ᄒ고 말노만 ᄒᄂ 쟈ㅣ 만토다. 머리를 싹그며 양복을 닙고 불란셔 모즈에 합중국 신을 신고 치마표 시계에 지권연 담비를 먹으려 싸른 집힝이에 살쪽이 양경욱을 쓰고 계뎨 업시 즈유의 권을 말ᄒ면 언필칭 독립국이라 ᄒ되 실디샹 공부가 업스면 이것은 것겁질 기화라. 슈박을 것흐로만 할틈이니 무슴 맛을 알니오. 도로혀 기화ᄒᄂ 싸에 방히가 되리니 불가불 기화의 실디를 궁구홀지라. <u>기화는 반다시 두 가지 힘을 인ᄒ야 일위나니 즈연(自然)의 힘과 샤회(社會)의 힘이라.</u> (…중략…) <u>둘지 샤회의 힘을 말홀진되 사름의 지혜가 점점 늘어가매 샤회를 니르켜스니 흔 사름의 심력으로 외로이 잇셔 싱활을 경영홈이</u>

아니라 여러 사름이 셔로 도와주며 셔로 교제ᄒ야 함게 태평ᄒ 복을 누리고자 ᄒ며 각각 명예를 취ᄒ고 지식을 널이ᄒ며 문명에 진보ᄒ기를 다토매 샤회의 힘이 크게 발ᄉᆼᄒ야 정부에셔ᄂ 정치와 법률를 곳쳐 샤회샹에 평화ᄒᆯ 방침을 시ᄒᆼᄒ며 신하와 ᄇᆞᆨ셩은 각기 ᄌᆞ긔 직분을 힘서 나라마다 융셩ᄒ기를 도모ᄒᆞᆷ이라. 사름의 ᄉᆼ각ᄒᄂ 힘이 적으면 지력이 부ᄌᆃᄒ고 지력이 부ᄌᆃᄒ면 ᄉᆼ활ᄒᄂ 슐업이 훙치 못ᄒ고 슐업이 훙치 못ᄒ면 샤회샹에 진보가 될 수 업고 사름의 예비ᄒᄂ 심력이 업스면 다만 목전에 리익만 ᄉᆼ각ᄒ고 일후에 랑ᄑᆡ됨을 보지 못ᄂ니 엇던 쟝ᄉ가 챠를 풀 째에 버드나무 입ᄒᆞᆯ 셕고 간식ᄒᄂ 물픔과 파ᄂ 물픔이 셔로 ᄀᆞᆺ지 아니ᄒ야 일후에 손해가 됨을 모로ᄂ 것 ᄀᆞᆺᄒᆞᆫ지라. 그런즉 사름마다 예비심과 신의 심이 잇셔 무슴 쟝ᄉ든지 무슴 ᄒ업을 경영ᄒ든지 뉘게 가셔 고용을 ᄒ든지 ᄒᆞᆼ샹 신의를 쥬쟝ᄒ여 ᄉᆼ업을 훙왕케 ᄒᄂ 것이 샤회샹에 긴요ᄒᆫ 힘이라. 현금 대한국이 긔왕 외국과 통샹을 시쟉ᄒᆞ엿스니 외양으로 긔화를 모본ᄒᆯ 것이 아니라 춤으로 ᄌᆞ연력과 샤회력을 궁구ᄒ야 아모죠록 문명에 진보ᄒ기를 ᄉᆼ각ᄒ시오.

—『독립신문』, 1899.9.5

ㄴ. 此 三勢力이 人類 刺撃ᄒ기를 時로 顯著ᄒᆫ 威勢를 作ᄒ기도 ᄒ고 時로 墮落ᄒ야 不現ᄒ기도 ᄒ고 或 可驚ᄒᆫ 速力으로 來ᄒ기도 ᄒ고 或 寂然ᄒ야 運動을 停止ᄒ기도 ᄒ고 或 此地方에 隆盛도 極케 ᄒ야 他地方에 衰弱을 ᄆᆞᆯᄒ기도 ᄒ야 撃石火도 ᄀᆞᆺ치 閃電光도 ᄀᆞᆺ치 浩浩焉 冥冥焉ᄒ야 變化를 莫測이라. 國家 此에 依ᄒ야 興亡ᄒ고 社會 此에 因ᄒ야 隆替ᄒ야 天覆地載에 血氣가 苟有ᄒᆫ 者ᄂ 其化를 蒙치 아니ᄒᆞᆷ이 업ᄃᆞ ᄒ오. 故로 三 勢力의 張弛開闔과 潛運默移에 注目揣摩ᄒ야 利케 ᄒᄂ 時ᄂ 人類 發達ᄒ며 社會 進步ᄒ야 一國이 無限 隆盛에 趍ᄒ고 惡케 ᄒ야 不利ᄒᆫ 時ᄂ 人類 窮困ᄒ며 社會 退步ᄒ야 一國이 無限 衰頹에 傾ᄒᄂ니 於此에 野蠻族과 開化國의 區別이 自判ᄒ오. (…中略…) 社會의 勢力: (…前略…) 사람은 一人이 獨步孤

立ᄒ야 生活홈이 아니라 衆多人이 往來 交際ᄒ고 相待相助ᄒ야 利益 幸福을 共享ᄒᄂ 바ㅣ라. 故로 幼少時로 成長ᄒ기ᄭ지 社會 交際가 업시면 禽獸와 ᄀᆺ치 다만 食物이나 撰ᄒ며 身體나 護ᄒᄂ 本能의 力은 非常히 發達ᄒ야 强壯ᄒ나 言語 思想 推理의 心力과 道德의 觀念과 社會의 情感 等事ᄂ 毫末도 禽獸보덤 高尙處 업ᄃ ᄒ오. 故로 兩親의 喜怒와 敎師의 呵讚과 朋友의 親疎와 土地 風俗 習慣 等形 見觸에 그 氣質을 構成ᄒᄂ니 周圍 事物 接觸에 由ᄒ야 構成ᄒ 바 心性氣質이 其初에ᄂ 微弱ᄒ나 數年 數世 相傳ᄒ면 漸漸 强大ᄒ야 一國民 固有의 氣質을 確立ᄒ오.

번역 이 세 가지 세력(자연, 사회, 개인-인용자)이 인류를 자극하기를 때로 현저한 위세를 떨치기도 하고 때로 타락하여 나타나지 않기도 하고 혹 가경한 속력으로 오기도 하고 혹 고요하여 운동을 정지하기도 하고 혹 다른 지방에 융성이 극에 달아 다른 지방의 쇠약을 가져오기도 하여 번갯불이나 부싯돌같이 밝기도 어둡기도 하여 변화를 예측하기 어렵더라. 국가가 이에 기대어 흥망하고 사회도 이로 인하여 교체하여 세상의 격변(天覆地載)에 혈기가 충만한 이는 그 변화를 꿈꾸지 아니함이 없다 하오. 고로 세 세력의 변화에 주목하고 갈고 닦아 이롭게 하는 때는 인류 발달하며 사회 진보하여 한 나라가 무한 융성을 달리도록 하고 해롭게 하여 불리한 때는 인류가 궁곤(窮困)하여 사회 퇴보하여 한 나라가 무한 쇠퇴에 이르나니 여기서 야만족과 개화국의 구별이 스스로 분명해지오. (…중략…)

사회의 세력: 사람은 혼자서 고립하여 생활하는 것이 아니라 여러 사람이 오고 가며 교제하고 서로 기다리고 서로 도와 이익 행복을 누리는 바라. 고로 어릴 때 성장하기까지 사회 교제가 없으면 짐승과 같이 다만 먹을거리나 고르며 신체나 보호하는 본능의 힘은 비상히 발달하여 강하고 건장하나 언어 사상 추리의 심력과 도덕의 관념과 사회의 정감 등사는 조금도 짐승보다 고상한 곳이 없다 하오. 고로 주위 사물을 말미암아 구성한 바 심성기질이 처음에는 미약하나 수년 수네 전하면 점점 강대하여 한나라

고유의 기질을 확립하오.

—원응상, '開化의 三原力', 『친목회회보』 제6호

'사회'라는 용어는 개항 이후 일본의 교육 실태에 대한 최초의 보고
서로 일본 문부성의 연혁과 학제를 체계적으로 소개한(허재영, 2013:
524) 조준영의 『문부성 소할 목록』(1881)에 등장한 바 있다. 이 목록에
'대학 법리문학부' '교과세목' 가운데 '철학' 교과의 4학년 참고서 명칭
으로 『原民 社會論 及 太古 人類史』(低洛伊 著), '정치학' 교과목으로 『古
代社會論』(默兒干 著)에 출현했다.22) 이 서적 및 교과서류가 국내에 유입
되었는지는 확인하기 어렵지만 시찰단이 사회나 사회론이라는 근대적
지식과 학문에 영향을 받았을 가능성은 높다. 뿐만 아니라 일본 유학생
들 중에 '法律科 參考의 社會, 論理 等 學을 藉因 考徵'했다는 보고들을
통해서도 사회 용어의 유통에 대해 추론할 수 있다.

또한 ㄱ에 "한 스룸의 심력으로 외로이 잇셔 싱활을 경영흠이 아니라
여러 사룸이 셔로 도와주며 셔로 교제호야 함께 태평혼 복을 누리고자
호며 각각 명예를 취호고 지식을 널이호며 문명에 진보호기를"라고 강

---

22) 조사시찰단(속칭 신사유람단)은 1881년 4월 초부터 윤 7월까지 4개월여에 걸쳐 일본의
문물 제도를 시찰한 사행단(使行團)을 말한다. 이 시찰단은 총 64명으로, 12명의 조사(朝
士), 27명의 隨員, 10명의 通事, 13명의 下人, 2명의 일본인 통역으로 구성되었다. 당시
조사(朝使)로는 강문형(姜文馨: 1831~?), 김용원(金鏞元: 1842~?), 민종묵(閔種黙: 1835~
1916), 박정양(朴定陽: 1841~1904), 심상학(沈相學: 1845~?), 어윤중(魚允中: 1848~1896),
엄세영(嚴世永: 1831~1899), 조병직(趙秉稷: 1833~?), 조준영(趙準永: 1883~1886), 이원
회(李元會: 1827~?), 이헌영(李金憲永: 1835~1907), 홍영식(洪英植: 1855~1884)이 참여했
으며, 수원(隨員)으로는 관비 유학생 신분의 유길준(兪吉濬), 윤치호(尹致昊), 유정수(柳正
秀)가 참여했다. 기타 수행원은 조사들과의 사적 관계에 따라 발탁된 양반 출신의 미출사
자 또는 도일 경력이나 실무 능력을 인정받아 선발된 하위직 관리나 중인으로 구성되었
다. 이때 조사들의 임무는 일본의 실정 전반 즉 "朝廷議論·局勢形便·風俗人物·交聘通商"
의 상탐보고에 있었으며, 개별적으로 별도의 임무를 부여받았는데, 내무부(內務省)는 박
정양, 문부성(文部省)은 조준영, 사법성(司法省)은 엄세영, 공부성(工部省)은 강문형, 외무
성(外務省)은 심상학, 육군성(陸軍省)은 홍영식, 대장성(大藏省)은 어윤중, 세관(稅關)은
이헌영·조병직·민종묵, 육군조련은 이원희, 기선 운항은 김용원이 담당하였다. 이에 관
한 자세한 내용은 허재영(2013) 참조.

조하면서 여러 사람이 문명 진보를 갈망할수록 "샤회의 힘이 크게 발ㅅ
ᅵᆼ"한다고 보고 있다. 따라서 사회의 발전을 위해서 "정부에서는 정치와
법률를 곳쳐 샤회상에 평화홀 방침을 시힝"하도록 재촉하고 있는 것이
다. 왜냐하면 "대한국이 긔왕 외국과 통상을 시쟉ᄒ엿스니 외양으로
긔화를 모본홀 것이 아니라 춤으로 ᄌ연력과 샤회력을 궁구ᄒ야 아모
죠록 문명에 진보ᄒ기를 싱각ᄒ시오."와 같이 사회력을 강화해야만 문
명 진보를 이룰 수 있기 때문이다. 사회가 문명이나 진보와 개념적으로
연대함으로써 사회력은 국가의 문명 개화를 위한 핵심적인 요소로 간
주된다. 그에 따라 ㄴ에서 강조하고 있는 것처럼 국가가 문명 개화를
성취하기 위해서는 사회가 심력을 키워야 하며 사회 심력의 가장 중요
한 요소로 '사고력(思考力), 예비심(豫備心), 협합심(協合心), 억정심(抑情
心), 호기심(好奇心), 자유심(自由心)' 등이 긴절하게 요구되는 것이다.

　이와 관련하여 『순보』·『주보』등에서 '사회'는 국가와 관련된 어떤 공
간을 가리키는지 살펴보기로 한다. 사람들의 주요 활동 공간을 지칭하
는 어휘로서 '국가'('나라', '방방곡곡' 등 포함) 외에 사회 역시 유사한 맥
락에서 사용되고 있다. 순보 주보에서 이 용어가 통용되는 사례를 정리
하면 『순보』와 『주보』에서 각각 14건, 5건이다.[23]

---

23) 한국언론재단 검색 서비스를 이용하면 『순보』의 경우 15건으로 나온다. 「越南三宣副提督
　　雄威大將軍劉永福致法蘭西水師提督孤拔書」 기사가 1884년 2월 7일자와 1884년 2월 8일자
　　두 건이다. 그러나 본문 내용과 음력 일자(1884년 01월 11일＝甲申 一月 十一日), 기사
　　위치(16면~18면)으로 같고 다만 양력 일자만 1884년 02월 07일(西歷 一千八百八十四年
　　二月 七日)과 1884년 02월 08일(西歷 一千八百八十四年 二月 七日)로서 둘 중의 하나는
　　오기인 것으로 보인다. 여기서는 1884년부터 매월 7일, 17일, 27일에 발간된 것으로 보아
　　1884년 2월 7일자가 옳은 것으로 보고 이것을 정본으로 삼았다.

【 『한성순보』 '사회' 관련 기사 】

일자	호	기사 제목	기사 유형	어휘
1883.10.31	제1호	西班牙國內亂	各國近事	社會黨
1883.11.10	제2호	毆羅巴洲	各國近事	국민들이 하는 행동이 社會에 해를 끼치지 않으면
1883.11.20	제3호	白耳義國與合衆國互還犯公罪人條約新成	各國近事	社會黨
1883.11.20	제3호	法國社會黨魁被流刑	各國近事	프랑스 社會黨이 內亂을 일으키려다가 사전에 발각되어
1883.11.20	제3호	毆洲社會黨	各國近事	유럽의 社會黨은 어느 나라에나 다 있는데, 독일 프랑스 두 나라가 가장 많다.
1883.11.20	제3호	會社說		회사의 개념, 회사 규약 5조항
1884.02.07	제11호	越南三宣副提督雄威大將軍劉永福致法蘭西水師提督孤拔書	各國近事	너희 나라는 그래도 어떻게 歐洲 사회에 낯을 내놓을 수 있겠느냐.
1884.02.17	제12호	泰西運輸論	論說	運輸術의 사회에 공헌함이여. 만일 사회에 운수의 편리함이 없다고 한다면, 사회의 독점적인 훌륭함을 이루어. 국가는 이것으로써 부강해지고 민족은 이것으로써 안락해지니, 이것이 운수의 사회에 공헌함이 아니냐.
1884.02.27	제13호	泰西運輸論 續稿	論說	서양의 교통 수단; 사회 질서가 변경되고 마침내 봉건제도까지 붕괴되었다.
1884.03.18	제15호	法國誌略	各國近事	지금의 소위 사회당 및 호국당은 모두 사람이 결합한 것이다.
1884.04.06	제17호	論保命局	論說	보험국에 대한 논설; 어떤 이는 죽은 뒤에 가족들의 어려움을 면할 수도 있으며 어떤 이는 늙어서 곤궁함을 면할 수 있으니 사회에 이익됨이 어찌 적다고 하겠는가.
1884.08.11	제30호	歷覽英國鐵廠記畧 續前卷	各國近事	영국 무기 제조
1884.08.11	제30호	伊國誌畧	各國近事	이탈리아; 당파를 하는 자들이 서로 죽여 없애길 꾀하다 보니 정부와 사회가 다같이 소란했다.
1884.09.19	제34호	條約諸國政體記略	國內私報	우리나라와 조약을 맺은 나라의 정치 체제

【 『한성주보』 '사회' 관련 기사 】

일자	호	제목	유형	사용 사례
1886.03.01		日本交詢社	外報	일본 東京에 이른바 交詢社라는 것이 있다. (…중략…) 작년 1년 동안 該社會員으로서 새로운 것을 깨달은 것이 모두 3천5백14條나 된다고 한다.
1886.04.26		英京民亂	外報	무뢰배들을 조사하니 3분의 2는 궁민들이었고 3분의 1은 사회당이었다.
1886.09.06		統計說	私議	
1887.04.11		歐洲兵備	外報	현재 벨기에와 스위스 두 나라의 정부 및 군인과 사회는 모두 모든 일에 사전에 만반의 준비를 하고 있다.
1888.01.30		海運會社	外報	프랑스 수도와 이탈리아 오스트리아 튀니지, 스리랑카, 말레이시아, 코스타리카, 로마니아(多斯徠 伊魯) 등 지역 사회는 반드시 5일에 도착하고

『한성순보』'사회' 관련 기사와『한성주보』'사회' 관련 기사를 통해 '사회'라는 개념이 사용된 용례를 보면 사회가 '사회당'과 같이 특정한 현상으로서 정치적 성격의 단체를 지칭하는 의미로도 언급되지만, 용례의 대다수는 단체(조직, 모임)의 의미로서 '사회'가 차지한다. 이와 같이 단체(조직, 모임)로서의 '사회'는 농, 공, 상업을 목적으로 하는 회사(會社)와 같은 용례로서 알 수 있듯이 특정한 목적을 지닌 단체뿐만 아니라 '社會란 人類가 互相 結合혼 一個 團體'라는 일반적 단체로서의 의미까지 다양하고 포괄적이다. 흥미로운 것은 '人類가 互相 結合혼 一個 團體'로서 사회를 조직해야 필요성을 언급하는 부분들이다. 이를테면 "萬若 人類가 社會를 不成ᄒ고 獨力으로 事業을 執ᄒ면 畢竟 野蠻을 不免"하는 식의 사회=문명, 독력=야만의 공식을 근거로 삼고 있는 것이다. '사회'란 '未開國의 可憐혼 狀態'를 벗어나기 위해 국가가 반드시 허용해야 하는 요소이다. 사회가 없으면 미개이고, 사회가 있으면 문명이라는 담론을 통해 사회는 문명, 개화와 연합된다.

19세기 말 사회 개념의 인식과 관련해서 특징적인 것은 민(백성, 인민이나 국민)과 국가 사이에 혹은 나라를 구성하는 공간, 정부와 백성 사이에 어떤 공간을 인식하고 있다는 점이다. 순보와 주보 이후 '사회' 개념은 회사를 비롯하여 다른 여타의 집단들 즉 군대, 조합과도 같은 특정한 모임을 포함하는 단체의 의미를 통용되다가 문명이나 개화 담론과 결합하여 사회 경쟁이나 사회 진화 등의 계몽 담론과 연동되는 개념으로 토대를 형성해 가고 있었다.

4. 개인과 사회, 국가와 관계 맺는 방식

4.1. 국가 개념의 근대적 전환

19세기 후반 전통적인 의미의 회(會)나 사(社)가 공공의 목적과 이익을 지향하는 근대적 의미를 획득하게 되었다. '청년 사회', '부인 사회(夫人社會)',[24] '학자사회(學者社會)',[25] '귀족 사회', '양반 사회', '평민 사회', '노동 사회' 등이 그 예이다. 1905년을 전후해서 사회는 개인과 구별되어 '長存不壞ㅎ는 者'(아와 사회의 관계)라는 의미나 가정-학교-사회[26] 등의 계열 범주에 설정되면서 특정한 공간이라는 근대적 용법으로 진화했다.

그런데 이 시기 '사회'의 부상도 중요하지만 사회를 개인이나 국가와의 관계 속에서 파악하려고 했다는 사실을 주목할 필요가 있다. 근대지식과 학문의 장에서 사회 개념의 독립적인 등장도 중요했지만 "家庭

---

24) (논설)「論 大韓夫人會의 創起」,『황성신문』, 1905.8.14.
25) (논설)「論 大韓夫人會의 創起」,『황성신문』, 1905.8.14.
26) "大抵 敎育의 成始成終은 曰 家庭敎育, 曰 學校敎育, 曰 社會敎育인딕 家庭敎育이 尤是根本이라 家庭敎育은 須是爲人父母者의 學識이 有ㅎ야 子弟敎育의 方法을 知了흔 然後에야 幼穉흔 兒童의 知識이 萌芽흘 時에 開導ㅎ고 培養ㅎ는 方向이 不差흘지어늘 今에 婚娶의 太早로 以ㅎ야 爲人父母의 道理를 不知ㅎ는 者가 子女를 養育ㅎ니 엇지 家庭敎育의 根本이 有ㅎ리오 家庭敎育의 根本이 無흔 즉 學校敎育과 社會敎育이 扞格難入의 患이 有흠을 不免흘지니 此는 早婚의 弊害로 由ㅎ야 國民의 敎育이 墮落ㅎ는 바오"((논설)「조혼의 폐해를 통론함」,『황성신문』, 1909.9.3).

과 社會와 國家의 無窮한 福祉"[27)]와 같이 사회를 개인이나 가정, 국가와 연대하는 논리가 담론장을 주도했다. 다시 말해 개인과 사회가 상관관계를 이루어 근대적 계몽 주체로서 근대 국가로 진화해간다는 유기체적 시각을 구현하고 있는 셈이다. 개인과 사회에 대한 계몽적, 관계적 인식은 국가의 생존과 안위를 보장하는 장치로 기능했던 것이다. 이러한 인식에는 블룬칠리(J. C. Bluntschli)의 근대 국제법(Das moderne Völkerrecht)의 漢譯版인 『公法會通』(1896)과 양계초의 저술의 영향이 크다(전봉덕, 1984). 『公法會通』은 블룬칠리의 유기체 국가론을 바탕으로 기술된 것이며, 유길준 역시 불룬출리의 유기체 국가론을 『정치학』(1906)에 소개했다. 양계초는 1898년 12월 이후 일본에 망명하여 근대 자연법사상, 공리주의, 사회진화론 등 서양의 근대 사상을 접하며 유기체 국가론의 지평을 넓혔다. 이러한 국가유기체론은 국가의 인적 요소로서 국민과 자연적 구성 요소로 국토를 가지는 근대적 국가 개념을 수용하는 데 기여했다.

【 '국가(國家)'의 용례들 】

ㄱ. ...君主之國皆世襲其地位惟合衆共和爲政體則...

> **번역** 上院은 일명 元老議員인데, 君民同治를 政治體制로 삼는 나라의 경우는 왕족이나 貴族이 그 의원이 되고, 合衆共和를 정치체제로 삼는 나라는 학식과 덕망이 높고 오랫동아 政務에 근속한 사람이 그 의원이 되는데, 그 의장은 下院에서 선거하는 예와 한가지다. 그리고 君主國家는 모두 그 직위를 世襲하는데, 오직 합중공화를 정치체제로 삼는 국가는 본디 세습하는 예가 없기 때문에 大統領이 그를 대신하되, 任職에는 역시 연한이 있다.

—'歐米立憲政體', 『漢城旬報』, 1884.1.30

---

27) (논설)「조혼의 폐해를 통론함」, 『황성신문』, 1909.9.3.

ㄴ. ...通商各國皆結有條約者有公法相與尊循而不敢...

번역 대개 5洲 人民이 서로 무역을 통하는 것으로 근본을 삼고 戰爭을 능사로 삼아 千百代의 변화를 열고 千百國의 紛爭을 자아내지 않으이 없으니 至正 至中한 約條로써 천하에 信義를 세우지 않거나 不便 不倚한 法으로써 천하의 公平을 행하지 않는다면 백성이 생존하고 國家가 保存될 방법이 없다. 그러므로 通商하는 各國들이 모두 條約을 체결하고 公法을 제정하여 감히 어기지 않고 준수하여야 大小國이 유지되고 권리가 서로 균등하게 되는 것이니 이는 바로 條約의 뜻과 公法의 힘을 입어 5洲의 모든 나라들이 모두 干戈 대신 禮物을 사용하여 스스로 太平을 이룩하고 영원한 友邦으로 敦睦을 할 수 있는 것이다.

―'論西日條約改證案', 『한성주보』, 1886.5.24

ㄷ. 凡事가 必須를 因ᄒ야 成흠은 萬象의 定則이라. 國家ᄂ 吾 人生息의 所在니 何에 必須를 因ᄒ야 成ᄒ며 政治ᄂ 吾人 安危의 所係니 何에 必須를 由ᄒ야 設ᄒ리오, 그 原理를 不究ᄒ면 與ᄒ야 國事를 可論치 못흘지니 講컨딘 政治學을 據ᄒ야 國家의 定義를 說ᄒ노라.

自古로 國이라 稱ᄒ며 國家라 稱ᄒ며 天下라 稱ᄒᄂ 者ᄂ 그 所指가 各異흔지라. 近世에 西學이 東漸ᄒ야 社會의 說이 乃有ᄒ니 社會ᄂ 人人이 集合ᄒ야 協力 分勞者의 所有를 謂흠이니 그 所指ᄂ 事를 專以ᄒ야 爲主ᄒ고 國이라 稱ᄒᄂ 者ᄂ 境域을 以ᄒ야 爲主ᄒ고 人民을 專指치 아니흠이요, 國家라 稱ᄒᄂ 者ᄂ 土地와 人民을 倂稱흔 거시니 卽 一定의 地에 生息ᄒ야 協力 分勞者를 有ᄒ이요, 天下라 稱ᄒᄂ 者ᄂ 昔時에 當ᄒ야 一國을 指ᄒ야 言言이요 近世에 至흔즉 世界 萬國을 擧ᄒ야 稱흠이라. 然이나 文勢와 詞調에 由ᄒ야 社會라 稱ᄒ며 國이라 稱ᄒ며 天下라 稱ᄒ야 國家의 義를 立흠은 舊慣通用을 因ᄒ야 然흔 거시오, 實은 正義에 殆非흔지라. 抑 國家의 完全ᄒᄂ 者ᄂ 土地에 境界가 有ᄒ며 居住에 定所가 有ᄒ며 庶民이 制度가 有ᄒ며 主權이 自主가 有ᄒ리니 四者에 缺一ᄒ면 可히 獨立 完全의

國이라 難稱홀 거시라

번역 모든 일이 반드시 이유로써 이루어짐은 만물의 법칙이라. 국가는 우리 생존의 소재니 어떠한 이유 때문이며 정치는 우리 안위의 관계니 어떠한 이유로 말할 수 있는가. 그 원리를 연구하지 않으면 더불어 국사를 논하지 못할지니 강의하건대 정치학을 근거로 하여 국가의 정의를 말하노라.

자고로 국(國)이라 칭하며 국가(國家)라 칭하며 천하(天下)라 칭하는 것은 그 가리키는 바가 서로 다른지라 (…중략…) 국이라 칭하는 것은 영역을 위주로 하고 오직 인민을 가리키지 아니함이요, 국가라 칭하는 것은 토지와 인민을 함께 칭하는 것이니 즉 일정한 땅에 살아 숨쉬며 협력 노동을 갖는 것이요. 천하라 칭하는 것은 옛날에 즈음하여 한 나라를 가리켰으나 최근에는 세계 여러 나라를 가리키는 것을 칭함이라 (…중략…) 완전한 국가란 토지로 경계를 지으며 거주에 정소가 분명하며 서민에게 제도가 있으며 주권이 스스로 주인이어야 하니 이 네 가지에서 어느 한 가지라도 부족하면 완전 독립 국가라고 칭하기 어렵다

—金基璋, '政治本原', 『친목회회보』 제4호, 1896.12.15

ㄹ. 國家學은 國家의 原理와 其進化의 狀然 及 關係를 研究ᄒᆞᄂᆞᆫ 學問이라. 帝國이 自來로 聖君이 繼作ᄒᆞ사 仁政主義를 用ᄒᆞ야 全國이 混然ᄒᆞᆫ 道德 範圍內에 在ᄒᆞ엿다가 今에ᄂᆞᆫ 時勢 一變ᄒᆞ야 社會 現狀의 諸般 關係가 日益 複雜ᄒᆞ니 吾人은 此를 隨ᄒᆞ야 研究를 加홀 必要가 生ᄒᆞ도다. 然而 我一般 人民의 國家思想이 尙히 缺乏홈은 述者의 憾恨(감한)ᄒᆞᄂᆞᆫ 바어니와 此亦無惑ᄒᆞ노니 人이 金玉의 貴重品됨을 不知ᄒᆞ면 此를 貴重히 홀 思想이 無홀 바와 如이 吾一般 人民의 國家思想이 缺乏홈은 國家의 何物됨을 不知ᄒᆞᆫ 所以라. 然則 國家學을 研究홈이 엇지 一層 緊急홈이 아니리오. 故로 玆에 我一般 緊急 必要에 供ᄒᆞ기 爲ᄒᆞ야 此書를 編述호ᄃᆡ 數年前 獨逸 [하이를벨우] 大學 敎授 에리쓰구 氏의 學論을 基本ᄒᆞ고 日本 法學家 南弘 氏 譯文과

其他 多數 學說을 參考ᄒ야 全編을 七章에 分ᄒ야 第一章 國家의 定義, 第二章 國家의 本質, 第三章 國家를 是認홈에 關한 學說, 第四章 國家의 成立及 消滅, 第五章 歷史的 國家의 主要한 體容, 第六章 國家의 種類, 第七章國家 及 法律 制度로 次第 編述ᄒ노라 (…중략…) 國家라 홈은 一定한 人民과 土地를 根據로 ᄒ야 固有한 統治權을 行ᄒᄂ 主体로 其成立이 確固한者를 謂홈이라

번역 국가학은 국가의 원리와 그 진화하는 상태와 관계를 연구하는 학문이다. 제국이 예로부터 성군이 이어 만들어 인정주의를 활용하여 전국이 혼연한 도덕 범위내에 있었다가 오늘날에는 시세가 변하여 사회 현상의 모든 관계가 날마다 복잡해지니 우리는 이를 따라 연구를 더해야 할 필요가 생기는도다. 그리하여 우리 일반 인민의 국가 사상이 결핍한 것이 저술자(述者)가 원망하는 바이어니와 또한 의심할 여지 없으니 사람이 금옥의 귀중함을 알지 못하면 이를 귀중히 할 사상이 없는 것과 같이 우리 일반 인민의 국가 사상이 부족함은 국가가 무엇인지를 알지 못한 까닭이라. 그러한즉 국가학을 연구함이 엇지 한층 긴급하지 아니하리요. 따라서 이에 우리의 긴급한 필요에 제공하기 우해여 이 책을 편술하되 수년 전 독일 [하이를벨우] 대학 교수 에리쓰구 씨의 학론을 기본으로 하고 일본 법률가 남홍 씨의 번역문과 기타 다수의 학설을 참고하여 전체 내용을 7장으로 구분하여 제1장 국가의 정의, 제2장 국가의 본질, 제3장 국가를 인정함에 관한 학설, 제4장 국가의 성립과 소멸, 제5장 역사적 국가의 주요한 모습(體容), 제6장 국가의 종류, 제7장 국가와 법률 제도로 순서대로 편술하였다. (…중략…) 국가라 하는 것은 일정한 인민과 토지를 근거로 하여 고유한 통치권을 행하는 주체로 그 성립이 확고한 것을 가리킨다

—李覺鍾, '國家學',28) 『소년한반도』 제2호, 1906

---

28) 이 논문은 독일의 에리쓰구(하이델베르크 대학 교수로 보임), 일본 법학가 南弘(미상)

ㅁ. 國家ᄂᆞᆫ 土地와 人民으로써 成立ᄒᆞᆫ 者ㅣ니 但, 土地만 有ᄒᆞ고 人民이 無ᄒᆞ면 國家라 稱ᄒᆞ기 不得ᄒᆞ며 人民만 有ᄒᆞ고 土地가 無ᄒᆞ야도 亦國家라 稱ᄒᆞ기 不能ᄒᆞ리니 土地와 人民이 具有ᄒᆞᆫ 然後에 國家라 始稱ᄒᆞᆯ지라 然ᄒᆞ나 국가의 體ᄂᆞᆫ 君主國體나 共和國體나 何에 依ᄒᆞ던지 그 統治主權의 下에 必政府를 設立ᄒᆞ고 法律을 制定ᄒᆞ야 上下秩序가 井然不紊ᄒᆞ여야 完全한 國家의 地位를 占有ᄒᆞ나니

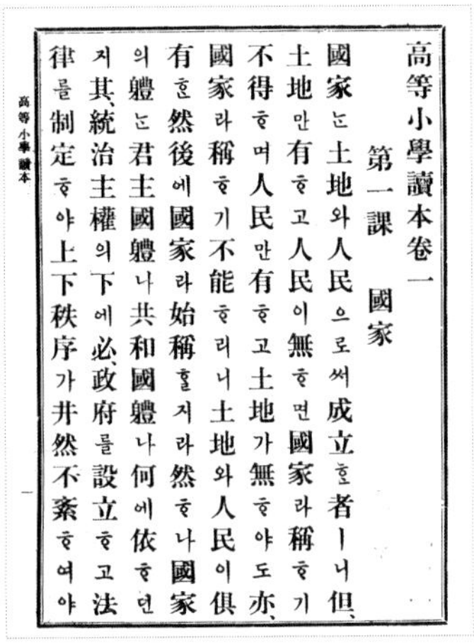
高等小學讀本卷一
第一課　國家
國家ᄂᆞᆫ土地와人民으로써成立ᄒᆞᆫ者ㅣ니但土地만有ᄒᆞ고人民이無ᄒᆞ면國家라稱ᄒᆞ기不得ᄒᆞ며人民만有ᄒᆞ고土地가無ᄒᆞ야도亦國家라稱ᄒᆞ기不能ᄒᆞ리니土地와人民이俱有ᄒᆞᆫ然後에國家라始稱ᄒᆞᆯ지라然ᄒᆞ나國家의體ᄂᆞᆫ君主國體나共和國體나何에依ᄒᆞ던지其統治主權의下에必政府를設立ᄒᆞ고法律를制定ᄒᆞ야上下秩序가井然不紊ᄒᆞ여야

高等小學讀本　一

〈그림 3〉「제1과 國家」(휘문의숙편집국, 『고등소학독본』, 1906)

번역 국가는 토지와 인민으로써 성립한 것이니 단지 토지만 있고 인민이 없으면 국가라 부르기 어려우며, 인민만 있고 토지가 없어도 또한 국가라 칭하기 어려우니 토지와 국민이 모두 존재한 연후에야 비로소 국가라 부를 수 있다. 그리하여 국가의 체제는 군주국 체나 공화국 체나 무엇에 의하든지 그 통치 주권의 아래에 반드시 정부를 설립하고 법률을 제정하여 상하 질서가 정연하고 문란하지 않아야 완전한 국가의 지위를 차지한다.

—휘문의숙편집국, '제1과 國家', 『고등소학독본』, 1906

위 자료들은 1880년대부터 1900년대에 이르는 20여 년 간의 시차를 두고 등장한 '국가(國家)'의 용례들이다. ㄱ은 아직 국가가 통치 조직이나 조정을 의미하는 의미로서의 국가 개념과 입헌정치나 합중공화라는 당시 조선으로서는 생소한 개념과 연관되는 국가 개념이 함께 등장하고 있다. 대통령, 상하의원 등의 용어와 함께 사용되고 있는 후자의 국가 개념이 근대적 이해나 감각에 기초한 개념은 아닐 수 있다. 그러나

역문을 바탕으로 7장으로 나누어 편술한 이론서를 번역한 것임.

중국, 조선과 달리 서구에서는 군주 중심의 국가 체제와는 다른 조직과 요소로 구성되는 국가 개념이 형성되고 있다는 사실을 인식하고 있다는 점을 주목할 필요가 있다. ㄴ은 국가가 보존되기 위해서는 각국이 조약을 체결하고 공법을 제정하여 국가의 권리가 유지될 수 있다는 보고 있다. 각국이 조약과 법을 제정하는 것은 국가간의 "권리가 서로 균등하게 되"도록 평등권을 사용할 수 있다고 주장함으로써 국가는 주권을 기초로 성립된다는 초보적 인식을 보여주고 있다. 조선에서 국가 개념은 일본에서 독일계 국법학에 등장하는 국가를 '국가'로 번역하는 과정에서 시작되어 국가 유기체설의 확산과 함께 일본에 먼저 정착되었으며 이것이 양계초와 유길준을 통해 청과 한국에 전파되는 방식으로 진행되었다(김성배, 2012: 18). 이 과정에서 서양의 주권국가, 국민국가 개념이 전파되어 근대 국가의 요소로 영토, 주권, 국민 등이 강조되었다. ㄷ에서 "國家의 完全ㅎ는 者는 土地에 境界가 有ㅎ며 居住에 定所가 有ㅎ며 庶民이 制度가 有ㅎ며 主權이 自主가 有ㅎ리니 四者에 缺一ㅎ면 可히 獨立 完全의 國이라 難稱ㅎ을 거시라" 등과 같이 '독립 완전 국가'를 위한 조건으로 '국가의 요소'를 설정함으로써 국가라는 개념을 완성해 가는 논리가 등장했다. 이와 같은 방식은 1900년대 초까지 비교적 체계적인 국가론을 도출한다. ㄹ은 시리즈로 기획된 국가론 연재물의 일부이다. 이 학술 논문 성격의 기사는 "獨逸 [하이를벨우] 大學 敎授 에리쓰구 氏의 學論을 基本ㅎ고 日本 法學家 南弘 氏 譯文과 其他 多數 學說을 參考ㅎ야" 작성한 것으로서 "吾一般 人民의 國家思想이 缺乏"하여 "國家의 何物됨을 不知ㅎ 所以"라고 판단하여 "然則 國家學을 硏究"하기로 했다는 것으로 목적을 제시했다. 이 연재 기획물은 "第一章 國家의 定義, 第二章 國家의 本質, 第三章 國家를 是認ㅎ에 關ㅎ 學說, 第四章 國家의 成立 及 消滅, 第五章 歷史的 國家의 主要ㅎ 體容, 第六章 國家의 種類, 第七章 國家 及 法律 制度" 등으로 국가학 이론을 기술하여 계몽의 관점에서 근대 국가라는 개념을 형성하고 있다.

ㅁ은 비슷한 시기 교육용 교재인 고등소학독본에 수록된 '국가' 관련 내용이다. 이 교과서 역시 제1과 '국가' 단원에 이어 제2과를 '인민' 단원으로 편성하여 근대 주권 국가이자 국민 국가를 건설하려 했던 계몽기 국가 담론을 보여준다. 근대적 국가란 '인민, 토지'를 구비함으로써 성립되고, 통치주권에 기초한 정부와 법률을 제정함으로써 비로소 국가의 틀(體)과 지위(地位)가 완비된다는 교과서의 논리는 이제 국가학의 자명한 공식이 되었다. 따라서 적어도 1900년대 초반에 이르면 국가라는 말의 사용과 관계 없이 조선에서 근대 국가 개념이 확립되고 있다고 보아도 무방하다.[29]

흥미로운 것은 국가를 구성하는 요소로 인민을 인식하는 방식이다. 즉 인민 자체로는 의미가 없으며, 인민의 행복은 국가를 전제로 할 때 가능하고, 국가 역시 인민을 기초로 할 때 성립된다는 것이다. 개인과 국가는 유기적인 관계에 기초해 있다. 개인은 국가의 구성원 즉 국민으로서 국가의 요구와 행복에 응답해야 하는 존재로 그 성격이 구축되고 있는 셈이다. 결국 19세기 말 개인과 국가의 관련성에 관한 논의는 "개인이 모여서 사회를 이루고 개인이 모여서 국가를 이룬다"는 것으로 귀결된다.

4.2. 개인·사회·국가의 관계

근대 계몽기 '국가'라는 개념은 국운의 위기 앞에서 주로 개인과 대립

---

29) 이 시기 국가학 관련 교과서로는 정인호(1908)의 『국가사상학』, 김상연 역술(1908)의 『국가학』, 백륜지리 저, 안종화 역(1907)의 『국가학 강령』(김상만 서포), 김우식(1907)의 『국민필지』(김상만 서포); 유호식(1908)의 『국민자유진보론』(고금서해관) 등이 있으며, 진보론이나 진화론과 관련하여 유호식(1908)의 『민족경쟁론』(고금서해관), 윤태진·하구용(1908)의 『열강의 현세』 등이 있었다. 정치와 관련하여 안국선(1907)의 『정치원론』, 보성관(1908)의 『정학원론』(보성관), 조성구 찬술(1908)의 『지방행정론』(중앙서관) 등도 발행되었다.

되는 의미로도 사용되었고 개인보다 국가가 우선이라는 국가주의적 의미로 등장했다. '국가'는 주로 개인과의 대타적 관계 속에 강조된 것이다. 그런데 앞에서 살펴본 '사회' 개념의 등장과 함께 개인과 국가 사이에 '사회'라는 새로운 공간이 인식되기 시작했다는 사실도 이 시기 담론에서 주목할 필요가 있다.

【 개인과 국가 사이에서 '사회'의 인식 】

ㄱ. 且人民所行無害於社會則政府不必禁止傍人亦不得其議各任意趣唯其所適各曰自主之權利以是而上下協鬪大以謨一國之富强所以保一身之權利如他州諸國則人民所爲雖不害於社會以或政府必禁止傍人逆譏斥臂如早隷之徒有馬而不得騎於大道有財而不敢造其大屋皆也

번역 또 국민들이 하는 행동이 社會에 해를 끼치지 않으면 금지하지 않으며, 옆 사람도 비방하지 않고 각자의 취향에 맡겨 마음대로 하게 하니, 이 제도를 自主의 權利라 부른다. 그래서 上下 협력하여 크게는 나라가 부강하고 작게는 자신의 권리를 보존한다. 다른 洲의 여러 나라는 백성들의 하는 바가 비록 사회에 해를 끼치지 않아도 혹 정부가 금지하기도 하며, 혹 옆 사람이 비방해 배척하기도 한다. 비유하자면 종이나 노예들은 비록 말이 있더라도 큰 길에서는 타지 못하고, 재산이 있어도 감히 큰 집을 짓지 못하는 예이다.

—'歐羅巴洲', 『漢城旬報』, 1883.11.10

ㄴ. 英國格物博士婁士例婁氏曰哉運輸術之有功於社會也內外物産之交換由之而盛行彼我人民之親睦之而益敦富國强兵之策由之而漸就故文明開化之源由之漸進若使社會不有運輸之◆則財權利權源皆不可與蠻風戎俗不可變吁在於◆古非無此術特人皆蒙昧不知運輸之爲社會急務因循自足已經數千載之久也始至今日聰明頓開百巧俱興未滿百年終致社會之◆美國以是而富强民以是以安樂此非運輸之有功於社會者乎

영국 格物博士 婆土例婆가 말하기를, 크도다. 運輸術의 사회에 공
헌함이여. 국내외 物産의 교환이 이것으로 인하여 성행하며, 피차
간의 인간친목이 이것을 연유하여 더욱 독실하며, 富國强兵의 策이 이것
으로 인해 점점 성취되므로 문명개화의 근원이 이것을 인하여 점점 발전
된다. 만일 사회에 運輸의 편리함이 없다고 한다면 財權과 利源이 모두
일어날 수 없을 것이며 蠻風戎俗도 변경할 수 없을 것이다. 아, 아득한
옛날에도 이 방법이 없는 것은 아니었으나 특히 사람이 모두 몽매하여
運輸가 사회의 急務인 줄을 알지 못하고 이럭저럭 自足할지 어언 수천년
이란 세월을 지내오다가, 오늘날에 이르러서야 비로소 총명이 활짝 열리
어 일백 기교가 모두 일어나 백년도 못되어 마침내 사회의 독점적인 홀륭
함을 이루어, 국가는 이것으로써 富强해 지고 민족은 이것으로써 安樂해
지니, 이것이 運輸의 사회에 공헌함이 아니냐.

— '泰西運輸論', 『漢城旬報』, 1884.2.17(◆은 판독불가)

ㄷ. 現今 我韓의 狀態를 觀컨딘 天運이 循環ㅎ샤 千百載腐敗흔 社會가 洶洶然
二十世紀의 新鮮흔 潮流를 被ㅎ야 一大變更ㅎ는 境遇에 至ㅎ얏스니 是는
眞正흔 天理의 順數라 誰能히 人力으로써 此를 反抗ㅎ리오 (…중략…) 是故로
東西何國을 毋論ㅎ고 其國家의 興替存亡과 治亂安危를 觀察코자 ㅎ면 반다시
先次其人民的社會의 性質情態을 推究ㅎ야 曰 此國家가 可以興이다 可以亡이
라 ㅎ는 것이어를 或者云ㅎ되 國家와 社會는 特殊흔 性質이 有흠으로 互相히
密接의 關係가 無ㅎ다 ㅎ나 愚謂 國家와 社會의 性質이 果是逈殊흔 區別이
有ㅎ되 此二者가 原來 同一흔 人民으로써 組織흔 者 則二者間에 쏘흔 交涉의
事爲가 不尠ㅎ야 國家는 其社會을 爲ㅎ야 諸般法令을 施ㅎ야 其人民의 保護
와 利益을 增加ㅎ기로 計畫ㅎ며 其社會는 又其經濟的 智力의의 生活을 圓滿
히 ㅎ야 國家의 進運을 培養케 ㅎ는 것인 故로 若其社會가 腐敗ㅎ야 萎靡不振
흔 境에 沈淪홀진딘 是로 由ㅎ야 國家가 쏘흔 自然衰退흠에 至홀 것이오
若社會가 不然ㅎ야 一般 國民의 敎育及智識이 發達ㅎ야 能히 社會의 素養을

完美케 홀 時에는 其國家가 坯훈 富强振興홈에 至ᄒᄂ 것은 實로 明若觀火의
事니 凡我大韓의 人民은 此所謂 國家와 社會의 關係를 十分 推諒ᄒ야 旣往腐
敗훈 精神思想을 滌去ᄒ고 新鮮훈 社會의 空氣를 呼吸ᄒ야뼈 惟我神聖훈
社會의 太平安樂을 共享케 ᄒ기로 十分 旒勉홀지어다.

번역 현재 우리 대한의 상태를 보건대 천운이 순환하여 수천년 부패한
사회가 참으로 이십세기의 신선한 조류를 맞이하여 일대 변경하
는 때에 도달했으니 이는 진정한 천리의 운수라. 능히 인력으로서 이를
반항하리오. (…중략…) 고로 동서 어떤 나라를 물론하고 그 국가의 흥체
존망과 치안안위를 관찰하고자 하면 반드시 먼저 그 인민적 사회의 성질
정태를 연구하여 왈 이 국가가 흥할 수 있다 망할 수 있다 하는 것이거늘
혹 어떤 이가 이르되 국가와 사회는 특수한 성질이 있음으로 서로 밀접한
관계가 없다 하나 소위 국가와 사회의 성질이 분명한 구별이 있되 이 두
가지가 원래 동일한 인민으로써 조직된 것 또한 두 가지 사이에 또한 교
섭의 양상이 적지 않아 국가는 그 사회를 위하여 제반 법령을 실시하여
인민의 보호와 이익을 증대하기로 계획하며 그 사회는 또 그 경제적 지력
적 생활을 원만히 하여 국가의 진운을 배양하게 하는 것인 고로 만일 그
사회가 부패하여 萎靡不振한 경에 침윤할진대 이로 인하여 국가가 또한
자연 쇠퇴함에 이를 것이오. 만일 사회가 그렇지 않아서 일반 국민의 교
육과 지식이 발달하여 능히 사회의 소양을 완미하게 할 때에는 그 국가가
또한 부강진흥함에 이르는 것은 실로 명약관하의 일이니 무릇 우리 대한
의 인민은 이른바 국가와 사회의 관계를 십분 받들어 기왕 부피한 정신사
상을 제거하고 신선한 사회의 공기를 호흡하여서 우리 신성한 사회의 태
령안락을 함께 향유케 하기로 충분히 노력할지어다

—'國家와 社會의 關係', 『황성신문』, 1905.4.3

ㄹ. 我가 當初에 何意로 社會에 出現ᄒ얏ᄂ가 只是社會의 風潮를 追隨ᄒ야
社會가 腐敗커던 我도 腐敗ᄒ며 社會가 頑陋커던 我도 頑陋ᄒ며 社會가 萎

靡커던 我도 萎靡ᄒ며 社會가 陵夷커던 我도 陵夷ᄒ야 彼茫茫大海에 無柁舟
갓치 推移홈이 可흔가 然則我一身은 此社會中一贅肉에 不過하야 無之라 無
所損이오 有之라 無所益이니 我라ᄂᆞᆫ것이 元來如此흔 一死物이될 而已인가

嗚呼라 至重者ㅣ 我어늘 何故로 自輕이며 至大者ㅣ 我어늘 何故로 自小
오 大抵我가 我를 知ᄒᆞᅀᆞ면 此一片軀殼으로 我라홈이 不可라 不生不滅ᄒᆞ
ᄂᆞᆫ 靈魂이 是我며 一般知覺으로 我라홈이 不可라 不增不損ᄒᆞᄂᆞᆫ 性海가 是
我라 故로 身曰我身이라ᄒᆞ며 家曰我家라ᄒᆞ며 國曰我國이라ᄒᆞ며 世界曰我
世界라ᄒᆞ나니 (…중략…) 衆生이 皆瘠흔대 我能獨肥홀가 必不能이며 衆生
이 皆痛흔대 我能獨樂흔가 必不能이라 故로 我가 呱呱怨聲을 報ᄒᆞ야 <u>社會</u>
<u>의 一員된 以後에ᄂᆞᆫ 不得不此一員된 責任을 擔하며 一員된 天職을 盡ᄒᆞ야</u>
<u>社會를 補助又改良ᄒᆞ여야 社會가 不壞에 我亦不滅ᄒᆞ며 社會가 不괴에 我亦</u>
<u>不壞ᄒᆞᄂᆞ니</u> 試思ᄒᆞ라 東西萬古英雄聖哲이 皆至今生存흔 者아닌가

번역 내가 당초에 무슨 의미로 사회에 나왔는가 단지 이 사회의 풍조를
추수하여 사회가 부패하거든 나도 부패하며 사회가 좁거든 나도
좁으며 사회가 시들면 나도 시들며 사회가 편안해지면 나도 편안해져 저
망망대해에 無柁舟갓치 이리저리 옮겨다니는 것이 옳은가. 즉 내 한 몸은
이 사회의 혹덩이에 불과하야 그것이 없더라도 손해될 것이 없으니 있어도
이익될 것이 없으니 나라는 것이 원래 이러한 죽은 사물이 될 따름인가.

오호라 지극히 중요한 자 나(我)이거늘 무슨 연유로 스스로 낮추며, 스
스로 큰 자가 나(我)이거늘 무슨 이유로 스스로 작다 하는가. 무릇 내가
나를 알고자 하면 이러한 一片軀殼으로 나라고 하는 것이 옳지 않으니라.
불생불멸하는 영혼이 곧 나(我)이며 일반 지각으로 곧 나(我)라고 하는
것은 옳지 않으니라. 不增不損하는 성품의 바다가 곧 나(我)이니라. 몸을
나의 몸이라 하며 집을 나의 집이라 하며 나라를 나의 나라라 하며 세계
를 나의 세계라 하나니

중생이 모두 여위어가는데 나 홀로 살이 찔 것인가 결코 그럴 수 없으
며 중생이 모두 아파할 때 나홀로 즐거울가 결코 그럴 수 없느니라. 고로

내가 고고원성(呱呱怨聲)을 갚아 사회의 일원된 이후에는 부득불 일원으로서 책임을 지며 일원으로서 천직을 다하여 사회를 돕고 개량하여야 사회가 무너지지 않음에 나 또한 멸하지 않으며 사회가 파괴되지 않음에 나 또한 멸하지 않느니 한번 생각해보라 동서만고 영웅성군이 모두 지금 생존하는 자 아닌가

—『대한매일신보』, 1908.3.3, '我와 社會에 關係'[論說]

ㅁ. 甚矣라 今日社會의 腐敗여 頭을 擧하야 壹世를 回顧컨딘 人物이 何其渺然흔가. 心地가 淸白ㅎ야 不義의 金을 石과 如히 見ㅎᄂᆞᆫ 者ᄂᆞᆫ 無하고 東西滔滔흔 者ㅣ 貪夫鄙夫쑌이오 眞誠을 抱ㅎ야 身을 國家에 供獻ㅎᄂᆞᆫ 者ᄂᆞᆫ 無ㅎ고 比肩櫛立흔 者ㅣ 頑昧派쑌이오 瑩潔흔 理想으로 未來의 國民前途를 經營ㅎᄂᆞᆫ 者ᄂᆞᆫ 無ㅎ고 得得自鳴ㅎᄂᆞᆫ 者ㅣ 淺見輩쑌이오 慷慨흔 意氣로 國家當頭의 悲運을 憂慮하ᄂᆞᆫ 者ᄂᆞᆫ 無ㅎ고 于于往來ㅎᄂᆞᆫ 者ㅣ 旁觀客쑌이니 (…중략…) 大抵社會를 造ㅎᄂᆞᆫ 者ᄂᆞᆫ 家庭이 是라 故로 腐敗흔 社會를 改良코ᄌᆞ흘진대 家庭의 腐敗를 改良흠에 從事흘지니 斯人이 始生흠에ᄂᆞᆫ 壹般 是淸淨無垢의 頭腦라 此頭腦가 善에 習하며 善ㅎ며 惡에 習ㅎ면 惡흠이 譬킨대 壹素質를 此에 懸ㅎ고 紅을 染ㅎ면 此가 紅ㅎ며 黑을 染ㅎ면 此가 黑흠과 如흔 故로 人의 爲善爲惡이 大半家庭敎導에 在흔비라 落地呱呱흔 以後부터 母가 其懷에 抱ㅎ며 父가 其膝에 置ㅎ고 拾餘年의 長歲月間에 道德心을 培ㅎ며 沈鷙勇敢의 氣를 養ㅎ면 彼가 自然正大的冒險的人物이될지어늘 今에 誰某의 家庭에 入ㅎ던지 其子弟敎導ㅎᄂᆞᆫ 方法을 觀ㅎ건대 旁蹊曲逕으로 求仕하ᄂᆞᆫ 手段이나 談ㅎ며 浮僞詐媚로 處世ㅎᄂᆞᆫ 秘訣이나 授ㅎ며 鄙夫黠奴의 富貴歷史나 講ㅎ며 鄕愿俗士의 爲我主義ᄂ 說ㅎ야 許多魔談鬼話로 其幼稚時代의 腦髓를 敗壞흔 後社會에 出現ㅎ야 遞傳遞授에 惡果를 種ㅎ니 惜哉라 故로 社會의 腐敗를 ◆코ᄌᆞ흘진딘 各自家庭敎育에 注意흠이 可라ㅎ노라

번역 깊구나 금일 사회의 부패여 머리를 들어 세상을 돌아보건대 인물이 어찌 이리 아득한가.

심지가 청백하여 불의의 금을 돌과 같이 여기는 자는 없고 동서도도한 자 탐부비부만 있을 뿐이오. 진성으로 자신의 몸을 국가에 헌납하는 자는 없고 比肩櫛立한 자 頑昧派일 뿐이오. 맑고 깨끗한 이상으로 미래의 국민 전도를 경영하는 자는 없고 득득자명하는 자만 얕은 눈으로만 보는 무리만 있을 뿐이오. 건강한 의기로 국가가 당면한 비운을 걱정하는 자 없고 于于往來하는 방관자뿐이니 (…중략…) 무릇 사회를 이루는 자는 가정이 시초라. 고로 부패한 사회를 개량하고자 할진대 가정의 부패를 개량함에 종사할지니 사람이 비로소 태어남에는 청정무구한 두뇌라. 이 두뇌가 선을 배우면 선하며 악을 배우면 악함이 비유컨대 그 소질을 그 바탕을 매달아 홍을 물들이면 이것이 홍이며 흑을 물들이면 흑함과 같은 고로 사람의 위선위악이 대부분 가정 교도(家庭敎導)에 있는지라. 落地呱呱흔 이후부터 어미가 가슴에 품고 아비가 무릎에 앉혀 긴 세월동안 도덕심을 키우며 沈鷙勇敢한 기운을 키우면 여러분이 자연 정대하고 모험적인 인물이 될지어늘

—'家庭及社會', 『대한매일신보』, 1908.7.5

다른 나라의 사례를 전달하는 차원이긴 하지만 『한성순보』·『한성주보』가 국가를 인식할 때 사회를 호명하는 사례에 주목하고 있다는 것은 흥미롭다. ㄱ, ㄴ에서 유럽 국가의 특징을 설명하는 가운데 국민으로서 개인의 자유와 권리의 범주를 사회와의 관계 속에서 통찰하고 조절되어야 한다는 점을 인식하고 있다. 개인의 '自主의 權利'의 중요성을 언급하면서 그 기준을 사회에 대한 해악의 유무에 두고 있다는 점에서 인민의 자유와 권리를 인정하되 사회에 해를 끼치지 않는 선에서의 자유와 권리여야 하며 이것이 지켜질 때 국가는 부강하고 국민으로서 개인의 권리는 보존될 수 있다는 것이다. 국가와 개인의 사이에 '사회'라

는 특정한 공간이 존재한다고 보고 있으며 개인과 사회의 원활한 관계를 통해 국가가 부강할 수 있다는 논리를 설정하고 있다. 흥미로운 것은 유럽 국가의 이러한 특징을 다른 대륙의 나라와 비교하고 있다는 점이다. 『순보』의 편집진이 주목하고 있는 것은 국민으로서 개인의 행동이 설령 사회에 어떤 해를 끼치지 않더라도 국가가 통제하고 조절하는 나라가 존재한다는 사실이다. 그렇다면 조선은 무엇을 인식해야 할 것인가? 『순보』는 다음과 같이 결론을 맺는다. "그렇다면 이제 서양 제국과 마주하고 있는 나라들은 姑息만 따르지 말고 마땅히 때에 미쳐 진작하여 格致의 공부를 자세히 강구하여 陸海의 軍務를 잘 갖춘 연후에야 천하 모든 일이 거의 잘 되어서 우리 국민들이 安堵하게 될 것이다." 요컨대 『순보』는 나라가 부강하고 국민이 안도하기 위해서 나라와 국민 사이에 존재하는 사회라는 공간을 인식할 일이며, 개인의 권리와 국가의 부강을 가늠하는 준거적 공간으로서 주목하고 있는 것이다.

이러한 차원에서 ㄴ은 사회가 국가를 형성하고 구성하는 존재로 자리매김하고 있다. 국가는 사회의 생장에 바탕하여 비로소 가능한 존재로 서게 되고 이러한 맥락에서 사회는 국가를 형성하는 각종 제도나 규율로 가동되는 공간으로 그려진다. 특히 운수술(運輸術)이 사회에 기여하는 바를 국내외 물산의 교환은 물론 인간 친목의 유지와 강화 등으로 보는 데서 나아가 부국강병과 문명 개화의 동인으로까지 인식하고 있는 것이다. 여기서 주목할 것은 운수제도를 부국강병과 문명개화로 직접 연결하지 않고 '사회'라는 공간을 경유하여 인식하고 있다는 점이다. 물산의 원활한 유통과 인간관계의 긍정적 형성이 사회라는 공간을 통해 활성화되어야 비로소 국가의 부강과 문명개화를 성취할 수 있다는 논리를 보이고 있다. 운수제도가 사회를 가동하는 중요한 제도이자 방책으로 인식되고 있다는 점은 사회를 구성하는 또다른 요소로서 제도나 정책을 주목하고 있다는 것이며 이를 통해 비로소 사회의 독점적인 발전과 국가의 부강이 생겨날 수 있다는 인식이다.

『순보』·『주보』에서 국가는 분명 사회 자체가 그 구성을 좌우할 수 없는 더 상위의 것으로 그려지고 있지만, 국가와 사회 간에 밀접한 혹은 유기적 관계에 대해서는 긍정적으로 인식하고 있다. "國家團体와 社會團体가 各自不同하야 國家는 恒常 法治의 權으로 其社會의 人衆을 統御하되 社會는 不然하야 各自其個個의 團合力으로 能히 其秩序를 維持하며 能히 其生活를 完全케 ᄒᄂᆫ 것이니 是以로 國家가 始生홀 時에 반다시 其社會의 力을 依ᄒᆞ야 組織되는 것이오 及其國家가 衰亡홀 時에도 亦其社會의 頹圮를 隨ᄒᆞ야 凋殘自敗ᄒᄂᆫ 것"30)이라는 인식이 형성되고 있었다. 즉 사회는 국가를 상위에 가지고 있지만 또한 그 국가는 제도나 정책으로 구성되는 사회를 자신의 구성 요소로 삼는다는 점에서 이둘의 관계는 밀접하게 연관되어 있다. 따라서『순보』·『주보』에서 보이는 사회의 강조는 국가 관념과 배타되는 것이 아니라 국가를 보존하고 강화하는 준거적 공간이자 질서로서 그 성격이 인식되고 있었다는 것을 알 수 있다.

그러나 ㄷ, ㄹ, ㅁ에 오면 국가가 사회를 호명하는 방식에 변화를 보인다. 사실 1900년대 초반에서 "蓋國家라는 것은 人民團合에 依ᄒᆞ야 成立된 者라. 人民이 弱ᄒᆞ면 國家가 弱ᄒᆞ고 人民이 强ᄒᆞ면 國家가 强홈은 元亨利貞인즉 國家의 富貧强弱이 實係于人民이라. 故로 一人이 自活獨立ᄒᆞ면 一家가 自活獨立ᄒᆞ고 一家가 自活獨立ᄒᆞ면 一國이 自活獨立ᄒᄂ니"와 같은 담론을 만나는 것은 더 이상 낯선 일이 아니다. 국가와 사회뿐만 아니라 국가가 개인과 관계 맺는 방식 또한 "一個人의 影響이 國家에 關係됨이 顧何如哉아"31)라고 단언하며 개인의 정당성을 국가와의 관계에서 보증한다.

다소 범박하지만 국가 지상주의 논리를 보여주는 근대 계몽 담론들

---

30) 『황성신문』, 1905.9.12, '社會希望論'[論說].
31) 『太極學報』 제9호, 1907.4.24. 吳錫裕, '自我의 自活義務[論說].

은 개인과 사회를 국가의 체제로 포섭하는 논리를 열정적으로 생산한다. 개인과 사회, 정부와 의회 등이 국가가 정부, 의회 등 여러 기관으로 구분되고 이 국가기관이 서로 결합되어 국가라는 전체를 이룬다고 보는 유기체설에 기반하여 국가 개념이 유포되었다. "有機 國家는 生命이 無흔 機械며 死흔 器具가 아니라 生活ᄒ는 物體니 卽有機體라 彼一張의 繪畫는 單히 彩色의 聚合이 아니라 意匠이 存在흔 所以며 人身은 單히 細胞及血球의 團聚가 아니라 精神이 存在흔 所以니 然則國民도 單히 公民의 擦合이 아니며 國家도 單히 制度의 堆積이 아님이 分明ᄒ지라 雖然이나 國家는 動植物과 如히 天然的 作用을 由ᄒ야 直接產出흔 有機體가 아니라 人爲의 作用을 依ᄒ야 間接成立흔 有機體니 今에 國家와 他天然的 有機體의 類似흔 點을 擧ᄒ건딕"[32]와 같이 국가를 '天然的 有機體'에 비유하여 개념을 형성하고 있다. 유기체설에 근거한 국가 개념은 가정과 사회의 관계(ㅁ)뿐만 아니라 "國家者는 個人의 聚合흔 狀態"[33]에서와 같이 개인과 국가의 관계, 개인과 사회의 관계 등 부분과 전체의 관계를 중시하는 담론들을 통해 강화되었다. 이 담론들 대개는 개인이나 가정, 학교, 단체, 사회 등이 국가를 위해 책무를 다하고 복종할 때 국가가 성립된다는 논리로 귀결했다(ㄷㄹㅁ). 다음은 근대적 국가 개념의 형성을 볼 수 있는 자료의 일부이다.

【 근대적 국가 개념의 형성을 볼 수 있는 자료 】

순번	연대	학회보명	필자	제목	수록권호
1	1906	태극학보	장계택	경찰 탐정	제7, 8, 9호
2	1907	대한유학생회학보	이규정	경찰위국가간성	제1호

---

32) 『대동학회월보』 제2호, 1908.3, '國家의 性質'.
33) 『대한매일』, 1907년 10월 27일 自助論 續(國民及個人).

순번	연대	학회보명	필자	제목	수록권호
3	1907	대한유학생회학보	정석내	경찰 요의	제3호
4	1906	태극학보	장계택	경찰지목적	제4, 5, 6호(3회)
5	1906	서우	최웅두	경찰 시찰담	제9호
6	1909	대한흥학보	남기윤	경찰 성질의 관념	제1호
7	1906	태극학보	이대형	경찰의 정의	제24호
8	1896	대조선독립협회회보	미상	독립론	제13호
9	1896	대조선독립협회회보	편집국	국시유지론	제16호
10	1907	낙동친목회학보	애우생	국가설	제3호
11	1908	대한학회월보	이한경	단합은 국의 요소	제1호
12	1896	대조선독립협회회보	편집국	국가와 국민의 흥망	제11호
13	1908	대한협회회보	김광제	국가지보	제4호
14	1896	친목회회보	김기장	정치본원	제4호
15	1896	친목회회보	정인소	국가의 관념	제4호
16	1907	공수학보	한용	국체지효력	제1호
17	1908	대동학회월보	김대희	국력	제3호
18	1907	공수학보	김지간	국가사상을 논함이라	제1호
19	1908	대한학회월보	홍성연	국가 정도는 필자 개인지자조 품행	제3호
20	1906	서우	한광호	통치의 목적물	제5호
21	1907	야뢰	김성희	민족국가설	제2호
22	1906	대한자강회월보	심의성	정치학의 국가주의	제12, 13호(2회)
23	1906	대한자강회월보	김성희	국가 의의	제11호, 제13호(2회)
24	1906	서우	편집부	국가의 개념	제16호, 제17호
25	1906	소년한반도	이각종	國家學	2~6호
26	1908	대동학회월보	편집부	국가 형벌권의 근거	제2호
27	1908	대동학회월보	편집부	국가의 성질	제2호
28	1906	대한자강회월보	김성희	정부의 직분	제11호
29	1907	공수학보	윤거현	국가의 본질과 형체	제2호
30	1908	대한협회회보	대한자	토지와 국민의 관계	제6호
31	1909	대한흥학보	박해원	국가 종류의 대략	제3호

순번	연대	학회보명	필자	제목	수록권호
32	1906	대한자강회월보	해외유객	국가의 본의	제3호
33	1908	호남학보	이기/ 현채	국가학설	제1, 2, 3, 4호(이기), 5, 6, 7, 8, 9호 (현채의 동국사략)
34	1906	태극학보	최석하	국가론	제1호
35	1908	소년	편집실	國家의 競爭力	제2권 제10호
36	1906	서우	차종호	법률상 자치의 개념	제9호
37	1906	서우	채수현	국법상 국무대신의 지위	제9호
38	1896	친목회회보	유창	국민의 의무	제3호
39	1908	대한학회월보	김갑순	대성질호 아국민적 정신	제3호
40	1907	낙동친목회학보	문내욱	국민의 자격	제2호
41	1907	낙동친목회학보	최린	국민의 품격	제4호
42	1896	친목회회보	남순희	외교상 여하	제4호
43	1896	친목회회보	신해영	무신경 계약의 결과	제6호
44	1906	조양보	편집국	논 군국주의론	제8, 9, 11호(3회)
45	1906	조양보	편집국	인인이 당주의어 권리사상	제6, 7호
46	1907	낙동친목회학보	한흥교	민족론	제1호
47	1906	태극학보	전영작	입법 사법 급 행정의 구별과 기 의의	제8, 10, 12호(3회)
48	1906	태극학보	김지간	보호국론	제21호
49	1907	낙동친목회학보	남기윤	동포의 최급무	제3호
50	1896	친목회회보	김성은	애국심이 유한 후 국민	제5호
51	1908	대한학회월보	박병철	자주와 자유	제1호
52	1908	대한협회회보	정달영	자치의 의의를 개론함	제8호
53	1907	야뢰	김성희	지방자치제도 속론	제4, 5, 6호(3회)
54	1909	대한흥학보	편집인	자치의 모범	제3호
55	1908	대한협회회보	금릉생	지방자체제도 문답	제9, 10, 11호(3회)
56	1906	대한자강회월보	대원장부	일본의 자치제도	제4, 5, 6, 8, 10, 11, 12호(7회)
57	1908	기호흥학회월보	민병두	지방자치행정	제4, 5, 6, 7호(4회)
58	1906	대한자강회월보	윤효정	지방자치제도론	제4호
59	1908	대한협회회보	안국선	정당론	제3, 4, 5, 6, 7, 8, 11, 12호(8회)
60	1908	대한협회회보	정교	정당득실	제3, 4호

순번	연대	학회보명	필자	제목	수록권호
61	1908	대한협회회보	김성희	정당의 사업은 국민의 책임	제1, 2, 3, 4, 6, 9, 12호(7회)
62	1906	태극학보	최석하	정부론	제3호
63	1896	친목회회보	유창희	정치가의 직책론	제4호
64	1896	친목회회보	안명선	정도론	제5호
65	1896	친목회회보	안명선	정치의 득실	제3호
66	1907	낙동친목회학보	이승근	정치문답	제4호
67	1896	친목회회보	윤세용	정치가 언행론	제3호
68	1909	대한흥학보	에스케이생	정치론	제8, 9호(2회)
69	1908	대한협회회보	원영의	정체개론	제3, 5, 7, 8, 9, 10, 11, 12호(8회)
70	1896	친목회회보	김용제	입헌정체의 개론	제5호
71	1908	대한학회월보	한흥교	정치상으로 관한 황백 인종의 지위(라인씨 약설)	제8, 9호(2회)
72	1908	대동학회월보	김상연	인류의 정치적 생활을 요하는 원인	제2호
73	1909	대한흥학보	한흥교	정치상으로 관한 황백인종의 지위(라인 씨)	제1호
74	1908	기호흥학회월보	안국선	정치학	제2, 4호
75	1908	대동학회월보	법률독서인	통치권의 성질 외	제7, 8, 9.10, 14, 15, 16호(7회)
76	1907	공수학보	장홍식	노동자와 기업자의 대항	제3호

1900년대 근대 국가 형성에 관한 논의를 살펴보면 누가 근대 국가를 주도할 것인가, 그리고 어떻게 근대 국가를 형성할 것인가 등 근대 국가의 주체와 구성 방법론에 관한 논의가 치열했던 것으로 보인다. 이를 위해 영국, 독일 등 서구와 일본의 국가 제도와 통치 방식에 관한 담론을 수용하는가 하면, 서구적 정치 제도에 관한 지식을 열정적으로 복사하기도 했다. 그 외에도 통치 제도로서 경찰제도, 입헌제도 등을 통해 국가를 안정적으로 구성하고 유지하는 논의도 활발했다. 관점과 내용, 방법의 차이에도 불구하고 이 시기 계몽 지식인들이 전통적 국가 체제와 결별하고 서구적 근대 국가 건설을 지향하는 데 열정적이었다는 사

실만은 분명했던 것이다. 특히 국가 붕괴의 위기 앞에서 근대 국가는 주권을 가진 인민, 국민을 주장하고, 동포애와 국가 정신, 민족 등과 등치되며 은유화되었다.

제5장 계몽사상의 수용과 변용

서민정

1. 계몽사상의 수용 양상

1.1. 근대 지식의 계몽성

근대 지식의 형성 과정에서 서양 학문과 사상은 우리에게 큰 영향을 미쳤다. 그러나 19세기 중반, 조선은 '유교의 전통'을 정통으로 '서양의 학문과 종교'는 이단으로 규정하여 이를 배척해야 한다는 사상인 '위정 척사'의 강력한 전통의 지배하에 있었다. 1880년 경 주일 청국공사관 참사관인 황준헌(黃遵憲)의 『사의조선책략(私擬朝鮮策略)』을 일본수신사였던 김홍집이 고종에게 바친 뒤, 위정척사파의 반발이 더 거세져 '영남만인소(嶺南萬人疏)'를 올려 김홍집 일파를 탄핵했다. 그러나 당시 대외상황에 무지했던 조선정부는 『사의조선책략(私擬朝鮮策略)』을 통해 외교정책에 영향을 받았다. 그래서 이 책의 유포는 1880년대 정부가 주도적으로 서구문물을 수용하는 개화정책을 시행하는 계기가 되었다.

또한 1880년대에 김윤식에 의해 주창된 '동도서기론'을 기반으로 '문명개화'의 필요성이 제한적이나마 제기되기도 했다.

그러다가 정부기관인 통리아문의 박문국이 설치되면서 창간된 『한성순보(漢城旬報)』와 그 뒤의 『한성주보(漢城週報)』를 통해 서양 문물에 대한 소개가 본격적으로 시작되었다. 이 신문들은 국왕의 명령이나 지시, 정부의 각종 결정 사항 등 국내 정치에 관한 기사를 첫머리에 게재하여 관보적 성격을 우선으로 하면서, 서양의 문물과 제도, 외국의 사정, 지리, 과학에 대한 기사들도 높은 비중을 차지하고 있어 국민들에게 개화사상을 고취시키는 역할도 하고 있었다. 물론 이 신문들에는 제국주의의 침략성에 대한 인식은 부족하여 그러한 침략 의도에 대한 경계에 대한 기사는 거의 없고, 주로 서양과 일본 등에 대해서는 선망과 모범의 대상으로 설명하는 기사가 대부분이다.

앞서 살펴본 것처럼 '계몽'이라는 어휘는 1883년에 『한성순보(漢城旬報)』에 등장한다.[1] 그러나 이 시기에 '계몽'이라는 어휘가 일반적으로 통용된 것은 아니다. 특히 계몽의 '내용'에 대해서는 지식인 중심으로 '서구 문물과 학문'을 보급하는 것이라는 것으로 분위기가 형성되었다.

【 論地球運轉 】

地球之運轉有二. 一是自轉 一是圓日. 自轉成晝夜 圓日成四季. 人初不明其理 皆謂天圓而地方. 日月星辰圓行於大地之外 推步者各以管窺爲是 著述者自以臆斷爲能 無從知有地球運轉之理 自前明嘉靖二十年 泰西有天文學士名嘉利珂者 始造窺天大千里鏡 具見日月五星體象 縮千百萬里之遙瞭如指掌 是以夜觀 晝算遂深悉 日月星辰運轉之妙. 始言地球轉動之理著書 間世人皆歸諸荒誕不經 有司遂繫於獄 後經各國星士 互相考訂分較合符 始信其理果有眞據而

---

1) 『漢城旬報』, 1883.12.20, 각국기사 '영국지략'. "又國民之自結會社 設敎啓蒙者亦復不鮮可見 (또 국민들이 會社를 설립해 啓蒙한 것 역시 적지 않으니, 이 나라 상하가 학교에 전심하고 있음을 알 수 있겠다)."

不可易.

번역 지구가 운전하는 것은 두 가지가 있는데, 하나는 자전(自轉)이요, 하나는 환일(圜日, 공전)이다. 지구가 자전하기 때문에 밤과 낮이 생기고, 환일하기 때문에 네 계절이 생긴다. 처음에는 이런 이치를 모르고 모두 하늘은 둥글고, 땅은 모가 나서 일월성신(日月星辰)이 대지 밖을 환행(圜行)한다고 생각하여 추보(推步, 천체 운동을 관측하는 것)하는 사람들이 각자 자기의 편견(偏見)을 옳게 여기고, 저술가도 억단(臆斷)을 능사로 삼아 지구가 운전하는 이치를 아는 사람이 없었다.

지난 가정(嘉靖) 20년, 서양의 이름이 가리가(嘉利珂, 갈릴레이 갈릴레오, Calilei Galileo)란 자가 하늘을 보는 대천리경(大千里鏡, 망원경)을 처음으로 만들어 일월 오성(日月五星)의 체상(體象)을 관측하였는데, 천백만 리의 먼 곳이 마치 손바닥에 있는 물건처럼 가깝게 보였다. 이로써 밤에는 천문을 관찰하고 낮에는 수리(數理)를 계산하였다. 그래서 일월성신이 운행하는 묘리(妙理)를 자세히 알게 되었다. 그래서 저서(著書)에다 처음으로 지구가 운동하는 이치를 밝혔는데, 세상 사람들 모두가 허탄한 말로 돌리고 말았다. 얼마 후에는 유사(有司, 법을 맡은 관원)가 옥에 가두기까지 하였다. 후에 각국의 천문학자(天文學者)들이 서로 연구하여 보니 그 설과 부합(符合)하여 비로소 믿게 되어 바꿀 수 없는 진리(眞理)가 되었다.
—『한성순보』, 1883.11.10

이 글은 지구의 공전과 자전 원리가 밝혀지기까지의 과정을 소개한 글이다. 인지(人智)가 발달하기 전 사람들은 각자의 편견과 억측으로 이치를 깨닫지 못했는데, 갈릴레이 이후 지구의 운전 원리가 밝혀졌다는 내용이다. 이처럼 서구 학문이 도입되면서, 지식 보급의 필요성이 급증했는데, 지식 보급은 그 자체가 계몽성을 띤 활동이다. 그러나 1880년대의 지식 보급론에서는 인민(人民) 대중의 존재를 심각하게 인식한 것으로 보이지는 않는다. 비록 국민 교육을 위한 국어의 중요성, 보통교육의 중요성 등이 논의되고, 태서의 법률이 인민의 지각과 밀접한 관련이 있음을 소개한다 하더라도, '입헌 운동'이 전개되기까지는 시간이 더 필요했다. 예를 들어 1888년 박영효의 '건백서'[2]에는 '인민(人民)'이라는 단어가 42회나 등장하고, '국민(國民)'이라는 단어도 1회 출현하지만, 인민이나 국민은 피치자를 지칭하는 대상일 뿐, 그들 자체가 주권자로 인식된 것은 아니다. 다음을 살펴보자.

【 박영효 건백서의 '인민(人民)' 】

ㄱ. 姜太公所謂 邦國非帝王之邦國, 乃人民之邦國而帝王治邦國之職也, 故同邦國之利者得邦國, 擅邦國之利者失邦國, 凡事有趣的, 故行事之時, 先思其趣的, 而得其的則吉, 失其的則凶, 夫政府之趣的者何也, 保民護國是耳, 是以成湯討桀, 而夏民喜悅, 周武伐紂, 而殷人不非, 湯武得之々故, 愛民也.

번역 강태공이 이른바 나라는 제왕의 나라가 아니니, 인민의 나라이며 제왕은 나라를 다스리는 직책일 뿐이다. 그러므로 나라에 이로운 일은 나라를 얻는 것과 같고, 나라의 이로움을 멋대로 하면, 나를 잃게 된다. 무릇 일에는 취향이 있으므로 행사해야 할 시기가 있으며, 먼저 그 취향을 생각하여 그 적합함을 얻어야 좋고, 그 적합함을 잃게 되면 흉하게 된다. 대저 정부가 행해야 할 것은 무엇인가. 인민을 보호하고 국가를 유지하는 데 있을 따름이다. 탕임금이 걸왕을 토벌함으로서 하나라 백성이 기뻐했고, 주나라 무왕이 주(紂)를 토벌하여 은나라 인민이 그릇되지 않았으니 탕왕과 무왕이 그것을 얻은 까닭에 백성을 사랑한 것이다.

ㄴ. 蓋人民幼不學 則長無識, 無識則相愛之情淺, 而相信之義薄, 輕擧妄動, 不顧前後. 遂觸罪科, 害世之交際者多矣. 受敎導而有知識者, 或犯罪蒙罰, 甘其罰

2) 『日本外交文書』第21卷(明治 21年) 事項 10 朝鮮國 關係 雜件, 문서번호 106. 국사편찬위원회, 『한국 근대사 기초 자료집 2: 개화기의 교육』(탐구당) 재수록.

之至當, 服罪改過, 然無知識者, 不能辨是非曲直, 而不服其罪改其過, 故不便處罪也.

번역 인민이 어렸을 때 배우지 않으면 성장하여 지식이 없게 됩니다. 무식하면 곧 상애(相愛)하는 정이 옅으며, 상신(相信)하는 도의가 박하고, 경거망동하며 전후를 돌아보지 않고, 드디어 죄과에 저촉되어 세상을 살아가는 데 해를 끼치는 자 많습니다. 교도(教導)를 받아 지식이 있는 자는 혹 범죄에 빠지고 벌에 몽매해도 그 벌의 지당함을 달게 받으며, 죄에 복종하여 허물을 고치게 됩니다. 그러나 무식자는 시비곡직을 구분하지 못하며 죄에 복종하지 않고, 허물을 고치지 않으니, 그러므로 죄에 처하는 것이 불편합니다.

—박영효, 건백서

'건백서'라는 상소 형식의 글이기 때문일 수도 있지만, 1880년대 박영효와 같은 개화사상가들에게도 '인민'은 피치자의 일부일 뿐, 주권자라는 인식이 존재하지는 않았다. '방국(邦國)'은 인민의 방국이지 제왕의 방국이 아니라는 주장 또한 주권자로서의 인민을 전제한 것이 아니라, 군주의 '애민(愛民)' 정신을 강조하고자 한 주장이다. 이 점에서 '인민 교육'을 주장하는 것 또한 '교화(教化)'의 차원에서 지식 보급의 필요성을 주장하는 입장이며, 주권을 고려한 것은 아니다.

이러한 상황에서 서구의 민권 사상이 중국과 일본을 경유하여 유입되기 시작했는데, 만국공법을 소개한 기우생 정관응의 『이언』에 '인군이 쥬쟝ㅎ눈 나라(君主之國)', '빅셩이 쥬쟝ㅎ눈 나라(民主之國)', '인군과 빅셩이 흠긔 쥬쟝ㅎ눈 나라(君民共主之國)'를 소개한 것이나, 『한성순보』의 '태서법률', '구미 입헌정체(歐米立憲政體)' 등이 이에 해당한다. 다음을 살펴보자.

【 歐米立憲政體 】

歐米兩洲建國雖多 而治國之要 只有二端 曰君民同治 曰合衆共和而皆稱立憲政體. 蓋立憲政體 有三大權 一曰立法權制定法律令立法府掌之 二曰行政權依立法官所定以行政治令行政府掌之 三曰司法權亦依立法官所定行刑法斷訟獄令司法府掌之也. 然三大府之組織國各不同 故槪論於左以供採擇 (…中略…) 夫確定三大府之權利擔任三大官之組織 以爲國典者乃憲法也. 蓋憲法或君主定之 或君民共議 如英國則未有曾設憲法者 開國以來慣行法度 日月積累終爲一大憲法也. 按泰西政俗無論君主 及民主皆設有上下議院 一切軍國大事由下院公同酌議上之 上院由上院互相酌議下之 下院所議不論同異合請上裁 雖以君主之貴 不能獨行已意 故一定憲法之後亦不問所定方法之如何 不可容易變更也.

번역 구미 두 대륙에 세워진 나라가 비록 많아도 치국(治國)의 요점은 다만 두 가지가 있을 뿐이니, 즉 군민동치(君民同治)와 합중·공화(合衆共和)인데 이를 모두 입헌정체(立憲政體)라 일컫는다. 대체로 입헌정체는 3대권(大權)이 있으니, 첫째는 입법권(立法權)으로, 법률을 제정하여 입법부로 하여금 이를 관장하도록 한다. 둘째는 행정권(行政權)으로 입법관이 제정한 법률에 의거하여 정치를 행하는 것인데, 이는 행정부로 하여금 관장하도록 한다. 셋째는 사법권(司法權)으로서 입법관이 제정한 법률에 의거하여 형법(刑法)을 시행하고 소송 재판 처결하는 일을 사법부로 하여금 관장하도록 한다. 그러나 3대 조직이 나라마다 각기 다르기 때문에 다음과 같이 개론하여 채택하는 데 제공할까 한다. (…中略…) 대저 3대부의 권리를 확정하고, 3대관의 조직을 담당하여 국전(國典)으로 삼는 것이 곧 헌법이다. 대체로 헌법은 혹 군주가 정하기도 하고, 혹 군민(君民)이 함께 정하기도 하는데, 영국 같은 경우는 일찍이 헌법을 설치한 적이 없었고, 개국 이후로 관행(慣行)한 법도(法度)가 오랜 세월에 누적되어 마침내 하나의 헌법이 되어 버렸다. 상고하건대, 태서의 정치 습속은 군주(君主) 및 민주(民主)를 막론하고 모두 상하 의원(議院)을 설치하여, 일체 군국대사(軍國大事)를 하원에서 공동으로 작의(酌議)하여 상원으로 올리면, 상원에서 또 서로 작의하여 하원으로 내리는데, 여기서 의결한 것은 동이(同異)를 막론하고 합해서 상재(上裁)를 청하는 바, <u>아무리 군주(君主)의 존귀(尊貴)로도 자기의 뜻대로 독단적으로 행할 수 없다. 그러므로 한번 헌법이 정해진 뒤에는 또한 정해진 방법의 여하를 불문하고 쉽게 변경할 수 없다.</u>

　　　　　　　　　　—'구미입헌정체', 『한성순보』, 1884.1.30

　구미의 정치 제도를 소개한 이 글은, 정치 제도를 개략하여 채택하는 데 필요한 정보를 제공할 목적을 갖고 있다고 하였다. 이로 볼 때 이 글도 본질적으로 인민을 계도하기 위한 목적보다 군주나 정치가를 대상으로 한 글이다. 그런데 '군주국', '민주국', '군민공의(君民公議)' 등의 개념이나 '삼권 분립', '헌법'의 개념 등이 유입된 것은 '권리 의식' 형성이 적지 않은 영향을 주었을 것으로 판단된다. 특히 "아무리 군주의 존귀라도 자기의 뜻대로 독단적으로 행할 수 없다."는 것은 군주의 절대 권력을 제한할 수 있음을 의미할 뿐 아니라, 대의제를 통한 민권(民權) 성장의 필요를 자극하는 요인이 될 수 있다.

　그럼에도 1880년대부터 갑오개혁에 이르기까지 서양의 학술이나 계몽사상이 민권 운동으로 이어지지는 않았다. 이 점은 1884년 갑신정변이나 1894년 갑오개혁이 위로부터의 정치변혁 운동이라는 점에서도 증명된다. 삼일천하로 끝난 갑신정변은 말할 것도 없이 위로부터의 '정변(政變)'이며, 동학농민전쟁과 청일전쟁 직후의 갑오개혁도 그 자체가 민권 운동의 소산물은 아니었다. 갑오개혁 당시의 시대 상황과 군국기무처, 갑오 개화파 관료의 사상 등을 대상으로 한 유영익(1990)[3]에서는 갑오개혁을 추진한 세력의 사상과 행동을 김홍집, 유길준 등의 '경장파(更張派)'와 박영효, 서광범 등의 '정변파(政變派)', 박정양, 이완용 등의

---

3) 유영익(1990), 『갑오경장연구』, 일조각, 220~222쪽.

'정동파(貞洞派)', 대원군, 이준용 등의 '대원군파(大院君派)', 고종과 민비를 에워싼 '궁중파(宮中派)' 등의 정파로 구분하면서 갑오경장 자체도 사상적으로 혼종적이었음을 밝힌 바 있다. 이 가운데 갑오개혁을 주도한 세력인 경장파의 경우도 '보국안민(保國安民)', '편민이국(便民利國)', '부국강병(富國强兵)'의 슬로건에서 볼 수 있듯이 민권 차원의 정치개혁보다 소박한 민족주의, 민본주의에 기반한 개혁 사상을 유지했다.

그럼에도 1880년대부터 본격화된 근대 지식 보급은 점진적으로 민지를 발달시키고 민권 의식을 성장하게 하는 계기가 되었음에 틀림없다. 이 점은 민중 운동 차원에서 동학(東學)을 연구한 박영학(1990)에서도 밝혀진 바 있다.[4] 필자 미상의 『동학란기록(東學亂紀錄)』에서 동학도들이 그들의 취회(聚會)를 민회(民會)와 같은 것으로 인식한 점[5]도 각국에 민회가 존재한다는 사실을 알고 있었기 때문이다.

근대 지식의 보급이 민권 의식의 성장과 국권 침탈기 애국운동으로 변화할 수 있었던 데는 '민지개유(民智開牖)'의 계몽의식이 큰 영향을 미쳤다. 독립협회와 만민공동회[6]로 대표되는 근대 민권 운동 단체들은 민중의 권리 의식 향상을 위해 지식 보급을 최우선 과제로 여겼는데, 『독립신문』, 『독립협회회보』는 민중 계몽지로서의 역할을 담당한 기관이었다. 특히 1898년 4월 3일의 독립협회 토론회에서는 '의회 설립론'

---

4) 박영학(1990), 『동학 운동의 공시(公示) 구조』, 나남. 이 책에서 '공시(公示)'는 현실적이고 공공적인 커뮤니케이션 행위를 의미한다. 이 연구에서는 동학의 포교 조직인 '포접(抱接)'은 공시망(公示網)으로 보고, '통문', '격문', '서책', '사신(私信)', '구전(口傳)' 등을 공시 매체로 규정했다.

5) 국사편찬위원회(1989), 『동학란기록』(상), 탐구당, 123쪽, '취어(聚語)'. "又曰渠等此會 不帶尺寸之兵 乃是民會 嘗聞各國亦民會 朝廷政令 有不便於民國者 會議講定 自是近事 豈可措爲匪類乎(그들은 또 말하기를 우리의 이번 취회는 조그마한 무기도 갖지 않았으니, 곧 민회이다. 들건대 각국에도 또한 민회가 있어 조정의 정령이 백성과 나라에 불편한 것이 있으면 회의하여 대책을 강구하는 것이 흔히 있는 일이니, 어찌 우리를 비적으로 취급할 수 있겠는가)." 박영학(1990: 259)에서 재인용.

6) 이에 대해서는 역사학계의 연구 성과가 매우 많다. 신용하(1975)의 『독립협회와 만민공동회』(한국일보사)에서는 사회사상의 차원에서 독립협회와 만민공동회의 중심 사상을 '자주 민권 자강 사상(自主民權自强思想)'으로 규정했다.

이 본격적으로 제기되고,[7] 이러한 의식의 성장이 1898년 11월 5일부터 12월 23일까지 이어진 '만민공동회'의 기반이 되었다. 독립협회 토론회의 의회 설립 주장은 위에서 살펴본 '구미입헌정체'의 대의제의 취지가 반영된 것으로 볼 수 있다. 『독립신문』 1898년 4월 30일자 논설을 살펴보자.

만일 학문 잇고 지혜 잇ᄂᆞᆫ 사ᄅᆞᆷ이 여럿이 모혀 공평ᄒᆞ게 토론 ᄒᆞ야 쟉뎡ᄒᆞᆫ 일일것 ᄀᆞᆺᄒᆞ면 ᄌᆞ긔 혼ᄌᆞ 싱각 ᄒᆞ야 쟉뎡 ᄒᆞᆫ 일 보다 ᄆᆞ음에 더 튼튼 ᄒᆞᆯ터이요 일이 더 바르게 쟉뎡이 되엿슬터이라. 이럿케 쟉뎡 히 노ᄒᆞᆫ 일을 지룡을 가지고 맛당 ᄒᆞ게 시ᄒᆡᆼᄆᆞᆫ ᄒᆞᆯ것 ᄀᆞᆺᄒᆞ면 위션 일이 랑픾도 아니 되려니와 틈이 잇서 힝졍 ᄒᆞᄂᆞᆫ듸 젼력을 ᄒᆞ게될지라. 인민의게ᄂᆞᆫ 한량 업시 유죠 ᄒᆞᆫ 일이 만히 잇슬것은 무엇인고 ᄒᆞ니 무론 무슴 일이고 좌우 편이 잇ᄉᆞᆨ 좌우편 일을 의졍원에셔 공변되히 토론 ᄒᆞ야 졍부에셔 좌우 편 ᄉᆞ졍을 다 참쟉ᄒᆞᆫ 뒤에 쟉뎡이 되엿ᄉᆞᆨ 좌우편이 다 그일 ᄉᆞᆫ듥에 히 를 당 ᄒᆞᆯ 리가 업고 ᄯᅩ 셜령 히를 당 ᄒᆞᄂᆞᆫ 사ᄅᆞᆷ이 잇드릐도 몃이 못 될터이 요, 그 ᄉᆞᆫ듥에 국즁에 리 보ᄂᆞᆫ 사ᄅᆞᆷ은 몃빅만명이 될터이며 ᄯᅩ 졍부에셔 무슴 쥬견으로 무슴 리ᄒᆡ를 혜아려 그 일을 그럿케 쟉뎡 ᄒᆞᆫ줄을 사ᄅᆞᆷ마다 알터인즉 위션 사ᄅᆞᆷ이 셰샹에 좌우편 시비와 리ᄒᆡ와 션불션을 좌우편 말을 다 듯고 분긔가 나셔셔 릉히 경계 잇고 ᄶᅩᆨᄶᅩᆨ 하게 말을 ᄒᆞᆯ터이니 병신 노릇도 아니 하려니와 뎨일 사ᄅᆞᆷ마다 졍부 일에 ᄆᆞ음이 더 친밀히 되야 졍부에셔 ᄒᆞ시ᄂᆞᆫ 일을 내 일과 ᄀᆞᆺ치 싱각 ᄒᆞ고 졍부와 ᄇᆡᆨ셩 ᄉᆞ이에 업던 졍분이 날터이며 나라 ᄉᆞ랑 ᄒᆞᄂᆞᆫ ᄆᆞ음이 이왕 보다 ᄇᆡ가 더 ᄒᆞᆯ터이며 내

---

7) (잡보)『독립신문』, 1898.4.9. "도라간 일요일 오후에 독립협회 회원들이 독립관에 모혀 의회원를 셜립 ᄒᆞᄂᆞᆫ것이 졍치 샹에 뎨일 긴요 ᄒᆞ다ᄂᆞᆫ 문뎨를 가지고 토론들 ᄒᆞᄂᆞᆫ듸 졍치 샹에 긴요 ᄒᆞ고 유죠ᄒᆞᆫ 말이 만히 잇더라 이 다음 일요일 오후에 회원들이 다시 모혀 각쳐에 독립 협회 지쇼 (支所)를 셜립(設立) ᄒᆞᄂᆞᆫ것이 본회의 뎨일 요무 (要務)로 결뎡 ᄒᆞᆫ다ᄂᆞᆫ 문뎨를 가지고 강론들 ᄒᆞᆯ터이니 만히 와셔들 드르시며 회원들도 실고 업ᄂᆞᆫ 이들 은 다 와셔 참례들 ᄒᆞ시오." 여기서 돌아간 일요일은 4월 3일이다.

가 원통 ᄒ고 내가 속에 잇ᄂ 마음을 사ᄅ마다 릉히 정부에 말 ᄒ야 좌우 간에 공평 되게 결명홀 길이 싱길지라. 그러고 본즉 <u>의정관과 힝정관의 직분을 이럿케 분간 ᄒ야 놋커드면</u> ᄌ연히 일이 잘 될터이니 위션 전국에 유조도 ᄒ려니와 위션 대황뎨 폐하의와 ᄂ각 대신네들의게와 젼국 인민 의게 모도 편리 ᄒ고 직무 ᄒ기에 현란흔 일이 업슬터이며 군신 샹하가 졈졈 더 친밀 ᄒ야 흔 집안 ᄀ치 일뎡흔 규모를 가지고 지낼터이며 나라 이 이럿케 샹합 ᄒ야 <u>군신 샹하가 직분을 편리케 ᄒ고 일이 공변 되게 쟉뎡 되ᄂ것</u>을 외국들이 보거드면 그 ᄯᆡᄂ 감히 대한을 능멸히 흔다던지 침범 ᄒ랸다던지 실례 되ᄂ 일을 ᄒ지 못 홀터이니 나라에 그런 경ᄉ가 업ᄂ지라 첫ᄌ 황실이 만년 긔죠에 튼튼히 쳐 ᄒ실터이요 ᄂ각이 합심 ᄒ야 힝졍을 홀터이요 인민이 원통 홈이 업슬터이니 정부 관인들과 젼국 인민들이 참 말노 대황뎨 폐하의 츙심이 잇고 대한 이ᄌ를 ᄉ랑 ᄒ거던 나라이 이럿케 ᄯ 이도록 쥬션들을 ᄒ여 보시오.

         —(논설) 『독립신문』, 1898.4.30

1898년 4월 3일의 토론회가 열린 뒤 게재된 이 논설에서는 '의정관', '행정관'을 구분하고, 의회를 설립하여 정부의 일을 행해야 한다는 주장을 펼치고 있다. 여기서 좌우편 의정원을 구성하는 사람은 '학문 있고, 지혜 있는 사람들'이다. 문명 진보론이 시대의 대세를 이루고 있던 이 시기에 학문과 지혜를 갖추기 위해서는 지식 보급이 필요하고, 이를 위해 교육 보급이 이루어져야 한다. 이 점에서 근대 계몽기의 지식 담론은 '문명론', '교육론'을 기반으로 한 민권론으로 이어진다. 문명 진보를 위한 학문 발전의 필요성과 신문, 잡지, 저역 활동을 통한 민지 개발론의 시대사조 속에 다양한 학문이 소개되고, 중국과 일본을 경유한 근대 사상이 도입되었음은 근대의 학문 체계를 분류하고자 한 구장률 (2013)을 통해서도 확인할 수 있다.[8]

1.2. 계몽사상의 수용 양상

근대 지식 형성 과정에서 동아시아의 지식 교류는 전근대적 상황과는 판이하게 다른 모습을 띠는 경우가 많다. 조선 후기 지식인의 대외 인식을 주제로 한 김문식(2009)에서는 16세기 이후 19세기까지 우리나라에 서구 지식이 유입되는 경로를 '영선사, 통신사, 표류민' 세 가지 형태로 정리한 바 있다. 1876년 개항 이후의 지식 교류는 기존의 사신단이나 표류민을 매개로 한 형태보다 훨씬 다양하고 직접적인 형태로 바뀌었음은 선행 연구를 통해서도 증명된다. 이 시기 중국과 일본을 경유한 지적 교류 상황에 대해 일일이 언급할 수는 없지만,9) 김선민(2013), 구태훈(2013), 임형택(2014), 동북아역사재단(2009), 한일문화교류기금(2011), 김유철(2008), 최소자(2005), 인하대학교 한국학연구소(2012) 등의 연구 성과를 참고할 때, 사신단 행지(行地)를 중심으로 한 전근대적 지식 유통과는 달리 중국의 상해(上海), 일본의 '오사카(大阪)', '나가사키(長崎)' 등과 같이 서구 지식의 영향을 받던 지역을 통해 유입되는 서적의 양이 급증하고 있음을 확인할 수 있다. 특히 개항 전후 중국과 일본은 근대 지식 교류의 차원에서 우리나라와는 비교할 수 없을 정도로 활발한 교역이 이루어졌음을 확인할 수 있는데, 이는 1876년부터 『중서견문록(中西見聞錄)』의 속편으로 간행된 부란아(傅蘭雅, 존 프라이어)의 『격치휘편』을 통해서도 확인할 수 있다. 상해에서 발행된 이 신문은 중국뿐만 아니라 동남아나 일본에도 판매처가 있을 정도로 광범위하게 유통되었다. 1876

---

8) 이에 대해서는 총서 권1의 근대 학문 형성 과정에 대한 논의를 참고할 수 있다.

9) 한국학술정보서비스에서 '근대 동아시아 지식 교류'를 키워드로 선행 연구를 검색하면, 대략 420편 정도의 연구 성과물이 검색된다. 이 가운데 지식 교류와 관련된 것이 100편 정도 있는데, 이는 지식 교류의 일반적 경향만을 언급한 성과들이다. 특정 문헌의 역술 과정이나 근대 교과서의 영향 관계 등을 연구한 성과물은 이 검색에 포함되지 않기 때문에, 근대 계몽기 중국과 일본을 경유한 지식 교류 상황의 선행 연구를 모두 정리하는 일은 쉽지 않다.

년 9월 발행된 이 신문의 '각국기수격치휘편(各國寄售格致彙編, 각국의 격
치휘편을 판매하는 곳)'을 참고하면 '천진(天津), 우장(牛莊), 제남부(濟南府),
연대(燕臺), 등주부(登州府), 한구(漢口), 무창(武昌), 무혈(武穴), 구강(九江),
남경(南京), 진강(鎭江), 항주(杭州), 복주(福州), 하문(厦門), 대담담수(臺灣
淡水), 유두(油頭), 홍콩(香港), 광주부(廣州府)' 등 중국 대부분의 지역과
'싱가포르(新嘉坡)', '일본 고베(日本神戶)' 등 중국 이외의 지역에서도 판
매되었다. 그 후 '일본 요코하마(橫濱)'가 추가되었는데, 이 시기 동아시
아 개항지를 통해 중국과 일본에서 발행된 서적이 광범위하게 유통되었
음을 보여준다.

　이러한 지식 유통은 당시의 교통 통신 상황과도 밀접한 관련을 맺고
있을 것으로 보이는데, 『격치휘편』 1876년 6월호 '유람동양일기(遊覽東
洋日記)'를 참고하면, 이 시기 상해에 일본의 윤선회사가 있었는데, 이
회사의 선박을 이용할 경우 상해에서 일본 나가사키까지 3일 정도가
소요된 것으로 나타난다. 이 여행기를 참고하면 이 선박은 상해와 일본
을 직접 항해하는 수단이었으며, 조선을 경유하지는 않았다. 당시 조선
과 일본을 왕래하는 수단은 일본 상선(商船)이었던 것으로 추정되는데,
1881년 조사시찰단으로 파견된 이헌영의 『일사집략(日槎集略)』을 참고
하면, 이헌영이 부산 초량항에서 효고현(兵庫縣) 고베(神戶)까지 이용한
배는 일본 스미토모 회사(住友會社)의 상선이었다. 인하대 한국학연구소
(2012)의 『동아시아 개항도시의 형성과 네트워크』(글로벌콘텐츠)에서 밝
힌 바와 같이, 개항 직후 조선 각 개항지에 일본 거류민이 급증하고,
일본인 학교가 다수 설립되었지만, 조선인이 일본과 중국을 왕래하는
일은 많지 않았던 것으로 보이며, 교통수단도 상해와 일본의 교류에
비해 더디게 발달했던 것으로 추정된다. 이 점은 1894년 우리나라에
왔던 이사벨라 버드 비숍(1897)의 『조선과 그 이웃 나라들』[10]을 통해서

---

10) Isabella Bird Bishop(1897), *Korea and Her Neighbors. A Narrative of Travel, with an account*

도 확인할 수 있다. 이 시기 조선을 포함한 동아시아 교통수단에 대해 비숍은 다음과 같이 기술하고 있다.

【 조선의 첫인상 】

1885년 초반 일본 우선(郵船) 회사는 5주마다 블라디보스토크와 부산을 왕래하는 기선 1대와 한 달에 한 번씩 제물포와 부산을 왕래하는 작은 배를 운행한다. 지금은 크든 작든 간에 부산에 기선이 왕래하지 않는 날이 없다. 일본 우선회사의 좋은 배뿐만 아니라 자주 고베(神戶)-블라디보스토크, 상해-블라디보스토크, 고베-천진, 고베-지부(芝罘), 고베-뉴창(紐昌) 사이를 왕래하는 모든 노선이 부산에 기착하며, 오사카의 직항 노선과 상해 블라디보스토크 사이를 왕래하는 러시아 우편선을 포함한 세 개의 노선이 부산에 기착하고 있다.

—이사벨라 버드 비숍, 신복룡 역주(2006), 『조선과 그 이웃 나라들』,
집문당, 34쪽

이 자료에서 확인할 수 있듯이, 1885년의 해상 교통수단은 5주 1회 블라디보스토크를 운항하는 우선회사의 기선과, 월 1회 제물포와 부산을 왕래하는 상선이 있었는데, 1897년에는 고베, 상해, 블라디보스토크, 천진, 지부, 유창 등 각 개항지를 운항하는 일본과 러시아 기선이 많았음을 확인할 수 있다. 이처럼 기선 운항이 증대한 것은 경제적 교류뿐만 아니라 지적 교류도 활발해지고 있음을 의미한다. 그러나 1880

---

of the Recent Vicissitudes and Present Position of the Country, Fleming H. Revell Co., New York. 이 책은 2006년 신복룡 교수에 의해 역주되었으며, 집문당에서 출판하였다. 비숍은 1831년 10월 15일 요크셔에서 출생하였으며, 1854년 캐나다와 북미를 여행하고 『미국에 온 영국 여인』(1856), 『하와이 군도』(1875) 등을 저술하였으며, 그 뒤 『일본의 오지』(1880)를 남겼다. 1894년 1월 요코하마를 경유하여 2월에 한국 도착한 뒤, 63세 노령으로 1897년까지 극동에 머물면서 네 차례 한국을 방문하고, 『조선과 그 이웃 나라들』(1897), 『양자강 너머』(1901) 등의 여행기를 저술하였다.

년대까지 조선의 지적 교류 풍토는 중국과 일본의 신문, 서적을 체계적으로 수용한 것으로 보이지는 않으며, 중국어판 서적과 일본어판 서적의 유입도 체계적이었던 것 같지는 않다. 조사시찰단의 조사(朝士)였던 조준영의 『문부성소할목록』이나 김윤식(金允植)의 『음청사(陰晴事)』 등에 다수의 일본 교과서와 중국에서 발행된 서적명이 등장하지만, 현재까지 이러한 서적이 국내에 어느 정도 유통되었지 확인하기는 어렵다. 그러나 조선 거류 일본인이 급증하고, 갑오개혁 이후 재일 관비 유학생이 파견되면서 조선 내에도 일본어 서적과 중국어판 서적을 통해 서양의 각종 학문이 급속도로 유입되었음은 쉽게 추론할 수 있다. 『독립신문』에 재일 유학생 단체의 『친목회회보』 발행 기사가 지속적으로 나타나고,[11] 1899년 1월 25일자 논설에 상해에서 발행한 영문판 '광학회연보'를 참고한 일, 2월 6일자 논설 '광학회 사기(史記)'에서 중국 상해의 광학회 활동을 소개한 논설 등은 이 시기 지식 수용 상황의 단면을 보여준다.

근대 계몽기 지식 수용은 '민지계발(民智啓發)'을 위한 계몽적 차원에서 이루어졌다. 그렇기 때문에 각종 매체에서 지식 보급의 중요성, 서적 발행이나 저역 활동의 중요성을 역설하였으며, 실제 역술 작업이 진행되기도 하였다. 예를 들어 학부 편찬의 『태서신사 언역본』, 『셔례슈지』(1902) 등의 교과서, 『황성신문』에 소재한 '일본유신삼십년사'(1906.4.30 ~12.31), 루소(盧梭)의 '민약론'(1909.4.30~9.8), 도리오코야타(鳥尾小彌太)의 '왕법론(王法論)'(1909.9.10~10.5), 『대한매일신보』에 소재한 이제마태(李提摩太, 티모시 리처드)의 '신학비요(新學備要)'(1905.12.13), '대영학사(大英學士) 록(로크) 씨의 교육 의견'(1906.1.4), 스마일즈의 '자조론'(1907.10.25~26), '유신업자의 모범할 법문, 로득개교기(路得改敎記, 루터 개교기)'

---

11) 『독립신문』, 1896.9.22(단체 결성 관련); 1896.10.8(제3호 발행 관련); 1897.4.8(제4호 발행 관련).

(1906.6.17) 등이 대표적이다.[12] 이뿐만 아니라 1906년 이후 계몽운동가들이 역술한 각종 교과서가 존재하며, 학회보에 소재하는 역술 자료도 40여 종에 이른다.[13]

이와 같은 번역 자료 속에는 민지계발뿐만 아니라 민권 의식과 직접적인 관련을 맺는 다수의 서양 계몽사상서도 포함되어 있다. 예를 들어 『조양보』 제10호~제11호(1906)의 '곽포사(霍布土, 홉스)의 정치학설', 『서우(西友)』 제7호~제10호(1906)에 연재된 노백린의 '애국정신담(愛國精神談)'(에밀의 애국정신), 『한양보』 제1호~제2호(1907)의 '육극(陸克, 로크)의 자유담', 『기호흥학회월보』 제6호~제10호(1908) 이춘세의 '정치학설'(홉스 정치설 역술) 등이 대표적이다. 이러한 역술은 번역 대상서를 명확히 고증하는 데 한계는 있으나, 대체로 일본어 서적을 대상으로 했거나 상해판 중국어 서적을 대상으로 한 것으로 추정할 수 있는데, 특히 개신 유학자를 중심으로 한 애국 계몽사상가들은 중국어로 출판된 서적을 다수 역술하였다. 예를 들어 김상연·나진 역술(1908) 『국가학』,[14] 『황성신문』 소재 '일본유신삼십년사', 『조양보』 소재 '부인의독'(일본인 시모다우타코의 저서를 광지서국에서 중국어로 역술함) 등은 광학회와 밀접한 관련을 맺고 있는 광지서국(廣智書局)의 중국어 역술본을 대상으로 한 것으로 추정된다.

이와 같은 계몽 지식은 크게 세 가지 경로로 유입된다. 첫째는 1880년대부터 시작된 재일 유학생을 중심으로 일본의 근대 지식을 수용하는 경우이다. 1896~98년까지 발행된 『친목회회보』를 비롯하여, 1910년까지의 재일 유학생 단체에서 발행한 잡지 소재 근대 지식은 직접적으

---

12) 이에 대해서는 허재영(2016), 「근대 계몽기 신문 잡지의 번역과 역술 문화」, 『동악어문학』 제66집(동악어문학회)을 참고할 수 있다.
13) 이에 대해서는 총서 권1의 분류표를 참고할 수 있다.
14) 이에 대해서는 김효전(2000), 『근대 한국의 국가사상』(철학과현실사)을 참고할 수 있다. 이에 따르면 김상연·나진 역술(1908)은 블룬칠리의 국가학을 광지서국에서 역술한 것이다.

로 일본의 근대 지식과 관련을 맺는 것으로 볼 수 있다. 그런데 재일 유학생 단체의 학회보에 소재한 각종 역술 자료는 그 대상 문헌이 확인 되지 않는 경우가 대부분이다. 이는 유학 과정에서 공부한 책을 편역한 형태로 글을 썼기 때문으로 추정된다. 근대 학회보에서 역술자가 일본 어 서적을 역술했음을 밝힌 사례로는 다음과 같은 경우가 있다.

【 일본어 대상 역술 자료 】

연도	학회보	역자	제목	호수	출처
1896	대조선독립협회 회보	편집국	신흥학설	제14호	시사신보
1896	대조선독립협회 회보	편집국	논민	제14호	시사신보
1906	서우	노백린	애국정신 담(법국 애이납아＝에밀)	제7, 8, 9, 10호	에이납아(에밀)
1906	조양보	편집국	자조론	제1, 2, 3호(3회)	스마일즈 (中村正直으로 추정)
1906	서우	편집부	아동의 위생	제11, 12, 13호(3회)	마츠오기요코
1906	서우	편집부	자치론	제12, 13, 14호	自治論: 英國人 스마이루스(斯邁爾斯) 氏의 四大著書 中〈自助論〉: 日本 維新初 中村正直 譯書(再譯)
1906	조양보	편집국	보호국론	제9, 10, 11호	有賀長雄
1906	조양보	편집국	정치원론	제9, 11호(2회)	市島兼吉
1906	조양보	편집국	부인의독	제1호	下田歌子
1906	조양보	편집국	식림담	제2호	本多晴肉
1906	조양보	편집국	논 애국심	제3, 4, 5, 6, 7호(5회)	新德秋水
1906	서우	유동작	자녀 교양에 취하야	제4호	오카다 아시타로
1907	한양보	편집부	육극의 자유담	제1, 2호	대상 문헌 미상
1907	대한유학생회 학보	편집자	지구지과거 급 미래	제1, 2호	일본 요코야마 지구론
1907	공수학보	이상욱	수성의 인류 (태양보 역)	제4호	대상 문헌 미상

연도	학회보	역자	제목	호수	출처
1908	대한학회월보	편집자	신발명 마병 치료 방법(야마우에)	제7, 8호(2회)	야마우에
1908	소년	최남선	스마일즈 용기론		대상 문헌 미상
1909	대한흥학보	소양생 역	효의 관념 변천에 대하여	제9호	井上哲次郎 (이노우에데츠키로)
1909	대한흥학보	추당 역	쇼헨하월 씨의 윤리설	제4호	대상 문헌 미상

　이들 역술 자료 가운데 '자조론', '자치론', '애국정신' 등은 일본어로 역술한 서양 계몽사상을 재역(再譯)한 경우에 해당하며, '보호국론', '정치원론' 등과 같은 정치학서는 일본인 저술을 대상으로 역술한 경우에 해당한다. 이밖에도 『태극학보』, 『대한유학생회월보』, 『대한학회월보』 등과 같이 재일 유학생 단체에서 발행한 다수의 학회보에 역술 대상 문헌을 밝히지 않은 역술 자료가 비교적 많이 실려 있는데, 이들 가운데 상당수는 유학생들이 자신들의 학업 과정에서 접촉한 서적을 대상으로 편역했을 가능성이 높다. 이러한 흐름은 교과서류도 마찬가지인데, 대상 문헌을 밝힌 사례가 많지는 않지만, 마쓰이 저·조성구 역, 『경찰학』 (1909, 문화당)과 같은 경우도 나타난다.[15] 이러한 흐름에서 정치, 법률, 사상 분야에서 후쿠자와유키지(福澤諭吉, 1835~1901)와 같은 일본 근대 사상가에 대한 관심도 높아졌는데, 『태극학보』 제25호(1908.10) 김홍량 (金鴻亮) 번역 '권학론(勸學論)'이 대표적이다. 이 역술 자료는 '일본 대교육가 후쿠자와'가 기술한 것임을 명확히 밝히고 있다. 교육적 차원에서 후쿠자와의 수신 이론을 번역한 사례는 『소년』 제2권 제2호(1909.2)의 '수신요결(修身要訣)'도 있다.

　둘째는 중국 문헌을 대상으로 한 경우이다. 중국을 통한 지식 수용은 근대 이전에도 활발했는데, 1880년대 이후에도 개신 유학자들을 중심

---

15) 김효전(2008), 「번역과 근대한국」, 『개념과 소통』 1, 한림대학교 한림과학원.

으로 이 전통이 이어졌다. 특히 1900년대 전후 한국과 중국은 서세동점의 위기상황이 유사하고, 중국도 근대화의 충격 속에 일본과 서구에 파견된 다수의 유학생이 등장하면서, 서양과 일본의 학문을 적극적으로 수용하고자 한 움직임이 일어났다. 그 결과 캉유웨이(康有爲), 량치차오(梁啓超)와 같은 전반적 서구화를 주장하는 학자들이 나타났고, 그들이 저술한 중국어 학술서가 한국어로 역술되기 시작했다. 근대 계몽기 중국어를 대상으로 한 역술 자료로는 다음과 같은 것들이 발견된다.

【 중국어 대상 역술 자료 】

연도	학회보	필자, 번역자	제목	호수	비고
1896	대조선독립협회회보	부란아	독 격치휘편	제3호	격치휘편
1896	대조선독립협회회보	부란아	기관사 와특전	제8, 9호(2회)	격치휘편
1896	대조선독립협회회보	부란아	방직기계설	제10호	격치휘편
1896	대조선독립협회회보	부란아	수론, 논무운로	제4호	격치휘편
1896	대조선독립협회회보	부란아	대포 여 철갑론	제12호	격치휘편
1896	대조선독립협회회보	부란아	광학론	제11호	격치휘편
1896	대조선독립협회회보	부란아	광학론	제10호	격치휘편
1896	대조선독립협회회보	관해당주인 (양수경)	사감물경우목설 전기학 공효걸 부 우피연숙법 타미기구도설	제11호	관해당주인
1896	대조선독립협회회보	부란아	동방각국이 서국 공예를 모방하는 총설이라	제7호	격치휘편
1896	대조선독립협회회보	부란아	논무운로	제4호	격치휘편
1896	대조선독립협회회보	부란아	빙설 급 동빙 리의 론	제6호	격치휘편
1896	대조선독립협회회보	부란아	논 전 여 뢰	제9호	격치휘편
1896	대조선독립협회회보	부란아	지구인 수 점다 응설법 이첨식량론	제9호	격치휘편
1896	대조선독립협회회보	부란아	인분오류설	제8호	격치휘편
1896	대조선독립협회회보	마고온	유익지수이지천재	제3호	격치휘편
1896	대조선독립협회회보	부란아	은광론, 동광론	제12호	격치휘편
1906	조양보	편집국	멸국신법론	제8, 9, 11호	양계초
1906	조양보	편집국	갈소사 흉가리 애국자 (음빙실주인)	제9호	양계초

연도	학회보	필자, 번역자	제목	호수	비고
1906	조양보	편집국	동물담	제8호	양계초
1906	조양보	편집국	곽포사의 정치학설	제8, 9, 10호	홉스
1906	서우	박은식	논유학	제6, 7, 8, 9, 10호	음빙실
1906	서우	박은식	광신학 이보구학설	제3호	이가베(길버트리드)
1906	대한자강회월보	음빙실/장지연	교육정책사의	제3호, 제4호	음빙실
1908	호남학보	이기	대학신민해/양묵변	제6호	양계초
1908	호남학보	이기	정치학설	제2, 3, 4, 5, 6, 7, 8, 9호(8회)	양계초
1908	호남학보	이기 역술	양씨학설	제1호	양계초
1908	대한협회회보	이종준 역	생리분리의 별론	제2, 7, 10호(3회)	이제마태(리처드)
1908	대한협회회보	편집자	사빈색 논 일본헌법 어	제1호	양계초
1908	대한협회회보	양계초	동물담	제1호	양계초
1908	대한협회회보	홍필주	빙집절략	제2, 3, 4, 5, 6, 8, 9, 10, 11, 12호(10회)	양계초
1908	기호흥학회월보	이춘세	정치학설	제6~10호(5회)	홉스

이 표에 나타난 것처럼 중국어 대상 문헌 역술은 프라이어(傅蘭雅)의 『격치휘편』이나 이 신문의 편집자였던 티모시 리처드(李提摩太)의 저술과 같이 서양인이 소개한 중국어 역술서를 대상으로 한 것이 많다. 또한 량치차오의 『음빙실문집』(1903, 광지서국)은 국내에 널리 유포되었던 것으로 보이는데, 이를 대상으로 한 역술 자료가 매우 많다. 이뿐만 아니라 1900년대에 이르러 다수의 일본어 서적이 중국어로 역술되었는데, 국내에서 역술한 일본인 저술서 가운데는 일본어를 직역하지 않고, 중국어로 역술한 저서를 중역(重譯)한 경우도 많았을 것으로 추정된다.

셋째는 서양서를 직접 번역한 경우인데, 신문이나 학회보에는 이러한 예에 해당하는 자료를 찾기 어렵다. 비록 서양 계몽사상가들의 이론을 번역한 사례일지라도 직접 서양서를 대상으로 했는지는 확인하기

어렵다. 그러나 국내에 들어와 있던 서양 선교사들이 한국인의 도움을
받아 순국문 교과서를 저술한 경우가 있는데, 조 헤버 존스(한국명 조원
시, 1902)의『국문독본』(미이미교회), 게일(1903~04)의『유몽천자』등의
교과서뿐만 아니라 밀러(E. H. Miller, 1906)의『초학디지』(대한야소교서
회), 필하와 저·신해영 술(1908)의『고등산학신편』(대한야소교서회) 등이
이에 해당한다. 이러한 교과서는 저술된 것이지만, 독본(讀本) 또는 지
리(地理)의 경우 편역 형태를 취한 것이 많고, 애니에 리(한국명 安愛理,
1906)의『동물학』은 배리드(M. Baird) 여사의 동물학을 번역한 것임을
명시하고 있다. 이처럼 서양서를 직접 번역한 사례가 많지 않음에도
서양인과의 직접 교류가 한국 근대 계몽의식 성장 과정에 영향을 미쳤
을 것임은 구미(歐美) 이주자 및 유학생의 증가 현상을 통해서도 쉽게
짐작할 수 있다.

이와 같은 근대 지식 수용 경향을 살펴볼 때 1900년대부터는 서구의
계몽사상이 본격적으로 유입되기 시작했음을 확인할 수 있는데, 이 시
기 역술 자료에서는 홉스, 로크, 루소 등으로 대표되는 '자연법사상과
사회계약설', 17~18세기 서구의 시민혁명을 이끌어 온 자유와 평등사
상, 스마일즈의 '자조론' 등을 살펴볼 필요가 있다.

2. 근대의 계몽사상

2.1. 사회계약론

'사회 계약'이라는 개념은 고대로부터 시작되었지만 17세기 영국의
로크, 홉스, 18세기 프랑스의 루소[16)에 이르는 계몽주의 시대를 거치면

---

16) 사회계약, 인민주권, 일반의지, 민주주의라는 개념이 장 자크 루소(Jean-Jacques Rousseau,

서 "사회계약론"이라는 사회이론으로 되었다. 사회계약론에서 공통으로 전제하는 것은 '자연상태'이며 그래서 도덕적 요구사항이나 정치적 의무를 특정집단의 통제 또는 신적인 질서에 의거하지 않고 구성원의 어떤 합의에 의해 설명하려는 것이다.[17] 자연적으로 볼 때 인간은 자유롭고 평등한 존재이지만 그런 자연적 상태에서 야기될 수 있는 사회적 문제는 개인의 권리양도와 정부의 설립에 의해 해결될 수 있다는 접근방식이다.

이와 같이 정치질서와 국가권력의 정당성을 자유라는 가치에 의거하여 사회제도를 적극적으로 구상한 근대의 사회계약론은 고전적 자유주의 사상의 이론적 기초가 되었다. 그 자유주의의 기본원리는 영국의 로크(John Locke, 1632~1704)로부터 유래한다고 알려져 있다. 그의 「통치론」(The Second Treatises of Government)은 만인평등, 개인의 기본권, 이성의 자발적 합의에 의한 정부, 시민의 불복종 권리, 법치주의 등의 원리를 제안한다. 이러한 로크의 생각은 홉스에서도 찾아볼 수 있다.[18]

이예안(2011)에 따르면[19] 18세기 말 격동기 프랑스에서 루소의 사회계약론은 인간 생존에 가장 기본적이면서도 절실한 문제로 자유, 평등, 권리 이념을 주창하고 개인과 사회의 새로운 존재방식을 제시함으로써 프랑스 사회에 커다란 파문을 일으킨 사실은 거듭 강조할 필요도 없을 것이다. 출판 당해인 1762년에 프랑스 국내에서만 정식판과 위조판을 합해서 15종의 판이 간행되었는데 출판 후 얼마 지나지 않아서 금서처

1712~1778)의 핵심개념이며, 그의 정치사상이 프랑스 혁명의 이념적 바탕이었다는 점에서, 루소의 이론이 근대 서구정치질서의 형성과정에서 큰 영향을 끼쳤음을 확인할 수 있다.

17) 이강화(2002), 「사회 계약론의 근대적 전개: 헤겔의 사회계약론 비판을 중심으로」, 『철학논총』 30, 331~351쪽.

18) 이강화(2002) 참조.

19) 이예안(2012), 「개화기의 루소『사회계약론』수용과 번역: J. J. Rousseau Du Contrat Social에서 中江兆民『民約譯解』로, 그리고『황성신문』「로사민약」으로」, 『일본문화연구』 40, 동아시아일본학회, 501~527쪽.

분을 받은 사정을 고려하면 그 반향이 얼마나 컸는지를 짐작할 수 있다. 그리고 사회계약론은 출판하는 그 해에 독일어 판본이 출간되었고 영국, 미국, 러시아 등 각국의 언어로 번역되어 프랑스를 넘어 서양 각지에 전파되었다(Jean Séelier, 1950: 93~108). 그의 사상은 19세기 중엽이후 서세동점의 시대에 국가적 위기에 봉착한 중국, 일본, 한국을 포함한 동아시아에서 새로운 정치질서가 모색되는 과정에서 여타의 근대사상가의 이론보다도 비교적 빨리 그리고 호의적으로 수용되기 시작하였다. 그 이유는 여러 가지가 있겠지만, 가장 중요한 이유는 그의 정치사상이 프랑스혁명의 배경에 있었으며 아울러 인민주권과 민주주의라는 근본이념을 강력하게 표방하고 있었기 때문이다. 이러한 사회계약설은 중세 전제군주제에서 벗어나 새로운 정치질서를 모색하고자 했던 조선 지식인들에게 큰 자극이 되었을 것이다.

홉스와 로크, 루소 등의 사회계약설은 1880년대부터 우리에게도 영향을 주었던 것으로 보인다. 예를 들어 박영효(1888)의 '건백서'에서는 '군민공치'와 함께 '군주 주권을 제한해야 하는 논리', '민회를 설립해야 하는 논리' 등의 비교적 상세히 나타난다. 다음을 살펴보자.[20]

【 八曰. 使民得當分之自由, 而養元氣 】

天降生民, 億兆皆同一, 而稟有所不可動之通義, 其通義者, 人之自保生命, 求自由, 希幸福是也, 此他人之所不可如何也, 孔子曰「三軍之帥, 可奪, 匹夫之志, 不可奪」, 卽此之謂也, 是以人間立政府之本旨, 欲固此通義也, 非爲帝王設者也, 故政府保其義, 好民之所好, 惡民之所惡, 則得其威權, 若反是, 戾其義, 惡民之所好, 好民之所惡, 則民必變革其政府, 而新立之, 以保其大旨, 此人民之公義也, 職分也, 是以公法不以國事之犯爲罪人, 而反護之, 此文明之公義, 而承

---

20) 이 건의문은 '박영효 건백서(朴泳孝 建白書)'로 알려진 1888년 상소문이다. 『日本外交文書』 第21卷 事項10 朝鮮國關係雜件, 문서번호 106. 明治 21년(1888年) 2월 24일자 문서로, 국사편찬위원회(2013)의 『한국 근대사 기초 자료집』 2(탐구당)에 수록되어 있다.

天地之理也, 凡人性懶惰, 好因循姑息, 故以因循姑息之意, 見舊來之政府, 則似
難以一朝輕卒之擧, 變動之, 然若至不得保一身之安穩, 不得爲一身之自由, 不
得保私有之財物, 失人生之大義, 不可姑息之地, 則必動之以自由保, 其孰能禦
之, 故美因英之苛政, 以動之, 遂成自由之邦, 國法寬, 而人不束縛, 人爲其所好,
欲爲士者爲士, 欲爲農者爲農, 欲爲工者爲工, 欲爲商者爲商, 所無區別, 士農工
商之間, 而論其門閥, 亦不以政府之位, 輕蔑人民, 上下貴賤, 各得其所, 雖毫髮
不妨他人之自由, 而以伸天稟之才德, 但貴賤者, 當公務, 有官吏之階級耳, 其他
識字辨理, 勞心達道者, 爲上流而重之, 不知文字, 而力役者, 爲細民而輕之耳,
此人民自保自由之大義也, 然則爲政府謀者, 不得不使人民得當分之自由, 以養
浩然之氣, 不可以苛政悖俗, 以害其通義, 故美政府, 以禁奴之事, 爲大戰遂禁
之, 天下亦隨之而禁, 豈不美哉, 豈不偉哉

번역 팔. 백성으로 하여금 마땅한 자유를 얻게 하고, 이로 원기를 기르
게 하다.

하늘이 백성을 낼 제 억조 백성이 모두 동등하나 본성이 통의(通義)하
지 않으면 안 되니, 통의라는 것은 사람이 스스로 생명을 보호하고 스스
로 행복을 바라고 구하는 것입니다. 이것은 타인이 어떻게 해서는 안 될
일이니, 공자께서 "삼군의 장수를 가히 빼앗을 수 있으나, 필부의 뜻은
빼앗을 수 없다."라고 한 것이 그것입니다. 이로써 인간이 정부를 세운
본뜻이니 진실로 의(義)를 통하게 하고자 한다면 제왕(帝王)을 두어서는
안 됩니다. 그러므로 정부가 의(義)를 보호하는 것은, 백성이 좋아하는 것
을 좋아하며 백성이 싫어하는 것을 싫어하면 곧 그 권위를 얻으며, 만약
이와 반대로 하면 그 의로움을 잃어 백성이 좋아하는 것을 싫어하고 백성
이 싫어하는 것을 즐기면 곧 백성이 반드시 그 정부를 변혁할 것이니 새
로 그것을 세워 큰 취지를 보호하는 것이 인민의 공의(公義)이며 직분입
니다. 공법(公法)으로 국사범을 죄인으로 만들지 말 것이며 이와 반대로
보호하는 것이 문명의 공의이며 천지의 이치를 받드는 것입니다. 무릇
인성이 나타하고 고식(姑息)을 좋아하는 까닭에 인순고식(因循姑息)의 뜻

으로 구래 정부를 보면 곧 어지러워 일조에 갑자기 그것을 바꾸니 그러므로 만약 일신의 안온을 지키지 못하고 일신의 자유를 얻지 못하고 사유재산을 보호하지 못해 인생의 큰 의미를 상실하면 불가불 고식의 지경에 빠져 반드시 스스로 보호하고자 하니 누가 이를 막겠습니까. 그러므로 미국은 영국의 가혹한 정치로 인해 들고 일어나 드디어 자유국을 이루고, 국법을 관대하게 하여 사람을 속박하지 않으며, 사람이 좋아하는 바가 되고 선비가 되고자 하는 자는 선비가 되며 농군이 되고자 하는 자는 농군이 되며, 공인(工人)이 되고자 하는 자는 공인이 되며, 상인이 되고자 하는 자는 상인이 되어 사농공상의 차별이 없고, 문벌을 논하건대 또한 정부의 차원에서 인민을 경멸하거나 상하 귀천이 없어, 각기 맡은 바를 행하며 모름지기 조금도 타인의 자유를 방해하지 않아 천품 재덕을 펼치나 다만 귀천이라는 것은 공무를 맡아 관리의 등급이 있을 따름입니다. 기타 식자가 이치를 분별하고 힘써 도에 달한 자는 상류가 되어 중용되고 문자를 모르면 노동자가 되어 세민(細民)으로 업신여길 따름이니, 이것이 인민이 스스로 자유를 보호하는 큰 뜻입니다. 그러므로 정부 일을 맡은 사람은 부득불 인민에게 부여된 마땅한 자유에 의해 호연한 기상을 기르게 하여 가혹한 정치나 패악한 풍속으로 그 통의를 해치지 않도록 해야 합니다. 그러므로 미국 정부는 노예를 금지하는 일로 큰 전쟁을 치러 드디어 그것을 금하게 하니 천하가 또한 그것을 따라 금하게 되었으니 어찌 아름답지 않으며 어찌 위대하지 않겠습니까.

이 건의문에 나타난 '통의(通義)'는 민의를 통하게 하는 것이며, 통의하지 않으면 '변혁(變革)'을 막을 수 없다고 하였다. 미국의 독립과 노예 해방 등을 거론하며 통의의 필요성을 역설한 것은 분명 사회계약설을 한국적으로 수용한 사례일 것이다.

그러나 이 건의문에서 서양 계몽사상이 어떤 과정을 거쳐 수용된 것인지를 확인하기는 어렵다. 근대 계몽기 사회계약론 역술 자료로는 『조양보』제8호~제10호(1906)의 '곽포사(霍布士)의 정치학설', 『기호흥학회월보』 제6호~제10호(1909)까지 5회에 걸쳐 연재된 이춘세의 '정치학설', 『황성신문』1909년 8월 4일부터 9월 8일까지 28회 연재된 '노사민약(盧梭民約)' 등이 있다.

먼저 홉스의 사회계약설을 번역한 사례를 살펴보자. 『조양보』 제8호~제10호에 소재한 '곽포사의 정치학설'은 량치차오(1903)의 『음빙실문집』을 대상으로 한 것인데, 번역자는 밝혀져 있지 않다. 사회계약설에 대한 종론(綜論)을 살펴보자.

【 곽포사(霍布士)의 사회계약설 】

ㄱ. 霍布士의 政治學說: 更히 綜詳論之컨딕 霍布士의 政論을 可分爲二大段이나 兩段이 裁然히 不相聯屬ㅎ니 其第一段은 謂衆人이 皆欲出於爭鬪之地라가 乃入於平和之域 故로 相約而建設邦國者也오, 其第二段은 謂衆人이 皆委其權而一歸於君主之掌握者也니 審如此인딕 衆人이 旣擧一身ㅎ야 以奉君主ㅎ고 君主는 以無限之權으로 肆意使用ㅎ면 所謂契約者는 果安在며 所謂公衆의 利益者는 果安在乎아. 故로 第一段 所以持論者가 乃自破壞其第二段 所論이니 以若霍氏의 才識으로 至有如此紕繆者는 無他라. 媚其主而已로다. 雖然이나 民約의 議論이 一出以來로 後之學士가 往往其意를 祖述ㅎ야 去瑕存瑾而發揮之光大之ㅎ야 致此十九世紀의 新世界 學理를 開ㅎ얏시니 霍氏의 功이 又可沒乎아.

　　　　　　　　　　　—「곽포사의 정치학설」, 『조양보』 제10호

ㄴ. 飮氷室文集 學說: 更綜論之. 霍布士之政論 可分爲二大段 而兩段裁然 不相聯屬 其第一段謂衆人 皆欲出於爭鬪之地. 入於平和之域故 相約而建設邦國者也, 其第二段 謂衆人皆委其權而一歸於君主之掌握者也 審如此 衆人旣擧一身 以奉君主 君主以無限之權肆意使令之 所謂契約者果安在 所謂公衆利益者果安在乎. 第一段所以持論 其第二段躬者破壞之. 以霍布士之才識 而致有此紕繆之言者 無他媚其主而已. 雖然民約義一出 而後之學士 往往祖述其意 去瑕存瑾而發揮之光大之 以致開十九世紀新世界學理 霍布士之功又可沒耶.

—량치차오(1903), 『음빙실문집』(하), 상해: 광지서국

번역 곽포사(홉스)의 정치학설: 다시 종합하여 논하면 홉스의 정치론을 두 단계로 나눌 수 있는데, 두 단계가 서로 이어져 있지 않으니, 제1단은 사람들이 욕망에서 비롯된 싸움터(투쟁지)에서 평화의 지경으로 들어가기 때문에 상약(相約, 민약)으로 방국(邦國)을 건설하는 것이요, 제2단은 중인(衆人)이 그 권리를 한 곳으로 위임하여 군주가 장악하는 것이니 이와 같다면, 무릇 사람들이 이미 자신을 버리고 군주를 받듦어 군주가 무한한 권리를 마음대로 사용하면 소위 계약(契約)이라는 것은 과연 어디에 있는 것이며, 소위 공중(公衆)의 이익은 어디에 있는 것인가? 그러므로 제1단의 논리가 제2단의 논리를 스스로 파괴하는 것이니, 홉스의 재식으로 이와 같이 얽어낸 것은 다름 아니라 군주에게 아첨한 것일 뿐이다. 그러나 민약의 의론이 한번 나온 이래로 후학자가 왕왕 그 뜻을 받아들여 하자(瑕疵)는 버리고 좋은 점을 취해 빛을 발하게 하여 19세기 신세계의 학리를 열었으니, 홉스의 공을 또한 묻어둘 수 없다.[21]

『조양보』의 '정치학설'은 일부 문자에서 다른 어휘를 사용한 경우도 있지만 대체로 량치차오(1903)을 직역한 것이다. 여기서 확인할 수 있듯이 이 시기 사회계약설이 본격적으로 유입되기 시작했는데, 그 주요 대상 문헌은 『음빙실문집』이었다. 이 문집은 애국계몽기 지식인들에게 많은 영향을 준 책으로, 앞서 살펴본 바와 같이 『조양보』에는 제8호~제11호(1906)의 '멸국신법론(滅國新法論)', 제8호 '동물담(動物談)', 제9호의 '갈소사 흉가리 애국자전(噶蘇士, 匈加利 愛國者傳)' 등이 번역되었으며, 『서우』에는 박은식이 역술한 '논유학(論幼學)'(제6호~제10호)이 실려 있

---

21) 이 부분에 대한 『조양보』의 역술은 『음빙실문집』을 현토(懸吐)한 데 지나지 않기 때문에, 번역문은 하나만 실었음.

다. 또한 『대한자강회월보』에는 장지연의 '교육정책사의(教育政策私議)' (제3호~제4호)가 게재되었으며, 『대한협회회보』에도 '동물담(動物談)'(제1호), '사빈색논일본헌법어(斯賓塞論日本憲法語, 스펜서가 일본 헌법에 대해 논한 말)'(제1호), 홍필주 역술의 '빙집절약(氷集節略)'(제2호~제12호)가 나타나며, 『호남학보』에도 남악거사 이기(李沂)의 역술작인 '정치학설', '대학신민해·양묵변(大學新民解·楊墨辨)'(제6호) 등이 게재되었다. 이뿐만 아니라 『기호흥학회월보』 제6호~제10호에 수록된 이춘세의 '정치학설'은 『조양보』 역술본과 크게 다르지 않다. 홉스 학설의 종합론에 대한 이춘세 역술본을 살펴보자.

【 이춘세 역술 '정치학설' 】

夐히 詳論ᄒ건ᄃᆡ 霍布士의 政論은 可히 二段으로 分ᄒᆯ지니 第一段은 衆人이 다 鬪爭의 地에 出ᄒ야 和平의 域에 入코자 ᄒᄂᆞᆫ 故로 相約ᄒ야 邦을 建ᄒ고 國을 設흠이오, 第二段은 衆人이 다 其權을 委棄ᄒ야 一히 君主의 掌握에 歸케 흠이니 此言과 如ᄒᆯ진ᄃᆡ 衆人이 旣히 一身을 擧ᄒ야 써 君主를 奉ᄒᄆᆡ 君主ᄂᆞᆫ 無限ᄒᆫ 權으로 意를 肆ᄒ야 使令ᄒᆯ지니 이론바 契約이 果然 엇의 在ᄒ며 公衆의 利益이 果然 엇의 在ᄒ리오. 一段의 所持ᄒᆫ 論과 二段의 躬自破壞흠은 霍布士의 才識으로서 如此 紕繆(비무)ᄒᆫ 言을 有흠에 至흠은 無他라. 其主쎄 媚ᄒᆫ 而已라. 雖然이나 民約의 義가 一出흠이 後의 學士가 往往히 其意를 祖述ᄒ야 瑕(하, 티)를 去ᄒ고 瑾(근, 옥)을 存ᄒ야 發揮케 ᄒ야 써 十九世紀의 新世界 新學理를 開케 ᄒ니 霍布士의 功이 쏘 可히 沒치 못ᄒ겟도다. (未完)

번역 다시 논하면 홉스의 정치론은 두 단계로 나눌 수 있으니 제1단은 중인이 모두 투쟁의 지경에서 나와 평화의 영역에 들고자 하는 까닭에 서로 약속하여 나라를 세우고 국가를 건설한다는 것이며, 제2단은 중인이 다 권리를 포기하여 군주의 손에 들도록 하는 것이니 이 말과 같다면 중인이 이미 일신을 들어 군주를 받들며 군주는 무한한 권력으로 뜻을 방자하게 부릴지니 이른바 계약이 과연 어찌 존재하며, 공중의 이익이 과연 어찌 존재할 수 있겠는가. 일단에서 주장한 이론과 이단에서 스스로 파괴한 이론은 홉스의 재주와 식견으로 이와 같이 모순된 말에 이른 것은 다름이 아니라 그 주인께 아첨한 결과일 뿐이다. 그러나 민약의 의미가 한번 출현하니 후에 학사가 왕왕 그 의미를 이어받아 티를 제거하고 옥을 보존하여 발휘하게 하여 19세기의 신세계 새로운 학리가 열렸으니 홉스의 공이 또한 묻히기 어렵다. (미완)

　　　　　　　—이춘세 역, '정치학설', 『기호흥학회월보』 제9호, 1909.5

　이 자료에서 확인되듯이 『조양보』 역술본과 마찬가지로 이춘세 역술도 『음빙실문집』을 대상으로 한 것임이 틀림없는데, 같은 자료를 중복하여 역술한 까닭은 그만큼 량치차오의 학설이 우리에게 미친 영향이 컸음을 의미한다.

　이러한 역술 자료에서 주목할 점은 홉스의 사회계약설에 대한 비판적 관점이다. 량치차오는 홉스의 사회계약설을 두 가지 논리로 정리했는데, 하나는 '인간의 이기심'에서 비롯된 '투쟁 상태'가 '민약(民約)'에 의해 국가를 건설한다는 논리이며, 다른 하나는 '군주 주권'의 근거가 개인이 권리를 포기하고 군주에게 위임한 데서 비롯된 것으로, 이 주권은 무제한적이라는 것이다. 량치차오가 두 논리의 모순을 비판한 것은 그의 사상이 민권(民權)을 지향하고 있음을 의미하는 것으로, '천부인권으로서의 자유권', '국가 권력에 선행하는 민권', '개인의 권리에 선행하는 국권' 등을 결합하여 '신민(新民)' 양성을 주장하는 그의 논리와 맞닿아 있다.[22] 이러한 사상은 국권 침탈의 위기의식 속에서 '애국사상', '국민사상'을 형성하는 데 직접적인 영향을 주었으며, 이러한 사상의 기반에서 애국계몽운동이 활발하게 전개될 수 있었던 것으로 풀이된다.

---

22) 량치차오의 '신민(新民)'에 대해서는 이혜경(2002) 제7장을 참고하였다.

민권의식의 성장과 함께 '사회계약', '자유사상', '평등사상'에 대한 관심이 높아진 것은 자연스러운 현상으로 보인다. 이 과정에서 로크와 루소의 계몽사상이 번역되었는데, '육극(陸克)의 자유담'(『한양보』 제1호~제2호, 1907.9~10), '노사민약(盧梭民約)'(『황성신문』, 1909.8.4~9.8)이 이에 해당한다.

　　'육극의 자유담'은 로크의 사회계약설을 간추려 소개한 자료이다. 이 글은 번역물인지 아니면 편집자가 여러 가지 책을 보고 간추려 정리한 것인지 확인하기는 어렵다. 흥미로운 것은 로크의 자유설을 수록한『한양보』의 성격이다. 이 잡지는 일본인이 경영했던 잡지로, 통감부의 의견을 전파하는 역할을 담당하기도 하였다.23) '사고'에서 밝힌 것처럼, 통감부와 일본 지식인들의 의견을 전파하는 데 힘쓴 잡지이지만, 이 시기 일본에서도 이른바 '다이쇼 데모크라시 운동'이 전개되었고, 그에 따라 일본에 널리 퍼진 자유 민권사상을 자연스럽게 한국에도 소개한 것으로 판단된다. 그렇기 때문에 '육극의 자유담'은 이 잡지의 '담총(談叢)'에 수록했다. 담총은 '논설'과는 달리 여러 가지 의견을 모아놓은 칼럼에 해당한다.

---

23) 이 잡지는 제1호와 제2호만 발행되었으며, 당시 사주는 니치고도로(日戶藤郎)라는 일본인이었다. 창간호 '사고(社告)'에서는 "日韓關係가 雖次第加密이나 人心이 平調흠을 尙未全得ᄒᆞ니 兩國 識者의 意見을 交換ᄒᆞ야 其底蘊을 吐盡흠이 兩國 平和的 幸福上에 極緊흔 事件이라. (…中略…) 本誌가 不顧力微ᄒᆞ고 兩國 識者의 間에 其意見을 紹介ᄒᆞ야 雙全一是흔 地에 歸케 코져 ᄒᆞ노니 望大而力 或不伴흠가 慮ᄒᆞ야 不勝戒懼라. 兩國 識者의 高贊을 幸得ᄒᆞ야 國交 進步上에 少補를 貢獻흥즉 其光榮이 本誌에 不止홀진져(일한 관계가 비록 점차 긴밀해지나 인심이 화평하고 조화로움을 얻지 못했으니, 양국 식자의 의견을 교환하여 그 기반을 다하는 것이 양국 평화로운 행복에 극히 중요한 일이다. (…중략…) 본지가 미약한 힘을 돌아보지 않고 양국 식자 사이의 의견을 소개하여 양측이 모두 옳은 상황에 돌아가게 하고자 하니 바라는 것은 크나 힘은 그에 따르지 못할까 하는 두려움을 이기기 어렵다. 양국 식자의 높은 찬동을 얻어 국교 진보상 작은 보탬이 된다면 그 영광이 본지에 그치지 않을 것이다)."라고 하였다.

【 陸克의 自由談 】

陸克은 英人이라. 一千六百三十二年에 生ᄒ야 一千七百四年에 卒ᄒ니 近時 歐洲 各國에 自由의 說을 倡ᄒᄂ 者가 無慮 百數로되 陸氏가 最著ᄒ지라. 今에 其言을 譯載ᄒ야써 諸君子의 閱覽ᄒ심을 供ᄒᄂ이다. 權利의 最要ᄒ 것이 自由에 莫踰ᄒ니 人의 斯世에 立ᄒ 所由ᄂ 平等而已라. 然ᄒ나 苟無自由면 不能平等이니 故로 <u>自由란 것은 平等權의 由ᄒ야 出ᄒᄂ 바라.</u> 重히 아니홈이 可乎아. 昔에 霍布士가 言을 有ᄒ야 曰 '野蠻의 民이 權도 不知ᄒ며 義도 不知ᄒ고 强이 弱을 凌ᄒ며 衆도 寡를 暴ᄒ야 惟利是圖ᄒᄂ니 人世 自然ᄒ 狀態가 固如是也라.' ᄒ니 是則 不然이라. 人世의 眞狀態가 人人이 其性의 自然을 各率ᄒ야 人으로 交接홈에 在ᄒ니 <u>吾人 本性의 自然이 決코 暴力으로써 尙치 아니ᄒ고 自由로서 尙홀지니 人人이 自由로써 尙ᄒ면 此 平等의 由ᄒ야 出ᄒᄂ 바니라.</u> 假令 人與人 相接ᄒᄂ 際에 各其 暴功을 奮ᄒ면 所謂 自由도 無ᄒ며 所謂 平等도 無ᄒ고 强者가 其威服을 獨擅(독천)홈에 至홀지니 人世 自然의 狀態가 決코 不如是라. 蓋我도 其 自由를 保守ᄒ고 人도 亦其自由를 保守ᄒ면 人我의 間에 平等아니리 無홀지니 此 所謂 自然의 狀態니라. 故로 <u>邦國을 未建ᄒ며 制度를 未設ᄒ 以前에 人世 自然의 交際와 人世 自然의 法律이 固有ᄒ니 所謂 邦國의 制度가 正히 此 自然의 法律 自然의 制度로 由ᄒ야 出ᄒ 것이니라.</u> 霍布士 又謂 <u>邦國未立ᄒ 以前에 凡人의 欲ᄒᄂ 바ᄂ 皆取之無禁ᄒ야 其他를 不顧라 ᄒ니 夫邦國 未立制度 未設ᄒ 以前에 凡土地畜産을 人人得而有之ᄂ 固也라. 雖然이나 吾有吾身에 吾身을 居ᄒ야 惟吾의 所欲爲者ㅣ 權이라. 吾身이 旣惟吾所欲爲則 吾身의 勞作이 吾의 自然權이오 吾가 吾勞作所得의 物을 取홈이 亦吾의 自然權이라.</u>

> **번역** 로크는 영국인이다. 1632년에 태어나 1704년에 죽으니 근대 구주 각국에 자유설을 주장하는 자가 무려 수백이나 로크가 가장 두드러졌다. 지금 그 말을 번역 등재하여 여러 사람이 볼 수 있도록 제공한다. 권리에서 가장 중요한 것이 '자유'보다 더한 것이 없으니, 사람이 이 세상

에 태어나 말미암을 바는 '평등(平等)'일 따름이다. 그러나 진실로 자유가 없다면 평등도 불가능할 것이니, 자유는 평권으로 말미암아 출현하는 것이다. 중하지 않을 수 있겠는가. 옛날 홉스가 말하기를 "야만의 백성이 권리도 알지 못하며 의리도 알지 못하고 강한 것이 약한 것을 능멸하며 많은 것이 적은 것을 폭압하여 오직 이익만 추구하니, 세상의 자연스러운 상태가 곧 그것이다."라고 하니, 이는 그렇지 않다. 인세의 참된 상태가 사람마다 그 본성의 자연스러움을 가져 서로 교류하는 데 있으니, 우리의 자연스러운 본성이 결코 폭력을 숭상하지 않고 자유를 숭상하니, 사람마다 자유를 숭상하는 것은 평등에서 비롯된 것이다. 가령 사람과 사람이 서로 접촉할 때 각각 폭력을 행사하면 이른바 자유도 없고, 소위 평등도 없고 강자가 위복을 독단하는 데 이를 것이니, 세상의 자연 상태가 결코 그렇지는 않다. 대개 내가 자유를 지키고 타인도 또한 자유를 지키면 사람과 나 사이에 평등하지 않을 것이 없을 것이니, 이 또한 자연의 상태이다. 그러므로 방국(邦國)을 건설하지 않고 제도가 없을 때에 세상의 자연스러운 교제와 세상의 자연스러운 법률(자연법)이 고유하니 소위 방국의 제도가 바로 이 자연법, 자연 제도로 말미암아 나타난 것이다. 홉스가 또 말하기를 방국을 건설하지 건 사람이 욕망하는 바는 모두 취하여 금지할 수 없어 타인을 돌아보지 않는다 했으니, 대저 국가가 설립되기 전 무릇 토지 산물을 사람마다 갖는 것은 사실이다. 그러나 내 몸에 대한 내가 자신을 들어 오직 자신이 원하는 것이 권리이다. 내 몸이 이미 나의 원하는 것 곧 내가 노력하는 것이 나의 자연권이요, 내가 노작하여 얻은 물건을 취하는 것이 또한 나의 자연권이다.

　　　　　—「육극(陸克)의 자유담」, 『한양보』 제1호~제2호, 1907.9~10

　　로크의 자연법사상과 사회계약설은 이 글에 나타나듯이 인간 본성의 '평등에서 기인하는 자유상태'로 규정하고, 사회계약이 자유와 평등의 기반 위에 있음을 전제로 한다. 자연권은 말 그대로 자연 상태의 권리,

곧 천부인권이다. 국권 침탈기 자유와 평등에 대한 관심은 정부의 권력으로부터의 자유, 외세의 침탈로부터의 자주권과 연계되어 주된 애국계몽사상으로 변화되어 갔다. 『황성신문』1900년 1월 19일의 논설 '국민의 평등 권리', 1905년 2월 14일자 논설 '인민(人民)이 자유(自由)와 법률상 관계(法律上 關係)', 1905년 8월 4일자 논설 '논자유 급사정(論自由及司情)' 등은 이러한 근대 계몽기 서구의 계몽사상이 직간접적으로 영향을 준 사례로 보인다. 이러한 맥락에서 로크의 사회계약설에 대한 역술 자료가 출현한 것으로 볼 수 있는데, 『한양보』에 소개된 자유담은 '경제적인 차원'과 '정부의 권리 제한'과 관련된 문제가 중점적으로 소개된 점이 특징이다.

【 陸克의 自由談 】

陸克의 意가 盖謂 吾人이 所畜을 私有코져 홀진된 要款二項이 有ᄒ야 不守홈이 不可ᄒ니, 一은 其所有者를 保護ᄒ며 利用ᄒ야 暴珍치 아니홀지니 故로 人이 萬一 果를 取ᄒ야 盡食ᄒ기 不能ᄒ야 以至敗壞면 猶是人의 所有를 據ᄒ야 奪홈이오 又 人이 有ᄒ야 <u>土地를 占有ᄒ고 絶不耕耨ᄒ야 其荒蕪홈을 聽ᄒ거나 或 收穫ᄒᄂᄂ 바 有ᄒ고 其紅腐홈을 聽홈</u>이 亦他人의 所有를 奪홈으로 無異ᄒ니 何則고. 此地를 我若不占이면 他人이 其勞作을 施ᄒ야써 自利홈을 得홀 故니, 故로 土地의 荒蕪ᄒᆫ 것은 비록 人의 樊籬(번리) 中에 在ᄒ나 其人이 耕耨를 苟爲不施ᄒ면 我가 取홈을 亦得홀지라. 故로 若其物이 極多ᄒ야 限量이 無ᄒᆫ 者ᄂ 我가 暴珍ᄒ야도 他人이 其異議를 容홀 바 固無ᄒ니 海水와 如홈이 是也오, 若其物이 苟有限量이면 其物를 有ᄒᆫ 者가 其勞作을 施ᄒ야 其物를 利用치 아니ᄒ면 其權을 長保키 不能이니 土地 及 一切 貨物의 類와 如홈이 是也라. 其第二要款은 我의 私有로 以ᄒ야 遂使衆人으로 乏絶케 아니홈이 是也니 陸克之言에 曰 吾가 大河에셔 飮ᄒ야도 其水가 少減이 無ᄒ고 衆人이 仍取ᄒ야도 竭치 아니ᄒ니 我가 衆人의게 固爲無害라 ᄒ니, 此言이 誠當이라. 但 土地 則 一定ᄒᆫ 限量이 有

ᄒᆞ야 河水의 無盡藏과 不如ᄒᆞ니 陸氏가 土地로 河流에 比흠은 謬戾흠을 不免흠이로다. 然이나 所謂 勞作은 一物로 ᄒᆞ야곰 其形狀을 改變ᄒᆞ야서 世에 有益케 흠이 不過흘 而已오, 其物의 本質에 至ᄒᆞ야ᄂᆞ 變更흠이 有치 아님이라. 故로 土地의 耕耨所得을 吾가 有흠을 得ᄒᆞ나 土地ᄭᅡ지 擧欲有之면 制限이 無키 不能흘 者ᄂᆞ 勢也라. 苟其有權을 限制ᄒᆞ야 衆人으로 其勞作의 所得을 享케 코저 흘진딘 其道가 將何由흘ᄂᆞ지 此是 天下一大 問題인딘 能決흘 者가 未有흔지라. 於是乎 財産共有의 說이 起ᄒᆞ니, 此則不獨土地而已也니라. 人世 自然의 狀態가 皆 自由平等이라. 故로 不論何人ᄒᆞ고 一人으로ᄡᅥ 他人의 壓制흘 理가 萬無ᄒᆞ니 故로 王侯의 權을 不論ᄒᆞ며 嚴父의 權을 不論ᄒᆞ고 其臣子를 壓制爲奴흘 理ᄂᆞ 無ᄒᆞ니라. (…中略…) 父權과 政府權이 其本原과 其宗旨가 皆大相逕庭이니 爲父者與爲子者ᄂᆞ 其智識이 各有高下며 其自由도 亦有高下어니와 若夫施政者 與奉政者則兩者之間이 全爲相等이니 若謂官吏之智識과 官吏之自由가 皆出庶民之上이라 ᄒᆞ면 天下에 寧有是理리오. 故로 父權 與 政權이 不可同年而語니라. 政府之權所立者ᄂᆞ 惟裁斷一事而已인딘 裁斷之權이 又分爲數種ᄒᆞ니 盖欲裁斷이면 其罪惡의 大小를 權度ᄒᆞ야 其懲罰의 輕重을 定흠이 宜흔지라. 於是乎 法律의 設이 有ᄒᆞ야 立法之權이 以出ᄒᆞ고 法律이 旣有면 不可不 施行이라. 於是乎 行政之權이 以出ᄒᆞ고 國에 內行政權이 旣有면 비로소 外國에 有事ᄒᆞ야 或戰 或和에 此事를 任ᄒᆞᄂᆞ 者 無키 不可흔지라. 於是乎 交涉之權이 以出ᄒᆞᄂᆞ지라.

번역 로크의 사상은 대개 우리가 비축한 것을 사유하는 것을 말하고자 하는데, 두 가지 사항이 있어 지키지 않을 수 없으니 하나는 그 소유자를 보호하며 이용하여 다치지 않게 하는 것이니, 사람이 만일 과실을 취하여 다 먹기 어려워 버리게 된다면 이는 타인의 소유를 탈취하는 것과 같으며, 또 사람이 토지를 점유하고 경작하지 않아 황무하다는 말을 듣거나 수확하는 바가 있으나 썩혀 버린다고 하면 또한 타인의 소유를 빼앗는 것과 같으니, 왜 그런가. 이 땅을 내가 점유하지 않으면 타인이 노작하여 이득을 얻을 것이므로, 토지가 황무한 것은 비록 그 사람의 울타리에 있다고 하더라도 기 사람이 경작하지 않으면 내가 취할 수 없기 때문이다. 그러므로 그 물건이 매우 많아 제한이 없는 것은 내가 다 쓰더라도 타인이 이의를 제기할 바가 없으니 해수와 같은 것이 그러하며, 만약 물건이 유한하여 그 물건을 소유한 자가 노작하여 그 물건을 이용하지 않으면 그 권리를 유지하기 어려우니 토지 및 일체 물화(物貨)와 같은 것이 이에 해당한다. 제2의 사상은 내가 사유하여 중인(衆人)으로 하여금 핍절케 하지 않음이 그것이니 로크의 말에 내가 대하(大河)에 물을 마셔도 그 물이 조금도 줄어들지 않고 많은 사람들이 취해 다하지 않으니, 내가 중인(衆人)에게 해를 끼치는 것이 없다 하였으니, 이 말이 진실로 타당하다. 다만 토지, 곧 일정한 제한이 있어 하수처럼 무진장하지 않으니, 로크가 토지를 하수에 비교한 것은 오류이다. 그러나 소위 노작은 사물의 형상을 바꾸어 세상에 유익하게 하는 데 불과할 따름이요, 그 사물의 본질을 바꾸지는 않는다. 그러므로 토지를 경작하여 얻은 소득을 내가 소유하나 토지까지 소유하고자 한다면 제한하지 않을 수 없는 것이 형세이다. 진실로 그 권한을 제한하여 중인(衆人)이 그 노작하여 얻는 소득을 누릴 수 있게 한다면 그 방법이 장차 어디에 있을지 그것은 천하의 큰 문제로 능히 해결할 자가 없다. 이에 재산 공유의 설이 일어나니 이는 또한 토지를 독점하지 않게 하는 것일 따름이다. 인세의 자연 상태가 곧 자유와 평등이다. 그러므로 어떤 사람을 막론하고 한 사람이 타인을 압제할 이치가 없으니, 왕후의 권이나 엄한 아버지의 권리를 물론하고, 그 신하와 자식을 압제하여 노예를 삼을 이치기 없다. (…중략…) 부권과 정부권이 그 본원과 종지는 모두 같으니 아버지된 것과 아들된 것은 그 지식이 각각 높고 낮음이 있으며, 그 자유도 또한 높고 낮음이 있지만, 만약 정치를 시행하는 것과 정치를 받드는 것은 모두 동등하니 만약 관리의 지식과 관리의 자유가 모두 서민의 위에서 나온 것이라고 한다면 천하에 어찌 그런 이치가 있을 수 있겠는가. 그러므로 부권과 정권이 같지 않다는 말이다. 정부권을 확립하는 것은 오직 일을 결단하는 데 있을 따름인데, 결단의 권리가 또 몇 종으로 나누어지니 재단(裁斷)하고자 한다면 그 죄악의 대소를 측정하여 그 징벌의 경중을 정하는 것이 마땅하다. 이에 법률이 생겨나 입법권이 출현하고 법률이 존재하면 불가불 시행해야 한다. 이에 행정권이 출현하고 국가에 내적으로 행정권이 존재하면 비로소 외국과 관련하여 혹 전쟁하고 혹 화평하는 일을 맡는 자가 없을 수 없으니, 이에 교섭권이 출현한다.

　　　　　　　　—「육극(陸克)의 자유담」, 『한양보』 제1호~제2호, 1907.9~10

이 부분은 로크의 자유설에 대한 필자의 해석에 해당한다. 여기서 필자가 주장하는 것은 '토지 사유 불가설'이다. 이 점은 로크의 사상과는 관련이 없다. 그렇기 때문에 필자는 로크가 토지를 물에 비유하여 '무제한'의 사물처럼 인식한 것은 오류라고 비판하였다. 토지 사유에 대한 비판은 기존의 지주가 토지 소유에 집착해서는 안 된다는 논리를 만들어 낼 수 있고, 또 일본 이주민들이 조선인 소유의 토지를 매입하는 것도 그다지 큰 문제가 되지 않는다는 인식을 만들어 낼 수 있다. 비록 이 글에서는 이 문제에 대한 해법을 제시하지 않은 채, '재산공유설(財産共有說)'이 등장하고 있음을 소개하는 선에서 이 문제를 마무리했다. 물론 재산공유설은 1900년대 초부터 일본을 통해 유입되기 시작한 사회주의 사상을 지칭하는 것으로 해석된다. 또한 '자유권'과 '평등권'을 자연권으로 해석하고, 부권(父權)과 정부권(政府權)의 관계를 논증하여 '입법권'과 '행정권'의 제한이 필요함을 서술한 것도 '정부의 권한 제한'이 계몽사상을 기반으로 한 것임을 주장하는 동시에, 한국 정부에 대한 간섭도 권한 제한 차원에서 이해될 수 있음을 은연중 전제하고 있는 것으로 보인다.

이 점에서 자연법사상과 사회계약설 가운데 루소의 사상을 역술한 '노사민약(盧梭民約)'을 살펴볼 필요가 있다. 서구 계몽사상가로 루소가 국내에 소개된 것은 『한성주보』 1886년 4월 26일자 '영경민란(英京民

亂)'24)이 처음으로 보이는데, 이 기사에서는 루소를 '노소(路騷)'로 차자하였다. 이예안(2012)에 따르면, 『황성신문』의 '노사민약'(1909.8.4~9.8)은 나카에초민(中江兆民)이 일본어로 역술한 『민약역해(民約譯解)』를 대상으로 한 것으로 알려져 있다. 당시 『황성신문』에서 민약론을 역술한 의도는 다음 자료에 잘 나타난다.

【 盧梭 民約 】

紹介: 世界上 民權을 唱導홈은 盧梭 氏를 首屈홀지라. 然而 今에 其言論은 旣히 陳久에 屬ㅎ얏고 且 神聖흔 帝國에 共和 提論홈은 昭代의 所禁이니 讀者 엇지 異俗을 崇拜ㅎ야 橫議를 嗜好ㅎ리오. 但 該氏의 民約이 措辭가 婉弱ㅎ고 寓意가 深遠ㅎ야 可觀홀 奇景이 往往히 存在흔 故로 左에 譯載ㅎ노라.

著者 緒言: 余ㅣ 일즉 自揣치 못ㅎ고 一書를 著ㅎ야 世에 制度 風俗과 人倫 大道 及 一切 治道에 關係가 有흔 者를 論ㅎ야 道理에 窮究ㅎ야 黽勉히 業에 就홈이 盖亦年이 有흔지라. 旣히 精力이 足히 其志를 未酬홈을 知ㅎ고 中途에 廢止ㅎ니 卽 本書와 如홈은 特히 其 一節에 不過ㅎ나 唯 本書에 論흔 바ㅣ 其他에 比ㅎ면 頗히 可觀홀 者ㅣ 有ㅎ고 且 裵然히 數卷을 成ㅎ지라. 故로 忍히 拋棄치 못ㅎ고 裁ㅎ며 彙ㅎ야 世에 問홈이오 其餘인즉 風塵

---

24) 『한성주보』, 1886.4.26, 영경민란(英京民亂). "二月二日 日本日日新聞云. 正月五日 英京倫敦府民亂 (…中略…) 其說曰人之稟生於天也. 皆平等同權未嘗有尊卑貧富之別 及後世澆季大吞小强倂弱. 於是乎尊卑貧富之別始焉 豈非悖天理之甚者乎 宜擧今之所謂政府也冒長也. 富豪也 閥閱也, 其苟異於民人者 一切廢止 開位階與財産 悉歸諸平等均一而後已. 此說蓋原於路騷之論而更有甚焉. 路騷佛國人生於西曆一千七百年唱此說(2월 2일 일본 지지신문에 말하기를 5월 5일 영국 수도 런던에 민란이 있었다. (…중략…) 그 설에 말하기를 사람의 품성은 하늘이 낸 것이다. 모두 평등하여 동등권이 있고 존비와 빈천의 구별이 없다. 이에 후세에 강자가 약자를 병탄하여 이로부터 존비 빈천의 구별이 생겼으니, 어찌 하늘의 이치가 패악한 것이 이보다 심하겠는가. 마땅히 지금의 이른바 모든 정부와 장관과 부호와 벌열들은, 진실로 인민들과 다른 자들은 일체의 지위를 폐지하며 위계와 재산을 모두 평등하고 균일하게 되돌려주어야 한다고 하였다. 이 말의 기원은 대개 루소(路騷)의 이론에서 근원하였으나 이들은 도리어 이보다 더 심하다. 살펴보면, 루소는 프랑스 사람으로 서기 1700년에 이 이설을 주장하였다)."

에 委棄ᄒ야 雙楮도 不留ᄒ얏노라.

民約의 一名은 原政: 政은 果然 可히 正치 못ᄒ며 義와 利ᄂᆞᆫ 果然 可히 合지 못ᄒᆞᆯ가. 願컨ᄃᆡ 人마다 能히 皆君子가 아니오 亦能히 皆小人이 아닌즉 官을 置ᄒ고 制를 設흠이 亦有道ᄒᆞᆯ지라. 余ㅣ 斯道에 有得흠을 希冀ᄒ노니 然ᄒᆞᆫ 後에 政이 與民相適흠과 義가 與利相合흠히 庶幾ᄒᆞᆯ딘져. 人이 或 余다려 問ᄒ야 曰 吾子ㅣ 政을 論ᄒᆞ니 其民을 莅(이)ᄒᆞᄂᆞᆫ 者인가, 將ㅣ 一邦을 爲ᄒ야 制作ᄒᆞᄂᆞᆫ 者인가 ᄒ면 余ᄂᆞᆫ 則 將應ᄒ야 曰 吾ㅣ 莅民(이민: 백성을 대함)者도 아니오 亦一邦을 爲ᄒ야 作者ㅣ 아닌 故로 此書가 有흠이니 若 民을 莅ᄒ며 一邦을 爲ᄒ야 制作ᄒ면 余則 余의 所爲를 言흠이라, 엇지 空言에 托ᄒ리오. 雖然이ᄂᆞ 余 亦 民主國의 民이 됨을 得ᄒ야, 政을 議ᄒᆞᄂᆞᆫ 權이 有ᄒᆞ니 自初로 能히 國家에 有補흠은 無ᄒᆞᄂᆞ, 旣히 政을 議ᄒᆞᄂᆞᆫ 權을 有ᄒᆞᆫ즉 書를 著ᄒ고, 政을 論흠이 亦 余에 分內事라. 空言으로 休止키 不得ᄒᆞᆯ딘저. 嗚呼라. 余ㅣ 政을 論흠이 每每 心得이 有ᄒ면 문득 吾邦에 施設ᄒᆞᆫ 바 顧照ᄒᆞᆫ 後에 더욱 吾邦에 制度가 他邦에 卓越ᄒ야 可崇可重흠을 知ᄒ노니 余와 如ᄒᆞᆫ 者ᄂᆞᆫ 享福이 甚히 厚ᄒ도다.

번역 자료 소개: 세계상 민권을 창도한 것은 루소를 먼저 꼽을 것이다. 그러나 지금 그 언론은 이미 오래전 진부한 것이며 또 신성한 제국에 공화제를 주장하는 것은 밝은 세대에 금지할 바이니, 독자가 어찌 이속을 숭배하여 횡의(橫議)함을 좋아하리오. 다만 이 사람의 민약론이 논술한 바가 순하고 숨은 뜻이 심원하여 가히 볼 만한 것들이 왕왕 있으니 윈 편에 번역하여 수록하노라.

저자 서언: 내가 일찍 스스로를 생각하지 못하고 한 책을 지어 세상에 제도 풍속과 인류 대도 및 일체 치도에 관계가 있는 것들을 논하여 도리를 깊이 탐구하여 힘써 업을 삼은 것이 대개 또한 해가 지났다. 이미 그 힘이 능히 그 뜻을 담당하지 못함을 알고 중도에 그만 두었더니 곧 이 책과 같이 특히 한 절에 불과하나 오직 이 책에 논한 바가 다른 것에 비하면 자못 볼 만한 것이 있고, 또 내밀히 몇 권을 이루었다. 그러므로 차마

포기하지 못하고 재단하고 모아 세상에 묻고자 한 것이며, 그밖에 풍진에 위기(委棄)하여 쌍저(雙楮)도 머물지 못하였다.

민약의 일명은 원정(原政): 정치는 과연 가히 바르지 못하고 의와 리는 과연 합당하지 못한 것일까? 원하건대 사람마다 능히 다 군자가 아니고 또 다 소인이 아니므로 관청을 설치하고 제도를 만드는 것이 또한 도가 있다 할 것이다. 내가 이 방도를 이해하고자 희망하니, 그 뒤에 정치가 백성과 서로 접합하고 의리가 이익과 상합함이 어느 정도는 있을 것이다. 사람이 혹은 내게 묻기를 너는 정치른 논하니 그 백성을 위하는 자인가, 장차 한 나라를 위하여 만든 것인가 하면 나는 곧 응답하여 왈 나는 백성을 대하는 자도 아니며 또한 나라를 위해 제작한 것도 아니므로, 이 책이 만약 백성을 다스리며 나라를 위해 제작한다면 내가 곧 나의 행위를 말하는 것이니 어찌 공언에 의지하겠는가. 그러나 나 또한 민주국의 백성이 되어 정치를 논하는 권리가 있으니 처음부터 능히 국가에 유익함은 없으나 일찍이 정치를 논하는 권리가 있으므로 책을 쓰고, 정치를 논하는 것이 또한 나의 분수이니, 빈말로 그치기 어려웠다. 아 내가 정치를 논함에 매번 깨달음이 있으면 문득 우리나라에 적용하여 밝힌 뒤에 더욱 우리나라 제도가 다른 나라보다 탁월하여 가히 존숭하고 중시함을 알 것이니 나와 같은 자는 복을 누리는 것이 심히 두텁다.

—『황성신문』, 1906.8.4

이 글은 루소에 대한 소개, 저자(여기서는 번역 대상물의 역술자), 민약의 원제목 등을 소개한 서론이다. 이예안(2012)에서는 『황성신문』의 '노사민약'이 나카에초민의 『민약역해』와 대조하여 내용상 큰 차이가 없음을 규명했는데, 나카에초민의 역술에서 '루소'를 '루소(婁騷)'로 차자한 데 비해 '노사민약'에서 '노사(盧梭)'로 차자했는데, 음역상 전자가 루소에 가깝지만 『황성신문』에서 후자를 택한 이유는 번역자가 임의로 선택한 데서 비롯되었을 것이라고 추정했다. 이 추정은 근대 계몽기 애국계몽가들에게 가장 큰 영향을 주었던 『음빙실문집』을 고려할 때, 매우 타당해 보인다.25) 이 문집에서 량치차오는 '노사학안(盧梭學案)'을 두고 있는데, 여기서 '학안'은 '학설'의 의미를 갖는다. 이 학안은 루소의 사회계약설, 곧 민약에 대한 해설이다.

『황성신문』에 역술된 '노사민약'은 제1장 '본권 취지', 제2장 '가족', 제3장 '강자의 권(權)', 제4장 '노예(奴隷)', 제5장 '마침내 민약으로 국가의 근본을 이룸(終不可不以約으로 爲國本)', 제6장 '민약(民約)', 제7장 '군(君)', 제8장 '인세(人世)', 제9장 '토지(土地)'로 구성되었다. 김효전(2000)에서 밝힌 바와 같이, 본래 루소의 사회계약론은 제1부 기본 원칙, 제2부 주권의 본질과 한계, 제3부 정부의 이론적 연구, 제4부 도시국가의 기능에 관한 실제적 연구(로마의 예) 등 4부로 구성되어 있으나, '노사민약'에서는 그 중 제1부를 번역한 것이다.

루소의 민약론은 근대 계몽기 애국계몽가들에게 큰 영향을 주었다. 이 시기 『황성신문』을 검색하면 루소와 관련된 114건의 기사가 검색되는데, 그만큼 사회계약설이 번져갔음을 의미한다. 이뿐만 아니라 1910 이후에도 단편적이긴 하지만 루소에 대한 관심은 지속되었는데, 1920 년 『개벽(開闢)』 제5호에 실린 묘향산인(妙香山人, 이광수)의 '근대주의(近代主義)의 제일인자(第一人者) 루소 선생(先生)'은 루소에 대한 전기문이

---

25) 김효전(2000)에서는 근대 계몽기 일본에서 역술된 '민약론' 7종을 소개한 바 있다. 예를 들어 나카에도쿠스케(中江篤介) 역(譯)(1875), 『民約論』(元老院藏版), 하토리도쿠(服部德) 역(譯)(1877), 『民約論(全)』(田中弘義閣, 有村壯一藏版), 모리다(森田豊) 편(編)(1878), 『民約必攜』(前川善兵衛刊), 나카에도쿠스케(中江篤介) 역병해(譯幷解)(1882), 『民約譯解 卷之一(第一~九章)』(佛學塾出版局), 나카에도쿠스케(中江篤介) 역해(譯解)(1882~1883), 民約譯解(歐米政理叢談), 『政理學叢』 2~16.20.21.35~43.46. 하라다센(原田潜) 역술 병 복의(譯述幷覆義)(1883), 『佛國民約論覆義(全)』(春陽當), 나카에도쿠스케(中江篤介) 찬(撰)(1907), 民約譯解, 『太陽』 13(9)(太陽臨時增刊-創刊25周年記念, 明治名著選集, 博文館) 등이 그것이다. 이 가운데 '원정(原政)'이라는 서명은 보이지 않는데, 이 시기 일본 서적이 중국어로 번역된 사례가 많기 때문에 루소의 사회계약론도 중국어 번역본이 존재했을 가능성이 있다. 그러나 현재까지 선행 연구에서 이에 대한 논의가 없고, 중국어로 번역된 작품이 발견되지 않기 때문에, 『황성신문』의 '노사민약'이 나카에초민의 『민약역해』를 번역한 것이라는 설을 뒤집을 근거는 없다.

며, 1921년 강매(姜邁) 『자유의 신(神) 루소』[26]는 루소라는 책이 발간되기도 하였다.

2.2. 자조론(自助論)

근대 계몽기 서양 사상 가운데 또 하나 주목할 사상은 '자조론(自助論)'이다. 근대 계몽기 자의식의 성장과 함께 '인격', '입지', '자조' 등의 단어가 널리 통용되기에 이른다. 이러한 단어는 유학생 담론이나 청소년 담론에 빈번히 등장하며, 청년기 또는 학생시대 주체적으로 뜻을 세워 자기 발전을 도모해야 한다는 논리가 전제된다. 『친목회회보』제1호(1896.2)에서 남순희가 "무릇 우리 유학하는 선비가 어찌 동심동력하여 만일의 천의를 갚지 않겠는가, 반드시 전황(戰況)을 스스로 유지하여, 입지(立志)로써 스스로 기약할 것이니 고인이 말하기를 뜻은 장수와 같이 하고, 기운은 병졸과 같이 할 것이라고 하니, 만일 장수가 가지런하지 않으면 병졸이 흩어져 명령을 따를 리가 없으니, 어찌 적의 침입을 대비할 수 있겠는가."라고 한 것이다.[27] 제3호에서 김용제가 원기(元氣)의 중요성을 강조하며, "학문은 국가의 근본이로다. 그러므로 우리 조선 개국 5백년 봄에 대혁신을 실시할 때 먼저 유학생을 이웃나라에 파견하여 신문견의 학식을 양성하니, 이는 무엇을 하고자 한 것인가. 타일 국가의 기초를 경영하고자 한 것이다. 아아. 유학생의 원기 소마(銷磨)함이여. 만리 산하를 건너 이역에 여유(旅遊)하니 풍토도 다르고 음식도 맞지 않는다. 혹 병에 걸려 아파서 인내하기 어렵다. 그러나 설

---

26) 송태현(2013)에 따르면 이 책이 번역서인지 아닌지는 확실하지 않으나 루소의 전반적인 내용을 담고 있다고 한다.

27) 남순희(1896), 「입지권학론」, 『친목회회보』 제1호. "凡 我 留學ᄒᆞᄂᆞᆫ 士가 엇지 同心同力ᄒᆞ야 써 萬一의 天意를 報치 아니ᄒᆞ리요. 반드시 戰況 自持ᄒᆞ야 立志로써 自期ᄒᆞᆯ지니 古人이 謂ᄒᆞ되 其志如帥요 氣爲卒徒라 ᄒᆞ니 萬一 其帥가 不整ᄒᆞ면 卒徒가 卉潰(훼궤)ᄒᆞ야 其令을 從홈이 無ᄒᆞ리니 엇지 써 所敵의 寇를 備ᄒᆞ리요."

창형안(雪窓螢案)에 부심하고 괴로운 정황은 오직 선비의 본분이거늘, 어찌 고통을 생각하며 개인을 연모하여 입지를 잊고 중도에 그만두겠는가."[28]라고 한 것은 범박한 의미에서 입지의 중요성을 논한 것으로 볼 수도 있겠지만, 근대 계몽기 자의식의 성장, 애국성 함양 등을 위한 '입지론(立志論)'과 '자조론(自助論)'이 등장하는 것은 자연스러운 현상의 하나이다.

서양 철학가 가운데 자조론의 대표자인 스마일즈(Samuel Smiles, 1812~1904)의 『자조론(Self-Help)』[29]이 역술되기 시작한 것도 이때부터이다. 근대 계몽기 자조론에 대한 선행 연구로는 최희정(2004)의 「근대 한국의 지식인과 자조론」(서강대학교 박사논문)을 비롯하여, 황미정(2010), 우남숙(2015) 등의 논문이 발표된 바 있다. 선행 연구에서 밝힌 바와 같이, 스마일즈의 『자조론』은 『조양보』 제1호~제3호(1906)의 '자조론', 『대한자강회월보』 제13호(1907.7) 장온 원영의의 '자조설(自助說)', 『서우』 제12~제14호(1906)의 '자치론(自治論)', 『소년』 제2권 제9호(1909.9) 최남선의 '부리탠 국(國) 스마일즈 선생의 용기론' 등과 같이 다수의 자료가 등장한다. 이 가운데 『조양보』, 『서우』, 『소년』 소재 자료는 스마일즈의 저서를 역술한 것이다.

흥미로운 점은 스마일즈는 한자 차자명이 등장하지 않는다는 점이

---

28) 김병제(1896), 「국민지원기소마방금지대우환(國民之元氣銷磨方今之大憂患)」, 『친목회회보』 제3호. "學問은 國家의 本이로다. 故로 與我大朝鮮 開國 五百四年 春에 大革新을 施호실 먼저 留學生을 隣國에 派遣호야 新見聞의 學識을 養成호니 此논 何를 爲홈이뇨. 他日 國家의 基礎를 營홈이로다. 嗟홉다. 留學生의 元氣 銷磨홈이여. 萬里 山河를 涉호여 異域에 旅遊호니 風土도 殊異호며 飮食도 不適호도다. 或 病에 嬰호며 疾에 崇(수)호야 忍耐 難호도다. 然이나 雪窓螢案에 腐心苦況은 오직 士의 本色이어늘 엇지 苦를 思호며 私를 戀호야 立志를 忘호고 中途에 歸호리오."

29) 새무얼 스마일즈는 1845년부터 1866년까지 철도국에서 일하며 조시 스티븐슨의 전기를 쓴 바 있다. 서구의 계몽사조가 풍미하던 1800년대 전반기 자유주의 사상에 심취했던 그는 1859년 『자조론』, 1871년 『인격(Character)』, 1875년 『검약(Thrift)』 등을 저술했는데, 이 가운데 『자조론』은 근대 계몽기 일본과 중국, 그리고 우리나라의 사상 형성 과정에도 많은 영향을 주었다.

다. 그 이유는 대부분의 역술 대상 문헌이 나카무라 마사나오 역술(中村正直, 1871)[30]의 『서국입지론(西國立志論)』[31]을 대상으로 하였기 때문으로 보인다. 먼저 『조양보』 제1호~제3호에 연재된 '자조론'을 살펴보자.

【 自助論 】

此論은 英國 近年 碩儒 스마이르스 氏의 著흔 바라. 大凡 個人의 性品 思想이 國家 運命에 關한 力이 甚大흠으로 이에 書을 著흐야 國民을 覺醒케 흠이니 世界 到處에 氏의 著書을 飜譯흠이 極多흔딕 自助論이 卽 其一이라. 今에 其著論 中에 的實흔 處을 譯흐야 讀者로 흔가지 斯道을 講究코자 흐노니 그 中興을 圖흠에 庶乎根本의 力을 得흐리라.

> **번역** 이 논의는 영국 근년 석학 스마일즈가 지은 것이다. 무릇 개인의 품성 사상이 국가 운명에 관한 힘이 매우 크므로 이에 책을 지어 국민을 각성케 하고자 한 것이니, 세계 도처에 그의 저서를 번역한 것이 매우 많은데 자조론이 그 중 하나이다. 지금 그 저술 가운데 적실한 것을 번역하여 독자에게 이 도리를 강구하고자 하니, 그 중흥을 도모하는 것이 근본된 힘을 얻는 것이다.

—『조양보』 제1호(1906.6)

이 역술본에서는 어떤 자료를 대상으로 역술한 것인지를 밝히지는 않았다.[32] 그러나 『서우(西友)』 제12호~제13호에 연재된 '자조론'은 아

---

30) 나카무리 마사나오(中村正直, なかむら まさなお、1832年6月24日 天保3年5月26日~1891年 明治24年 6月7日). 일본의 무사, 막신(幕臣), 계몽사상가. 도쿄 여자사범대학 교장(東京女子師範学校校長), 도쿄 제국대학 교수(東京帝国大学教授)·도지사(同人社) 창립자. 홍아회 회원. 후쿠자와유키지, 모리 아리노리 등과 '명육사(明六社)'를 결성함. 아명을 훈타로(訓太郎), 통칭 경보(敬輔)라고 하고 호는 경우(敬宇)이다.

31) 나카무라 마사나오는 1871년 스마일즈(司邁爾斯)의 원명 '자조론'을 『서국입지론』으로 번역한 뒤, 『가나읽기 개정 서국입지편(仮名読改正 西国立志編)』(中村秋香 和解, 有終堂, 1882), 『서국입지편·원명 자조론(西国立志編 原名·自助論)』(秋房治郎, 1886) 등 여러 차례 개정판을 내었다.

제가미 겐조(畊上賢造)[33]의 역술본을 번역한 것임을 명확히 하였는데, 이를 살펴보면 다음과 같다.

【 自治論 】

英國人 스마이루스 斯邁爾斯[34] 氏의 四大 著書 中에 '自助論'이 最有名ㅎ니 實로 世界 不朽ㅎ 大著인딕 其 價値는 人의 共知ㅎᄂ 바라. 此書의 主되ᄂ 目的은 靑年을 鼓舞ㅎ야 正흔 事業에 勤勉케 ㅎ야 努力과 苦痛을 不避ㅎ고 克己 自制를 勉ㅎ야 他人의 帮助 庇護를 不依ㅎ고 專혀 自己의 努力을 賴홈에 在ㅎ니라.

日本 維新之初에 中村正直 氏가 此書를 譯ㅎ야 國民의 志氣를 振起ㅎ야 使日本靑年으로 人人마다 自立 自重의 志氣를 有케 ㅎ니 其 譯文이 謹嚴的 確ㅎ야 堂堂흔 大家의 筆致라. 然ㅎ나 漢文에 偏ㅎ야 靑年 子弟가 了解키 苦難ㅎ야 金玉의 文字도 興味가 往往 索然ㅎ고 且 原文의 意를 略홈이 甚多ㅎ야 吾人의 遺憾이 되ᄂ지라. 於是乎 畊上賢造 氏가 時文으로 飜譯ㅎ야 解讀에 易케 ㅎ고, 其略흔 바를 補ㅎ야 遺憾이 無케 ㅎ니라. 今에 靑年의 志望을 鼓動ㅎ야 其 努力 忍耐 勇氣 精勵를 勉코져 ㅎ야 畊上 氏의 譯흔 書를 譯ㅎ야 順次로 本報에 載ㅎ깃ᄂ딕 몬져 中村 氏의 本書에 對흔 總論 一篇을 左에 譯載ㅎ노라.

번역 영국인 스마일즈(斯邁爾斯)의 4대 저서 중 '자조론'이 가장 유명하니 실로 세계에서 썩지 않은 명저인데, 그 가치는 사람이 모두 알고 있는 바이다. 이 책의 주된 목적은 청년을 고무하여 바른 사업에 근면하게 하여, 노력과 고통을 피하지 않고, 극기 자제에 힘써 타인의 도움이

---

32) 이 점은 『대한매일신보』 1907년 10월 25일~26일자의 '자조론'도 마찬가지인데, 이 신문의 역술본은 『조양보』를 전재(轉載)한 자료이다. 해설과 본문이 모두 같다.

33) 아제가미 겐조(畊上賢造, 1884~1938). 무교회파 그리스도교 전도자. 영문학 번역에 힘쓴 학자임.

34) 사매이사(斯邁爾斯): 스마일즈. 스마이루스. (한글과 한자 인명 차자 표기를 모두 기록한 사례임.)

나 비호에 의지하지 않고, 오직 자기의 노력을 의지하게 하는 데 있다. 일본 유신 초기에 나카무라 마사나오 씨가 이 책을 번역하여 국민의 지기(志氣)를 진기하여 일본 청년으로 자립 자중의 지기를 갖게 하니, 그 번역문이 신중하고 엄격하며 정확하여 당당한 대가의 필치를 보인다. 그러나 한문에 치우쳐 청년자제가 이해하기 어려워 금옥 같은 문자도 흥미가 없고, 또 원문의 뜻을 생략한 곳이 많아 우리에게 유감스러웠던 바다. 이에 아제가미 겐조가 요즘 문장으로 번역하여 해독을 쉽게 하고, 그 생략한 곳을 보충하여 유감이 없게 하였다. 지금 청년의 뜻과 희망을 고동하여 그 노력, 인내, 용기, 정려를 힘쓰고자 하여 아제가미 씨가 번역한 책을 번역하여 차례로 본보에 게재하고자 하는데, 먼저 나카무라 씨의 본서에 대한 총론 한 편을 원편에 번역 등재한다.

—'자치론', 『서우』 제12호(1907.11)

이 글에 나타난 바와 같이, 스마일즈 '자조론'은 국민사상과 청년의 지기(志氣)를 북돋우는 내용을 중심으로 하였기 때문에, 애국계몽기 '자강론'이나 '청년 입지론'과 상통한다. 더욱이 근대 계몽기 '유신(維新)'에 성공한 일본을 모방해야 한다는 주장에서는 자조론만큼 적절해 보이는 사상이 없었다. 다음을 좀 더 살펴보자.

【 自治論 】

　(…承前…) 其 總論에 曰 國이 自主의 權을 有호는 所以는 人民이 自主의 權을 有홈으로 由홈이오, 人民이 自主의 權을 有호는 所以는 其 自主의 志行이 有홈으로 由홈이라. 今 夫 二三十家의 民이 相團홈을 曰 村이라 호고, 數村이 相聯홈을 曰 縣이라 호고, 數縣이 相會홈을 曰 郡이라 호고, 數郡이 相合홈을 曰 國이라 호니, 故로 如曰 某村 風俗이 純實호다 호면 則 某村 人民의 言行 純實혼 者의 作爲홈이오, 曰 某縣에 貨物이 多出혼다 호면 則 某縣 人民의 力農 勤工者의 作爲홈이오, 曰 某郡의 藝文이 蔚興이라 호면

則 某郡 人民의 嗜學講藝者의 作爲흠이오, 曰 某國이 福祚(복조)昌盛이라
ᄒᆞ면 則 某國 人民의 志行이 端良ᄒᆞ야 克合 天心者의 作爲흠이니 蓋曰民
曰國이 殆無二致也라. 試ᄒᆞ야 輿地圖를 揭ᄒᆞ야 觀ᄒᆞ건디 自主의 國이 幾何
며 半主의 國이 幾何며 覇屬의 國이 幾何오. 如印度ᄂᆞᆫ 古爲自主之國이러니
今則半屬於法矣오, 如南洋 中 諸國이 今에 西國之屬이 되지 안이흔 者 無ᄒᆞ
니 人 或以爲西國에 英主 良輔가 有흔 故로 勢威가 遠方에 加흔다 ᄒᆞ니,
<u>殊不知西國之民이 勤勉忍耐ᄒᆞ야 自主의 志行이 有ᄒᆞ야 暴君汚吏의 羈制를</u>
<u>不受ᄒᆞᄂᆞᆫ 故로 邦國景象駸駸日上ᄒᆞ야 蓋有不期然而然者오 且不獨此也라.</u>
(…中略…) <u>故로 君主의 權이란 것은 非其私有也라 全國民人의 權을 其 身</u>
<u>에 萃한 者니</u> 是故로 君主의 所令者ᄂᆞᆫ 國人의 所欲行也며 君主의 所禁者ᄂᆞᆫ
國人의 所不欲也라 君民一體오 上下同情ᄒᆞ야 朝野共好ᄒᆞ고 公私無別ᄒᆞ니
國의 昌盛ᄒᆞᄂᆞᆫ 所以가 其不在此歟아. (…中略…) 右總論을 旣譯ᄒᆞ고 又同氏
의 著흔 諸序를 讀흠에 令人不覺起舞라 鼎臠의 味를 共嘗코져 ᄒᆞ야 鶴脛의
長을 不厭ᄒᆞ고 已停흔 筆을 更擧ᄒᆞ야 左에 譯載ᄒᆞ노라.

번역 그 총론(나카무라 역술본의 총론)에 말하기를 국가가 자주권을 갖
는 이유는 인민이 자주권을 갖는 데서 말미암음이요, 인민이 자주
권을 갖는 이유는 그 자주의 뜻과 행위가 있는 데서 비롯된다. 지금 대저
이삼십 집안의 백성이 서로 단결하여 촌이라고 하고, 몇 개의 촌이 서로
연락되어 현이라고 하고, 수 개의 현이 서로 모여 군이라고 하고, 수 개의
군이 상합하여 국이라고 하니, 어느 마을의 풍속이 순실하다고 하면 곧
어느 마을 인민의 언행이 순실한 것이 되며, 모 현에 물화가 많이 생산된
다 하면 곧 어느 현 인민이 농업에 힘쓰고 공업에 면려하는 것이 되며,
어느 군의 예문이 울흥하다고 하면 어느 군 인민이 배움을 좋아하고 예술
을 강구하는 것이 되며, 어느 나라가 복과 길조가 창성하다고 하면 곧
어느 나라 인민의 지기와 행동이 단정하여 천심에 부합되는 것이 되니
대개 민이라, 국이라 하는 것이 두 가지가 될 수 없다. 시험 삼아 여지도를
걸고 보건대, 자주국이 몇 나라이며, 반자주국이 몇 개이며, 패권국에 속

한 나라가 몇 개인가. 곧 인도는 옛날 자주국이더니 지금은 법(法, 실제는 영국)에 반쯤 속한 나라이며, 남양의 여러 섬나라와 같이 지금 서국에 속한 나라가 되지 않은 경우가 없으니, 사람이 혹 서국이 되는 것이 영국 군주가 잘 보필하므로 위세가 널리 미친다고 하나 특히 서국의 국민은 근면 인내하여 자주의 지행이 있고, 폭군 탐관오리의 구속을 받지 않기 때문에 방국의 상황이 날로 발전하여 모두 제약되지 않았으며, 또 이를 독단하지 않는다. (…중략…) 그러므로 군주의 권리는 사유하는 것이 아니라 전국 국민의 권리를 그 몸에 드린 것이니 군주가 명령한 것은 국민이 행하고자 하는 것이며, 군주가 금지하는 것은 국인이 하고자 하지 않는 것이다. 군민일체요, 상하동정하여 조야가 모두 좋아하고 공사의 구별이 없으니, 나라가 창성하는 이유가 이에 있지 않겠는가. (…중략…) 이상 총론을 번역하고 그가 저술한 여러 서적을 읽음에 사람이 깨우쳐 일어나지 않을 수 없다. 정련(鼎臠)의 맛을 함께 보고자 하여 학경(鶴脛)의 깊을 싫어하지 않고 이미 마친 글을 다시 들어 이에 번역 등재한다.

—'자치론', 『서우』 제12호(1907.11)

이 역문(譯文)에 등장하듯이, 자조론은 개인과 국민의 지행(志行)뿐만 아니라, 그 근본 사상은 계몽시대 사회계약설, 진화론 등이 전제되어 있다. 특히 국민 주권이나 군주 주권 제한 등과 같이 자연법사상과 계몽사상을 바탕으로 한다. 국가를 개인의 집합체로 간주하고, 개인은 국가의 진보를 위해 노력해야 하며, 사회의 진보와 발달을 목표로 해야한다는 것이다. 이러한 차원에서 애국계몽기 '자강주의'와 '자조론'은 사상의 내용 차원에서 본질적으로 다르지 않다. 국민의 지기(志氣)를 북돋우고, 스스로 면강하여 문명 진보, 부국강병을 이루어야 한다는 자강론은 국권 침탈의 위기 속에서 지식인들이 공유하는 사상이 되었다.

3. 계몽사상의 한국적 변용

3.1. 근대 계몽기의 계몽사상

한국철학회 편(2000), 『한국 철학의 쟁점』(철학과현실사)에서는 한국 현대 철학의 쟁점과 과제 가운데 하나로 철학 용어의 수용 과정에 대한 논의를 전개한 바 있다. 이 문제는 강영안(2000)의 「한국 철학과 언어문제: 철학용어를 중심으로」라는 논문에서 집중적으로 다루어졌는데, 이에 따르면 한국 철학계에서 사용하는 철학 용어가 대부분 1920년대 이후에 나타난 것으로 규정하고 있다. 물론 이 논문에서도 1910년경 저술되었을 것으로 추정되는 성와 이인재(省窩 李寅宰)의 '고대희랍철학고변(古代希臘哲學攷辨)'[35]을 주목하고 있다. 그런데 이 논문에서 지적한 것처럼 서양 사상이 본격적으로 유입되기 시작한 것은 1900년대 전후의 일이다. 근대 학문 용어 사용의 차원에서 볼 때도 1880년대 『한성순보』, 『한성주보』를 비롯하여, 유길준(1895)의 『서유견문』에 등장하는 다수의 학술어, 철학 용어 등은 이 시기 한국에서도 근대 지식이 본격적으로 형성되었음을 보여준다. 이한섭(1987)에서 분석한 『서유견문』의 한자어 기원을 살펴보더라도 중국 기원 한자어(589개 어)가 일본 기원으로 보이는 어휘(273개 어)보다 훨씬 많다. 강영안(2000)에서는 이들 철학 용어가 현재 어떻게 쓰이는가를 전제로 1920년대 이후의 서양 철학 수용 양상에 주목한 셈이지만, 사상 발달의 차원으로 본다면 근대 계몽기의 사상 수용 과정은 일제 강점기와는 다른 차원에서 살펴보아야 할 문제로 보인다.

앞서 살펴본 바와 같이, 근대 계몽기 '신구학의 대립'과 같은 다양한

---

35) 이인재(李寅宰), 『성와집(省窩集)』, 1978년 아세아문화사 영인본. 이에 대해서는 이현구·김주일(2008), 「동서 윤리론의 기저 비교와 융합 가능성 모색」, 『시대와 철학』 19(1), 한국철학사상연구회, 491~511쪽에서 비교적 자세한 분석을 한 바 있다.

갈등 요소가 존재함에도, 서양 학문과 사상 수용 과정에서 맹목적인 수용이 이루어진 것은 아니다. 홍석표(2005)에서 밝힌 것처럼 '서학중원설', '중체서용', '동도서기'의 논리는 본질적으로 서양 사상에 대한 맹목적 수용보다 자국의 현실 또는 동양 사상과의 비교 등을 중요하게 여긴 데서 나타난 이데올로기이다. 홍석표(2005)에서도 이 점은 비교적 명확하게 진술하고 있는데, 1920년대 호적(胡適)과 같이 '전반서화론(全般西化論)'이 등장하기 전까지, 적어도 1900년대 초까지는 맹목적 서구화를 주장하는 이론은 보이지 않는다. 한국에서도 사상의 주체적 수용이라는 차원에서 홉스, 로크, 루소 등의 서구 사상을 역술한 자료를 좀 더 살펴볼 필요가 있다.

【 霍布士의 政治學說 】

ㄱ. <u>按霍氏의 學說</u>이 頗與荀子로 相類ᄒ야 其所言哲學이 卽荀子 性惡의 旨也오, 其所言政術이 卽 荀子尊君의 義也라. 荀子禮論篇에 曰ᄒ딕 "人生而有欲ᄒ니 欲而不得則不能無求오, 求而無度量分界則不能無爭이니 爭則亂ᄒ고 亂則窮故로 先王이 惡其亂而制禮義而分之ᄒ야써 養人之欲ᄒ고 給人之求라 ᄒ니" <u>此論은 由爭鬪之人羣ᄒ야 進爲平和之邦國</u>이라. 其形態秩序가 與霍氏說로 如出一轍이나 但 霍氏의 意則以爲所以我國者ᄂᆫ 由人民之相約而荀子ᄂᆫ 謂所以我國者ᄂᆫ 由君主之得力 此則其相異ᄒ 要點也라. 然就其理論上觀之면 則霍氏의 說이 稍較高尙이오 若就事實上驗之면 則荀子의 說이 稍與霍高而荀子ᄂᆫ 言立國이 由君意故로 雖言君權而尙能自完其說이오 霍氏ᄂᆫ 言立國이 民惡故로 其歸宿이 乃在君權ᄒ니 此所謂探矛而自伐者也로다. 又按 霍氏의 <u>言政術이 與墨子로 猶爲相類</u>ᄒ니 墨子尙同篇에 云ᄒ되 "古者에 民始生에 正長이 未有ᄒ고 刑政이 未備ᄒ야 天下之人이 皆有異議라. 所以로 一人이 一義ᄒ고 十人이 十義ᄒ고 百人이 百義ᄒ야 其人數의 衆多흠을 隨ᄒ야 其所謂 義者ᅵ 亦爲玆衆ᄒ야 人是其義오 非人之義 故로 互相交非也니 內而父子兄弟가 互作怨讐ᄒ야 皆有離散之心ᄒ고 不能和合ᄒ며 外而天下之百姓이 皆

以水火毒藥으로 相携害而至若禽獸然ᄒ니 此ㅣ 民無正長ᄒ야 欲以一同天下之義而返生天下之亂者ㅣ 明矣라. 故로 天下에 賢良聖知辯慧之人을 選擇ᄒ야立以爲天子ᄒ야써 從事乎一同天下之義ᄒ나니 是故로 里長이 此里民을 率ᄒ야써 上同於鄕長ᄒ고 鄕長이 此鄕民을 率ᄒ야써 上同於國君ᄒ고 國君이 此國民을 率ᄒ야써 上同於天子ᄒ고 天子가 天下民을 率ᄒ야써 上同於天이라ᄒ얏시니", 此其全論의 條理順序라. 皆與霍氏로 若出一吻ᄒ야 其言未建國以前의 情形也ㅣ 同ᄒ고, 其言民相約而立君也ㅣ 亦同ᄒ야 地之相距가 數萬里也오 世之相後가 數千年이로되 其思想則若合符節ᄒ니 豈不可哉아. 雖然이나 霍氏가 墨氏에게 不逮ᄒ 者ㅣ 有一焉ᄒ니 何者오. 墨氏ᄂ 知以天統君之義故로 尙同篇에 又云, "夫既尙同於天子而未尙同乎天子ᄂ 即天菑가 猶未去也라 ᄒ니", 然則墨子의 意ᄂ 固知君主之不可以無限制나 特未得其所以制限之良法故로 託天以治之ᄒ니 雖其術이 涉於空漠이나 若至君權有限之公理ᄒ야ᄂ 即既得之矣오 霍氏則民賊의 僻論을 主張ᄒ야 以謂君盡吸收各人之權利而無所制裁라 ᄒ니 是恐虎之不噬人而傅之翼也니 惜哉라.

　　　　　　　　　—「霍布士의 政治學說」, 『조양보』 제3호

ㄴ. 任按霍布士之學說 頗與荀子相類 其所言哲學即荀子性惡之旨也, 其所言政術 即荀子尊君之義也. 荀子禮論篇曰 "人生而有欲 欲而不得則不能無求, 求而無度量分界則不能無爭 爭則亂 亂則窮 故先王惡其亂而制禮義而分之 養人之欲 給人之求" 此其論由鬭之人羣進爲和平之邦國. 其形態級序 與霍氏說 如出一轍 何霍氏之意 謂所以成國者 由人民之相約 而荀子謂所以成國者 由君主之竭力 此其相異之點也. 就其理論上觀之 則霍氏之說 較高尙 就事實上驗之則荀子之說較確實. 而荀子言立國由君意 故雖言君權 而尙能自完其說 霍氏言立國由民意 而其歸宿 乃在君權 此所謂操矛而自伐者也.

　又按霍布士之言政術. 與墨子尤爲相類. 墨子尙同篇云. "古者民始生. 未有正長. 未有刑政之時. 天下之人異義. 是以一人一義. 十人十義. 百人百義. 其人數茲衆. 其所謂義者亦茲衆. 是以其義而非人之義. 故交相非也. 內之父子兄弟作

怨讐. 皆有離散之心. 不能相和合. 天下之百姓 皆以水火毒藥相携害. 至如禽獸然. 明夫民之無正長以同一天下之義而天下之亂也. 是故選擇天下賢良聖知辯慧之人. 立以爲天子. 使從事乎一同天下之義. 故里長率此里民以上同於鄕長. 鄕長率此鄕民以上同於國君. 國君率此國民以上同於天子. 天子率天下之民以上同於天." 此其全篇之條理次序. 皆與霍氏若出一吻. 其言未建國以前之情形也同. 其言民相約而立君也同. 其言立君之後民各去其各人之意欲以從一人之意欲也同. 地之相距數萬里 世之相後數千年 而其思想則若合符 豈不可哉. 雖然霍氏 有不逮墨氏者ㅣ 有一焉. 墨氏知以天統君之義 故尙同篇又云, "夫旣尙同於天子而未尙同乎天子 卽天菑猶未去也", 然則墨子之意 固知君主之不可以無限制 特未得其所以制限之之良法 故託天以治之 雖其術涉於空漠 若至君權有限之公理 則旣得之矣. 霍氏乃主張民賊之僻論 謂君盡吸收各人之權利 而無所制裁 是恐虎之不噬人而傅之翼也 惜哉.

—량치차오(1903),『음빙실문집』(하), 광지서국, 상해

ㄷ. 번역문: 홉스의 학설이 순자와 더불어 비슷하여 그 말한 바 철학이 곧 순자의 성악의 취지이며, 그가 말한 정치술이 곧 순자의 존군의 뜻과 같다.『순자』'예론편'에 말하기를 "인생이 욕망이 있으니, 욕망을 알지 못하면 구할 수 없고, 구하나 분계를 헤아리지 못하면 다툼이 없을 수 없다. 다투면 어지러워지고 어지러우면 궁해지는 까닭에 선왕이 그 어지러움을 싫어하여 예의를 제정하고 그것을 분별하여 사람의 욕망을 기르고 타인에게 구할 수 있게 하라."라고 하였으니, 이 논리는 인군(人羣, 사회)이 쟁투하는 데서 말미암아 국가가 평화로운 데 나아가게 하는 것이다. 그 형태와 질서가 홉스의 설과 같은 궤적이나 다만 홉스의 의도는 나라를 이루는 것36)이 인민의 상약(相約)이나 순자는 소위 나라를 이루는

---

36)『조양보』역술문에서는 '我國者'로 번역했으나『음빙실문집』에서는 '成國者'임. 의미상 '나라를 이룬다'는 의미로 번역해야 적합함.

것이 군주가 득력(得力)하는 데서 말미암으니 그것이 다른 점이다. 그러나 이론상으로 보면 홉스의 설이 좀 더 고상하고, 사실상으로 증명하면 순자의 설이 홉스보다 좀 더 고상하나 순자는 입국이 군주의 의사에서 비롯된다고 한 까닭에 비록 군권이 스스로 완전하다고 말하는 학설이요, 홉스는 입국이 인민의 악에서 비롯된다고 말한 까닭에 그 귀착점이 역시 군권으로 돌아가니 이것이 이른바 모순 자벌이다. 또 살피건대 홉스의 정치술이 묵자와 더불어 같은 유에 속하니 『묵자』 '상동편'에 이르기를 "옛날 백성이 생겨날 때 정장이 없고 형정이 미비하여 천하의 사람들이 모두 의논하는 바가 다르다. 그러므로 한 사람이 하나의 의를 갖고, 열 사람이 열 개의 의미를 가지며, 백 사람이 백 가지 의견을 가져 그 사람 수의 많음에 따라 이른바 의미가 또한 많아져 사람이 곧 의(義)요 사람의 의가 아닌 까닭에 서로 교섭하지 않으니, 안으로 부자 형제가 서로 원수가 되어 모두 이산하는 마음이 있고 화합하지 못하며, 밖으로 천하의 백성이 모두 수화상극의 독약으로 서로 해를 입히고 금수와 같은 상태에 이르니, 이것이 백성에게 정장이 없어 하나가 천하의 의와 같고 도리어 천하가 어지러워짐이 명확하다. 그러므로 천하에 현량하고 성스러운 지혜를 변별할 수 있는 사람을 선택하여 천자를 세우고 모두 함께하는 천하의 의로움에 종사하게 하니, 그러므로 이장이 이민을 거느려 위로 향장과 같게 하고, 향장이 향민을 거느려 국군과 같게 하고, 국군이 국민을 거느려 천자와 같게 하고, 천자가 천하의 인민을 거느려 하늘과 같게 한다." 하였으니 이 전체의 이론이 조리와 순서가 있다. 모두 홉스와 같은 이치이나 그 말한 바 건국 이전의 정형이 같고 그 말한 바 민약과 군주를 세우는 것이 또한 같아 지리가 멀어 수만리이며 세상 전후가 수천년이지만, 사상은 곧 부절이 맞아 떨어지니 어찌 불가하겠는가. 그러나 홉스가 묵자에게 미치지 못하는 것이 하나 있는데, 묵자는 천자가 인군을 통솔하는 의미를 안 까닭에 상동편에 말하기를 "대저 천자와 같이 숭상하나 천자와 같이 숭상하지 않는 것은 곧 묵정밭을 버리지 않는 것과 같다."라고 하니,

묵자의 의미는 군주의 권리가 무제한이어서는 안 됨을 안 것이나, 비록 그 제한하는 좋은 방법을 알지 못한 까닭에 하늘에 의지하여 통치한다 하였으니 그 방법이 공막함을 뛰어넘으나 만약 군권이 유한한 공리에 이르러서는 그 의미를 이해한 것이요, 홉스는 민적(民賊)의 치우친 의견을 주장하여 군주가 각인의 권리를 흡수하여 제재할 바가 없다고 하였으니, 이는 호랑이가 사람을 씹도록 그 날개를 부여하는 것이니 안타깝도다.

—「곽포사의 정치학설」, 『조양보』 제3호

량치차오의 홉스설에서 주목할 점은 홉스의 인간 본성론을 순자(荀子)와 견주고, 그의 정치학설을 묵자(墨子)와 비교한 데 있다. 홉스와 순자는 모두 인간 본성을 이기적이라고 본다. 다만 량치차오의 관점에서 순자의 '예론(禮論)'과 '존군(尊君)'의 정당성을 인간 본성의 혼란을 방지하기 위한 선왕(先王)의 노력에서 찾고자 했음에 비해, 홉스는 민악상약(民惡相約)에서 찾고자 한 점이 다르다. 특히 정치술의 관점에서 홉스의 학설은 이론상 정당해 보이나, 개인의 권리를 모두 흡수한 군주가 무제한의 권리를 행사한다는 점이 타당하지 않기 때문에, 비록 군주의 주권을 제한하는 방법을 알지 못했더라도 묵자의 군주 주권 제한설이 타당하다고 논증했다. 이처럼 서양 사상을 수용하는 과정에서 동양의 학설을 비교하여 주체적으로 수용하고자 한 점은 구화주의에 몰입되기 이전의 중국 사상가들이 취했던 태도이다. 이 점은 한국의 계몽사상가들도 마찬가지였던 것으로 보인다. 1895년 학부에서 편찬한 『태서신사남요』에서 중국어판 『태서신사』의 사건 연호를 조선 개국을 준거하여 변경하고자 한 점이나, 다수의 서양 이론 또는 중국을 경유한 근대 사상을 당시 한국의 실정에 맞게 변형하고자 한 노력을 찾을 수 있다. 비록 단순할지라도 「곽포사(홉스)의 정치학설」에서도 량치차오가 중국 현실에 비추어 사회계약설의 의미를 부여한 데 비해, 『조양보』에서는 그것을 한국 실정으로 바꾸어 놓았다. 다음을 살펴보자.

【 홉스의 사회계약설의 의미 】

ㄱ. 又按藿氏는 泰西哲學界와 政學界에 極有名호 人이라. 生於十七世紀호야 其持論이 與戰國諸子로 相等호고 且其精密이 更有遜焉이라. 亦可見其思想 發達이 較吾東洋人尚早矣나 但近二百年來에 泰西思想의 進步가 如此其聚여 늘 則我韓國은 雖在今日世紀호야도 依然若二千年 以上의 唾餘호니 是則後 起者가 先起者의 罪人됨을 未免호깃고 其進步치 못흠은 但其思想의 硏究가 無혼 故이니 嗚呼惜哉라.

번역 또 살피건대 홉스는 태서 철학계와 정치계에서 극히 유명한 인사이다. 17세기에 태어나 그 지론이 전국시대 제자백가와 상등하고 그 정밀함이 또한 겸손한 바가 있어 가히 사상발달에 볼 만한 것이 우리 동양인이 일찍이 숭상하던 바나 다만 이천년 이래 태서 사상의 진보가 여기에 모였거늘 우리 한국은 금일의 세기에 있으면서도 의연히 2천년 이상 잠들어 있으니 이는 곧 후에 일어나는 자가 먼저 깨친 자의 죄인이 됨을 면하지 못할 것이며, 그 진보하지 못함은 다만 사상 연구가 없는 까닭이니 아아 안타깝다.

—『조양보』 제10호

ㄴ. 又按 霍布士라 호는 者는 泰西 哲學界, 政學界의 極히 有名호 人이라. 十七世紀에 生호야 其持論이 僅히 支那 戰國諸子로 더부러 相等호되 其精 密흠은 不及혼 바ㅣ 有호니 또혼 支那 思想 發達의 무흠을 可見홀지로되 但二百年來로 泰西의 思想進步는 如此히 其驟호고 支那는 今日의 在호야서 도 依然히 二千年 以上의 唾餘쑨이니 此는 卽 後起者의 罪라 홀지로다.

번역 다시 살피건대 홉스는 태서의 철학계, 정치계에 극히 유명한 사람이다. 17세기에 태어나 그 지론이 중국 전국시대의 제자백가와 비슷하되 그 정밀함은 미치지 못한 점이 있으니, 또한 중국 사상 발달이 조속했음을 가히 알 수 있다. 다만 이백년 이래로 태서의 사상 진보는 이와 같이 급속했고 중국은 지금도 의연히 2천년 이상의 말뿐이니 이는 곧 후속 연구자의 죄라고 할 것이다.

—이춘세, 「정치학설」, 『기호흥학회월보』 제10호

ㄷ. 又按霍布士者. 泰西哲學界 政學界極 有名之人也. 生於十七世紀. 而其持論乃僅與吾戰國諸子相等. 且其精密更有遜焉. <u>亦可見吾中國思想發達之早矣.</u> 但近二百年來. 泰西思想進步. 如此其驟 則吾國雖在今日. <u>依然二千年以上之唾餘也.</u> <u>則後起者之罪也.</u>

—량치차오(1903), 『음빙실문집』(하), 광지서국, 상해

『조양보』 역술본은 이춘세의 '정치학설'과는 달리 『음빙실문집』을 한국적 상황에 맞게 변용하였다. 이춘세에서는 '중국사상발달', '오국'이라는 원문을 그대로 옮긴 데 비해, 『조양보』에서는 '동양사상발달', '한국'으로 바꾸어 놓은 셈이다. 이러한 변용은 번역 과정의 어휘에만 해당되는 것은 아니다. 비록 국권 침탈과 학문·사상 연구의 부진이 지속되는 상황일지라도, 국권회복을 위한 벽파(劈破) 절규는 근대 계몽기를 '애국계몽시대'라고 규정하는 데 무리가 없다. 이러한 입장에서 남악거사 이기(李沂)가 '일부벽파(一斧劈破, 도끼 하나로 어리석음을 쪼개다)'한 국권 회복 담론을 살펴보자.

【 一斧劈破 】

近日論恢復國權者ㅣ 莫不曰學問曰敎育이라 ᄒᆞ야 諸公이 亦己稔聞矣(임문의)라. 然其說이 未免支離糊塗ᄒᆞ야 使聽之者로 必大驚而大疑ᄒᆞ야 以爲我國朝五百年尙文之治에 何嘗無學問이며 何嘗無敎育이리오. 但甲午己來로 不取人材ᄒᆞ고 徒視賄賂ᄒᆞ야 窮經讀書之士ㅣ 多老死嚴穴ᄒᆞ야 遂致今日之沈淪이오 而況自新學問新敎育之說之起로 其登據朝著者ᄂᆞᆫ 背棄君父ᄒᆞ야 販賣國家ᄒᆞ며 其游學外邦者ᄂᆞᆫ 藉托聲勢ᄒᆞ야 窺占官職而已ᄒᆞ니 則若此等學問과 此等敎育은 適足以亡國이오 不足以興國也라 ᄒᆞ야 搖頭麾手ᄒᆞ야 却走而不

顧ᄒᆞ니 則諸公之言이 未爲不是也라. 然亦有知一不知二之弊ᄒᆞ니 愚何敢不盡情相告哉아.

번역 근일 국권 회복을 논함에 학문이라 교육이라 하는 것을 제공 역시 익숙히 들었을 것이다. 그러나 그 주장이 지루하고 애매함을 면하지 못해 듣는 이로 하여금 반드시 놀랍고 의심스럽게 하니, <u>우리 국조(國祖) 오백년 동안 숭상해 온 문치가 어찌 학문이 없는 것이며 어찌 교육이 없는 것이리오</u>. 다만 갑오 이래로 인재를 취하지 않고 헛되이 뇌물을 받고 힘써 독서하는 선비가 늙거나 암혈에서 사라져 금일의 침륜(沈淪)에 이른 것이요, 하물며 신학문 신교육의 주장이 일어나 조정에 등용된 자는 <u>부모와 임금을 배반해 버리고 국가를 팔아먹으며, 외국에 유학한 자는 외국의 세력에 의뢰하여 관직을 도적질할 뿐이니</u>, 만약 이와 같은 학문과 이와 같은 교육은 망국에 적당할 뿐이요, 흥국하기에 충분하지 않다 하여, 머리를 흔들고 손을 저어 돌아보지 않으니, 곧 제공의 말이 잘못된 것이 없다. 그러나 또한 하나는 알고 둘은 모르는 폐단이 있으니 어찌 감히 사정을 서로 다 알리지 않을 수 있는가.

신구학의 갈등 상황, 구학자의 폐단과 유학생들의 사조를 모두 비판한 이 글에서 필자는 오직 우리 학문과 교육이 지향할 바는 '흥국'이요, 도달해야 말 목적지는 '국권 회복'이라고 믿는다. '사대주의의 폐단', '한문 관습의 폐단', '문호 구별(파벌)의 폐단' 등을 질타한 그의 논리는 단순히 구습 타파와 품성 개량을 주장하는 논리와는 거리가 있다. 그가 원했던 것은 근본적으로 국권 회복이며, 학문과 사상, 교육은 모두 이를 위해 봉사해야 하는 셈이다. 이러한 논리는 '자주, 독립, 자조, 자강론'에도 빈번히 나타난다. 애국계몽가들은 스마일즈의 자조론에서 국력강화를 통한 독립의 전제로서 개인의 자조를 재배치하였다. 이를 가장 선명히 보여주는 논설은 역시 장지연이 주필이던 『대한자강회월보』 13호(1907.7.25)에 실린 원영의의 '자조설(自助說)'에서는 "사람이 스스로 돕는 성실함이 있으면 하늘은 반드시 돕는다는 것이 역시 응당 이와 같다고 전하는 말에 언급되지 않았던가? 하늘의 도리(天道)는 가꾸는 자는 북돋아주고 뒤엎는 자는 엎어주니 만약 자기가 뒤엎으면서 하늘이 엎지 않길 바라며 가꾸지도 않으면서 하늘이 북돋아주길 기원한다면 역시 미혹됨이 심하지 않은가? 그러니 하늘은 스스로 돕는 자를 반드시 도우며, 스스로 돕는 성실함이란 이치를 다하고 배움에 힘쓰며(窮理力學) 쉼 없이 스스로 강해지는 것(自强不息)에서 벗어나지 않으니, 어찌 남에게 도움을 받으려는 구태를 버리고 새롭게 시작하지 않느냐?"라는 자강불식론을 주장한다. 자강은 개인의 삶이 아니라 자유·권리·독립을 의미하는 용어인 셈이다. 다만 이러한 자조론이 국권 회복에 이르지 못한 상황에서 식산흥업론이나 개량적인 개조론으로 이어지는 경향이 나타나는 것은 사상 발전의 차원에서 식민 제국주의 시대가 갖는 한계가 될 것이다.[37]

3.2. 일제 강점기의 계몽사상

국권 상실과 함께 시작된 일제의 식민 통치 정책은 '동화'를 표방한 무단 억압 정책이었다. 근대 계몽기의 애국 담론을 허용하지 않고, 식민 통치의 정당성을 부여하기 위해 각종 매체를 동원했는데, 그 가운데 대표적인 것이 『매일신보』이다. 이에 대해서는 수요역사연구회(2005)의 『일제의 식민 지배 정책과 매일신보, 1910년대』(두리미디어)에서 비교적 자세히 논의한 바 있는데, 각종 시찰단 파견, 위생 정책, 교육 정책, 종교 정책, 민족과 계급 문제 등 일제의 동화 정책을 구현하기 위한 각종 홍보가 이루어졌다.

---

[37] 이 점에서 근대 계몽기 지식의 굴절을 주제로 한 연구도 이루어진 바 있다. 이화여자대학교 한국문화연구원(2007)의 『근대 계몽기 지식의 굴절과 현실적 심화』(소명출판)이 대표적이다.

사상적인 차원에서도 일제 강점기는 근대 계몽기의 문명 진화론, 사회 계약론, 자조론 등의 계몽사상을 식민 통치 이데올로기에 적합하도록 변형시켰다. 일제에 순응하는 '도덕성의 회복'이나 동화를 전제로 일본화에 필요한 '실용적 학문'을 강조하는 이데올로기의 생성 등이 그것이다. 특히 진화론과 사회계약설 등은 식민 통치 이데올로기에 적합하도록 굴절되기 시작했는데, 다음을 살펴보자.

【 進化論으로 推斷한 人生의 未來 】

生物은 如何호 것이나 長久호 年月을 經호면 漸漸 變化호는 것이나 如何 호 部分이 如何호 模樣으로 變化홀 것인지 預知키 難호야 或 其時의 事情으 로써 酌定됨은 잇슬지언정 當初브터 確定한 方向으로 向호야 變化호는 것 이 안이로다. (…中略…) 要之컨딕 生物界에 優劣을 保홈에는 智力 發達이 必要호니 象이 骨의 獸로 現世에 生存홈은 其靈智에 依홈이오, 人은 地球가 冷却호기 前에 他의 星世界로 移住치 안으면 當然히 地球과 근히 滅亡홀지 니 自己의 永久 保續코져 호면 더욱 智力을 發達케 호야 空中을 支配호고 他의 星世界도 支配치 안으면 안이 되는딕 智力을 發達케 홈에는 敎育을 盛히 호지 안으면 안이 되리로다. 我國人과 如호 者는 將來를 豫測키 難호 나 勿論 歐米人은 더욱 智識을 硏磨호야 無事히 空中 及 他星 支配의 目的 을 達호면 人類라 호는 種族은 永久히 存續홈을 得홀지라도, 日本 人種은 成滅亡홀는지 알 슈 업는 故로 吾人은 自今으로 智識이 더욱 發達되도록, 地球 表面의 諸般 生物 及 他人種 上에 立홀 슈가 잇도록, 日本 人種의 幸福 이 彌榮호도록, 日本 人種이 永久히 存續호도록, 自他를 勿論호고 各其 留 意홈이 本年브터는 敎育을 盛히 홈이 何如오. 小判이 다슬기라 호는 小魚 는 스스로 游泳호기를 슬허호야 他의 大魚의 腹에 吸入되엇다가 其地로 移轉호고 又諸種의 細菌은 人의 皮膚와 腸 等에 存在호야 人과 싯히(함께) 旅行홈으로, 歐米人은 더욱 發達호야 星世界에 旅行호는 時는 細菌도 彼等 에게 附着호얏다가 轉居홀 터이니, 歐米人이 細菌은 主客 差가 有홀 샏이나 星球에 移住흠은 一般이오, 日本人은 所謂 人鳥라 ᄒᆞᄂᆞᆫ 것이 되어 歐米人 寵愛를 受ᄒᆞ야 玩弄的 飼養動物로 星球에 伴去흘ᄂᆞᆫ지 一疑問이라. 現今 人類ᄂᆞᆫ 更히 分化ᄒᆞ야 人鳥라 星人(超人間)이 되ᄂᆞᆫ디 日本人은 星人이 될ᄂᆞᆫ지, 人鳥가 되고 말ᄂᆞᆫ지 余ᄂᆞᆫ 判斷키 不能ᄒᆞᄂᆞᆫ 바ㅣ라. 願큰디 他人種보다 몬져 星人이 되야 日本 民族의 幸福을 永久히 保存흘지어다. (完)

번역 생물은 어떤 것이든지 장구한 연월을 지나면 점점 변화하는 것이나 어떤 부분이 어떤 모양으로 변화할지 미리 알기는 어려우나, 혹 그때의 사정으로 만들어지는 것인 있을지라도 처음부터 확정된 방향으로 향하여 변하는 것은 아니다. (…중략…) 요약하건대 생물계의 우열을 보존하는 데는 지력의 발달이 필요하니, 코끼리가 뼈를 갖추어 짐승으로 현세에 생존하는 것은 그 영지에 의한 것이요, 사람이 지구가 냉각되기 전에 다른 별로 이주하지 않으면 당연히 지구와 함께 멸망할 것이니, 자기를 영구히 보존 유지하고자 한다면 더욱 지력을 발달시켜 공중을 지배하고 다른 별도 지배하지 않으면 안 된다. 지력을 발달시키는 데는 교육을 활발히 하지 않으면 안 된다. 우리나라 사람과 같은 경우는 장래를 예측하기 어려우나, 구미인이 더욱 지식을 연마하여 무사히 공중과 다른 별을 지배하는 목적을 달성하게 되면, 인류라는 종족은 영구히 존속할 수 있을 것이나 일본 인종이 멸망하게 될지는 알 수 없기 때문에 우리는 지금부터 지식이 더욱 발달되도록, 지구 표면의 제반 생물 및 다른 인종의 위에 존립할 수 있도록, 일본 인종의 행복이 두루 영화롭도록, 일본 인종이 영구히 존속하도록, 자타를 물론하고 각자 유의하여, 본년부터는 교육을 융성하게 하는 것이 어떻겠는가. 소판 다슬기라 하는 작은 고기는 스스로 유영하기를 싫어하여 다른 대어의 배에 흡입되었다가 그 땅에 옮겨 살고, 또 여러 종류의 세균은 사람의 피부와 장 등에 존재하여 사람과 함께 여행하니, 구미인이 더욱 발달하여 다른 별에 여행할 때 세균도 그들에게 부착되었다가 옮겨갈 것이니, 구미인과 세균은 주객의 차가 있을 뿐 다른 별에 옮겨 살게 되는 것은 마찬가지인데, 일본인은 소위 '인조(人

鳥, 뒤의 성인과 달리 충분히 진화되지 않아서 새처럼 된 인간'이라는 것이 되어, 구미인의 총애를 받아 놀이감의 사양동물(애완동물)로 다른 별에 함께 가게 될지는 알 수 없다. 지금 인류는 다시 분화하여 '인조'와 '성인 (초인간)'이 되는데, 일본은 성인이 될지, 인조가 되고 말지 나는 판단하기 어렵다. 원컨대 다른 인종보다 먼저 성인이 되어 일본 민족의 행복을 영구히 보존하기 바란다.

　　─의학박사·이학박사 松下禎二, 「진화론으로 추단한 인생의 미래」,

　　　　　　　　　　　　　『매일신보』, 1914.1.21~1.25(5회 연재)

이 논문은 의학박사이자 이학박사인 일본인 마쓰시다의 논문으로, 라마르크의 용불용설, 다윈의 적자생존설, 자연도태설 등을 소개하고, 진화론이 현실적으로 어떻게 적용되어 왔는지를 설명한 논문이다. 의학박사의 신분에도 미래 인류 진화가 어떤 상태로 이루어질지에 대한 판단을 '일본 민족 발전'이라는 관점에서 해석하고 있다. 특히 인류 진화를 '인조(人鳥)'의 상태와 '성인(星人, 초인간)'의 상태로 예측하고, 열등한 인조가 되지 않고 우등한 성인이 되기 위해 지력 발달과 교육에 힘써야 한다고 주장한 점은, 일제 강점기 진화론이 일본인의 동화 정책을 뒷받침하는 과학 담론으로 변질되었음을 보여준다. 이러한 변질은 '조선 민족'의 민족정신을 해체하지 않으면 성립되기 어렵다. 이 점에서 1910년대 『매일신보』의 민족 담론은 민족정신 해체를 목표로 삼는다.

【 民族의 階級 】

山 一山이로ᄃᆡ 有高下ᄒᆞ며 水 一水로ᄃᆡ 有淺有深ᄒᆞ니 此ᄂᆞᆫ 勢也라. 人亦如此ᄒᆞ니 人 一人이로ᄃᆡ 有賢有愚ᄒᆞ며 有貴有賤ᄒᆞ며 有尊有卑ᄒᆞ야 愚者가 賢者의 指導를 聽ᄒᆞ며 賤者가 貴者의 制裁를 受ᄒᆞ며 卑者가 尊者의 命令을 服ᄒᆞ여야 可히 人類 社會의 秩序를 維支ᄒᆞᆯ지라. 若 愚者가 其愚를 自知치 못ᄒᆞ며 賤者가 其賤을 自知치 못ᄒᆞ며 卑者가 其卑를 自知치 못ᄒᆞ면 此ᄂᆞᆫ

部落人種이라 謂홀지라. 何等의 秩序가 有ᄒ리오. 大抵 愚者가 賢者의 指導를 不應ᄒ며 賤者가 貴者의 制裁를 不受ᄒ며 卑者가 尊者의 命令을 不服ᄒ면 社會秩序의 紊亂을 姑捨ᄒ고 個人에 在ᄒ야도 無限ᄒ 災禍가 有홀지라. 法律이 雖云 明矣나 但 法律로만 人類 社會를 維支치 못홀지라. 假令 甲이 其父에게 不順ᄒ면 彼賢者 貴者 尊者가 此를 督責ᄒ며 乙이 其兄에게 不恭ᄒ면 彼賢者 貴者 尊者가 此를 督責ᄒᄂ니 是以로 愚者 賤者 卑者가 恆常 其 一行一動을 敢히 自由치 못ᄒ고 必 賢者 貴者 尊者를 依賴홀지라.

번역 산은 같은 산이나 높고 낮음이 있고, 물은 하나로되 얕고 깊음이 있으니, 그것이 자연스러운 형세이다. 사람 또한 이와 같으니 사람은 같은 사람이나 현우가 존재하며 귀천이 있고 존비가 있어, 우자가 현자의 지도를 듣고, 천한 사람이 귀한 사람의 제재를 받으며, 비속한 사람이 존경스러운 사람의 명령에 복종해야 가히 인류 사회의 질서를 유지할 수 있다. 만약 우자가 그 어리석음을 알지 못하며 천자가 그 천함을 알지 못하며, 비자가 그 비속함을 알지 못하면 이는 부락인종(야만인)이라고 할 것이다. 어떤 질서가 있겠는가. 대저 우자가 현자의 지도를 따르지 않고, 천자가 귀자의 제재를 받지 않으며, 비자가 존자의 명령을 불복하면 사회질서의 문란은 고사하고 개인에게도 무한한 재앙이 있을 것이다. 법률이 비록 명료하나 단지 법률로만 인류 사회를 유지하지 못할 것이다. 가령 갑이 그 부모에게 불순하면 저 현자, 귀자, 존자가 독책(督責)할 것이요, 을이 그 형에게 불공하면 저 현자, 귀자, 존자가 이를 독책할 것이니, 이로 우자, 천자, 비자가 늘 하나의 행동을 감히 제멋대로 하지 못하고 반드시 현자, 귀자, 존자에게 의뢰할 것이다.

—『매일신보』, 1914.5.30

이 논설은 향약(鄕約)을 재건하여, 사회 질서를 유지해야 한다는 논리를 펼치기 위해 '민족', '계급'의 존재를 당연히 수용해야 한다고 주장한 논설이다. 근대 계몽기 '지식 습득'에 따라 계급 질서를 부정하던 논리와 상반된 논리로, 현우(賢愚)·귀천(貴賤)·존비(尊卑)에 따른 사회질서 유지를 역설한 논설이다. 이 논리는 민족 내부의 문제뿐만 아니라 민족과 민족, 곧 조선인과 일본인의 관계를 규정하는 데도 그대로 적용되었다. 사회 질서에 대한 근대 계몽기의 사상적 굴절이 심해지고 있는 셈이다. 이러한 상황에서 1910년대『매일신보』의 사회사상 또한 굴곡진 모습을 보인다. 다음을 살펴보자.

【 社會의 理想 】

社會는 靜止ㅎ는 者ㅣ 아니오 活動ㅎ는 者ㅣ며 人類는 恆常 現狀에 滿足ㅎ지 못ㅎ고 更히 向上 發展을 計劃ㅎ느니 大抵 社會는 何에 向ㅎ야 活動ㅎ며 人類는 何에 向ㅎ야 進ㅎ고져 ㅎ는가. 吾人은 暫時 社會 理想에 對ㅎ야 哲學的 思索을 運用치 아니치 못ㅎ겟도다.

一. 宇宙와 社會: 哲學的 思索으로써 見ㅎ면 人類社會도 亦無限ㅎ 時間을 通ㅎ며 無限ㅎ 空間에 亘ㅎ난 宇宙의 一現象에 不過ㅎ니 社會의 理想을 訪求ㅎ랴면 몬져 其 根柢되는 宇宙의 理想을 探究치 아니치 못ㅎ겟도다. 宇宙 大抵 何物이냐. 森羅萬象은 參差焉 其涯際를 不知ㅎ겟스나 然이나 哲學的 眼光으로써 觀察ㅎ면 裁然히 我와 非我에 區別ㅎ을 得ㅎ나니 我云者는 今에 宇宙를 考察ㅎ랴 ㅎ는 自己오, 非我云者는 自己 以外 物象이라. 前者를 主觀이라 稱ㅎ고 後者를 客觀이라 稱ㅎ나니 卽 主觀은 心이오, 客觀은 物이라. 所詮宇宙는 主觀인 心과 客觀인 外物에 更히 他物을 容納지 아니ㅎ고 然則物是宇宙之本體耶 抑亦心是宇宙之本體耶. 物이 宇宙 本體라 主張ㅎ는 唯物論者ㅣ 有ㅎ며 心이 宇宙라 稱ㅎ는 唯心論者ㅣ 有ㅎ며 又或 宇宙는 物과 心의 二元으로 成ㅎ얏다 ㅎ는 二元論者ㅣ 有ㅎ나 然이나 宇宙의 本體는 全然히 心 或 物 此 肉體와 精神은 互相 關聯ㅎ야 渾然 一體를 成ㅎ과 如히 物과 心의 奧處에는 此를 統一ㅎ는 本體 有ㅎ야 恰히 千頃万波가 同一 海上의 水에 不過ㅎ과 如히 物心의 諸象은 皆是 宇宙 實在上의 波될 쑌이라. 波不離水 水不離波 水波不二 本體와 現象 本是 不無別異ㅎ 者ㅣ 아니니 現

象은 비록 區區ᄒᆞ고 別別ᄒᆞ되 其 本體ᄂᆞᆫ ——이로ᄃᆡ 多로ᄃᆡ —이로다. (以上은 宇宙의 本體를 現代의 學術語를 借ᄒᆞ야 說明ᄒᆞ얏슬 ᄲᅮᆫ이나 馬鳴의 大衆起信의 所說 眞如生滅이 不二ᄒᆞ야 皆是 —法界 大總相法門体라 흄에 實로 附合ᄒᆞ니 吾人은 知ᄒᆞ겟도다. 佛敎ᄂᆞᆫ 哲學的 大宗敎됨을)

번역 사회는 정지하는 것이 아니라 활동하는 것이며, 인류는 항상 현상에 만족하지 않고 다시 향상 발전을 계획하니 대저 사회는 어디로 향하여 활동하며 인류는 어디로 향하여 진보하고자 하는가. 우리는 잠시 사회 이상에 대해 철학적 사색을 운용하지 않을 수 없다.

1. 우주와 사회: 철학적 사색으로 보면 인류사회도 또한 무한한 시간을 통하며, 무한한 공간을 거치는 우주의 한 현상에 불과하니, 사회의 이상을 탐구하고자 하면 먼저 그 근본되는 우주의 이상을 탐구하지 않으면 안 된다. 우주는 대체 무엇이냐? 삼라만상은 차이가 있고 그 생애와 시간을 알지 못하겠으나, 철학적 안광으로 보면 확연히 '아'와 '비아'의 구별이 있음을 알 수 있으니, '나'라는 것은 지금 우주를 관찰하는 자기요, '비아'라는 것은 자기 이외의 현상이다. 전자를 주관이라 칭하고, 후자를 객관이라 칭하니, 즉 주관은 마음이요, 객관은 물체이다. 우주를 모두 살피면 주관인 '심'과 객관인 '외물'에 다시 다른 사물을 용납하지 않고, 그런즉 사물은 우주의 본체라 하고, 이와 반대로 마음이 곧 우주의 본체라 한다. 사물이 우주의 본체라 주장하는 유물론자도 있고, 심리가 우주의 본체라고 주장하는 유심론자도 있으며, 혹은 우주는 사물과 심리의 이원으로 구성되었다고 하는 이원론자도 있으나 우주의 본체는 전연 심과 물로, 육체와 정신은 서로 연관하여 혼연일체를 구성함과 같이 사물과 심리의 깊은 곳에는 이를 통일하는 본체가 있어 천경만파가 동일 해상의 물에 불과함과 같이, 물심의 모든 현상은 모두 우주의 실재하는 물결이 될 뿐이다. 물결은 물과 분리되지 않고 물은 물결과 분리되지 않아 물과 물결이 둘이 아니듯 본체와 현상은 본래 구별하여 차이가 있는 것이 아니니 현상은 비록 구구하고 다르되 그 본체는 하나이며 많되 하나이다. (이상

은 우주의 본체를 현대의 학술어를 빌려 설명했을 뿐이나 마명(馬鳴)의 대승기신(大乘起信)38)에 들어 있는 진리는 생멸하는 것과 같이 둘이 아니어서 모두 한 법계로 대총상법문체라 하는 것이 실로 부합함을 알겠다. 불교는 철학적으로 큰 종교인 것을.)

—취서산곡(鷲棲山谷) 이응섭(李應涉), '사회의 이상(1)',
『매일신보』, 1916.6.22

이 논문은 1910년대 사회사상의 단면을 보여주는 논문으로, 이응섭은 이 시기 보광사 주지로 이능화와 함께 1917년 발행된 『조선불교총보(朝鮮佛敎叢報)』에 관여했던 인물이다. 이 잡지 제11호(1918)의 '오등(吾等)의 사명(使命)'에서 이응섭은 "오등(吾等)은 불교(佛敎)의 대의석가모니 세존(大義釋迦牟尼世尊)을 신(信)하여 현대(現代)를 구제(救濟)코저 하는 자(者)라."라고 선언한 뒤, 금일의 세상은 '사상 혼란의 시대'이며 '금일의 세상은 정치, 법률, 철학, 과학, 종교, 예술이 각각 일방에 할거하여 귀일하는 바를 모르는 시대'여서 인지(人智) 진보를 통한 세상 구제가 필요함을 역설한 종교인이다. 『매일신보』의 '사회의 이상'에서도 이러한 의식이 드러나는데, 이 논문은 '우주와 사회', '사상의 개전(開展)', '심미적 개전(審美的 開展)', '도덕적 개전(道德的 開展)' 등을 논의한 뒤, 이를 바탕으로 '사회의 진보'를 촉구하는 내용으로 구성되었다. 인용문에서 확인할 수 있듯이, 이 시기 '철학', '유물론', '유심론', '이원론' 등의 철학 학술어가 본격적으로 사용되기 시작했음을 보여주며, '사회의 진보'를 촉구한다는 점에서 진화론적, 문명론적 사유방식을 수용한 논문임을 알 수 있다. 더욱이 '사상, 심미, 도덕'을 통한 '진보'를 촉구했

---

38) 마명의 대승기신: 인도의 마명(馬鳴, 고대 인도의 마명보살, 아슈바고샤, Aśvaghoṣa: c. 100~160)이 기원 후 2세기경 저술하고, 중국 양나라의 진체(眞諦, Paramārtha: 499~569)가 번역한 것으로 알려진 불교서. 당(唐)나라 실차난타(實又難陀, Śikṣānanda: 652~710)의 한역본만 현전하며, 우리나라에서는 신라 원효대사(元曉, 617~686)가 이를 체계적으로 상세하게 풀이한 것으로 알려져 있다.

다는 점에서, 일제 강점기 식민 통치 이데올로기와 부합하는 사상의 일면을 확인할 수 있다. 그가 제시한 진보의 개념을 좀 더 살펴보자.

【 社會의 理想(二) 】

五. 社會의 進步: 社會 成立의 分子되는 個人이 眞善美를 推來ᄒᆞ는 情操는 社會로 ᄒᆞ야곰 漸次 宇宙의 理想되는 眞善美 顯現에 向ᄒᆞ게 ᄒᆞ얏슴은 過去에 於ᄒᆞ 進化의 跡에 此를 示ᄒᆞ얏ᄂᆞ니 <u>宇宙 個別 原理는 各人이 其守홀 正義와 獨立</u>이 되고, <u>宇宙 同一의 原理는 平等과 自由</u>가 되고, <u>宇宙 調和의 原理는 秩序와 平和</u>가 되는도다. 今日의 社會도 아즉 進化의 途上에 在홈은 勿論인 故로 完全히 其 理想이 實現되얏다 云홈은 能치 못ᄒᆞ나 此를 過去에 比ᄒᆞ야 半分의 進境에 在홈은 否定치 못홀 事實이다. 過去에 於ᄒᆞ 國家와 國家의 關係를 論之라도 侵略的 戰鬪 以外에 何等 見홀 바 無홈에 反ᄒᆞ야 正義로써 斷ᄒᆞ는 國際法의 是認홈에 至ᄒᆞ 今日과는 其差ㅣ 實로 宵壤이라. 然이나 今日도 아즉 理想의 域에 完入ᄒᆞ지 못ᄒᆞ야 幾許의 缺陷과 虛僞는 有ᄒᆞ나 其向ᄒᆞ는 바 理想의 一境에 在홈을 否認치 못ᄒᆞ겟도다. 請컨디 讀者여 諒ᄒᆞ라.

번역 5. 사회의 진보: 사회 성립의 분자되는 개인이, 진선미를 추구하는 사정은 사회가 점차 우주의 이상인 진선미를 드러내는 데 향하게 함은 과거 진화의 자취가 이를 보여주니, 우주 개별의 원리는 각인이 그가 지킬 정의와 독립이 되고, 우주 동일의 원리는 평등과 자유가 되고, 우주 조화의 원리는 질서와 평화가 된다. 금일 사회도 아직 진화의 도상에 있음은 물론이므로 완전히 그 이상이 실현되었다고 말할 수 없으나, 이를 과거에 비해 반쯤이라도 진화의 지경에 존재함을 부정지는 못할 사실이다. 과거의 국가와 국가의 관계를 논할지라도 침략적 전투 이외에 어떤 것도 볼 만한 것이 없음에 비해, 정의로 단정하는 국제법이 시인되는 금일과는 차이가 점차 줄어든다. 그러나 금일도 아직 이상의 지경에 완전히 들어가지 못해 수많은 결함과 허위가 존재하나, 그 향하는 바 이상의 한 지경에 있음을 부인하지 못한다. 청컨대 독자여 양해하라.
　　　　　　　　—이응섭, 「사회의 이상(2)」, 『매일신보』, 1916.6.27

　근대의 계몽사조에서 빈번히 등장하는 '자유와 평등', '정의', '독립' 등의 사상이 이 논문에도 몇 차례 등장한다. 그런데 이 논문에서 사용한 계몽시대의 어휘들이 어떤 의미와 어떤 가치를 갖고 있는지는 좀처럼 독해하기 어렵다. 다만 정의와 독립, 평등과 자유 등이 우주 조화의 원리인 '질서'와 '평화' 이데올로기로 은폐되고, 추상적으로 진술된 '완전한 이상'은 진화의 도상에서 나타나는 수많은 결함과 허위가 극복되어야 도달할 수 있는 상태로 서술된다. 진화론과 계몽사상이 논문 전반을 덮고 있지만, 진화하여 추구하는 바가 무엇인지, '사회적 이상'이 무엇을 의미하는지 대중이 공감하고 수용할 만한 구체적 논리와 논거가 드러나지 않는 것이다.

　이러한 흐름에서 일제 강점기의 계몽사상은 지식 그 자체로 수용되는 경향이 농후했다. 이 점은 칼 만하임의 지식사회학에서 '지식인의 역할'이 '시대와 사회를 뛰어넘는 총체적 자유인'으로 기능한다는 입장과는 큰 차이가 있는 셈이다. 지식이 내재하는 이데올로기성, 가치성 등이 배제되고, 객관적 이론과 법칙, 사유형식으로서의 지식이 급증하는 셈이다. 이러한 상황에서 1920년대 이후 한국의 계몽주의는 사상적 지식으로서의 계몽철학과 식민 시대 개조론적 사유방식을 수용하는 계몽운동(수양론), 문자 보급을 통한 민지 개발을 목표로 하는 계몽운동 등이 분화되는 시기로 볼 수 있다.

　1920년대의 계몽사상은 서양 교육사, 사상사와 관련된 논문에서 빈번히 등장한다. 그 가운데 『동아일보』의 학술 연재물은 지식으로서의 계몽철학이 수용되는 과정을 잘 보여주는데, 다음과 같은 연재물이 이에 해당한다.

【 1920년대 『동아일보』 소재 계몽사상 관련 연재물 분포 】

연재일	횟수	필자	제목	내용	문종
1920.05.15~05.17	3회	李萬珪	處世와 常識	교양	
1921.03.03~03.31	26회	中澤臨用	正義와 自由와 財産	사상	번역
1921.05.11~05.30	16회	호주 아델레드 대학교 교수 법학박사 문학박사 짜블유 제티로 브라운=명저 『근대입법의 정신』	近代 立法의 精神	법률	번역
1921.05.15~06.30	37회	정언생	泰西教育의 史的 觀察	교육사	
1921.09.01~10.29	46회		佛蘭西의 革命과 文學의 革命	문학	
1922.03.10~06.22	84회		구주사상의 유래	사상	철학

이러한 연재물 속에는 철학으로서의 계몽사상이 소개되어 있는데, 그 중 계몽사상을 가장 체계적으로 소개한 연재물은 「구주사상(歐洲思想)의 유래(由來)」이다. 이 연재물을 게재한 의도는 다음에 잘 나타난다.

【 序說 】

思想이라는 言語는 가장 廣義에도 用하고 또 가장 狹義에도 用하나니 意識上에 想起되는 온갖 智識 觀念 思考 考察 等은 廣義로 하야는 통히 思想이니 意味에 在하야는 思想은 知識 內容과 全然히 同義이오, 狹義로 하야는 思想은 殆히 哲學과 同義이니 人生에 關한 最高 最深의 智識이 卽 哲學이오, 思想이라고도 解釋하겟도다. 그러나 今日과 如히 社會上 政治上 經濟上 等의 實際問題가 人心을 支配하는 時代에 在하야는 思想 쏘는 思想問題이라 하면 單히 社會問題이나 實際問題와 如히 싱각하는 傾向이 有한지라. 無論 此等 實際問題가 多少 哲學的으로 徹底히 處理되면 그는 當然히 思想 쏘는 思想問題이라 稱하야도 差誤가 無할지로되, 特히 思想이라 稱하는 것은 決코 斷片的인 知識이 아니오 바로 人生問題에 關係를 有한 一代의 風潮 쏘는 바로 人生問題 그것이 안이면 안이될지니라.

思想의 意義를 此와 如히 限定하고 此와 如히 限定된 範圍 內에서 人類生

活에 現出하는 無數한 思想을 列擧하야 分類함은 決코 容易한 事이 안이라. 本篇에 在하야 特히 歐洲思想의 範圍를 限한 所以는 思想 研究에는 歐羅巴를 對象으로 함이 가장 便宜하고 또 가장 裨益함일새이라. 만일 歐洲思想을 正式으로 研究코저 할진대 不得不 歷史的으로 그 變遷 推移의 事蹟을 研究할지로되, 簡單히 歐洲思想의 全體에 亘코저 할진대 此와 如히 複雜多岐한 問題를 細細히 分析할 餘暇가 無하도다. 그러나 또 他의 一面으로부터 見하면 思想 그것은 實際生活과 가장 親密不離한 關係를 具有한 故로 全히 歷史的 根據이나 背景을 理論的으로 無視하고 한갓 思想의 形式을 理論的으로 解釋한다 하면 이는 아모 意味도 無한 것이니 思想의 說明은 嚴正히 그 歷史的 說明이 안이면 안이될지라. 故로 本篇은 이 歷史上에 現한 各種의 歐洲 思想을 或은 歷史的으로 或은 便宜的으로 列擧하야 가령 第一 씨리사 主義, 第二 헤부라이 主義이라 함과 如히 하고 이에 多少의 歷史的 解釋을 加하노니, 簡單히 歐洲思想의 全體에 亘코저 할진대 此를 捨하고 他에 便宜한 方法이 無할가 하노라.

번역 사상이라는 말은 가장 넓은 의미에도 쓰이고 또 가장 좁은 의미로도 쓰이니, 의식상 떠오르는 모든 지식, 관념, 사고, 고찰 등은 넓은 의미로 쓰이는 사상이니, 의미로 볼 때 사상은 지식 내용과 완전히 같은 뜻이요, 협의의 사상은 철학과 같은 뜻이니, 인생에 관한 최고 최심의 지식이 곧 철학이요 사상이라고도 해석할 수 있다. 그러나 금일과 같이 사회상, 정치상, 경제상 등의 실제 문제가 사람의 마음을 지배하는 시대에는 사상 또는 사상 문제라고 하면 오직 사회문제나 실제문제와 같이 생각하는 경향이 있다. 물론 이들 실제문제가 다소 철학적으로 철저히 처리되면 그것은 당연히 사상 또는 사상문제라고 불러도 잘못이 없지만, 특히 사상이라고 일컫는 것은 결코 단편적 지식이 아니요, 바로 인생문제에 관한 일대 풍조 또는 인생문제 그것이 아니면 안 된다. 사상의 의미를 이와 같이 한정하고, 이와 같이 한정된 범위 내에서 인류생활에 나타나는 무수한 사상을 열거하여 분류하는 것은 결코 쉬운 일이 아니다. 본편에서 특히 구주 사상의 범위를 한정한 이유는 사상 연구에는 구라파를 대상으로 하는 것이 가장 편하고, 또 가장 유익하기 때문이다. 만일 구주 사상을 정식으로 연구하고자 한다면 부득불 역사적으로 그 변천 변화한 사적을 연구해야 하나, 간단히 구주 사상 전체를 훑고자 한다면, 이와 같이 복잡 다기한 문제를 세세히 분석할 여유가 없다. 그러나 또 다른 한편으로 보면 사상 그것은 실제생활과 가장 친밀하여 분리할 수 없는 관계를 갖고 있으므로 오직 역사적 근거나 배경을 이론적으로 무시한 한갓 사상의 형식을 이론적으로 해석하면 이는 아무 의미 없는 것이니, 사상의 설명은 엄정히 그 역사적 설명이 아니면 안 된다. 그러므로 본편은 이 역사상 나타난 각종 구주사상을 혹은 역사적으로, 혹은 편의적으로 열거하여 가령 제1 그리스 주의, 제2 헤브라이 주의처럼 하고, 이에 다소의 역사적 해석을 붙이고자 하니, 간단히 구주 사상 전체에 미치고자 한다면, 이러한 방법을 버리고 다른 편의한 방법은 없을 것이다.

—「구주사상의 유래」, 『동아일보』, 1922.3.10

이 논문은 '사상'의 개념을 '철학'과 동의어로 사용하고, 서양 사상사를 개괄하고자 하는 목적을 갖고 있다. 1922년 3월 8일부터 6월 22일까지 총84회에 걸쳐 연재된 이 논문은, 이 시기까지 가장 체계적이고 방대한 분량의 서양 철학사로 볼 수 있는데,[39] 제1장 '그리스 사상', 제2장 '그리스도 교', 제3장 '르네상스'(문예부흥의 문명사적 의의, 문예부흥의 사상사적 의의), 제4장 '유리사상(唯理思想)', 제5장 '로맨티시즘', 제6장 '최근대 사상'으로 구성되었다. 이처럼 서양 사상사를 소개하고자 한 배경에는, 사상의 흐름을 통해 우리 민족이 지향해야 할 사상이 무엇인

---

[39] 교육사의 관점에서 근대 계몽기 『조양보』(1906)에 연재된 '태서 교육사'가 있다. 교육사도 사상사와 밀접한 관련을 맺는다는 점에서, '태서 교육사'는 서양 철학이 도입되는 과정에서 중요한 문헌으로 볼 수 있으나, '구주 사상의 유래'만큼 체계적이고 방대한 분량은 아니다.

지를 고찰하고자 하는 목적이 있었다. 특히 1920년대 전후 급격히 유입된 각종 사조와 사회문제를 이해하는 데 사상사적 지식이 중요한 의미를 갖고 있었기 때문으로 볼 수 있다. 이에 대해 이 논문의 마지막회에서는 다음과 같이 서술한다.

【 歐洲思想의 由來(84) 】

今日의 所謂 實際問題는 다만 外面에 暴露한 대로의 事實이오 何等의 思想 쏘는 理想을 合하지 아니하얏다 함은 事物의 皮相만을 觀察하는 近眼者의 解釋이라. 極度로 現實的인 時代에 在하야도 全然히 事實쁜이오 何等의 思想에도 伴하지 안이하얏다는 것은 想像하지 못하나니 事實과 理想의 人生에 在하야는 항상 現在하는 實在이오, 人生은 決코 事實만에 面한다는 것이 아니라, 從하야 今日은 純粹히 經濟問題, 社會問題의 時代이오, 思想問題, 哲學문제, 文藝問題, 宗敎問題의 時代가 안이라 함은 到底히 斷言하기 無하니 事實과 理想이라는 熟語가 耳에 逆한다 하면 吾人은 玆에 改하야 事實과 價値이라는 熟語를 用코저 하노라. (…中略…) 그런즉 今日 目前의 事實에 眩惑하야 人生은 經濟와 政治뿐이오 文藝 哲學의 時代는 永久히 過去이라 放言함은 넘어 近眼的인 淺薄한 速斷이라. 今日과 如한 混亂한 時代에 在하야도 吾人은 人生의 發達 乃至 變遷은 어대까지라도 永遠히 無限임을 想하지 아니함을 得하지 못하노라. 그런즉 未來의 思想界는 대개 如何한 方面으로 向하야 發展할가. 此를 今日에 在하야는 容易히 豫言하지 못할 大問題이라. 오즉 未來 世界 思想의 基調만은 今日에 이믜 明確하야 到底히 動搖할 것이 안임으로 싱각하노니, 世界 思想의 基調란 無他이라. 特히 近代 歐羅巴 文明의 基調이니 個人 쏘는 個性의 自由와 밋 發達이라 함이 是이라. 今日까지의 文明의 키-노-트가 此 根本精神임과 如히 今後의 文明의 키-노-트도 依然히 此 根本精神이 안이면 안이될지니 民衆 無限의 個性이 各各 新光을 放하야 各各 宏大한 充實을 示하는 곳에 未來의 新生活이 有하고 思想이 有하고 理想이 有한지라. 新意味의 個性의 發展 乃至 創造는 確的히

<u>未來 世界 文明의 根本 基調</u>일 줄노 信하노라. 世界의 如何한 國으로 또 如何한 民族으로 由하야 此와 如한 新文明이 創造될는지 此는 今日에 아즉 未知의 問題이니 未知의 問題임으로 그만큼 各人 各民族의 興味와 努力을 惹起하는 重大問題이니라.

번역 금일의 이른바 실제문제는 다만 겉으로 드러난 사실이며, 어떤 사상 또는 이상이 합쳐지지 않았다고 하는 것은 사물의 피상만 관찰하는 근시안적 해석이다. 극도로 현실적인 시대에도 오직 사실뿐이요, 하등의 사상이 동반되지 않은 것은 상상하지 못할 일이니, 사실과 이상의 인생에서도 항상 현재하는 사실이요, 인생은 결코 사실만 대면하지 않는다. 따라서 금일은 순전히 경제문제, 사회문제의 시대요, 사상문제, 철학문제, 문예문제, 종교문제의 시대가 아니라고 하는 것은 도저히 단정하기 어려우니, 사실과 이상이라는 숙어가 귀에 거슬린다면 우리는 이를 바꾸어 사실과 가치라는 숙어를 사용하고자 한다. (…중략…) 그러므로 금일 눈앞의 사실에 현혹하여 인생은 경제와 정치뿐이요, 문예 철학의 시대는 영구히 과거의 것이라고 함부로 말하는 것은 너무 근시안적 천박한 속단이다. <u>금일과 같은 혼란한 시대</u>에도 우리는 인생의 발달 내지 변천이 어디까지 영원하고 무한함을 생각하지 않을 수 없다. 그러므로 미래의 사상계는 대체로 어떤 방면으로 발전할까. 이는 금일 쉽게 예언하지 못할 큰 문제이다. 오직 미래 사상의 기조만은 금일 이미 명확하여, 도저히 요동하지 않을 것이라고 생각하니, 세계 사상의 기조는 다름 아니라 특히 근대 구라파 문명의 기조이니, 개인 또는 개성의 자유와 발달이라는 것이 그것이다. 금일까지 문명의 주요 방향이 이 근본정신임과 같이, 금후 문명의 주요 방향도 마땅히 이 근본정신이 아니면 안 될 것이니, 민중 무한의 개성이 각각 새로운 빛을 발하고, 각각 굉대한 충실을 보이는 곳에 미래의 신생활이 존재하고 사상이 존재하고, 이상이 존재할 것이다. 새로운 의미의 개성의 발달 내지 창조는 적확히 미래 세계 문명의 근본 기조가 될 것으로 믿는다. 세계의 어떤 나라도, 또 어떤 민족으로 말미암아 이와

같은 신문명이 창조될지, 이는 금일 아직 알 수 없는 문제이니 미지의
문제인 만큼 각인 각 민족의 흥미와 노력을 야기하는 중대한 문제이다.
—「구주사상의 유래(84)」, 『동아일보』, 1922.6.22

이 논문의 결론에서는 '현실문제(정치, 경제문제)'보다 '가치와 이상
문제'를 이해하는 것이 신문명을 이루는 길임을 강조하고 있다. 이 점
은 논리상으로 볼 때, 전혀 이상할 것이 없다. 다만 이 시기 '현실문제'
에 집착한다는 것은 무엇을 의미하는 것일까? 어찌 본다면, 사상사를
소개하는 필자가 주목한 것은 '현실문제에 대한 집착'보다 '금일과 같
이 혼란스러운 시대'였을 가능성이 높다. 현실 문제, 곧 정치와 경제에
해당하는 '노동문제, 계급문제, 사회주의 사상, 민족 문제' 등은 그 자체
가 현실 문제이면서 가치의 문제이자 사상의 문제가 될 수밖에 없다.
이 점은 1920년대 『동아일보』 학술 연재물을 통해서도 확인된다. 예를
들어 염상섭의 '노동운동의 경향'(1920.4.20~4.26, 7회), 철민생의 '노동운
동의 윤리의식'(1920.5.1~2, 2회), 고영환의 '러셀의 재산론과 감상'(1921.
7.19~8.3, 12회), 스기모리고츠키로(杉森孝次郞)의 논문을 역술한 '인구 문제
의 신상식'(1921.8.1~8.22, 12회), 일기자(一記者)의 '자본주의의 해부'(1922.
7.3~7.16, 11회), '제4계급의 해산과 불란서 대혁명의 지위'(1921.2.2~4.6,
28회) 등의 경제문제는 그 자체가 경제문제일 뿐 아니라 사회문제이자
사상과 결합된다. 더욱이 1920년대 전후 급속히 번진 사회주의 이데올
로기[40]는 이 시기 민족 담론, 개조론 등과 함께 사상적 혼란 상태처럼
보이게 하는 요인이 되었다. 이러한 상황에서 지식으로서의 사상사가
요구되었을 것이다.
　이처럼 1920년대 이루어진 서구 철학의 도입이 그 자체로 학문의 진

---

40) 1920년대 전반기 『동아일보』에 소재하는 사회주의 관련 주요 연재물로는 다음과 같은
　　것들이 있다.

보를 의미하는 것은 아니다. 권용혁(2000)에서 밝힌 바와 같이, 조선에
서의 철학 연구는 1926년 경성제국대학 법문학부의 창립으로부터 본격
화된다. 이 논문에서는 1929년 전후 외국에서 수학을 전공한 철학자들
이 귀국하면서 철학 전문잡지 『철학』(철학연구회)을 간행하고,[41] 안호상
이 '헤겔의 철학의 시초와 논리학의 시초'(『보전학회논집』 제1집, 1934),
'물심(物心)'에 대한 인식론적 고찰'(『보전학회논집』 제2집, 1935)를 발표하
고, 한치진이 『종교철학개론』, 『인생과 우주』(이상 철학연구사, 1932)를

연재일	횟수	필자	제목
1920.06.22~06.30	4회		佛國에 在한 社會主義의 三代 潮流
1920.08.15~08.17	3회	(기서) 金佑枰	社會主義의 意義
1921.02.21~03.02	10회		近世 民衆 政治의 意義와 價值
1921.02.21~04.06	28회	一記者	第四階級의 解放과 佛蘭西 大革命의 地位
1921.04.13~04.14	2회	일기자 요시노 해방지 기고 문 번역	社會主義의 三 變遷
1921.05.10~05.11	2회	논설	朝鮮의 社會階級의 推移
1921.06.03~08.31	61회		니콜라에 레닌은 엇더한 사람인가.
1921.11.07~12.18	19회		二月革命과新思想의 發達
1922.02.24~04.05	11회		社會主義와 個人主義
1922.04.18~05.08	18회	李順鐸	'말크스'의 唯物史觀
1922.05.11~06.23	37회	李順鐸	막쓰 思想의 槪要
1922.07.12~08.07	14회	李順鐸	맑쓰 以前의 經濟思想
1922.07.31~08.05	5회	晩悟生	勞働運動의 社會的 欲求
1922.10.04~10.20	16회	기서 李灌鎔(독일에서 철학 박사 이관용)	社會의 病的 現象
1923.01.19~02.09	16회	李順鐸·河上肇 博士의 논문 을 초역	資本主義 生産組織의 解剖
1923.06.11~06.14	4회	鮮于全	社會運動의 今後 觀測
1923.06.15~06.24	10회	崔珵淳(기서)	社會 改造의 社會學的 考察
1923.07.04~07.12	9회	辛泰嶽 (기서)·佐野學 氏의 論文	社會主義와 民族主義
1923.07.23~08.28	25회	일본인 窒伏高信 氏의 『社 會主義 批判』을 抄譯	社會主義 批判
1923.08.30~09.09	10회	南農	社會主義와 農業問題
1923.09.10~09.13	4회	선우전	칼막스의 傳記를 讀하고
1923.09.19~09.25	7회	洪利杓	無産階級 思想과 小쌜조아 思想

41) 독일 예나대학 출신의 안호상, 일본 동경대학 출신의 김두헌, 경도대학 출신의 전원배,
   미국 남캘리포니아대 출신의 한치진, 미국 시카고대학 출신의 갈홍기 등이 참여했으며,
   경성제대 출신 신남철, 박치우, 박종홍 등이 참여했다. 이에 대해서는 권용혁(2000), 「서
   구 철학의 수용과 현실 개념」, 『한국철학의 쟁점』(철학과현실사)을 참고할 수 있다.

발행한 이후 서양 철학의 수용이 본격적으로 이루어진 것으로 해석한다. 특히 한치진은 1932년 이화여자전문학교 교수로 재직하면서 종교단체의 후원에 힘입어 '철학연구사'를 창립하고, 『신심리학개론』, 『논리학개론』, 『유태민족의 세계적 활약』, 『사회학개론』, 『아동의 심리와교육』(이상 1932년 철학연구사 간행) 등 사회철학 전반에 걸쳐 다양한 연구서를 간행했는데, 이때부터 학문으로서 서양 철학이 본격적으로 연구되기 시작했음은 틀림없다. 이러한 철학 연구의 경향에서 서구의 계몽사상이 식민지 조선에 어떤 영향을 미쳤는지를 검증하기는 쉽지 않다. 1920년대의 계몽운동도 계몽철학을 기반으로 한 것이라기보다, 1900년대 초부터 등장한 지식 보급 운동(지식인, 유학생을 중심으로 한 야학운동, 계몽 강연회 등)과 문자 보급 운동의 연장선에서 노동자·농민 운동이 지속적으로 전개되었고, 그 가운데 가장 활발했던 것이 '문화운동', '문맹퇴치운동'이었다. 문화운동은 동아일보사나 개벽사와 같은 언론, 종교 단체가 중심을 이루었으며, 문맹퇴치운동은 조선어연구회(조선어학회)를 비롯하여 동아일보사, 조선일보사 등의 언론 단체가 중심을 이루었다. 이러한 흐름은 '계몽(啓蒙)'이라는 단어의 쓰임에서도 확인할 수 있다. 근대 계몽기 대표적인 신문인 『황성신문』에서 '계몽'이라는 단어를 검색하면 대략 17회 정도의 용례가 나타난다. 같은 시기의 『대한매일신보』에서도 이 단어는 불과 9회 정도가 쓰였다. 이에 비해 일제강점기 『매일신보』에는 304회에 걸쳐 이 단어가 쓰였음을 확인할 수 있는데, 14회를 제외하고 대부분의 용례는 1930년 이후에 사용되었다. 『동아일보』에 쓰인 '계몽' 역시 비슷한 분포를 보이는데 1920~1929년 사이에 쓰인 '계몽'이라는 단어는 연간 20회 내외이다. 흥미로운 점은 '브나로드 운동'이 본격화된 1930년대 이후에는 이 단어가 연간 90회 이상 출현한다는 점이다. 이 단어는 '농민, 농촌, 여성, 부녀' 등과 같이 계몽해야 할 대상과 합성되어 쓰이거나, '계몽기관, 학생계몽' 등과 같이 계몽의 주체를 나타내는 말로 쓰인다.

이처럼 서구의 계몽사상이 식민지 조선의 계몽운동에 어떤 영향을 미쳤을지 검증하는 것은 쉬운 일이 아니다. 그럼에도 '계몽시대', '계몽사상'이 식민 시대 계몽운동을 이끌어 가는 동력이 되었을 것임은 부정하기 어렵다. 다음 논설을 이를 보여준다.

【 自精神을 喚하고 舊精神을 論함 】

朝鮮人이 朝鮮人됨은 朝鮮人이기 째문이라. 此에 對하야 議論이 잇지 아니하고 說明이 또한 잇지 아니하도다. 何故오 하면 그 言語가 朝鮮의 言語이오, 그 衣服이 朝鮮의 衣服이오, 그 飮食이 朝鮮의 飮食이오, 그 家屋이 朝鮮의 家屋이오, 그 習慣 風俗이 朝鮮의 習慣 風俗이오, 居處 行動이 朝鮮의 居處 行動이오, 歷史가 朝鮮의 歷史이오, 그 土地가 朝鮮의 土地이니 故로 有形한 物質도 朝鮮의 物質이오, 無形한 精神도 朝鮮의 精神이라. 朝鮮의 精神으로 生하고 朝鮮의 物質로 長하고 또 그 最後에 朝鮮의 魂으로 歸하는 朝鮮人이 엇지 朝鮮人이 되지 아니하리오. 그럼으로 朝鮮人은 어데까지 朝鮮人이오 朝鮮 以外의 人이 되지 못함은 植物이 動物로 變치 못함과 如하도다. 地理의 變遷으로 桑田은 碧海가 되고, 三角은 平地가 될지라도 朝鮮人인 朝鮮人은 永久히 變치 아니하는 朝鮮人이 될지니라.

볼지어다. 歷史上 啓蒙時代를 지난 以後에 同一한 意識과 思想이며 同一한 言語와 習慣이며 同一한 制度와 文物이며 同一한 血統과 傳說을 가지고 社會的 生活을 營作하는 各民族이 滅亡하야 그 種族을 此世에 絶한 者ㅣ 有한가, 無한가. 種族的 意識이 잇지 못하고 歷史的 傳說이 잇지 못한 紅人種과 黑人種을 除한 外에는 滅種을 當한 者가 잇지 아니하니, 故로 朝鮮人이 永久히 滅치 아니하고 朝鮮人이 될 것은 可히 信할 바이로다.

번역 조선인이 조선인이 되는 것은 조선인이기 때문이다. 이에 대해 의론이 있지 않고, 설명이 또한 필요하지 않다. 왜 그런가. 언어가 조선의 언어요 의복이 조선의 의복이요, 음식이 조선의 음식이요, 가옥이 조선의 가옥이요, 습관과 풍속이 조선의 습관 풍속이요, 거처 행동이 조선의 거처 행동이요, 역사가 조선의 역사요, 토지가 조선의 토지니, 그러므로 유형한 물질도 조선의 물질이요, 무형한 정신도 조선의 정신이다. 조선의 정신으로 태어나 조선의 물질로 성장하고 또 최후에 조선의 혼으로 돌아가는 조선인이 어찌 조선인이 되지 않겠는가. 그러므로 조선인은 어디까지나 조선인이요, 조선 이외의 인이 되지 못함은 식물이 동물로 변하지 못함과 같다. 지리의 변천으로 상전이 벽해가 되고, 삼각산이 평지가 될지라도 조선인은 영구히 변치 않는 조선인이 될 것이다.

보라. 역사상 계몽시대를 지난 이후 동일한 의식과 사상이며, 동일한 언어와 습관이며, 동일한 제도와 문물이며, 동일한 혈통과 전설을 갖고 사회적 생활을 영위하는 각 민족이 멸망하여 그 종족을 이 세상에 끊어지게 한 자가 있는가 없는가? 종족적 의식이 있지 않고 역사적 전설이 있지 않은 홍인종과 흑인종을 제외하면 멸종을 당한 자가 없으니 조선인이 영구히 멸망하지 않고 조선인이 될 것은 가히 믿을 수 있다.

—『동아일보』, 1920.6.22

1920년대 쓰인 이 논설은 이 시기 민족 담론의 전형적인 모습을 보여준다. 조선인이 조선인이 되는 까닭은 언어, 습관, 풍속, 혈통 등이 조선인이기 때문이다. 이러한 의식은 이 논설에 나타난 바와 같이 '계몽시대'의 산물이며, 이는 곧 근대 의식의 산물이다. 언어적 차원에서 민족어를 통일하고, 국문을 보급해야 하며, 그것이 각종 계몽운동의 시초라고 인식하게 된 것은 계몽사상의 기반 위에서 이루어진 것으로 해석해도 무리가 없다. 근대의 지식 보급 운동이 일제 강점기 식민 통치 하에서도 지식인들의 주된 사명으로 인식된 것은, '이성주의', '합리주의', '과학주의', '사회계약론' 등의 계몽정신이 그대로 반영된 것은 아닐지라도, 민족의식의 성장과 유지에 상당한 영향을 미쳤음은 틀림없다.

참고문헌

1. 기본자료

○ 근대 학회보: 『大潮鮮獨立協會會報』, 『大韓自彊會月報』, 『少年韓半島』, 『西
友』, 『夜雷』, 『漢陽報』, 『大東學會月報』, 『大韓協會月報』, 『湖南學報』, 『畿
湖興學會月報』, 『大潮鮮獨立協會會報』, 『大韓自彊會月報』, 『少年韓半島』,
『西友』, 『夜雷』, 『漢陽報』, 『大東學會月報』, 『大韓協會月報』, 『湖南學報』,
『畿湖興學會月報』, 『少年』, 『嶠南敎育會雜誌』, 『普中親睦會會報』, 『普中親
睦會會報』, 『親睦會會報』, 『太極學報』, 『公修學報』, 『大韓留學生會學報』,
『同寅學報』, 『洛東親睦會學報』, 『大韓學會會報』, 『大韓興學報』

○ 근대 신문: 『皇城新聞』(1898~1910), 『大韓每日申報』(1904~1910), 『東亞
日報』(1920~1945), 『朝鮮日步』(1920~1945)

2. 논저

가노 마사나오, 서정완 역(2008), 『근대 일본의 학문』, 한림대학교 일본학
    연구소, 소화.
강영안(2000), 「한국 철학과 언어문제: 철학 용어를 중심으로」, 『한국철학
    의 쟁점』, 철학과현실사.
고미숙 외(2007), 『근대계몽기 지식의 굴절과 현실적 심화』, 소명출판.
고은지(2004), 「계몽가사의 문학적 형상화 방식과 그 의미: 양식적 원리와

표현기법을 중심으로」, 고려대학교 박사논문.

구수경(2007), 「근대성의 구현체로서 학교: 시간·공간·지식의 구조화」, 한 국교원대학교 박사논문.

구장률(2010), 「근대 초기 잡지의 영인 현황과 연구의 필요성」, 『근대서지』 1, 근대서지학회, 81~98.

구장률(2012), 『근대 초기 잡지와 분과 학문의 형성』, 소명출판.

구태훈(2013), 『근대전환기 동·서양의 상호인식과 지성의 교류』, 선인.

국사편찬위원회(2011), 『개화기의 교육: 한국 근대사 기초 자료집』 2, 탐구 당문화사.

국사편찬위원회(2011), 『日本外交文書』 第21卷(明治 21年) 事項 10 朝鮮國 關係 雜件, 문서번호 106, 국사편찬위원회, 『한국 근대사 기초 자료 집 2: 개화기의 교육』, 탐구당.

권보드래(2007), 「근대 초기 '민족' 개념의 변화: 1905~1910년 『대한매일 신보』를 중심으로」, 『민족문학사연구』 33, 민족문학사학회, 188~ 212쪽.

권용혁(2000), 「서구 철학의 수용과 현실 개념」, 『한국철학의 쟁점』, 철학 과현실사.

김길환(1980), 『조선조 유학사상연구』, 일지사.

김남두(1994), 「서양 학문의 형성과 학문 분류의 기본 원칙」, 『현대의 학문 체계』, 민음사, 39~73쪽.

김남이(2010), 「1910년대 최남선의 '자조론(自助論)' 번역과 그 함의: 『자조 론(自助論)』(1918)의 변언(弁言)을 중심으로」, 『민족문학사연구』 43, 민족문학사연구회, 244~272쪽.

김남이·하상복(2010), 「최남선의 『자조론(自助論)』 번역과 重譯된 '자조'의 의미」, 『어문연구』 65, 어문연구회, 239~270쪽.

김동택(2002), 「중세적 인식론의 전환과 새로운 담론의 모색: 근대 국민과 국가개념의 수용에 관한 연구」, 『대동문화연구』 41, 성균관대학교 대동문화연구원, 357~388쪽.

김문식(2009), 『조선 후기 지식인의 대외 인식』, 새문사.

김민재(2013), 「근대계몽기 중등용 수신교과서의 도덕교육적 시사점 연구」, 『윤리교육연구』 31, 한국윤리교육학회, 161~188쪽.

김석근(2005), 「한국 민주주의의 이념적 기초에 대한 재음미: 개인, 시민, 시민 사회를 중심으로」, 『사회과학논총』 36, 연세대학교 사회과학연구소, 1~21쪽.

김선민(2013), 『동아시아의 근대, 그 중심과 주변』, 소명출판.

김소은(2002), 「한국 근대 연극과 희곡의 형성과정 및 배경 연구」, 숙명여자대학교 박사논문.

김숙자(1998), 「대한제국기 민권의식의 변화과정」, 『한국민족운동사연구』 20, 259~302쪽.

김언식(1992), 「프로이센 계몽절대주의와 법전편찬: 프로이센 일반국법(ALR)의 제정을 중심으로」, 서울대학교 박사논문.

김영호(1968), 「韓末 西洋技術의 受容」, 『亞細亞硏究』 11(3).

김유철(2008), 『동아시아 역사 속의 여행』, 산처럼.

김인규(2012), 「조선후기 실학파의 '民'에 대한 인식과 정치 권력론의 새로운 지평: 민본주의(民本主義)에서 민권주의(民權主義)로의 새로운 패러다임의 전환」, 『온지논총』 31, 온지학회, 287~314쪽.

김재현(2012), 「『한성순보』, 『한성주보』, 『서유견문』에 나타난 '철학' 개념에 대한 연구: 동아시아적 맥락에서」, 『개념과 소통』 9. 한림과학원, 149~181쪽.

김종현(2010), 「근대 계몽기 소설의 대중화 전략 연구」, 경북대학교 박사논문.

김형중(1999), 「韓國 愛國啓蒙期 新聞連載小說 硏究: 漢文小說·토론체소설·신소설의 주제적 특성을 중심으로」, 한림대학교 박사논문.

김형효 외(2000), 『민본주의를 넘어서: 동양의 민본사상과 새로운 공동체 모색』, 청계.

김화선(2002), 「韓國 近代 兒童文學의 形成過程 研究」, 충남대학교 박사논문.

김효전(1997), 「노사민약」, 『동아법학』 22, 동아대학교 법학연구소, 529~555쪽.

김효전(2000), 『근대 한국의 국가사상』, 철학과현실사

김효전(2008), 「번역과 근대 한국」, 『개념과 소통』 1(1), 한림대학교 한림과학원, 25~78쪽.

김효전2009), 「근대 한국의 자유 민권 관념 당시의 신문 잡지의 논설 분석을 중심으로」, 『공법연구』 37(4), 한국공법학회, 167~192쪽.

남상락(1998), 「다산의 민권사상: 근대성의 문제와 관련하여」, 『유교사상연구』 10, 韓國儒敎學會, 235~254쪽.

노형택(1979), 『일제하 민중교육운동사』, 탐구당.

데까르트, 이현복 역(1997), 「학문들에 대한 고찰」, 『방법서설』, 문예출판사.

동북아역사재단(2009), 『동아시아의 지식교류와 역사기억』, 동북아역사재단.

류병구(1992), 「西毆近世史에 있어서의 中國思想의 役割: 18世紀 프랑스 啓蒙主義思想을 中心으로」, 성균관대학교 박사논문.

류준필(2004), 「19세기 말 '독립'의 개념과 정치적 동원의 용법」, 『근대계몽기 지식 개념의 수용과 그 변용』, 소명출판.

박노자(2004), 「개화기의 국민 담론과 그 속의 타자들」, 『근대계몽기 지식 개념의 수용과 그 변용』. 이화여대 한국문화연구원.

박명규(2000), 「한말 '사회' 개념의 수용과 그 의미 체계」, 『사회와 역사』 59, 한국사회사학회, 51~82쪽.

박명규(2009), 『국민·인민·시민: 개념사로 본 한국의 정치 주체』, 소화.

박명규(2012), 「근대 한국의 '사회' 개념 수용과 문명론적 함의」, 이경구 편. 『개념의 번역과 창조』, 돌베개.

박병석(2014), 「중국 고대 유가의 '민'관념: 정치의 주체인가 대상인가?」, 『한국동양정치사상사연구』 13(1), 한국동양정치사상사학회, 1~79쪽.

박상섭(1994), 「근대 사회의 전개 과정과 사화과학의 형성 및 변천」, 소광

휘 외, 『현대의 학문 체계』, 민음사.

박상섭(2008), 『국가·주권』, 소화.

박양조(1990), 「舊韓末 五個團體의 教育啓蒙活動에 관한 硏究」, 동아대학교 박사논문.

박영학(1990), 『동학 운동의 공시(公示) 구조』, 나남출판.

박정우(2003), 「일제하 언어민족주의」, 서울대학교 석사논문.

박주원(2004), 「근대적 '개인', '사회' 개념의 형성과 변화: 한국 자유주의의 특성에 대하여」, 『역사비평』 67, 역사문제연구소, 207~238쪽.

박주원(2006), 「1900년대 초반 단행본과 교과서 텍스트에 나타난 사회 담론의 특성」, 이화여대 한국 문화연구원, 『근대계몽기 지식의 발견과 사유 지평의 확대』, 소명출판.

박중렬(2000), 「한국 근대전환기소설의 근대성과 계몽담론 연구」, 전남대학교 박사논문.

배병삼(2012), 『우리에게 유교란 무엇인가』, 녹색평론사.

배용일(1997), 「朴殷植과 申采浩 思想의 比較研究」, 성신여자대학교 박사논문.

백종현(2004), 『철학의 주요 개념』, 서울대학교 철학사상연구소.

백지운(2003), 「近代性 담론을 통한 梁啓超 啓蒙思想 재고찰」, 연세대학교 박사논문.

服部德 譯(1877), 『民約論(全)』, 田中弘義閣, 有村壯一藏版.

森田豊 編(1878), 『民約必攜』, 前川善兵衛刊.

서영명(2010), 「중국을 매개로 한 애국계몽서사 연구: 1905~1910년의 번역 작품을 중심으로」, 인하대학교 박사논문.

서유리(2013), 「한국 근대의 잡지 표지 이미지 연구」, 서울대학교 박사논문.

石定果·羅衛東 편, 이강재 역(2013), 『중국 문화와 한자』, 역락.

성옥례(2012), 「루쉰(魯迅)의 모순의식과 갈등 서사」, 고려대학교 박사논문.

손석춘(2004), 「한국 공론장의 갈등구조: 근대 신문의 생성과정을 중심으로」, 『한국언론정보학보』 27, 한국언론정보학회, 153~181쪽.

송인재(2009), 「1978년 이후 중국의 계몽·민족국가·문화 담론 연구: 甘陽과 汪暉의 비판담론을 중심으로」, 성균관대학교 박사논문.

송태현(2013), 「장자크 루소의 한국적 수용」, 『외국문학연구』 52, 한국외국어대학교 외국문화연구소, 201~219쪽.

송호근(2013), 『시민의 탄생: 조선의 근대와 공론장의 지각 변동』, 민음사.

수요역사연구회(2005), 『일제의 식민지 지배정책과 매일신보, 1910년대』, 두리미디어.

스마일즈, 남롱우·이상구 역(1983), 『자조론』, 을유문화사.

신용하(1975), 『독립협회와 만민공동회』, 한국일보사.

신지영(2010), 「한국 근대의 연설·좌담회 연구」, 연세대학교 석사논문.

신해영 저, 김민재 역(2011), 『근대 수신 교과서』 3, 소명출판.

안병주(1986), 「유교의 민본사상에 관한 연구: 군주, 민본으로부터 민주에로의 전환 가능태의 모색」, 성균관대학교 박사논문.

안종묵(1997), 「皇城新聞의 愛國啓蒙運動에 關한 硏究」, 한국외국어대학교 박사논문.

안종화 외 저, 허재영 외 역(2011), 『근대 수신 교과서』 1, 소명출판.

앨런스윈지우드, 박성수 역(1987), 『사회사상사』, 문예출판사.

야나부 아키라, 서혜영 역(2003), 『번역어 성립사정』, 일빛.

야나부 아키라, 김옥희 역(2011), 『번역어의 성립』, 마음산책.

梁啓超(1903), 『飮氷室文集』, 上海: 廣智書局.

양동순(1991), 『개화기 민중 교화사』, 창문각.

양일모(2010), 「번역과 개념으로 본 중국의 근대성」, 『동양철학』 33, 한국동양철학회, 173~198쪽.

엄숙희(2013), 「신소설의 계몽담론 유형과 특성 연구」, 전북대학교 박사논문.

엄주정·이장용(1998), 「근대 시민 사회의 형성과 교육의 기회 균등 사상에 관한 고찰」, 『인문사회과학연구』 2, 龍仁大學校 人文社會科學硏究所, 123~141쪽.

오민(2010), 「民族主義的自我觀照: 中國現代文學中的韓國敍事硏究」, 한국외
　　국어대학교 박사논문.

오진석(2006), 「한국 근대 전력산업의 발전과 경성전기(주)」, 연세대학교
　　박사논문.

우남숙(2015), 「자조론과 한국 근대」, 『한국정치학회학보』 49(5), 한국정치
　　학회, 83~111쪽.

原田潛 譯述幷覆義(1883), 『佛國民約論覆義(全)』, 春陽當.

유길준(1995), 『서유견문』, 東京: 交詢社.

유길준저서편찬위원회(1971), 『유길준전서』 4, 일조각.

유영렬(1995), 『한국독립운동의 역사: 제12권 애국계몽운동』, 독립기념관

유영렬(2007), 『애국계몽운동』, 한국독립운동사편찬위원회.

유영익(1990), 『갑오경장연구』, 일조각, 220~222쪽.

윤금선(2005), 「1920~30년대 독서 운동 연구」, 『한말연구』 17, 한말연구학
　　회, 129~167쪽.

윤금선(2009), 『우리 책읽기의 역사』, 월인.

윤명선·이영준(1994), 『법학통론』, 법문사.

이강화(2002), 「사회 계약론의 근대적 전개: 헤겔의 사회계약론 비판을 중
　　심으로」, 『철학논총』 30, 새한철학회, 331~351쪽.

이경구 외(2012), 『개념의 번역과 창조』, 돌베개.

이경현(2005), 「『뎨국신문』 초기 논설에 나타난 '학문'의 성격과 '동양' 사
　　유방식」, 『한중인문학연구』 14, 한중인문학회, 65~90쪽.

이광린(1968), 「漢城旬報와 漢城周報에 對한 一考察」, 『역사학보』 38, 歷史
　　學會, 1~45쪽.

이광린(1969), 『한국 개화사상 연구』, 일조각(1979년 재판).

이광린(1986), 『한국 개화사의 제문제』, 일조각.

이광린(1994), 『개화기 연구』, 일조각.

이기훈(2005), 「日帝下 靑年談論 硏究」, 서울대학교 박사논문.

이배용(1996), 「開化期 西歐 科學技術 受容의 역사적 의미」, 『省谷論叢』
　　27(3), 성곡언론문화재단, 49~86쪽.

이병철(2012), 「근대계몽기 계몽담론의 전개와 서사 구현 양상」, 고려대학
　　교 박사논문.

이사벨라 버드 비숍, 신복룡 역주(2006), 『조선과 그 이웃 나라들』, 집문당.

이석규(1994), 「朝鮮初期 民本思想硏究」, 한양대학교 박사논문.

이석규(2004), 「麗末鮮初 新興儒臣의 民에 대한 인식」, 『조선시대사학보』
　　31, 조선시대사학회, 5~38쪽.

이성규(1994), 「동양의 학문 체계와 그 이념」, 『현대의 학문 체계』, 민음사,
　　9~38쪽.

이승윤(2006), 「한국 근대 역사소설의 형성과 전개: 매체를 통한 역사담론
　　의 생산과 근대적 역사소설 양식에 관한 통시적 고찰」, 연세대학교
　　박사논문.

이연숙 저, 고영진·임경화 역(2006), 『국어라는 사상』, 소명출판.

이영식(2014), 「한국장로교회와 복음의 대 민족적 책임(1884~1945)」, 총신
　　대학교 박사논문.

이예안(2011), 「개화기 루소 사회계약론 수용과 번역」, 『일본문화연구』 40,
　　동아시아일본학회, 501~527쪽.

이예안(2012), 「장자크 루소의 Du Contrat Social 중강조민(中江兆民), 『민
　　약역해』『民約譯解』; 『황성신문』『皇城新聞』, 「로사민약」「盧梭民約」:
　　"民約(민약)"에 관하여」, 『개념과 소통』 10, 한림대학교 한림과학원,
　　405~419쪽.

이예안(2012), 「中江兆民『民約譯解』의 번역과 정치사상: 법치주의와 덕치주
　　의의 정치구상」, 『일본사상』 22, 한국일본사상사학회, 113~139쪽.

이예안(2014), 대한제국기 유신의 정치학, 『개념과 소통』 14, 한림과학원.

이윤미(2006), 『한국의 근대와 교육: 서구적 근대성을 넘어』, 문음사.

이인재(李寅宰), 『성와집(省窩集)』(1978년 아세아문화사 영인본).

이재룡(2000), 「조선 시대의 법 제도와 유교적 민본주의」, 『사회사상과 문화』 3, 동양사회사상학회, 95~121쪽.

이주라(2011), 「1910~1920년대 대중문학론의 전개와 대중소설의 형성」, 고려대학교 박사논문.

이태진(1994), 「한국의 학문적 전통과 서양 학문에 대한 반응」, 『현대의 학문 체계』, 민음사.

이한섭(1999), 「西遊見聞에 나타난 外國地名 및 人名의 漢字表記에 대하여」, 『일본어학연구』, 한국일본학회, 185~201쪽.

이해주·조준현(2000), 『근대 사회 경제사상사의 이해』, 신지서원.

이현구·김주일(2008), 「동서 윤리론의 기저 비교와 융합 가능성 모색」, 『시대와 철학』 19(1), 한국철학사상연구회, 491~511쪽.

이혜경(2002), 『천하관과 근대화론: 양계초를 중심으로』, 문학과지성사.

이화여자대학교 한국문화연구소(2007), 『근대 계몽기 지식의 굴절과 현실적 심화』, 소명출판.

이화여자대학교 한국문화원(2005), 『근대 계몽기 지식 개념의 수용과 그 변용』, 소명출판.

이화여자대학교 한국문화원(2006), 『근대 계몽기 지식의 발견과 사유 지평의 확대』, 소명출판.

이휘재(2007), 「프랑스 계몽주의 시대의 살롱과 여성문화: 데피네 부인과 갈리아니 신부의 편지를 중심으로」, 충남대학교 박사논문.

인하대학교 한국학연구소(2013), 『동아시아 개항도시의 형성과 네트워크』, 글로벌콘텐츠.

임형택(2000), 「국학의 성립 과정과 실학에 대한 인식」, 『현대 학문의 성격』, 민음사.

임형택(2014), 『한국학의 동아시아적 지평』, 창비.

장자크 루소, 이재형 역(2013), 『사회계약론』, 문예출판사.

장현근(2009), 「민(民)의 어원과 의미에 대한 고찰」, 『정치사상연구』 15(1),

한국정치사상학회, 131~157쪽.

전광용(1980), 「『독립신문』에 나타난 近代的 意識: 논설을 중심으로」, 『국어국문학』 84, 국어국문학회, 3~45쪽.

전복희(1996), 『사회진화론과 국가사상』, 한울카데미.

전봉덕(1984), 『한국근대사상사』, 박영사.

전상숙(2012), 「한말 '민권' 인식을 통해 본 한국 사회의 '개인'과 '사회' 인식에 대한 원형적 고찰: 한말 사회과학적 언설에 나타난 '인민'관과 '민권' 인식을 중심으로」, 『한국정치외교사논총』 33, 한국정치외교사학회, 5~33쪽.

정관(1992), 「韓末 啓蒙運動團體 硏究」, 효성여자대학교 박사논문.

정관(1995), 『구한말기 민족계몽운동 연구』, 형설출판사.

정동근(1991), 『현대 사상의 체계 분석』, 정훈출판사.

정용화(2000), 「안과 밖의 정치학: 19세기 후반 개화개혁론에서의 국군·민권·군권의 관계」, 『한국정치학회보』 34(2), 한국정치학회, 9~27쪽.

정진석(1983), 「漢城旬報 周報에 관한 硏究」, 『관훈저널』 36, 관훈클럽, 74~142쪽.

조남현(2012), 『한국문학잡지사상사』, 서울대학교출판원.

조동걸(2010), 『한국계몽주의와 민족교육』, 역사공간.

조보로(2013), 「한국 개화기 소설론에 나타난 양계초의 영향 연구」, 배재대학교 박사논문.

조상우(2002), 「愛國啓蒙期 漢文散文의 意識 志向 硏究」, 고려대학교 박사논문.

朝鮮日報社(1980), 『朝鮮日報 60年史』, 朝鮮日報社.

조윤정(2010), 「한국 근대소설에 나타난 교육장과 계몽의 논리」, 서울대학교 박사논문.

조중환(1992), 「朴殷植의 愛國啓蒙的 國權回復思想 硏究」, 경희대학교 박사논문.

中江篤介 譯(1875), 『民約論』, 元老院藏版.

中江篤介 譯幷解(1882), 『民約譯解 卷之一(第一~九章)』, 佛學塾出版局.

中江篤介 譯解(1882~1883), 民約譯解(歐米政理叢談), 『政理學叢』 2~16.20. 21.35~43.46.

中江篤介 撰(1907), 民約譯解, 『太陽』 13(9)(太陽臨時增刊-創刊25周年記念, 明治名著選集), 博文館.

진관타오, 이기윤 역(2009), 「중국 사회 근대적 전환의 역사단계: 키워드 중심의 관념사 연구」, 『개념과 소통』 2(2), 한림대학교 한림과학원, 133~173쪽.

차배근(2000), 『개화기 일본 유학생들의 언론 출판활동 연구』, 서울대학교 출판부.

최석만 외(2006), 『유교적 사회질서와 문화, 민주주의』, 전남대학교 출판부.

최소자(2005), 『청과 조선』, 혜안.

최영(1997), 『근대 한국의 지식인과 그 사상』, 문학과지성사.

최영진(2008), 「유교(儒敎) 국가론(國家論)에 있어 통치(統治) 주체(主體)와 객체(客體)의 문제(問題)」, 『동양철학연구』 53, 東洋哲學硏究會, 143 ~175쪽.

최영철·허재영(2014), 「개항 이후 학제 도입 이전까지의 한국 근대 학문론과 어문 문제: 『한성순보』와 『한성주보』를 중심으로」, 『인문과학연구』 40, 강원대학교 인문과학연구소, 181~207쪽.

최희정(2011), 「1910년대 최남선의 『자조론』 번역과 '청년'의 '자조'」, 『韓國思想史學』 39, 한국사상사학회, 213~250쪽.

프랭크 매뉴얼, 차하순 역(1976), 『계몽사상시대사』, 탐구당.

하라 다케시, 김익한·김민철 역(2000), 『직소와 왕권: 한국과 일본의 민본주의 사상사 비교(直訴と王權: 朝鮮·日本の'一君萬民'思想史)』, 지식산업사.

하영선 외(2009), 『근대 한국의 사회과학 개념 형성사』, 창작과비평사.

한국교열기자회(1998), 『한국신문방송 말글백년사』, 한국프레스센터.

한국독립운동사연구소(1987), 『한말 사서와 그의 계몽주의적 허실』, 한국 독립운동사연구소.

한국철학연구회(2008), 『한국 실학 사상사』, 심산.

한국철학회(2000), 『한국 철학의 쟁점』, 철학과현실사.

한명섭(2008), 「申采浩 文學의 탈식민성 硏究」, 경원대학교 박사논문.

한배호(1975), 『일본 근대화 연구』, 고려대학교 출판부.

한일문화교류기금(2011), 『한국과 일본의 서양문명 수용』, 경인문화사.

한치진(1932), 『종교철학개론』, 철학연구사.

한치진(1950), 『현대 구미철학』, 조선문화연구사.

허남진(2000), 「동양 학문에서의 이론과 실천」, 『현대 학문의 성격』, 민음사.

허동현(2003), 『조사시찰단관계자료집』 5, 13, 국학자료원.

허수(2005), 「일제하 李敦化의 사회사상과 天道敎: '宗敎的 啓蒙'을 중심으 로」, 서울대학교 박사논문.

허재영 편(2013), 『근대 계몽기의 교육학 연구와 교과서』, 지식과교양.

허재영(2013), 「근대식 학제 도입 이전(1880~1894)의 학교와 교과서 연구」, 『한국언어문화』 87, 한국언어문학회, 517~545쪽.

허재영(2013), 『한국 근대의 학문론과 어문 교육』, 지식과교양.

허재영(2015), 「근대 계몽기 과학 담론 형성과 일제 강점기 과학적 국어학」, 『코기토』 78, 부산대학교 인문학연구소, 117~147쪽.

허재영(2015), 「근대 계몽기 지식 유통의 특징과 역술 문헌에 대하여」, 『어 문논집』 63, 중앙어문학회, 7~36쪽.

허재영(2015), 「지식 수용의 차원에서 본 『황성신문』 '일본유신삼십년사' 역술 과정과 그 의미」, 『한민족어문학』 70, 한민족어문학회, 139~165쪽.

허재영(2016), 「근대 계몽기 신문 잡지의 번역과 역술 문화」, 『동악어문학』 66, 동악어문학회, 165~196쪽.

홍석표(2005), 『현대 중국, 단절과 연속』, 선학사.

홍석표(2012), 『중국 근대 학문의 형성과 학술문화 담론』, 북코리아.

홍순권(1994), 「상권수호와 식산흥업운동」, 『한국사』 12, 한길사.

황미정(2008), 「최남선 역 『自助論』: 中村正直譯, 畔上賢造譯과의 관련성에 관해서」, 『언어정보』 9, 고려대학교 언어정보연구소, 141~163쪽.

황미정(2010), 「최남선 역 『自助論』의 번역한자어 연구」, 『일본어학연구』 28, 한국일본어학회, 271~283쪽.

황지영(2010), 「1910년대 잡지의 특성과 유학생 글쓰기: 學之光을 중심으로」, 연세대학교 석사논문.

휘문의숙 저, 김남이 외 역(2011), 『근대 수신 교과서』 2, 소명출판.